東洋古典譯註叢書 82

# 譯註 貞觀政要集論 1

撰 吳兢 集論 戈直 책임번역 李忠九
공동번역 金奎璇 黃鳳德 李承容

전통문화연구회

## 國譯委員

責任飜譯　李忠九
共同飜譯　金奎璇 黃鳳德 李承容
潤文　朴勝珠 南賢熙 李孝宰
校訂　南賢熙 李孝宰
出版　金圭賢
管理　咸明淑
普及　徐源英


## 古典國譯編輯委員會

委員長　許鎬九
委　員　徐榮洙 沈慶昊 李鴻鎭 田好根 崔錫起 許敬震

## 企劃委員會

委員長　琴章泰
委　員　朴錫興 辛承云 申用浩 李相鎭 李廷燮

## 任　員

常任顧問　李漢東
顧　　問　金東哲 宋載卲 安炳周 李龍兌 李澤徽 鄭愚相
會　　長　李啓晃
副 會 長　琴章泰 成百曉 辛承云 李廷燮 鄭太鉉
理 事 長　趙富英
理　　事　權五春 金成龍 金在甲 金千式 朴錫興 朴小東
申用浩 李建一 李光虎 李戊澈 李相鎭 李在遠
李興柱 田好根 趙駿河 崔三龍 韓熙喆
監　　事　徐廷文 沈泳洙

# 東洋古典譯註叢書를 발간하면서

우리의 古典國譯事業은 민족문화 진흥의 기초사업으로 1960년대부터 政府 支援으로 古文獻 現代化 작업을 추진하여 많은 成果를 거두었다. 당시 이 사업 추진의 先行課題로 東洋古典이라 일컬어지는 중국의 基本古典을 먼저 飜譯하여야 한다는 學界의 주장이 있었음에도 불구하고 우리 고전이 아니라는 일부의 偏狹한 視角과 財政 事情 등으로 인하여 배제되어 왔다.

전통적으로 중국의 기본고전은 우리 歷史와 함께 숨쉬며 각종 교육기관의 教科書로 활용됨은 물론이고 지식인들의 必讀書가 되어 왔으며, 우리 文化의 基底에 자리잡고 거의 모든 방면의 體系와 根幹을 형성하여 왔다. 그래서 학문연구의 기본서 역할을 해 왔을 뿐만 아니라 오늘날에도 우리의 國學徒 및 東洋學 研究者들에게 같은 역할을 하고 있음은 주지의 사실이다. 그럼에도 불구하고 中國古典은 우리 것이 아니라 하여 專門機關의 飜譯對象에 포함하지 않음으로써, 대부분 原典에서의 직접 번역이 아닌 重譯이나 拔萃譯의 방식이 주를 이루면서 教養水準으로 出版되어 왔다.

오늘날 東洋 三國 중에서 우리의 東洋學 연구가 가장 부진한 이유는, 東洋基本古典에 대한 폭넓은 이해의 부족과 漢文古典 讀解力의 저하에 기인함을 우리는 솔직히 인정하여야 한다. 따라서 이들 중국고전에 대한 신뢰할 만한 國譯이 이루어지는 것이 한국학 연구를 촉진시키는 시급한 先行課題라 할 수 있다.

이에 韓國學 및 東洋學의 연구와 古典現代化의 基盤構築을 위해서는, 전문기관으로 하여금 동양고전을 단기간에 각 분야의 專門 研究者와 漢學者가 상호 협동하여 연구번역하여 飜譯의 傳統性과 效率性, 研究의 專門性을 높일 수 있도록 政策的 配慮가 있어야 한다.

이에 本會에서는 元老 및 中堅 漢學者와 斯界의 專攻者로 하여금 協同研究飜譯하여 공부하는 사람들이 믿고 引用하거나 깊이 있는 註釋 등을 활용할 수 있게 하고, 知識人들의 教養을 증진시켜 줄 수 있는 東洋古典의 國譯書 간행을 지속적으로 추진해 왔다. 근래에 다행히 이 사업에 대하여 각계 지도층의 폭넓은 이해와 지원에 힘입어 2001년도부터 國庫補助를 받아 東洋古典譯註叢書를 간행하게 되었다. 이를 계기로 우리 先學의 註釋과 見解를 반영하는 등 국역사업의 內實을 기하게 되었음을 이 자리를 빌려 衷心으로 감사드리며, 아울러 國譯에 參與하신 관계자 여러분의 勞苦에 깊은 謝意를 표한다.

끝으로 우리의 이러한 작업은 오랜 역사 위에 축적된 先賢들의 業績과 現代學問을 이어주는 튼튼한 架橋와 礎石이 되어 진정한 韓國學과 東洋學 발전에 기여할 것을 굳게 믿으며, 21세기를 우리 文化의 世紀로 열어 가는 밑거름이 되도록 우리의 力量을 本 事業에 경주하고자 한다. 江湖諸賢의 부단한 관심과 지원을 기대해 마지않는다.

社團法人 傳統文化硏究會 會長 李啓晃

# 解 題

李忠九[*)]

## 1. 書名

'貞觀政要'란 '貞觀 시기의 정치 요체'라는 뜻이다. 貞觀은 唐나라 太宗의 年號로, ≪周易≫ 〈繫辭 下〉의 "天地의 道는 正道로 보여주는 것이다.〔天地之道 貞觀者也〕"에서 유래한 말이다. 貞은 正(바름) 또는 常(항상)의 뜻이고, 觀은 보인다〔示〕는 뜻이다. 이 정관 시대의 정치는 중국 역사상 매우 훌륭한 治績으로 칭송되어 '貞觀之治'라고 불린다.

태종은 武德 9년(626) 8월 癸亥日(8일)에 皇太子로서 아버지 李淵으로부터 傳位를 받아 다음 날 황제에 등극하여 貞觀 23년(649) 5월 己巳日(26일) 서거할 때까지 통치하였는데, 이 23년 동안의 정치 요체를 吳兢이 10卷 40篇으로 편찬하고 그 명칭을 '貞觀政要'라고 하였다. 그리고 元나라 戈直이 註釋과 논평을 부쳐 '集論'을 지었는데 이를 ≪貞觀政要集論≫이라고 하였다.

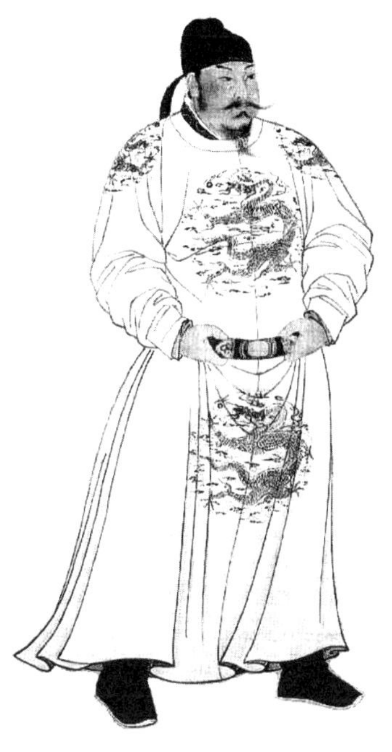

唐 太宗 李世民

## 2. 貞觀之治의 전후 정치 상황과 ≪貞觀政要≫ 編纂

≪정관정요≫는 貞觀 故事에 의한 역사적 과정을 편찬한 것으로, 唐나라 中宗・睿宗・玄宗 세 황제 시기를 거치면서 완성된 저술이다. 그러므로 이와 관련한 역사적 배경을 살펴 그 편찬 경위를 밝히고자 한다.[1)]

*) 誠信女子大學校 研究教授.

貞觀之治의 주인공은 太宗 李世民(599~649)이다. 뛰어난 政治家이자 戰略家인 그의 위대함은 吳兢이 "태종 때의 정치 교화는 참으로 볼만하니 먼 옛날 이래로 없던 것이다."[2]라고 한 말에 단적으로 드러난다. 이세민은 隋나라 말기에서 唐나라 초기의 역사적 전환기에 난국을 타개하고 태평성대를 바라는 시대적 요구에 가장 적합하게 부응한 創業과 守成의 제왕이었다.

이세민의 아버지 太原留守 李淵은 隋나라 말기의 호걸들이 다투어 일어나는 혼란한 시기에 晉陽에서 군사를 일으켜 長安을 차지하고는 다음 해(618)에 황제에 즉위하고 국호를 唐이라고 하였다. 이 과정에서 20세 청년 이세민은 탁월한 戰功을 세웠다. 이연이 稱帝한 초기에는 국토가 關中 지역에 불과하였지만, 이후 여섯 번의 큰 전쟁에서 승리한 뒤에는 중국을 통일하여 大帝國이 되었다. 이 통일 전쟁에서 이세민은 네 번의 전쟁을 지휘하여 승리하였는데, 隴右의 薛擧・薛仁杲를 토벌하고, 북방의 劉武周를 평정하고, 洛陽의 王世充의 세력을 소멸시키고, 河北의 竇建德과 劉黑達을 진압하였다. 이러한 전공은 당시에 견줄 사람이 없었는데, 이것이 후일 帝位를 차지하는 밑바탕이 되었다.

통일 전쟁의 승리와 함께 唐나라는 확고하게 천하 쟁취의 기반을 다졌으나, 반면 황실 내부는 권력투쟁이 격화되었다. 이는 이세민이 貞觀 9년(635)에 대신들에게 "武德 6년(623) 이후에 太上皇(李淵)은 태자(李建成)를 폐위하고 다른 사람을 세울 뜻이 있었다. 나는 이때에 형제들에게 용납되지 못하였는데, 실로 보상할 수 없을 만큼 높은 공이 있었기 때문이다."[3]라고 한 말에서 잘 드러난다. 이연의 세 아들은 각각 병력을 장악하여 三大 집단 세력을 형성하였는데, 큰 아들 李建成은 太子로서 東宮을, 다음 이세민은 秦王으로서 秦王府를, 다음 李元吉은 齊王으로서 齊王府를 관장하였다. 이건성과 이세민이 대립했을 때, 이원길이 이건성 쪽에 가담하자 이세민은 크게 위협을 느꼈다.

이세민은 열세를 만회하기 위해 계책을 세워 실행에 옮겼는데, 이것이 바로 무덕 9년(626) 6월 4일에 일어난 '玄武門의 變'으로 이건성과 이원길을 살해한 사건이다. 이로 말미암아 이미 확정된 嫡長子 승계가 사라지고 功勞子 승계로 바뀌는 결과를 빚게 되었다. 이건성은 이세민과 비교해 능력이 떨어지기는 하였으나 무능한 것은 아니었다. 이건성은 戰功도 있었을 뿐만 아니라 관대하고 仁厚하였으며, 그의 휘하 東宮 관료로는 王珪・魏徵・韋挺・薛萬徹・馮立 등 걸출한 문무 신하들이 있었다. 그렇지만 천하를 누빈 이세민의 전공에 비하

---

1) 이하는 許道勳(2008)의 ≪新譯貞觀政要≫ 〈導讀〉을 참조함.

2) 〈貞觀政要序〉. "太宗時政化 良足可觀 振古而來 未之有也"

3) ≪貞觀政要≫ 〈論忠義〉. "武德六年已後 太上皇有廢立之心 我當此日 不爲兄弟所容 實有功高不賞之懼"

면 큰 차이가 있었다.

현무문의 변 이후 이세민은 태자로 책봉되고 곧이어 제위를 물려받아 연호를 貞觀이라 하였는데, 이 시기의 치적을 '貞觀之治'라고 부른다. 이 시기는 太平盛世로 여겨지는데 그 내용은 여섯 가지로 요약할 수 있다.

첫째 休養 生息하고, 백성을 安靜으로 인도하였다. 예컨대 均田法을 시행하고, 황무지 개간을 장려하고, 徭役과 세금을 경감하고, 농업과 蠶業을 권장하고, 水利 사업을 일으키고, 人口를 증가시킨 것이다. 둘째 인재의 진출로를 넓게 열어주고, 현명한 이를 등용하여 치적을 이루었으며, 인물을 알아보는 데에는 선악을 함께 밝히고, 등용하는 데에는 단점을 버리고 장점을 취할 것을 강조하였나. 셋째 널리 듣고 아랫사람의 의견을 받아들이며, 극단적 발언과 경계하는 간언을 장려하고, 서로 절차탁마하여 治世의 도를 이룩하였다. 넷째 너그럽고 인자하여 형벌을 신중히 하고 法制를 완비하며, 엄하게 법을 집행하고, 관리들의 다스림을 맑고 공평하게 하였다. 다섯째 武治를 억제하고 文治를 강구하였으며, 儒學을 존중하고 經書를 높였으며, 禮樂을 크게 일으키고, 학교를 크게 개설하였다. 여섯째 변경을 통일하고, 和親・團結・德化政策을 추진하였다. 위와 같은 일을 시행한 결과로 政治安靜, 經濟繁榮, 文化發達을 이루었다.

貞觀之治 23년 기간은 대략 정관 11년(637)을 경계로 하여 前期와 後期로 나뉜다. 전기는 치적이 탁월하여 국가의 형세가 날로 번창하였으나, 후기는 有終의 美를 잘 거두지 못한 상황이 되어 淸白・安靜에서 사치・방종으로, 마음을 비워 아랫사람의 의견을 받아들이는 것〔虛己納下〕에서 바른말을 받아들이지 않는 것〔不好直言〕으로 변하여 전기만 못하였다. 그러나 패망의 위기에 이른 것은 아니었다.

太宗이 정관 22년(648)에 皇太子 李治에게 당부하는 말에서 자신에 대한 평가를 살펴보면 다음과 같다.

> "나는 帝位에 오른 뒤로 선하지 못한 행동을 많이 하였다. 비단과 옥구슬이 눈앞에 항상 있었고, 궁실과 누대를 자주 지었으며, 개・말・새매・수리를 먼 지역에서 바치게 하였고, 사방을 유람하여 물자 공급을 번거롭고 수고롭게 하였다. 이것은 모두 나의 큰 과실이니 옳게 여겨 본받지 말라. 돌아보면 나는 백성을 널리 구제하여 그 이익이 많았고 중국을 개조하여 그 공로가 컸다. 이익은 많고 손해가 적었으므로 사람들이 원망하지 않았고, 공로는 크고 과실이 적었으므로 王業이 실추되지 않았다. 그러나 舜임금의 모두 아름다우며 모두 선한 것에 견주면 진실로 부끄러움이 많다."[4]

이렇게 자신의 과오와 공적의 양면을 들었으나, 이는 "공로는 크고 과실이 적었으므로 王業이 실추되지 않았다.〔功大過微 故業不墮〕"로 요약할 수 있다. 자기 자랑인 듯하지만 貞觀之治의 업적이 적절하게 평가된 구절이라 하겠다.

태종의 서거로 貞觀之治는 끝이 나고 李治가 즉위하니, 이가 바로 高宗이다. 고종이 親政한 永徽(650~655) 기간은 '永徽之治'로 불려서 사실상 貞觀之治의 연속이었다. 주요 업적은 요역과 세금을 경감하고, 軍役과 토목 공사를 중지하고, 재난 구호에 유념하고, 곡식 값을 억제해 조절하였으며, 현명한 이를 등용하여 치적을 이루고, 재상들을 예우하고, 정국을 안정시켰으며, 諫言을 구하고 글을 올리는 길을 열어두고, 널리 유익한 일을 생각하였으며, ≪唐律疏議≫를 편찬하여 法制를 완비하였다.

그러나 영휘 6년(655)에 武則天이 황후가 되면서 정국에는 큰 변화가 일었다. 무측천은 기량과 권모술수가 있었고, 고종이 극심한 風疾을 앓아 정무를 보지 못하게 되자 정무는 무측천의 손에서 결정되었다. 고종이 서거할 때까지 무측천은 황후로서 24년 동안 통치하였다.

弘道 원년(683)에 고종이 洛陽에서 서거하자 무측천이 자기의 아들 황태자 李顯을 황제에 즉위시켰으니, 이가 바로 中宗이다. 무측천은 皇太后로서 일체 정무를 다스렸는데, 중종이 皇后 韋氏와 外戚에 의지하였다. 이를 용납할 수 없던 무측천은 다음 해(684)에 중종을 폐위하여 廬陵王으로 강등하고, 작은 아들 李旦을 황제에 즉위시켰으니, 이가 바로 睿宗이다. 예종은 황제였으나 別殿에 거처하였고 무측천이 정무를 독점하였다. 그리고 690년에 67세의 무측천은 자칭 聖神皇帝라 하고 국호를 唐에서 周로 바꾸고 연호를 天授라고 하여 중국 역사상 유일한 女皇帝가 되었다. 무측천의 이러한 독단 정치는 貞觀之治·永徽之治와 상반되는 것이었다. 그리하여 관료들 중에는 잃어버린 李氏의 唐나라 국호를 복원하려는 뜻을 품은 이들이 있었다. 大臣 吉頊은 "천하의 선비들과 서민들이 唐나라의 은덕을 잊지 않고 모두 여릉왕을 다시 그리워한다."[5]라고 하였다. 이러한 분위기 속에 폐위된 이현은 唐 왕조를 상징하는 인물이 되었고, 마침내 무측천은 이현을 황태자로 다시 맞이하였다.

神龍 원년(705)에 五王이 政變을 일으켜 무측천을 遜位케 하고 이현을 황제에 복위시켰다. 오왕은 張柬之·桓彦範·敬暉·崔玄暐·袁恕已인데 이들은 정변의 주동자로서 후일 모두 王에 책봉되었으므로 오왕이라고 일컫는다. 이 정변의 성공은 唐나라 李氏의 社稷을 회

---

4) ≪資治通鑑≫ 권198 唐紀 14 太宗 貞觀 22년. "吾居位已來 不善多矣 錦繡珠玉不絶於前 宮室臺榭屢有興作 犬馬鷹隼無遠不致 行游四方 供頓煩勞 此皆吾之深過 勿以爲是而法之 顧我弘濟蒼生 其益多 肇造區夏 其功大 益多損少 故人不怨 功大過微 故業不墮 然比之盡美盡善 固多愧矣"

5) ≪資治通鑑≫ 권206 唐紀 22 武則天 聖曆 원년. "天下士庶未忘唐德 咸復思廬陵王"

복시키려는 역사적 조류 속에서 이루어졌다.

중종은 복위한 이후 국호를 唐으로 회복하였다. 그러나 중종은 우매한 군주였고 정권은 황후 韋氏의 수중으로 돌아갔다. 韋皇后는 무측천의 故事를 본떠 다스리려고 하였으나 무측천과 같은 재능도 없으면서 정권을 독점한 결과 매우 부패한 정권이 되었다. 무측천은 高宗을 살해할 계획을 세운 적이 없었는데 반해서 위황후는 직접 중종을 독살하는 데에 관여하였다. 그 결과 人心이 동요하여 스스로 멸망을 초래하였다.

예종 이단의 아들 李隆基는 사직의 위태로움을 건지는 것을 자신의 책임으로 삼고 景龍 4년(710)에 정변을 일으켜 일거에 韋氏 일당들을 섬멸하였다. 그리고 예종을 다시 황제로 세우고서 "중종의 정치를 개혁하고, 정관의 고사에 의거한다."[6]고 결심하였다. 이때 宰相 姚崇·宋璟 등의 노력으로 피폐한 정치를 개혁하고, 상벌을 공정하게 하고, 기강을 진작시켜서 "당시 사람들이 모두 정관·영휘의 기풍이 다시 있게 되었다고 하였다."[7]라는 평가를 받았다. 그러나 조금 뒤에 이융기의 고모 太平公主가 일을 꾸며 요숭·송경을 外職인 刺史로 내보냈다. 그리하여 조정의 문란함이 중종 시대처럼 되어 수습할 수 없게 되었다.

先天 원년(712) 8월에 이융기는 아버지 예종에게 전위를 받아 황제에 즉위하고, 다음 해(713) 7월에 반역을 꾀한 태평공주와 그의 세력을 멸망시켰다. 그리고 12월에 開元으로 연호를 바꾸어 '정관의 고사에 의거한다.'는 것이 실현되는 開元之治가 시작되었다.

開元之治의 前期는 대략 10년으로 요숭·송경이 노력하여 정관의 정치를 회복하고, 太宗·長孫皇后(文德皇后, 태종의 황후) 및 魏徵 등의 고사를 써서 玄宗에게 예의를 따르며 사치를 경계할 것을 권하였다. 29세의 현종은 치적을 절실하게 구하고, 현명한 이와 능력이 있는 이를 임용하고, 국가를 안정시키며 백성들을 위로하고, 諫言을 구하여 받아들이고, 뒤에는 諫官이 정무를 논의하는 제도를 회복하였다. 이를 역사에서는 "정관의 기풍이 잠깐 사이에 다시 떨치게 되었다."[8]라고 하였다. 이러한 정관의 기풍을 회복함에 따라 太平盛世가 또 열릴 수 있었다. 그러나 개원 중기에 이르자 임금과 신하가 다시 나태해져 안락에 빠지고, 재상들이 화목하지 않았으며, 諫諍이 점점 쇠퇴하고, 사치가 날로 늘어나서 "임금의 덕이 쇠하고 정치가 변하였다."[9]라고 일컫게 되었다.

이러한 상황에서 史臣 吳兢은 현종이 태종의 고사를 따르기를 바라면서 ≪정관정요≫를

---

6) ≪隋唐嘉話≫. "改中宗之政 依貞觀故事"

7) ≪資治通鑑≫ 권209 唐紀 25 睿宗 景雲 원년. "當時翕然以爲復有貞觀永徽之風"

8) ≪舊唐書≫ 〈玄宗本紀〉. "貞觀之風 一朝復振"

9) ≪新唐書≫ 〈五行志〉. "人君德消政易"

올렸다. 오긍은 ≪정관정요≫ 편찬을 기획하여 중종·예종·현종 세 황제 시기 동안에 자료를 수집하고 초고를 엮어 정리하여 원고를 완성하였다.

## 3. 著者

본 역서는 ≪貞觀政要集論≫을 저본으로 하였으므로 원저자 吳兢은 물론이고 集論者 戈直도 살펴보기로 한다.

### 1) 吳兢

吳兢(670~749)은 ≪舊唐書≫ 권102, ≪新唐書≫ 권132에 列傳이 있어 그의 언행을 살펴볼 수 있다.[10)]

오긍은 唐나라 汴州 浚儀 사람이다. 高宗 咸亨 원년(670)에 태어나서, 貞觀 시대(827~649)와는 20여 년 정도 밖에 차이가 나지 않는다. 그는 젊어서 뜻을 세워 經史를 널리 통하였다. 武則天이 황제가 되었을 때(690)는 20세 무렵의 젊은이로서 국호가 唐에서 周로 바뀌는 일대 變轉을 겪었다.

오긍은 정직하여 함께 뜻이 맞는 이가 적었고 오직 당시의 저명한 인물인 魏元忠·朱敬則에게 知遇를 받았다. 周 聖曆 2년(699)에서 長安 3년(703) 연간에 위원충·주경칙이 재상으로 있을 때 오긍의 재주가 論撰을 감당할 만하다고 추천하자, 조서를 내려 直史館에서 저명한 史學者 劉知幾 등과 함께 國史(唐 왕조 역사)를 편수하게 하였다. 오긍은 30세 무렵에 이미 정관 시대의 역사 편찬에 관여했던 것이다.

神龍 원년(705)에 여황제 무측천이 遜位하고 中宗이 복위하자, 貞觀 故事에 의거하는 일이 실현되어 貞觀之治를 연구하는 일이 중요한 과제가 되었다. 이때 오긍은 史館을 떠나 右拾遺(諫官)가 되고 뒤에 승진하여 右補闕(간관)이 되었는데, ≪則天實錄≫을 편찬하는 작업에 참가하여 간관 겸 史官으로서 貞觀之治의 정책을 살펴보게 되었다. 이때 ≪貞觀政要≫를 편찬하려는 의도를 가져 자료 수집과 정리 작업에 착수한 것으로 보인다.

혹자는 오긍이 신룡 연간(705~706)에 황제께 올렸다고 하여 宋나라의 ≪館閣書目≫ 注에 "신룡 연간에 황제께 올렸다.〔神龍中所進〕"라 하였고, 明나라 宋濂도 ≪정관정요≫를 당 중종 때에 올렸다고 하였으나, 모두 믿기가 어렵다. 중종이 복위한 지 얼마 안 되고 정권이

---

10) 이하는 許道勳(2008)의 ≪新譯貞觀政要≫ 〈導讀〉을 참조함.

韋后 무리들에게 조종을 받게 되자 오긍은 그 무리들을 싫어하고 종친을 보호해야 함을 上書하여 “예부터 종친을 제거하고 他姓에게 맡기고서 망하지 않은 이가 없었습니다.”[11]라고 역설한 것을 보면 중종에게는 큰 희망을 걸지 못했던 것이다.

開元 시대가 되자 玄宗은 貞觀 故事에 의거하려고 힘썼다. 새 황제 현종에게 희망을 걸었던 오긍은 다음과 같이 상소하여 정관 시대의 정치를 본받게 하려 하였다.

> “태종 황제께서는 올바른 간언을 좋아하셨는데 그때 위징·왕규·우세남·이대량·잠문본·유계·마주·저수량·두정륜·고계보가 모두 절실하게 간언하였고 요직에 임명되었습니다. 일찍이 宰相들에게 말하기를 ‘……지금 위징이 일에 따라 바르게 간언하여 짐의 결점을 많이 지적하여 마치 밝은 거울이 얼굴을 비추는 것과 같아 아름다움과 추함이 모두 드러나오.’라고 하였습니다. 이때 정치에 유익함이 있는 上書는 모두 寢殿의 벽에 붙이시고서 앉으나 서나 바라보셨는데, 비록 맹목적이고 경망한 말로 태종의 뜻을 거슬러도 끝내 태종께서는 거역한다고 여기지 않으셨습니다. 그러므로 궁중 밖의 일도 반드시 들었고 형벌을 거의 버려두고 쓰지 않았으며 예의가 크게 시행되었습니다. 폐하께서는 어찌 이 도를 따라 태종과 함께 아름다움을 이어가지 않으십니까.”[12]

개원 3년(715)에 오긍은 어머니 상을 마치자 諫議大夫 兼修國史에 임명되었다. 다음 해(716) 6월에 太上皇 睿宗이 돌아가자 현종은 오긍에게 명하여 역말로 달려가서 梓宮을 가져오게 하였다. 개원 5년(717) 9월에 諫官·史官이 정무를 논의하는 데에 참여하는 제도가 회복되자 오긍도 재상들과 접촉할 기회가 많아졌고 각종 정치활동을 할 수 있게 되었다. 개원 8, 9년경에는 中書令 張嘉貞과 侍中 源乾曜가 정권을 잡았는데 “멀리 옛 사실을 생각하여 모자람이 없도록 하였다.”[13]는 입장을 지녔고, 일찍이 오긍에게는 정관 시대의 역사를 편집하라고 명한 적이 있었다. 이리하여 오긍은 체제를 확정하고 “옛 역사를 참고하여 그 요지를 모으고 큰 강

---

11) ≪新唐書≫〈吳兢列傳〉. “自昔翦伐宗支 委任異姓 未有不亡者”

12) ≪新唐書≫〈吳兢列傳〉. “太宗皇帝好悅至言 時有魏徵·王珪·虞世南·李大亮·岑文本·劉洎·馬周·褚遂良·杜正倫·高季輔 咸以切諫 引居要職 嘗謂宰相曰……今魏徵隨事諫正 多中朕失 如明鑑照形 美惡畢見 當是時 有上書益於政者 皆黏寢殿之壁 坐望臥觀 雖狂瞽逆意 終不以爲忤 故外事必聞 刑戮幾措 禮義大行 陛下何不遵此道 與聖祖繼美乎”

13) 〈貞觀政要序〉. “緬懷故實 未嘗有乏”

령을 들었다."[14]는 기준으로 ≪정관정요≫를 편성하였는데, 오긍의 나이 50세 무렵이었다.

개원 11년(723) 2월에 張說이 장가정의 후임으로 중서령이 되었는데 현종이 가장 신임하는 재상이었다. 그러나 오긍은 장열과 사이가 나빴다. 중종 신룡 연간에 장열이 권세를 믿고 오긍에게 ≪則天實錄≫ 중에 장열 자신과 관련된 기록을 고쳐달라고 하였으나, 오긍은 허락하지 않으면서 "만일 공의 청을 들어드린다면 이 역사는 直筆이 되지 못하니 어떻게 후세에 믿어달라고 하겠습니까."[15]라고 하였다. 오긍은 장열의 집정 시기에 ≪정관정요≫를 올리려 하지 않았는데, 마침 아버지의 상을 당해 관직에서 물러나 居喪하였다. 장열은 오긍의 후임을 두어 대신하게 하였고, 오긍은 거상을 마치자 太子左庶子로 임명되었다.

개원 13년(725)에 현종은 泰山에서 封禪 예식을 거행하였는데 도중에 말을 달리고 활을 쏘면서 즐기자, 태자좌서자 오긍은 만류하는 의견을 올렸고 현종은 수용하였다. 돌아오는 길에 洛陽에서 오긍은 현종에게 表文을 올려 말하기를 "폐하께서 참소하는 말을 잘못 받아들이시어 담당 관원을 믿지 않으시니, 윗자리에서 백성들에게 임하여 성실을 미루어 만물을 감응시키는 도가 아닙니다."[16]라 하였고, 다음 해(726) 6월에 "이러한 폐단을 개혁하지 않으시면 실로 폐하의 여러 정책의 결함이 될 것입니다."[17]라 하였고, 또 "바라오니 여러 소인들을 물리치시고, 한가로이 유람하지 마시며, 시중들지 않는 궁녀들을 밖으로 내보내고, 급히 쓰지 않는 말을 줄이며, 人選을 공명하게 하고, 형벌을 신중히 하며, 요행의 길을 막고, 지극히 공정함을 유지하십시오."[18]라고 하였다. 이러한 직언은 당시의 공덕을 노래하는 기풍 속에 매우 용감한 것이었고, 개원 중기가 초기만 못하다는 사실을 보여주는 것이다.

개원 17년(729)에 절실하게 간언을 한 오긍은 현종에게 용납되지 못하여 荊州司馬라는 外職으로 나가게 되었으나, 史稿를 가지고 가는 것이 허락되었다.(≪舊唐書 吳兢列傳≫) 이 史稿는 편찬이 완료되지 않은 國史였고, 이미 편성하고서 미처 올리지 못한 ≪정관정요≫도 포함되었다. 이때 오긍이 평소 경앙하던 재상 원건요는 侍中을 그만두고 安陽郡公에 봉해졌다. 그리고 경앙하던 재상 河東侯 張嘉貞은 병으로 洛陽에서 서거하였다. 오긍은 그들

---

14) 〈貞觀政要序〉. "參詳舊史 撮其指要 擧其宏綱"

15) ≪資治通鑑≫ 권212 唐紀 28 玄宗 開元 9년. "若徇公請 則此史不爲直筆 何以取信于後"

16) ≪資治通鑑≫ 권212 唐紀 28 玄宗 開元 13년. "陛下曲受讒言 不信有司 非居上臨人推誠感物之道"

17) ≪新唐書≫ 〈吳兢列傳〉. "此弊未革 寔陛下庶政之闕也"

18) ≪新唐書≫ 〈吳兢列傳〉. "願斥屛群小 不爲慢游 出不御之女 減不急之馬 明選擧 愼刑罰 杜僥倖 存至公"

의 치적을 떠올리며 〈貞觀政要序〉를 다음과 같이 썼다.

"唐나라의 훌륭한 재상 侍中 安陽公과 中書令 河東公이 그때에 聖明(玄宗)을 만나 宰輔의 지위에 올랐다. 제왕의 도를 경건히 밝히며 王道政治를 도와 알맞게 하여 한 가지 일이라도 어긋나는 것이 있을까 두려워하고 禮義廉恥가 펼쳐지지 않을까 우려하였으므로, 늘 私欲을 극복하여 정성을 쏟아 멀리 옛 사실을 생각하여 모자람이 없게 하였다. 태종 때의 정치 교화는 참으로 볼만하니, 먼 옛날 이래로 없던 것이다. 세상에 전하여 교화를 세운 훌륭한 일과 典謨와 諫奏의 글 중에서 큰 도모를 널리 밝히고 지극한 도를 더욱 높일 수 있었던 것을 나에게 명하여 끌고루 뽑아 기록하게 하니 체제의 대략이 모두 드러나 규모를 이루었다.

이에 들은 것을 편집하며 옛 역사를 참고하여 그 요지를 모으고 그 큰 강령을 들었다. 글은 바탕과 문채를 겸하고, 의리는 勸善懲惡에 있어 인륜의 기강이 갖추어지고 軍國의 정무가 들어 있다. 모두 1帙 10권이고 도합 40편인데 명칭을 '貞觀政要'라고 하였다. 바라건대 국가를 소유한 이들이 과거 규범을 잘 준수하여 훌륭한 점을 골라 따르면 장구한 왕업이 더욱 빛나고 큰 공적이 더욱 드러날 수 있을 것이니, 어찌 堯임금·舜임금만 높이 계승하며 文王·武王만 본받아 빛낼 필요가 있겠는가."[19)]

오긍은 ≪정관정요≫에 의해 唐 왕조가 오래 안정되기를 기대하였다.

얼마 뒤에 오긍은 현종에게 ≪정관정요≫와 함께 표문을 올렸는데, 그 표문의 일부를 살펴보면 다음과 같다.

"신이 근래 조정과 재야의 선비와 서민들이 국가의 政教를 언급하는 것을 보니 모두들 '만일 聖明하신 폐하께서 太宗의 故事를 따르신다면 멀리 옛날의 방법을 빌리지 않아도 반드시 태종의 업적을 이룰 것입니다.'라고 하였습니다."[20)]

---

19) "有唐良相曰侍中安陽公·中書令河東公 以時逢聖明 位居宰輔 寅亮帝道 弼諧王政 恐一物之乖所 慮四維之不張 每克己勵精 緬懷故實 未嘗有乏 太宗時政化 良足可觀 振古而來 未之有也 至於垂世立教之美 典謨諫奏之詞 可以弘闡大猷 增崇至道者 爰命不才 備加甄錄 體制大略 咸發成規 於是綴集所聞 參詳舊史 撮其指要 擧其宏綱 詞兼質文 義在懲勸 人倫之紀備矣 軍國之政存焉 凡一帙一十卷 合四十篇 名曰 貞觀政要 庶乎有國有家者克遵前軌 擇善而從 則可久之業益彰矣 可大之功尤著矣 豈必祖述堯舜 憲章文武而已哉"

"옛날에 殷나라 湯王이 堯임금・舜임금만 못하자 伊尹이 부끄러워하였으니, 폐하께서 만일 조상의 업적을 강구하지 않는다면 미천한 신 역시 부끄러울 것입니다."[21]

오긍은 현종에게 貞觀 故事를 따를 것을 바랐다. 그리고 과거의 훌륭한 전범을 따르게 하는 것을 자신의 임무로 삼았다.

그러나 유감스럽게도 현종은 오긍의 이러한 충심을 아랑곳하지 않은 것으로 보인다. 현전하는 史料 중에 현종이 ≪정관정요≫에 반응을 보인 기록이 조금도 없기 때문이다. 그 뒤에 오긍은 台州・洪州・饒州・蘄州刺史를 역임하고, 銀靑光祿大夫가 되었으며, 다시 相州長史로 옮기고 襄垣縣子에 봉해졌다. 天寶(742~755) 초기에 전국적으로 官名이 바뀌었는데 鄴郡太守를 지내고, 서울로 돌아와서 현종의 27째 아들 恒王 李瑱의 師傅가 되었다. 만년에 史官 직책을 맡고 싶어 하였으나 재상 李林甫가 오긍의 노쇠함을 꺼려서 등용하지 않았다. 천보 8년(749)에 집에서 죽으니 향년 80세였다.

오긍은 40여 년간 역사를 정리하면서 간언을 많이 하고 정직하게 써서 그 당시에 '오늘날의 董狐(春秋시대 晉나라의 유명한 史臣)'(≪新唐書 吳兢列傳≫)라고 칭송되었다. 그동안 저술이 매우 많았을 것인데 현존하는 것은 ≪정관정요≫ 하나뿐이다.

### 2) 戈直

戈直은 元나라 사람으로 생몰은 미상이다. 字는 子敬・伯敬이고, 江西 臨川 사람이다. 著名한 史學評論家로 일컬어진다. 젊었을 때 吳澄(1249~1333)에게 배웠고, 元나라 文宗 至順 4년(1333)에 ≪貞觀政要集論≫을 지었다.(≪四庫全書總目 권51≫) ≪字說≫도 지었다고 하나, 현재 전하지 않는다.

오긍의 ≪貞觀政要≫가 720년 무렵에 이루어지고 나서 약 600여 년 뒤인 1333년에 ≪貞觀政要集論≫이 저술되어, ≪정관정요≫의 이해를 크게 심화시켰다.

集論에 대해서는 과직의 〈戈直序〉에서 살펴볼 수 있다.

"애석하게도 이 책(≪貞觀政要≫)은 轉寫 과정에서 오류가 났으므로, 내가 여러 본

---

20) 〈上貞觀政要表〉. "臣愚比嘗見朝野士庶有論及國家政教者 咸云 若陛下之聖明 遵太宗之故事 則不假遠求上古之術 必致太宗之業"

21) 〈上貞觀政要表〉. "昔殷湯不如堯舜 伊尹恥之 陛下倘不修祖業 微臣亦恥之"

을 모아 참고하여 바로잡았다. 그리고 그 뜻을 밝히기 어려운 것과 音을 통하기 어려운 것은, 글자는 풀이하고 구절은 서술하였으며, 문장이 부적절하게 나누어진 것은 합하고 부적절하게 합해진 것은 나누었다. 그리고 唐나라 이래로 여러 유학자들의 논의를 채집하지 않은 것이 없고, 간간이 나의 의견으로 판단하여 그 뒤에 첨부하였다. 그런 뒤에야 이 책의 취지가 제법 명백하게 되었다. 비록 선배 유학자들의 이치를 연구하는 학문에는 함부로 논의하지 못하겠으나 국가의 치적을 이루는 방도에는 작은 도움이 없다고는 못할 것이다."[22]

여러 본을 참고하여 오류를 바로잡고, 音·義를 밝혀 통하게 하고, 문장을 합하거나 나누었으며, 유학자들의 논의를 편집하여 '集論'이라 하고, 과직 자신의 의견을 첨부하여 '愚按'이라 하였다.

集論은 篇 또는 條目마다 뒤에 수록하였다. 모두 22명으로 唐나라 柳芳, 後晉 劉昫, 宋나라 宋祁·孫甫·歐陽脩·曾鞏·司馬光·孫洙·范祖禹·馬存·朱黼·張九成·胡寅·呂祖謙·唐仲友·葉適·林之奇·眞德秀·陳惇修·尹起莘·程奇와 呂氏의 ≪通鑑精義≫의 說이다.(≪四庫全書總目 권51≫)

愚按 역시 篇 또는 章마다 뒤에 수록하였는데, 자신의 史學的 관점을 표현하였다. 예를 들면 ≪정관정요≫ 〈論君道〉의 愚按에서 "예로부터 임금이 근심스럽고 위태로운 처지에 있으면 생각이 경건해지고 조심스러워지며, 생각이 경건해지고 조심스러워지면 어지러운 것이 다스려졌다. 편안하고 즐거운 데 있으면 품은 의지가 느슨하고 게을러지며, 품은 의지가 느슨하고 게을러지면 다스려진 것이 어지러워진다."[23]라고 하여 治亂은 임금이 '근심스럽고 위태로운 지경에 있는 것〔在憂危〕'과 '생각이 경건해지고 조심스러워지는 것〔思敬畏〕'에 달려 있음을 주장하고, 또 "몸·마음과 국가·천하가 하나였던 것은 三代 이전의 정치이고, 몸·마음과 국가·천하가 둘이었던 것은 삼대 이후의 정치이다."[24]라고 하여 몸·마음과 국가·천하가 하나로 되어야 할 것을 주장하였다. 또 〈논군도〉의 愚按에서 "창업은 거슬리는 경우이지만 德을 진취시킬 수 있고, 수성은 순조로운 경우이지만 쉽게 德을 잃는

---

22) "惜乎是書傳寫謬誤 竊嘗會萃衆本 參互考訂 而其義之難明 音之難通 字爲之釋 句爲之述 章之不當分者合之 不當合者分之 自唐以來 諸儒之論 莫不采而輯之 間亦斷以己意 附於其後 然後此書之旨 頗爲明白 雖於先儒窮理之學 不敢妄議 然於國家致治之方 未必無小補云"

23) "自古人主在憂危則思敬畏 思敬畏則亂者治矣 居安樂則懷寬怠 懷寬怠則治者亂矣"

24) "身心與家國天下爲一者 三代以上之治也 身心與家國天下爲二者 三代以下之治也"

다."[25]라고 하여 守成할 때 쉽게 德을 잃는 것을 경계하였다. 이는 나라를 다스리는 道에 대한 새로운 관점을 제시한 것이다.

또 ≪貞觀政要≫ 〈論納諫〉 뒤의 愚按에는

> "太宗이 간언을 받아들인 것이 어찌 본연의 천성에 의한 것이었겠는가. 참으로 隋나라 煬帝가 망한 것을 목도하고 그것을 바로잡기 위해 애써 노력하여 시행한 것에 말미암았다. 그래서 貞觀 초기에 천하가 안정되지 않았을 때는 사람들을 유도하여 간언하도록 하였고, 중간쯤에 천하가 점차 안정을 되찾았을 때도 여전히 사람들의 간언을 좋아했으나, 말년에 천하가 이미 안정되고 나서는 마지못해 억지로 사람들의 간언을 따랐다.……太宗이 간언을 받아들인 것은 血氣의 교정에서 연유된 것이므로 젊었을 때는 예리하다가 늙어서는 무뎌진 것이나."[26]

라고 하여, 태종이 간언을 받아들인 것을 初年·中年·末年의 3단계로 구분하고, 간언을 받아들인 것이 '애써 노력하여 시행한 것'임을 지적하고, 젊어서는 예리하다가 늙어서는 무뎌졌다고 간파하였다. 이러한 분석은 태종의 성향 및 태종이 간언을 받아들인 실상을 이해하는 데에 도움을 준다.

이러한 과직의 ≪정관정요집론≫이 나온 이후로 기타 판본들은 빛을 잃어 소실되어 갔다. 그리하여 集論本이 널리 퍼져서 현재에 이르렀다.

## 4. 體制와 內容

### 1) 體制

政要를 書名으로 정한 것은 오긍에게서 시작되었다고 한다. 그 이전에는 撮要, 略要, 史要가 있었다. ≪貞觀政要≫는 임금과 신하 사이에 一問一答씩 논의를 이어간 형식이 많은데, 이러한 체제는 과거에 있었던 것을 채용한 것이다. 그러나 그 篇目이 독창적이고, 간명하여 요점을 잡고, 條理가 명백한데, 이 점은 唐나라 이전의 문헌에는 드물다.

---

25) "創業 逆境也 可以進德 守成 順境也 易以喪德"

26) "太宗之納諫 豈其天性之本然哉 良由目睹煬帝之亡 矯揉勉强而行之也 故貞觀之初 天下未安 則能導人使諫 中年天下漸安 尙能悅人之諫 末年天下已安 則勉强從人之諫矣……太宗之納諫 由於血氣之矯揉 故少而銳 老而衰也"

| 卷次 | 篇次 | 篇名 | 卷次 | 篇次 | 篇名 |
|---|---|---|---|---|---|
| 1 | 1 | 論君道 | 6 | 21 | 愼所好 |
| | 2 | 論政體 | | 22 | 愼言語 |
| 2 | 3 | 論任賢 | | 23 | 杜讒邪 |
| | 4 | 論求諫 | | 24 | 論悔過 |
| | 5 | 論納諫 | | 25 | 論奢縱 |
| 3 | 6 | 論君臣鑑戒 | | 26 | 論貪鄙 |
| | 7 | 論擇官 | 7 | 27 | 崇儒學 |
| | 8 | 論封建 | | 28 | 論文史 |
| 4 | 9 | 論太了諸工定分 | | 29 | 論禮樂 |
| | 10 | 論尊敬師傅 | 8 | 30 | 論務農 |
| | 11 | 論教誡太子諸王 | | 31 | 論刑法 |
| | 12 | 論規諫太子 | | 32 | 論赦令 |
| 5 | 13 | 論仁義 | | 33 | 論貢賦 |
| | 14 | 論忠義 | | 34 | 辯興亡 |
| | 15 | 論孝友 | 9 | 35 | 議征伐 |
| | 16 | 論公平 | | 36 | 議安邊 |
| | 17 | 論誠信 | 10 | 37 | 論行幸 |
| 6 | 18 | 論儉約 | | 38 | 論畋獵 |
| | 19 | 論謙讓 | | 39 | 論災祥 |
| | 20 | 論仁惻 | | 40 | 論愼終 |

編制는 맨 앞에 君道를 논의하여 국가 통치자를 다루고, 다음에 政體를 논의하여 정치 문제를 다루었다. 다음에 任賢을 논의하여 賢才의 임용을 다루고, 다음에 求諫을 논의하며 納諫을 논의하였다. 諫言의 문제를 40篇 중에 앞부분의 4, 5편 두 편에 걸쳐 배정한 것은 이를 매우 중시한 것이다. 貞觀之治에 간언이 매우 주요하게 작용했음을 나타내려는 의도라고 할 수 있다. 특히 태자의 문제보다 앞에 배정한 것이 눈길을 끈다. 이하 〈論君臣鑑戒〉 등으로 이어져 〈論愼終〉으로 끝을 맺는다. 그중에 특히 강조한 것은 太子의 문제이다. 9편에서 12편까지 〈論太子諸王定分〉 등 가장 많은 4편을 편성하고 있기 때문이다. 唐나라 건국 초기 武德 연간의 태자 李建成 폐위 사건, 貞觀 연간의 태자 李承乾 폐위 등 두 차례의 태자 폐립사건에 크게 영향을 받은 것으로 보인다.

각 篇은 시간적 배열이 아니지만, 篇內의 배열은 연대 선후의 시간적 배열을 하였다. 즉 記言體(사건이 아닌 말을 기록한 역사 서술 체제) 內에서 시간적 배열을 한 이중 구조로 구성되어 있다. 이것은 중국 史學史에서 옛 기언체를 새롭게 다듬어 창안해낸 것으로 독보적인 특징이라고 할 수 있다.

2) 內容

≪정관정요≫는 역사 기록이지만 일반 역사 저술과는 달리 政治敎化의 典範이 되는 내용으로 구성되어 있다. 이는 오긍이 自序에서 "의리는 勸善懲惡에 있어 인륜의 기강이 갖추어지고 軍國의 정무가 들어 있다.……바라건대 국가를 소유한 이들이 이전의 법도를 잘 준수하여 훌륭한 점을 골라 따르면 장구한 왕업이 더욱 빛나고 큰 공적이 더욱 드러날 수 있을 것이다."[27]라고 한 말에서 여실히 드러난다. 이 전범을 본받으면 왕업이 빛나고 공적이 드러나게 된다고 후대의 통치자들을 경계하고 있다.

구성은 대부분 대화체로 이루어졌는데, 대화의 주인공은 唐 太宗이고 그와 응대하는 이는 魏徵·王珪·房玄齡·杜如晦 등 45명의 大臣들이다. 내용은 태종이 재위한 23년 동안의 여러 가지 문제로 매우 광범하다. 이를 권별로 요약하면 다음과 같다.

| 卷次 | 내 용 |
|---|---|
| 1 | 군주가 갖추어야 할 도리와 정치의 근본을 논의 |
| 2 | 어진 관리의 임명과 諫言의 권장, 간언의 수용을 논의 |
| 3 | 군주와 신하가 거울로 삼아야 할 계율, 관리 선발, 봉건제를 논의 |
| 4 | 적장자인 태자와 비적장자인 여러 왕들의 직분, 師傅 존경, 太子 훈계, 태자 간언을 논의 |
| 5 | 仁義, 忠義, 孝友, 公平, 誠信을 논의 |
| 6 | 儉約, 謙讓, 仁慈·惻隱, 좋아하는 것을 신중히 함, 말을 신중히 함, 참소·간사를 단절함, 과오를 뉘우침, 사치·방종, 탐욕·비루를 논의 |
| 7 | 儒學을 존중함, 문학·역사, 禮樂을 논의 |
| 8 | 농업에 힘씀, 刑法, 사면령, 공물과 세금, 興亡을 논의 |
| 9 | 征伐, 변방 안전을 논의 |
| 10 | 군주의 순행, 사냥, 길흉재변의 징조, 끝까지 신중히 함을 논의 |

이는 태종의 언행과 정책 등을 수록하여 貞觀之治의 成功談을 부문별로 제시한 것이다. 이러한 성공의 주요한 요인은 태종의 諫言 장려와 수용이라고 할 것이다. 간언의 중요성은

27) "義在懲勸 人倫之紀備矣 軍國之政存焉……庶乎有國有家者克遵前軌 擇善而從 則可久之業益彰矣 可大之功尤著矣"

"隋 煬帝가 천하를 잃은 이유는 한두 가지가 아니지만 간언을 거부한 것보다 더 큰 잘못은 없고, 唐 太宗이 천하를 얻은 이유는 한두 가지가 아니지만 간언을 받아들인 것보다 더 중요한 것은 없다."[28)]

라고 하여, 태종이 간언을 수용한 것을 천하를 차지한 첫 번째 요인으로 제시하였다.

태종이 간언을 따른 것에 대하여는

"太宗이 자신을 낮추고 여러 신하들의 논의를 따르자 위징의 무리는 좋은 때를 만난 것을 기뻐하고 자신을 알아주는 이를 만난 것에 감동하여 크고 작은 일을 간언하지 않은 것이 없었다. 비록 그들의 충성과 정직함이 저절로 오게 한 것이지만 또한 훌륭한 임금을 만나서 그렇게 된 것이다."[29)]

"眉山 蘇東坡가 '太宗이 간언을 따른 것은 성인에 가깝다.'라고 하였으니, 어찌 진실하지 않은가."[30)]

라고 하여, 간관들의 언로를 열어주었고, 간관들의 충성과 정직으로 이룩한 것이지만 태종을 만나서 가능하였고, 태종이 간언을 수용한 것은 성인에 접근할 정도라고 하였다.

간언한 인물로는 단연코 魏徵이 제일인자였다. 위징은 태종의 형 李建成의 측근이었는데, 태종이 이건성을 제거했을 때 위징의 인격을 흠모하여 기용한 인물이다. 태종은 위징의 주장에 힘입어 중국이 태평해졌고, 오랑캐들이 복종하고 衣冠을 갖춘 문화생활을 하게 되었으며, 태종 자신도 연마되었다고 공언하였다.

"정관 초년에 사람들이 모두 논의가 달라서 당시에 반드시 帝道와 王道를 시행할 수 없다고 말하였는데, 위징만은 나에게 권하였소. 그의 말을 따르고 난 뒤 몇 년 지나지 않아 마침내 華夏(중국)는 편안함을 얻었고, 먼 곳의 오랑캐들은 복종하였

---

28) ≪貞觀政要集論≫ 〈論納諫〉 愚按. "隋煬帝失天下之道不一 而莫大於拒諫 唐太宗得天下之道不一 而莫大於納諫"

29) ≪貞觀政要集論≫ 〈論任賢〉 集論. "太宗屈己以從群臣之議 魏公之徒 喜遭其時 感知己之遇 事之大小 無不諫諍 雖其忠直所自至 亦得君以然也"

30) ≪貞觀政要集論≫ 〈論擇官〉 集論. "眉山蘇氏謂 太宗之從諫近於聖 詎不信哉"

소. 돌궐은 예로부터 늘 중국의 강한 적이었는데 지금 추장이 함께 칼을 차고 궁궐을 호위하고, 部落들은 모두 의관을 입고 있소. 내가 마침내 여기에 이르게 된 것은 모두 위징의 힘이오."[31]

"짐은 비록 아름다운 바탕이 없으나 공(위징)에게 단련을 받았소. 공이 수고롭게도 짐을 仁義로 단속해주고 짐을 도덕으로 넓혀주어서 짐의 공업이 여기에 이르도록 하였으니, 공은 또한 숙련공이라 하기에 충분하오."[32]

이러한 큰 업적은 위징의 요청으로 仁義를 실천한 효과였다. 이는 태종이

"封倫(封德彝)의 말을 물리쳐 억제하고 위징의 요칭을 힘써 행하였나. 그러므로 쌀 한 말의 값이 3錢이고 바깥문을 닫지 않으며 여행자들이 들에서 유숙하고 거의 형벌을 버려두고 쓰지 않는 데에 이르렀으니, 또한 仁義의 효과라고 말할 만하다."[33]

"이는 위징이 일찍이 나에게 인의를 행하라고 권하여 효험이 드러난 것이다. 봉덕이가 죽어서 보지 못하게 된 것이 애석하구나."[34]

라고 한 것에서 드러난다. 봉덕이는 위징의 의견을 반대하였는데, 태종은 그의 의견을 물리치고 위징의 의견을 채용하였다. 이 인의의 효과는 經濟·治安·刑法의 안정에까지 미쳤다.

위징의 간언에 대한 평가는

"〈군주에게 충성하며 절조를 지킨 자는〉 이전 시대에 간언하는 신하 중에 〈위징〉 한 사람뿐이다."[35]

---

31) ≪貞觀政要≫〈論政體〉. "貞觀初 人皆異論 云當今必不可行帝道王道 惟魏徵勸我 既從其言 不過數載 遂得華夏安寧 遠戎賓服 突厥自古以來常爲中國勍敵 今酋長竝帶刀宿衛 部落皆襲衣冠 使我遂至於此 皆魏徵之力也"

32) ≪貞觀政要≫〈論政體〉. "朕雖無美質 爲公所切磋 勞公約朕以仁義 弘朕以道德 使朕功業至此 公亦足爲良工爾"

33) ≪貞觀政要集論≫〈論政體〉 愚按. "獨能黜抑封倫之言 力行魏徵之請 故能致斗米三錢 外戶不閉 行旅野宿 幾於刑措 亦可謂仁義之效矣"

34) ≪新唐書≫〈魏徵列傳〉. "此徵勸我行仁義 既效矣 惜不令封德彝見之"

"魏鄭公(위징)처럼 간언을 한 사람은 兩漢 이래 한 사람뿐이다."36)

"이는 魏公이 諫諍의 道를 얻었으니, 그의 말이 충분히 후세에 진실을 전할 수 있다는 것이다."37)

"太宗의 총명함으로 오직 도를 살펴봄이 천근하여 말을 듣고 임용하는 사이에 있어서 정공(위징)의 간언을 자주 받아들였으나 왼쪽에서 끌고 오른쪽에서 끌어 간언하지 않으면 소인에게 변화되어 간사한 말에 현혹됨이 많았다. 이는 위징이 최고로 貞觀之治에 공이 있는 것이니, '그릇된 마음을 바로잡는나.'는 것에 가까운 것이다."38)

라고 하여, 위징은 간관 중 제일가는 사람이며, 간쟁의 도를 얻어 그의 말이 후세에 전해질 것이고, 貞觀之治에 최고 공로자로서 임금의 마음을 바로잡았다고 하였다.

이외에도 "정관 시대에 위징은 없어선 안 되니……위징의 간쟁은 태종의 부족한 것을 보완할 수 있었기 때문이다."39)라고 하고, 貞觀之治에 태종이 '유독 위징에게만 공을 돌렸다.'40)라고 하여, 위징은 貞觀之治에 없어서는 안 될 인물로 평가되었다. 그리고 태종은 위징의 간언에 대해 "公이 아니면 이 문제를 말할 자가 없소."41)라는 등의 말을 자주하면서 비단으로 포상을 하여 권장하였다.

이와 같이 위징이 중시되자, 위징을 불리하게 거론한 인물들은 그 자신들이 불이익을 받았다. 太宗이 畿內道黜陟使를 파견하려할 때 右僕射 李靖이 魏徵을 추천하자, 태종이 말하기를

"朕이 지금 九成宮으로 가는 일 또한 작은 일이 아닌데 어떻게 위징을 출척사로 보낼 수 있겠소. 짐이 행차 때마다 그와 떨어지고 싶지 않은 것은 다만 위징만이

35) ≪貞觀政要集論≫ 〈論任賢〉 集論. "前代爭臣 一人而已"

36) ≪貞觀政要集論≫ 〈論任賢〉 愚按. "魏鄭公之諫 自兩漢以來 一人而已"

37) ≪貞觀政要集論≫ 〈論君道〉 集論. "是魏公得諫諍之道 其言足以傳信於後也"

38) ≪貞觀政要集論≫ 〈論君臣鑑戒〉 集論. "以太宗之聰明 惟其見道之淺 至於聽言任用之間 數領鄭公之諫 而非諫之左挈右提 則移於小人 惑於奸言多矣 此徵最有功於貞觀者 於格非近之矣"

39) ≪貞觀政要集論≫ 〈論忠義〉 愚按. "不可以無徵……徵之諫爭 乃能補太宗之所不足也"

40) ≪貞觀政要集論≫ 〈論誠信〉 愚按. "獨歸功于徵"

41) ≪貞觀政要≫ 〈論納諫〉. "非公無能道此者"

짐의 옳고 그름과 잘되고 잘못된 점을 드러내기 때문이오. 공 등이 짐을 바로잡을 수 있는가? 〈그럴 수 없다면〉 번번이 이런 말을 해서는 안 되오. 전혀 도리가 아니오."[42)]

라고 하고, 즉시 이정을 기내도출척사로 충당하게 했다. 최고 명장 이정이 위징을 지방으로 보내려다가 자신이 가게 되었던 것이다.

또 위징을 모반하였다고 고한 자가 있었는데, 태종은 그 전말을 위징에게 물어보지도 않고 곧바로 위징을 고한 자를 참수형에 처하는 지나친 처사를 보이기도 하였다.(〈論杜讒邪〉)

그러나 태종이 애초부터 위징의 간언을 순순히 받아들인 것은 아니고, 격렬한 고뇌 과정을 겪으면서 수용하였다.

"태종이 조회를 마치고 노하여 '반드시 이 시골 노인을 죽여버리겠다!' 하니, 文德皇后(태종의 황후)가 묻기를 '누구입니까?' 하였다. 태종이 '위징이 늘 조정에서 나를 욕보이오.' 하였다. 문덕황후가 물러나 朝服을 갖추어 입고 뜰에 서 있자, 태종이 놀라서 그 까닭을 물었다. 문덕황후가 말하기를 '妾이 들으니 임금이 명철하면 신하가 올바르다고 합니다. 지금 위징이 올바른 것은 폐하의 명철함 때문입니다. 妾이 감히 축하하지 않겠습니까!' 하니 태종이 기뻐하였다."[43)]

貞觀之治에 관련된 주요한 인물로는 위징 이외에 다음과 같은 인물들을 들 수 있다.

"唐나라 초기의 여러 현신들을 보건대 謀國과 用人은 王珪·魏徵이 房玄齡·杜如晦만 못하고, 正己와 正君은 방현령·두여회가 왕규·위징만 못하다. 4명의 현신이 귀와 눈, 팔과 다리처럼 서로 도움이 되었으니, 貞觀의 치적을 이룬 것이 당연하지 않은가."[44)]

---

42) ≪貞觀政要≫ 〈論忠義〉. "朕今欲向九成宮亦非小 寧可遣魏徵出使 朕每行 不欲與其相離者 適爲其見朕是非得失 公等能正朕〔否〕 不可因輒有所言 大非道理"

43) ≪資治通鑑≫ 권194 唐紀 10 太宗 貞觀 6년. "上嘗罷朝 怒曰 會須殺此田舍翁 后問爲誰 上曰 魏徵每廷辱我 后退具朝服 立於庭 上驚問其故 后曰 妾聞主明臣直 今魏徵直 由陛下之明故也 妾敢不賀 上乃悅"

44) ≪貞觀政要集論≫ 〈論任賢〉 愚按. "以唐初諸賢臣觀 則謀國用人 王魏不如房杜 論正己正君 房

> "房玄齡·杜如晦를 임명하여 재상으로 삼고, 英公(李勣)·衛國公(李靖)을 장군으로 삼았으며, 王珪·魏徵의 간쟁, 褒公(段志玄)·鄂公(尉遲敬德)의 용맹, 虞世南·褚亮의 문장, 그리고 아래로 孫思邈의 醫藥, 李淳風의 曆數, 袁天綱의 相法까지 지극히 정밀하고 지극히 오묘하지 않은 것이 없어서 천고에 탁월하였으니, 인재가 성대한 후세라 하더라도 미칠 수가 없다."[45)]

謀國과 用人은 방현령·두여회이고, 正己와 正君은 왕규·위징을 최고로 평가하였다. 그리고 각도를 달리하여 전문성으로 논하면 재상에 방현령·두여회, 장군에 이적·이정, 간쟁에 왕규·위징, 용맹에 단지현·위지경덕, 문장에 우세님·저량, 그리고 의약에 손사막, 曆數에 이순풍, 相法에 원천강 등을 논의하였다.

이상의 여러 문제는 守成과 연관되는 것이다. 태종은 창업과 수성을 겸하여 달성한 인물로서 近臣들에게 어느 것이 어려운지 묻자, 방현령은 창업이 어렵다고 하고 위징은 수성이 어렵다고 하였다. 태종은 이 답변에서

> "방현령은 과거에 나를 따라 천하를 평정하였으므로 고생을 겪고 누차 죽을 고비를 벗어나 한 번 살 길을 만났으니 창업의 어려움을 아는 까닭이요, 위징은 나와 함께 천하를 안정시켰으므로 교만 방자의 실마리가 생겨서 반드시 위망의 처지에 이를까 우려하니 수성의 어려움을 아는 까닭이오. 현재 창업의 어려움은 이미 지나갔으니 守成의 어려움을 마땅히 공들과 신중히 대응해야 할 것이오."[46)]

라고 하여, 창업은 과거의 일이므로 현재는 수성에 대응하라고 결론을 내렸다. 수성에 힘쓴 결과 정치·경제 등에 효과를 올려 貞觀之治가 이루어졌다.

이외에 몇 가지를 더 제시하면 賢才를 중시하고, 멸망한 隋나라를 거울로 삼고, 偃武修文

---

杜不如王魏 四賢如耳目股肱 相資爲用 其致貞觀之治 不亦宜乎"

45) ≪貞觀政要集論≫〈論政體〉愚按. "命房杜以爲相 英衛以爲將 王魏之諫爭 褒鄂之驍勇 虞褚之詞翰 下至孫思邈之醫藥 李淳風之曆數 袁天綱之相法 莫不至精至妙 度越千古 後世人才之盛莫能及也"

46) ≪資治通鑑≫〈論君道〉. "玄齡昔從我定天下 備嘗艱苦 出萬死而遇一生 所以見草創之難也 魏徵與我安天下 慮生驕逸之端 必踐危亡之地 所以見守成之難也 今草創之難 既已往矣 守成之難者 當思與公等愼之"

에 입각하여 儒學을 존숭하여 孔穎達에게 ≪五經正義≫를 짓게 하고, 佛教・道教도 높이며, 학교를 일으키고, 禮樂을 일으키고, 늘 위기의식을 가져 편안해도 위태로움을 잊지 않았으며, 과실을 고치는 등의 일을 들 수 있다.

## 5. 價値와 評價

≪貞觀政要≫는 貞觀之治의 업적을 부문별로 요약하여 알게 해준 저술이라는 점에 우선적인 가치가 있다. 이는 〈戈直序〉에서 다음과 같이 밝히고 있다.

> "吳兢의 글은 질박하고 풍부하면서 기록한 일이 자세하다. 그렇다면 太宗의 일이 천하 후세에 밝게 드러난 것이 어찌 이 책의 힘이 아니겠는가."[47)]

이 '태종의 일〔太宗之事〕'을 40편으로 나누어 기술하고, 그중에 諫言이 태평성대를 이루는 가장 주요한 요인임을 누차 설명하였다.

> "과실이 있을 때마다 간관이 간언하여 말리도록 허락한 것은 정관의 정치를 이룬 근본이다. 천하를 소유한 자가 모두 실행할 것이니, 이는 왕좌의 스승이 되는 것이다."[48)]

즉, 간언은 정관 정치의 근본이자 제왕이면 실행해야 하는 것이므로, 제왕의 스승이 된다는 것이다.

이러한 ≪정관정요≫는 帝王學의 實務教材가 되어, 韓・中・日의 최고통치자들에게 애독되었다.

중국은 唐나라 이후 여러 왕조에서 꾸준히 간행되어 애독되었을 뿐만 아니라 오늘날까지 제왕의 통치 철학으로써 확고한 위치를 고수하고 있다. 唐나라 文宗은 潛邸 때에 ≪정관정요≫를 즐겨 읽었고,(≪舊唐書 文宗本紀≫) 金나라 熙宗(≪金史 熙宗本紀≫)과 世宗(≪金史 伊喇履列傳≫)도 힘써 읽었다. 이후 元・明・淸나라 황제들이 애독하고 序를 짓기도 하였다.

---

47) "吳氏之文 質樸該贍而所紀之事詳 是則太宗之事 章章較著於天下後世者 豈非此書之力哉"

48) ≪資治通鑑集論≫ 〈論求諫〉 集論. "有失輒許諫官諫止 貞觀致治之本 凡有天下者皆可行 是爲王者師也"

明나라 憲宗은 1465년에 〈貞觀政要序〉를 지어 찬양하고 새로 판각하여 오래 전하게 하였다. 그리고 淸나라 高宗 乾隆帝도 〈貞觀政要序〉를 지어 존중하였다.

한국은 ≪정관정요≫를 高麗 光宗이 읽었고,(≪高麗史 光宗世家 원년조≫) 睿宗은 ≪정관정요≫를 읽었을 뿐만 아니라 金緣·朴景仁 등에게 註解하여 올리게 하였다.(≪高麗史 光宗世家 11년조≫) 그리고 恭讓王 때는 經筵에서 進講하였다.(≪高麗史 恭讓王世家 2년조≫ 朝鮮 太祖는 張志道에게 명하여 ≪정관정요≫를 교정해서 올리게 하였고(≪太祖實錄 4년 9월 4일조≫), 이후 역대 왕들이 講論하거나 또는 注解하게 하였는데, 肅宗은 활자로 찍어 올리게 명하였으며(≪肅宗實錄 1년 12월 18일조≫), 특히 英祖가 중시하여 자주 강론하였으며, 大臣인 徐命均에세 명하여 後序를 짓게 하였다.(≪英祖實錄 10년 12월 20일조 등≫) 正祖는 ≪政院日記≫, 각사의 등록을 가져다가 정치의 체모와 관계된 것을 뽑아서 ≪정관정요≫와 ≪太平要覽≫의 예와 같이 기록하게 하였으며, ≪정관정요≫와 ≪朱子語類≫의 체제를 본떠서 ≪日得錄≫을 편찬하게 하였다.(≪弘齋全書 日得錄≫)

일본에서는 德川幕府시대에 특히 중시되어 읽혔다. 그리고 朝廷에서 進講되기도 하였는데, 1006년 一條天皇 때에 大江匡衡이 進講한 것을 시작으로 1875년 明治시대, 1915년 大正시대까지 모두 13회 진강되었다. 또한 일본에는 唐나라 때 전해진 3종류의 鈔本(南家本, 菅原本 등)이 전해지는데, 이를 보통 舊本, 舊鈔本이라 한다. 이는 戈本과는 篇章 등에 있어 차이가 있어 ≪정관정요≫ 연구에 많이 참고하고 있다.[49)]

≪정관정요≫는 諫言을 수용한 최고 통치자가 최고 치적을 이룬 실상을 보여주는 저술이라는 점에서 諫官 제도가 사라신 현새 정치에 示唆하는 비가 크다. 간언의 수용 여부는 治亂으로 직결되기 때문이다.

≪정관정요≫는 각국 통치자들에게 크게 각광을 받았으나 내용상의 착오도 지적되었다. 〈論政體〉에는 貞觀 7년(633)에 大臣 封德彝가 '理政得失' 논의에 참여하였다고 하였는데, 봉덕이는 정관 원년(627) 6월에 사망하였다. 이 기사는 ≪新唐書≫ 〈魏徵列傳〉, ≪資治通鑑≫에 모두 태종 즉위년인 武德 9년(626)에 실려 있다. 또 官名의 착오가 자주 나타나는데 〈論忠義〉에는 정관 9년에 蕭瑀가 尙書左僕射로 되어 있으나 당시의 상서좌복야는 방현령이었고 소우는 特進이었으며, 〈議征伐〉에는 정관 원년에 秘書監 위징이 간언을 올렸다고 하였으나 당시 위징은 尙書右丞 兼諫議大夫였고 정관 3년에 비서감이 되었다. 이외에도

49) 原田種成(1983)의 ≪貞觀政要≫ 解題 참조. 특히 일본에 보존되어 있는 舊鈔本에 관해서는 原田種成과 謝保成(≪貞觀政要集校≫, 中華書局, 2003)의 연구 참조.

사소한 결함이 종종 보인다. 그리고 과직의 ≪集論≫에도 늘이거나 줄여서 原書와 출입이 있는 것이 지적된바, 권2 〈論納諫〉에 붙인 〈直諫〉은 본래 오긍의 原著가 아니고 후인들이 ≪魏鄭公諫錄≫에 의거하여 증보한 것이다.[50] 그러나 이러한 착오는 ≪정관정요≫ 자체의 가치를 크게 훼손할 정도는 못된다.

≪정관정요≫의 현존하는 가장 이른 각본은 明나라 洪武 3년(1370) 王氏의 勤有堂刻本으로 北京圖書館 善本部에 보관되어 있다. 현재 통용되는 본은 元나라 戈直의 集論本(이하 戈本)이다. 明나라 成化 원년(1465)에 戈本은 다시 판각되었고, 1978년 上海古籍出版社에서 戈本을 校點 간행하며 上古本이라고 칭했다.

## 參考文獻

≪舊唐書≫, 劉昫(後晉) 撰, 中華書局, 1975.

≪新唐書≫, 歐陽脩・宋祁(宋) 撰, 中華書局, 1975.

≪資治通鑑≫, 司馬光(宋) 撰, 胡三省(元) 音註, 中華書局, 1956.

≪貞觀政要≫, 吳兢(唐) 撰, 宏業書局, 1999.

김명희, 〈唐 太宗과 貞觀의 治〉, ≪역사학연구≫ 19, 2002.

孟憲實 저, 김인지 역, ≪정관의 치 - 위대한 정치의 시대≫, 에버리치홀딩스, 2008.

裴汝誠 等 譯注, ≪貞觀政要≫, 上海古籍出版社, 2007.

謝保成 集校, ≪貞觀政要集校≫, 中華書局, 2003.

신동준 역, ≪貞觀政要≫, 을유문화사, 2013.

王貴 標點, ≪貞觀政要≫, 岳麓書社, 2002.

葉光大・李萬壽・黃滌明・袁華忠 譯注, ≪貞觀政要全譯≫, 貴州人民出版社, 1995.

原田種成, ≪貞觀政要の研究≫, 吉川弘文館, 1965.

―――, ≪貞觀政要≫(新釋漢文大系), 明治書院, 1983.

劉配書・劉波・談蔚 譯, ≪貞觀政要≫, 新華出版社, 2006.

崔亨柱 역, ≪貞觀政要≫, 자유문고, 2003.

布目潮渢, ≪貞觀政要の政治學≫, 岩波書店, 1997.

許道勳 譯注, ≪新譯貞觀政要≫, 三民書局, 2008.

50) 이상은 許道勳(2008)의 〈導讀〉을 참조함.

# 凡 例

1. 본서는 ≪貞觀政要集論≫(吳兢(唐) 撰, 戈直(元) 集論)을 飜譯한 ≪譯註 貞觀政要集論≫ 제1책이다.
2. 본서의 底本은 국립중앙도서관 소장본인 戊申字本(古朝31-37, 朝鮮 英祖)이며, 규장각 소장본인 肅宗(朝鮮) 때 판본(古5130, 戊申字)과 英祖(朝鮮) 때 懸吐本(奎中 1471 · 1817 · 1821, 戊申字本), 중국 宏業書局에서 標點한 ≪貞觀政要≫(戈直 集論本, 1999), 謝保成의 ≪貞觀政要集校≫(中華書局, 2003), 일본 原田種成의 ≪貞觀政要≫(明治書院, 1983) 등을 참고하여 교감하였다.
3. 본서는 원전의 傳統性과 번역의 現代性을 구현하기 위해 노력하였다.
4. 原文 중 吳兢의 本文과 戈直의 集論은 우리나라 전통 방식으로 懸吐하고, 註는 標點하였다.
5. 原文이 길 경우 의미 단락에 따라 분절하였다. 吳兢의 본문은 篇, 章의 연계성을 고려하여 大文 위에 連番을 표시하였다.
   예 1-1-1 : ≪정관정요집론≫ 제1편 1장의 첫 번째 나오는 대문
   2-5-2 : ≪정관정요집론≫ 제2편 5장의 두 번째 나오는 대문
6. 原文의 글자의 讀音이 특수하거나 僻字인 경우 원문의 해당 글자 뒤 (　) 속에 한글로 音을 달아주었다.
7. 飜譯은 原義에 충실하게 하되, 이해가 어려운 부분은 意譯 또는 補充譯을 하였다.
8. 飜譯文은 한글과 漢字를 混用하였으며, 맞춤법과 띄어쓰기는 한글 맞춤법과 표준어 규정을 따르는 것을 원칙으로 하였다.
9. 원문이나 번역문의 한자 중에 僻字나 讀音이 특수한 글자는 한글로 音을 달아주었다.
10. 譯註는 校勘, 人物, 制度, 官職, 역사적 사건, 인용문의 出典, 異說, 故事, 전문용어, 難解語 등에 관한 사항을 밝혔다.
11. 校勘은 원문의 誤字, 脫字, 衍文, 倒文 등을 대상으로 하였다.

12. 圖版은 人物, 故事, 地圖, 器物 등을 수록하였으며, ≪凌煙閣功臣圖≫, ≪歷代帝王圖≫, ≪帝鑑圖說≫, ≪古聖賢像傳略≫ 등을 참고하였다.

13. 본서의 校勘에 사용된 符號는 다음과 같다.

( )〔 〕: (저본의 誤字)〔교감한 正字〕

〔 〕: 저본의 脫字 보충

( ): 저본의 衍字 표시

□ : 저본의 缺落 표시

14. 본서에 사용한 주요 부호는 다음과 같다.

" ": 對話, 각종 引用

' ': " " 안에서 再引用, 强調

「 」: ' ' 안에서 再引用, 强調

( ): 원문의 讀音이 특수한 글자나 僻字의 音
번역문에서 간단한 譯註

〔 〕: 번역문과 뜻은 같으나 音이 다른 漢字나 句節, 역주에서 인용한 原文

≪ ≫: 書名, 典據

〈 〉: 篇章名, 作品名, 補充譯

【 】: 集論의 구분 표시

15. 본서의 原註에 사용한 標點은 한국에서 재래로 사용해오던 표점방식을 보완하여 文理의 이해를 돕는 정도로 간략히 하였다. 본서에 사용된 표점은 다음과 같다.

. : 문장의 종결

, : 한 문장 안에서 句나 節의 구분이 필요한 곳

· : 대등한 명사나 구절의 병렬

" ": 1차 인용, 대화

' ': 2차 인용, 대화, 강조

「 」: 3차 인용, 2차 인용 안에서 대화·강조

# 參考書目

◇ 底本


- ≪貞觀政要≫, 吳兢 撰, 戈直 集論, 국립중앙도서관 소장본.(한古朝31-37)


◇ 底本 관련자료


- ≪貞觀政要≫, 吳兢 撰, 戈直 集論, 규장각 소장본.(古5130)
- ≪貞觀政要≫, 吳兢 撰, 戈直 集論, 규장각 소장본.(奎中 1471・1817・1821, 懸吐本)
- ≪貞觀政要≫, 吳兢 撰, 戈直 集論, 宏業書局, 1999.
- ≪貞觀政要集校≫, 謝保成 集校, 中華書局, 2003.
- ≪貞觀政要 上・下≫, 原田種成 譯, 新釋釋漢文大系, 明治書院, 1983.


◇ 經 部


- ≪古微書≫, 孫瑴(明) 編, 文淵閣四庫全書 제181책 經部175, 臺灣商務印書館, 1983~1986.
- ≪論語集註大全≫, 朱熹(宋) 集註, 胡廣(明) 等 編, 朝鮮 內閣本, 影印本, 學民文化社.
- ≪大戴禮記≫, 戴德(漢) 撰, 文淵閣四庫全書 제128책 經部122, 臺灣商務印書館, 1983~1986.
- ≪大學章句大全≫, 朱熹(宋) 集註, 胡廣(明) 等 編, 朝鮮 內閣本, 影印本, 學民文化社.
- ≪孟子集註大全≫, 朱熹(宋) 集註, 胡廣(明) 等 編, 朝鮮 內閣本, 影印本, 學民文化社.
- ≪尙書詳解≫, 夏僎(宋) 撰, 文淵閣四庫全書 제56책 經部50, 臺灣商務印書館, 1983~1986.
- ≪書傳大全≫, 蔡沈(宋) 集傳, 胡廣(明) 等 編, 朝鮮 內閣本, 影印本, 學民文化社.
- ≪詩傳大全≫, 朱熹(宋) 集傳, 胡廣(明) 等 編, 朝鮮 內閣本, 影印本, 學民文化社.
- ≪禮記集說大全≫, 陳澔(元) 集說, 胡廣(明) 等 編, 朝鮮 內閣本, 影印本, 學民文化社.
- ≪伊川易傳≫, 程頤(宋) 撰, 文淵閣四庫全書 제9책 經部3, 臺灣商務印書館, 1983~1986.

• ≪周禮注疏≫, 十三經注疏整理委員會 整理, 北京大學出版社, 2000.
• ≪周易傳義大全≫, 程頤(宋) 傳, 朱熹(宋) 本義, 胡廣(明) 等 編, 朝鮮 內閣本, 影印本, 學民文化社.
• ≪中庸章句大全≫, 朱熹(宋) 集註, 胡廣(明) 等 編, 朝鮮 內閣本, 影印本, 學民文化社.
• ≪春秋經傳集解≫, 左丘明(周) 傳, 杜預(晉) 註, 林堯叟(宋)・朱申(宋・元) 附註, 朝鮮 金屬活字本(戊申字), 影印本, 保景文化社.
• ≪春秋公羊傳≫, 十三經注疏整理委員會 整理, 北京大學出版社, 2000.
• ≪春秋集義≫, 李明復(宋) 撰, 文淵閣四庫全書 제155책 經部149, 臺灣商務印書館, 1983~1986.
• ≪胡氏春秋傳≫, 胡安國(宋) 傳, 文淵閣四庫全書 제151책 經部145, 臺灣商務印書館, 1983~1986.
• ≪韓詩外傳≫, 韓嬰(漢) 撰, 文淵閣四庫全書 제89책 經部83, 臺灣商務印書館, 1983~1986.
• ≪孝經注疏≫, 十三經注疏整理委員會 整理, 北京大學出版社, 2000.

◇ 史 部

• ≪綱目續麟≫, 張自勳(明) 撰, 文淵閣四庫全書 제323책 史部81, 臺灣商務印書館, 1983~1986.
• ≪舊唐書≫, 劉昫(後晉) 撰, 中華書局, 1975.
• ≪國語≫, 左丘明(周) 撰, 文淵閣四庫全書 제406책 史部64, 臺灣商務印書館, 1983~1986.
• ≪唐鑑≫, 范祖禹(宋) 撰, 文淵閣四庫全書 제685책 史部443, 臺灣商務印書館, 1983~1986.
• ≪史記≫, 司馬遷(漢) 撰, 中華書局, 1959.
• ≪三國志≫, 陳壽(晉) 撰, 裴松之(宋) 注, 中華書局, 1959.
• ≪新唐書≫, 歐陽脩・宋祁(宋) 撰, 中華書局, 1975.
• ≪晏子春秋≫, 晏嬰(周) 撰, 文淵閣四庫全書 제446책 史部203, 臺灣商務印書館, 1983~1986.
• ≪御批歷代通鑑輯覽≫, 文淵閣四庫全書 제335~339책 史部93~97, 臺灣商務印書館, 1983~1986.

- ≪元史≫, 宋濂(明) 撰, 中華書局, 1976.
- ≪魏鄭公諫錄≫, 王方慶(唐) 撰, 文淵閣四庫全書 제446책 史部203, 臺灣商務印書館, 1983~1986.
- ≪資治通鑑≫, 司馬光(宋) 撰, 胡三省(元) 音註, 中華書局, 1956.
- ≪資治通鑑考異≫, 司馬光(宋) 撰, 文淵閣四庫全書 제311책 史部69, 臺灣商務印書館, 1983~1986.
- ≪貞觀政要≫, 吳兢(唐) 撰, 王貴 標點, 岳麓書社, 2002.
- ≪晉書≫, 房玄齡(唐) 等 撰, 中華書局, 1976.
- ≪漢書≫, 班固(後漢) 撰, 中華書局, 1962.
- ≪後漢書≫, 范曄(南朝 宋) 撰, 中華書局, 1965.

◇ 子 部

- ≪孔子家語≫, 文淵閣四庫全書 제695책 子部1, 臺灣商務印書館, 1983~1986.
- ≪管子≫, 文淵閣四庫全書 제729책 子部35, 臺灣商務印書館, 1983~1986.
- ≪老子道德經≫, 王弼(魏) 注, 文淵閣四庫全書 제1055책 子部361, 臺灣商務印書館, 1983~1986.
- ≪小學諸家集註增解≫, 朱熹(宋) 編, 李遂浩(朝鮮) 增解, 影印本, 學民文化社.
- ≪荀子集解≫, 荀況(周) 撰, 王先謙(淸) 集解, 中華書局, 1988.
- ≪呂氏春秋≫, 呂不韋(秦) 撰, 文淵閣四庫全書 제848책 子部154, 臺灣商務印書館, 1983~1986.
- ≪列子≫, 列禦寇(周) 撰, 文淵閣四庫全書 제1055책 子部361, 臺灣商務印書館, 1983~1986.
- ≪容齋隨筆≫, 洪邁(宋) 撰, 文淵閣四庫全書 제851책 子部157, 臺灣商務印書館, 1983~1986.
- ≪二程遺書≫, 程頤・程顥(宋) 撰, 文淵閣四庫全書 제698책 子部4, 臺灣商務印書館, 1983~1986.
- ≪二程子抄釋≫, 程頤・程顥(宋) 撰, 文淵閣四庫全書 제715책 子部21, 臺灣商務印書館, 1983~1986.
- ≪莊子集釋≫, 莊周(周) 著, 郭象(晉) 注, 陸德明(唐) 釋文, 成玄英(唐) 疏, 郭慶藩(淸) 輯, 王孝魚 點校, 中華書局, 1961.

- ≪冊府元龜≫, 王欽若(宋) 等 編, 文淵閣四庫全書 제902~919책 子部208~225, 臺灣商務印書館, 1983~1986.
- ≪漢武帝內傳≫, 班固(漢) 撰, 文淵閣四庫全書 제1042책 子部348, 臺灣商務印書館, 1983~1986.
- ≪韓非子≫, 韓非(周) 撰, 文淵閣四庫全書 제729책 子部35, 臺灣商務印書館, 1983~1986.
- ≪淮南子≫, 劉安(漢) 撰, 臺灣商務印書館, 1975.

◇ 集 部

- ≪二程文集≫, 程頤・程顥(宋) 撰, 文淵閣四庫全書 제1345책 集部284, 臺灣商務印書館, 1983~1986.
- ≪增注唐策≫, 文淵閣四庫全書 제1361책 集部300, 臺灣商務印書館, 1983~1986.
- ≪楚辭集註≫, 朱熹(宋) 集註, 文淵閣四庫全書 제1062책 集部1, 臺灣商務印書館, 1983~1986.

◇ 研究論著 및 飜譯書

- 加藤繁・公田連太, ≪國譯 資治通鑑≫, 景仁文化社, 1996.
- 權重達, ≪資治通鑑≫ 전1-32책, 삼화, 2007~2010.
- 金元中, ≪貞觀政要≫, 글항아리, 2010.
- 林東錫, ≪貞觀政要≫, 동서문화사, 2009.
- 裴汝誠 等 譯注, ≪貞觀政要≫, 上海古籍出版社, 2007.
- 신동준, ≪貞觀政要≫, 을유문화사, 2013.
- 葉光大・李萬壽・黃滌明・袁華忠 譯注, ≪貞觀政要全譯≫, 貴州人民出版社, 1995.
- 王利器, ≪史記註譯≫, 三秦, 1997.
- 原田種成, ≪貞觀政要 上・下≫(新釋釋漢文大系), 明治書院, 1983.
- 劉配書・劉波・談蔚 譯, ≪貞觀政要≫, 新華出版社, 2006.
- 李國祥 等, ≪資治通鑑全譯≫, 貴州人民出版社, 1994.
- 정애리시, ≪貞觀政要≫, 새물결, 1998.
- 정재훈 外, ≪舊唐書 外國傳 譯註 上・下≫, 동북아역사재단, 2011.
- ――――, ≪新唐書 外國傳 譯註 上・中・下≫, 동북아역사재단, 2011.

- 布目潮渢, ≪貞觀政要の政治學≫, 岩波書店, 1997.
- 許道勳 譯注, ≪新譯貞觀政要≫, 三民書局, 2008.


◇ 사전 등 공구서


- 山腰敏寬, ≪中國歷史公文書讀解辭典≫, 汲古書院, 2004.
- 徐連達 主編, ≪中國歷代官制大詞典≫, 廣東教育出版社, 2009.
- 施丁・沈志華 共譯, ≪資治通鑑大辭典≫ 上・下, 吉林人民出版社, 1994.
- 呂宗力 主編, ≪中國歷代官制大辭典≫, 北京出版社, 1994.
- 兪鹿年, ≪中國官制大辭典≫, 黑龍江人民出版社, 1998.
- 張萬起 編, ≪新舊唐書人名索引≫, 上海古籍出版社, 1986.
- 中國歷史大辭典編纂委員會, ≪中國歷史大辭典≫, 上海辭書出版社, 2000.
- 倉修良 主編, ≪史記辭典≫, 山東教育出版社, 1991.
- ―――――, ≪漢書辭典≫, 山東教育出版社, 1996.
- 賀旭志 外, ≪中國歷代職官辭典≫, 中國社會出版社, 2003.
- 洪業 等 編纂, ≪漢書及補注綜合引得≫, 上海古籍出版社, 1988.


◇ 데이터베이스(DB) 자료


- 한국고전종합DB(http://db.itkc.or.kr)
- 동양고전종합DB(http://db.cyberseodang.or.kr)
- 電子版 文淵閣四庫全書, 上海古籍出版社.
- 상우천고(http://www.s-sangwoo.kr)

# 目 次

# 御製貞觀政要序[1)]

朕惟三代而後에 治功莫盛於唐이요 而唐三百年間에 尤莫若貞觀之盛이라 誠以太宗克己勵精하여 圖治於其上하고 而群臣如魏徵輩가 感其知遇之隆하여 相與獻可替否[2)]하여 以輔治於下하여 君明臣良하니 其獨盛也宜矣로다 厥後에 史臣吳兢이 采其故實하여 編類爲十卷하고 名曰貞觀政要라하다 有元儒士臨川戈直이 復加考訂註釋하여 附載諸儒論說하여 以暢其義하고 而當時大儒吳澄이 又爲之題辭하여 以爲世不可無[3)]라하니 其信然也라 朕萬幾之暇에 銳情經史라가 偶及是編하여 喜其君有任賢納諫之美하며 臣有輔君進諫之忠하니 其論治亂興亡과 利害得失이 明白切要하여 可爲鑑戒하니 朕甚嘉尙焉하니라 顧傳刻歲久에 字多訛謬할새 因命儒臣重訂正之하여 刻梓以永其傳하니라 於戲(오호)라 太宗在唐爲一代英明之君으로 其濟世康民에 偉有成烈하여 卓乎不可及已로다 所可惜者는 正心修身이 有愧於二帝三王[4)]之道하여 而治未純也라 朕將遠師往聖하고 允迪大猷하여 以宏至治에 固不專於是編이나 然而嘉尙之者는 以其可爲行遠登高[5)]之助也라 序于篇端하니 讀者鑑焉하라 成化[6)]元年八月初一日이라

朕은 생각해보니, 〈夏・殷・周〉 三代 이후에 치적이 唐나라보다 성대한 나

---

1) 御製貞觀政要序 : 이 서문은 明나라 憲宗 朱見深의 御製序이다.

2) 獻可替否 : 임금이 행해야 할 일은 과감히 건의하고, 해서는 안 될 일은 그만두도록 간언하는 대신의 도리를 말한다. ≪春秋左氏傳 昭公 20년≫

3) 世不可無 : 吳澄의 〈貞觀政要集論題辭〉에 "≪貞觀政要≫라는 책이 어찌 없어서야 되겠는가.〔貞觀政要之書 何可無也〕"라고 하였다.

4) 二帝三王 : 二帝는 堯임금・舜임금, 三王은 禹王・湯王・文王 또는 武王이다. 이상적인 군주를 말한다.

5) 行遠登高 : ≪中庸章句≫ 제15장에 "비유하자면 먼 데를 갈 적에는 반드시 가까운 데에서 시작하며, 높은 데를 오를 적에는 반드시 낮은 데에서 시작하는 것과 같다.〔譬如行遠必自邇 譬如登高必自卑〕"라고 하였다.

6) 成化 : 明나라 憲宗의 연호로 1465년에서 1487년까지 사용하였다.

라가 없고, 唐나라 300년 동안에는 貞觀만큼 더욱 성대한 시대가 없었다. 참으로 太宗은 사욕을 극복하고 정신을 가다듬어 위에서 정치를 계획하였고, 신하들 중에 魏徵 같은 이들은 융숭한 知遇에 감격하여 함께 옳은 것을 진언하고 그른 것을 그만두도록 하여 아래에서 정치를 도왔다. 임금은 명철하고 신하는 어지니 유독 성대한 것이 마땅하다.

그 뒤에 史臣 吳兢이 그 옛 사실을 채집하여 類別로 편집하여 10권을 만들고 ≪貞觀政要≫라고 이름을 붙였다.[7] 元나라의 儒生 臨川 사람 戈直이 다시 考訂하고 註釋하여 여러 학자들의 論說을 붙여 그 뜻을 밝히고, 그 당시의 大儒 吳澄이 또 題辭를 지어 '세상에 없어서는 안 된다.'라고 하였으니[8] 참으로 옳다.

짐이 많은 정무를 보는 여가에 經書와 史書를 예의 주시하다가 우연히 이 책을 보게 되어 임금은 현인을 임용하고 간언을 받아들인 아름다움이 있으며, 신하는 임금을 보좌하고 간언을 올린 충성이 있음을 기뻐하였다. 그 치란흥망과 이해득실을 논한 것이 명백하고 간절하여 鑑戒가 될 만하니, 짐이 매우 가상하게 여겼다. 살펴보니 여러 사람의 손을 거쳐 판각되고 세월이 오래되어 글자가 잘못된 곳이 많았기 때문에, 儒臣에게 명하여 거듭 고쳐 바로잡아 판각하여 오래도록 전하게 하였다.

아, 태종은 唐나라에서 한 시대의 英明한 임금으로 세상을 구제하고 백성을 편안하게 함에 훌륭하게 이루어 놓은 공적이 있으니, 우뚝하여 따라갈 수 없다. 그러나 마음을 바로잡고 몸을 수양한 것이 二帝와 三王의 道에 못 미쳐 치적이 순수하지 못한 것이 안타깝다. 짐이 멀리 과거의 聖人을 스승으로 삼고 참으로 큰 道를 실천하여 지극한 치적을 넓혀가려 하는데, 참으로 이 책만을

---

7) 그 뒤에……붙였다 : ≪貞觀政要≫는 그 체제가 10卷 40篇으로 되어 있다. 그러나 본서에서는 분책상의 문제로 권이 아닌 편을 중심으로 분책하여 편집하였다. ≪정관정요≫의 체제와 관련해서 본서 〈해제〉를 참조.

8) 吳澄이……하였으니 : 吳澄(1249~1333)은 元나라의 저명한 학자이다. 자는 幼淸·伯淸, 호는 草廬, 시호는 文正이다. 元나라 英宗 至治(1321~1323) 末年에 翰林學士가 되고, 晉宗 泰定(1324~1327) 初年에 經筵講官이 되었으며, ≪英宗實錄≫을 편수하였다. 저술로는 ≪吳文正集≫, ≪易纂言≫ 등이 있고, 그 명성이 許衡과 병칭되었다. 오징이 지은 題辭는 본서에 실려 있는 〈貞觀政要集論題辭〉를 가리킨다.

전용할 것은 아니지만 가상히 여기는 것은 〈≪中庸≫에서 말한〉 '먼 데를 갈 적에는 가까운 데에서 출발하며 높은 데를 오를 적에는 낮은 데에서 오른다.'는 것에 도움이 될 수 있기 때문이다. 책 앞에 서문을 쓰니 읽는 이들은 살펴볼지어다.

成化 원년(1465) 8월 1일

# 御製貞觀政要後序[1]

夫歷代史書는 何爲而作也오 蓋述往牒之治亂은 爲將來之龜鑑也니 此政善惡은 皆吾師者矣라 子孟子云 舜何人이며 予何人[2]가하여늘 宋之神宗은 以堯舜으로 朕何敢望云한대 而程子愀然[3]이라 立志之不卑는 韋布猶然이온 況帝王乎아 雖然이나 旣非上聖之資인댄 則學問之道는 當逌(유)[4]淺而及深하고 逌近而至遠하니 可不鑑戒也哉아 予今講貞觀政要하여 而敬玩皇朙(명)憲宗皇帝親製序文하니 辭簡理明하여 猗與帝綸에 三復欽歎하고 且切興嘅로다 噫라 將三代之宏治로 比漢唐之借仁하면 王霸之分이 判若黑白이라 昔之孔門之徒는 雖五尺之童이라도 羞稱(칭)五霸[5]어늘 而眇予小子는 承祖宗艱大之業하여 臨靑丘億兆之民이 于今一紀于玆로되 而因其涼德하여 治效未聞하니 比諸漢唐에 其亦遠矣하니 上負御製行遠登高[6]之訓과 祖宗遺大投艱[7]之

---

1) 御製貞觀政要後序 : 朝鮮 英祖가 짓고, 大臣인 徐命均에게 명하여 글씨 쓰게 한 어제서이다.

2) 舜何人……予何人 : ≪孟子≫ 〈滕文公 上〉에 보인다.

3) 宋之神宗……而程子愀然 : ≪二程文集≫ 권12 〈明道先生行狀〉에 "神宗이 '이것은 堯임금·舜임금의 일이니 朕이 어찌 감당하겠소.'라고 하니, 明道 선생이 서글퍼하여 '陛下의 이 말은 天下의 복이 아닙니다.'〔神宗曰 此堯舜之事 朕何敢當 先生愀然曰 陛下此言 非天下之福也〕"라고 하였다.

4) 逌(유) : 由와 통용된다.

5) 昔之孔門之徒……羞稱五霸 : 漢나라 董仲舒가 말하기를 "孔子 문하의 제자들은 비록 5척의 아동이라도 春秋 五霸를 일컫기 부끄러워하였으니, 거짓과 무력을 우선하고 仁義를 뒤로하였기 때문이다.〔仲尼之門 五尺童子羞稱五霸 爲其先詐力而後仁義也〕"라고 하였다. ≪漢書 권56 董仲舒列傳≫

五霸는 춘추시대에 會盟의 盟主가 된 다섯 명의 군주로, 齊 桓公, 晉 文公, 秦 穆公, 宋 襄公, 楚 莊王을 말한다. 또는 宋 襄公 대신에 吳王 闔閭를, 秦 穆公 대신에 越王 勾踐을 넣기도 한다.

6) 行遠登高 : 35쪽 역주 5) 참조.

7) 遺大投艱 : 큰일을 물려주고 어려운 일을 던져주었다는 뜻으로, ≪書經≫ 〈周書 大誥〉에 "내 하는 일은 하늘이 시키신 것이다. 내 몸에 큰일을 물려주고 어려운 일을 던져주시니, 나 沖人(어린 임금)은 나 자신을 생각할 겨를도 없다.〔予造天役 遺大投艱于朕身 越予沖人 不卬自恤〕"

意로다 觀於斯書에 感愧交中하여 敢以蕪辭로 略攄于後하여 表予自勵自勉之心이나 而字劃未精하여 不能手寫할새 爰命善書大臣하여 書以入梓하고 皇明序文도 亦令芸閣[8]으로 摹唐本而重刊하니 匪風下泉[9]之思가 庶幾不泯云爾라 峕(시)皇明紀元後九十一秊(년)甲寅冬에 拜手謹敍하노라 大臣輔國崇祿大夫 議政府左議政 兼領經筵事 監春秋館事 臣徐命均[10]은 奉敎書하노라

歷代 史書는 무엇 때문에 지었는가. 과거 전적에서 치란을 서술하는 것은 장래의 귀감을 위해서이니, 전적에 드러난 정치의 선악은 모두 내가 스승으로 여기는 것이다. 孟子가 이르기를 "舜임금은 어떤 사람이며, 나는 어떤 사람인가." 라고 하였는데, 宋나라 神宗이 "堯임금과 舜임금을 朕이 어찌 바라겠는가."라고 하자, 程子(程顥)가 서글퍼하였다. 立志가 낮지 않아야 하는 것은 평민도 그러한데 하물며 帝王이겠는가. 비록 그러하나 이미 가장 높은 聖人의 자질이 아니라면 學問의 道는 당연히 낮은 데로부터 깊은 데에 미치고 가까운 곳으로부터 먼 곳에 이르러야 하니, 교훈으로 삼지 않을 수 있겠는가.

내가 지금 ≪貞觀政要≫를 강론하면서 明나라 憲宗皇帝의 御製 서문을 경건히 음미해보니, 말이 간결하고 이치가 명백하여 아름다운 황제의 훈계에 재삼 경탄하고 또 절실하게 감탄하였다. 아, 三代의 위대한 치적을 漢나라・唐나라에서 仁을 빌려 다스린 것에 견주어보면 王道와 霸道의 구분이 黑白처럼 판별된다. 옛날 孔子 문하의 제자들은 비록 5척 동자라도 春秋 五霸를 일컫기를 부끄러워하였거늘 부족한 나 小子(英祖)는 祖宗의 어렵고 큰 왕업을 계승하여 青丘(우리나라)의 억조 백성을 다스린 것이 지금 12년이나 되었는데도 덕이 모자라 다스린 효과가 소문나지 않았으니 漢나라・唐나라에 견주어보아도 차이가

---

라고 하였다.

8) 芸閣 : 조선시대 校書館의 별칭으로 규장각의 屬司이다. 經籍의 인쇄와 제사 때 쓰이는 향, 축문, 印信 등을 관장했다. 규장각을 內閣이라 하고 교서관을 外閣이라 하기도 한다.

9) 匪風下泉 : 〈匪風〉은 ≪詩經≫ 〈檜風〉의 편명이고, 〈下泉〉은 〈曹風〉의 편명으로, 모두 왕업이 쇠퇴하고 정사가 가혹해진 것을 슬퍼하는 내용이다.

10) 徐命均 : 680~1745. 英祖 때의 相臣이다. 자는 平甫, 호는 保拙齋・嘯皐・在澗이다. 본관은 達城이다. 관직이 左議政에 이르렀다. 청백하고 근검한 재상으로 유명하였고, 글씨를 잘 썼다. 시호는 文翼이다.

크다. 위로 明나라 憲宗 御製序〈에서 인용한 ≪中庸≫〉의 '먼 데를 갈 적에는 가까운 데에서 출발하며 높은 데를 오를 적에는 낮은 데에서 오른다.'는 교훈과 내게 祖宗의 큰일을 물려주고 어려운 일을 던져주신 뜻을 저버렸다.

이 책을 보고는 감격과 부끄러움이 마음에 교차하여 감히 서투른 글로 뒤에 간략히 피력하여 나 스스로 면려하는 마음을 드러내었으나 글씨가 서툴러 손수 쓰지 못하기 때문에, 글씨 잘 쓰는 大臣에게 명하여 써서 판각하게 하고 明나라 憲宗의 서문도 芸閣에서 唐本(중국본)을 본떠 重刊하게 하였으니, ≪詩經≫ 〈匪風〉과 〈下泉〉의 우려가 사라지지 않기를 바랄 뿐이다.

때는 明나라 崇禎 紀元後 91년 甲寅(1734)[11] 겨울, 손을 모아 절하고 삼가 서문을 쓰노라.

大臣輔國崇祿大夫 議政府左議政 兼領經筵事 監春秋館事 臣 徐命均은 교명을 받들어 글씨를 쓴다.

---

11) 明나라……甲寅年(1734) : 明나라 崇禎皇帝 연호 이후 91년이 되는 갑인년. 崇禎은 명나라 마지막 황제인 思宗, 즉 毅宗의 연호로, 1627년 丁卯年(즉위년)부터 사용하여 1644년 甲申年까지 사용되었다. 甲寅年(1734)은 1644년 이후 91년이 되는 해이다. 우리나라에서는 의리를 지킨다는 의도에서 明나라가 멸망한 후에도 이 '崇禎'을 계속 사용하였고, 심지어 일제 강점기까지 사용한 경우도 있다.

# 貞觀政要集論題辭

夏有天下四百五十餘年이요 商有天下六百三十餘年이요 周有天下八百六十餘年이라 三代以後에 享國之久는 唯漢與唐이라 唐之可稱者는 三君[1)]而已로되 太宗文皇帝는 身兼創業守成之事하여 納諫求治하여 勵精不倦하니 其效至于米㪷三錢하고 外戶不閉[2)]라 故貞觀之盛은 有非開元元和[3)]之所可及하여 而太宗卓然爲唐三宗之冠이라 史臣吳兢이 類輯朝廷之設施와 君臣之問對와 忠賢之諍議하여 萃成十卷하니 曰貞觀政要라 事覈辭質하여 讀者易曉일새 唐之子孫이 奉爲祖訓하고 聖世亦重其書라 澄備位經筵時에 嘗以是進講焉하니 夫過唐者는 漢孝文之恭儉愛民[4)]을 可鏡也요 超漢者는 夏大禹之好善言과 惡旨酒[5)]를 可規也요 繼夏者는 商成湯之不邇聲色과 不殖貨利[6)]를 可師法也요 周監二代하여 郁郁乎文[7)]이라 文武之德과 旦奭之猷가 具載二南二雅[8)]周頌之詩와 召誥立政無逸之書하여 義理昭融하며 敎戒深切하니 率而由之인댄 其不上躋太

---

1) 三君 : 唐나라 太宗, 玄宗, 憲宗을 말한다.

2) 米㪷三錢 外戶不閉 : ≪新唐書≫ 권97 〈魏徵列傳〉의 "쌀 1말 값이 3錢이고……문을 닫지 않았다.〔米斗三錢……戶闔不閉〕"에 의거한 것으로, 곡식 값이 저렴하고 도적이 없는 훌륭한 정치를 말한다. 㪷는 斗의 俗字이다.

3) 開元元和 : 開元은 唐 玄宗의 연호이고, 元和는 唐 憲宗의 연호이다.

4) 漢孝文之恭儉愛民 : 文帝는 千里馬를 바쳐오자 소금 나르는 마차를 끌게 하고, 親耕을 하였으며, 농지세를 반으로 감면하였다가 잠시 완전히 면제하는 등 백성을 위한 정치를 널리 행하였다. ≪漢書 권4 文帝紀≫

5) 好善言 惡旨酒 : ≪孟子≫ 〈離婁 下〉에 "禹王은 맛있는 술을 싫어하고, 善言을 좋아하였다.〔禹惡旨酒而好善言〕"라고 하였다.

6) 不邇聲色 不殖貨利 : ≪書經≫ 〈商書 仲虺之誥〉에 "王은 음악과 女色을 가까이 하지 않고 財貨와 이익을 늘리지 않았다.〔惟王不邇聲色 不殖貨利〕"라고 하였다.

7) 周監二代 郁郁乎文 : 周나라가 夏·殷 두 시대를 계승하여 찬란한 문화를 이루었다는 뜻으로, ≪論語≫ 〈八佾〉에 "周나라는 夏·殷 두 시대를 살폈으니, 찬란하다. 그 文이여! 나는 周나라를 따르겠다.〔周監於二代 郁郁乎文哉 吾從周〕"라고 하였다.

8) 二南二雅 : 二南은 ≪詩經≫의 〈周南〉과 〈召南〉, 二雅는 〈大雅〉와 〈小雅〉를 가리킨다.

**和景運之隆乎**아 **然譬之行遠**에 **必自邇**요 **譬之登高**에 **必自卑**하니 **則貞觀政要之書**가 **何可無也**리오 **庶士戈直**이 **考訂音釋**하고 **附以諸儒論說**하니 **又足開廣將來進講此書者之視聽**이라 **其所裨益**이 **豈少哉**아 **前翰林學士 資善大夫 知制誥 同修國史 吳澄**[9] **題辭**라

夏나라가 천하를 소유한 것은 450여 년이고, 商나라가 천하를 소유한 것은 630여 년이고, 周나라가 천하를 소유한 것은 860여 년이다. 三代 이후에 나라를 오래 소유한 것은 漢나라와 唐나라뿐이다. 唐나라에서 칭송할 만한 임금은 세 분뿐이었는데, 太宗 文皇帝는 자신이 創業과 守成의 일을 겸하여 간언을 받아들이고 치적을 구하여 정신을 가다듬어 게을리 하지 않았으니 그 효과가 쌀 1말의 값이 3錢이고 바깥문을 닫지 않는 데에 이르렀다. 그러므로 貞觀 시대의 성대함은 開元(713~741) 시대와 元和(806~820) 시대가 따라가지 못하여 唐나라 太宗·玄宗·憲宗 중에 太宗이 월등히 으뜸이 된다.

史臣 吳兢이 조정의 시행, 임금과 신하의 문답, 충신과 현신의 간언을 부류별로 편집하여 모아 10권으로 만들었으니, 이것이 ≪貞觀政要≫이다. 사실이 확실하고 말이 실질적이어서 읽는 이들이 쉽게 이해하기 때문에 唐나라 자손들이 받들어 조상의 훈계로 삼았고, 聖世에도 그 책을 중시하였다.

내가 經筵의 자리에 있을 때 일찍이 이 책을 進講하였다. 唐나라보다 나은 것으로는 漢나라 孝文帝의 공손과 검소, 백성을 사랑하는 마음을 거울로 삼을 만하고, 漢나라보다 나은 것으로는 夏나라 大禹가 훌륭한 말을 좋아한 것과 맛있는 술을 싫어한 일을 법으로 삼을 만하고, 夏나라를 계승한 것으로는 商나라 成湯이 음악과 여색을 가까이하지 않은 것과 재물·이익을 늘리지 않은 것을 본받을 만하다. 周나라는 夏·殷 두 시대를 살펴서 빛나는 문화를 이루었으므로, 文王·武王의 덕과 周公 旦, 召公 奭의 계책이 ≪詩經≫의 二南, 二雅와 〈周頌〉의 詩, ≪書經≫ 〈周書〉의 〈召誥〉, 〈立政〉, 〈無逸〉의 글에 모두 기재되어 義理가 밝게 발양되어 教戒가 매우 절실하니, 이를 따라 행하면 태평스런 길운의 융성함에 올라가지 않겠는가. 그러나 비유하자면 먼 데 갈 적에는 반드

9) 吳澄 : 36쪽 역주 8) 참조.

시 가까운 곳에서 출발하고 높은 데에 오를 적에는 반드시 낮은 곳에서 오르는 것과 같으니, ≪정관정요≫가 어찌 없어서야 되겠는가.

庶士(낮은 관원) 戈直이 音釋을 살펴 바로잡고 여러 유학자들의 논설을 첨부하였으니 또 장래 이 책을 진강하는 사람의 견문을 크게 열어줄 것이다. 그 도움이 어찌 적겠는가.

前 翰林學士 資善大夫 知制誥 同修國史 吳澄은 題辭를 쓴다.

## 〔郭思貞序〕[1)]

二帝三王之治를 後世莫能及者는 順人之道하여 盡乎仁義也일새라 唐太宗이 以英武之資로 克敵如拉朽하여 所向無前이러니 天下甫定에 魏鄭公이 力排封德彜之繆하고 以仁義進[2)]하니 雖太宗未能允迪其實하여 有愧於修齊[3)]나 然四年之間에 內安外服하니 貞觀之治는 亦仁義之明效歟인저 史臣吳兢이 類爲政要하니 凡命令政教와 敷奏復逆과 詢謀之同과 謇諤(건악)之異에 所以植(치)國體而裕民生者가 赫赫若前日事라 江右戈直[4)]이 集前賢之論하여 以釋之하고 翰林草廬吳公이 敍其首할새 以屬(촉)於余러니 値拜奎章召命하여 道廣陵에 謀於憲使[5)]日新程公하니 將有以廣其傳也일새라 程公慨然하여 卽以學廩之羨으로 鋟諸梓하니라 嗚呼라 仁義之心은 亘古今而無間이라 因其所

---

1) 〔郭思貞序〕: 이 제목은 저본에는 없으나, 《貞觀政要》(宏業書局, 1999)에 의거하여 보충하였다.

2) 魏鄭公……以仁義進 : 이는 《新唐書》 권97 〈魏徵列傳〉에 보인다. 封德彜가 "위징은 書生이어서 공허한 논의를 좋아하여 국가를 어지럽히니 그의 의견을 따르면 안 된다."고 하였는데, 위징이 "五帝와 三王은 백성을 바꾸어 교화하지 않아서 帝道를 행하여 帝가 되고 王道를 행하여 王이 되었으니 행한 바가 어떠한지를 돌아볼 뿐이다." 하니, 봉덕이가 대답하지 못하였다. 뒤에 태종이 위징의 의견을 따라서 천하가 크게 다스려졌는데, 태종이 여러 신하들에게 "이는 위징이 나에게 仁義를 행하라고 권하여 이미 효험이 드러난 것인데 아쉽게도 봉덕이가 보지 못하게 되었구나."라고 한 것에 의거한 것이다.

3) 有愧於修齊 : 唐 太宗의 신변과 집안에 있었던 부끄러운 일을 말한 것이다. 太宗이 巢剌王妃(소랄왕비, 당 태종의 아우 李元吉의 妃)를 맞아들이고, 文德皇后가 죽자 소랄왕비를 황후로 삼으려 하다가 魏徵의 간언으로 중지하였다. 그 외에도 아버지 李淵이 隋나라에 반기를 들고 擧事하자는 태종의 의견을 받아들이지 않자 晉陽宮人을 同寢시켜서 위협하였고, 형인 隱太子 建成과 아우 齊王(巢剌王) 李元吉을 죽였으며, 태자 李承乾을 폐하여 죽이고, 아홉째 아들 晉王 李治를 태자로 삼은 일 등 부자 형제 사이에 부끄러운 일이 많았다. 《資治通鑑》 권97 唐紀 13과 同書 권198 唐紀 14 참조.

4) 江右戈直 : 戈直은 字가 子敬이며 改字가 伯敬이고, 江西(江右) 臨川 사람이다. 그리하여 '江右戈直'또는 '臨川戈直'이라고 한다. 젊었을 때 吳澄을 선생으로 섬겼다. 元代의 저명한 史學評論家로서 《貞觀政要集論》을 지었다.

5) 憲使 : 御史臺 혹은 都察院 官員을 이른다.

已然하며 勉其所未至하여 以進輔於聖朝하면 則二帝三王之治도 特由此而推之耳라 觀是編者는 尙勗之哉어다 至順[6]四年 歲在癸酉正月辛卯에 前中奉大夫 江南諸道行御史臺侍御史 奎章閣大學士 郭思貞書하노라

二帝 三王의 치적을 후세에서 못 따라가는 것은 사람의 道를 따라서 仁義의 道를 다했기 때문이다. 唐나라 太宗은 英武의 자질로 적에게 승리하기를 마치 썩은 나무를 꺾듯이 쉽게 하여 향하는 곳마다 앞을 막는 자가 없었다. 천하가 막 안정되자 魏鄭公(魏徵)이 封德彝의 잘못을 힘써 배척하고 仁義를 진언하였다. 비록 太宗이 그 실상을 참으로 시행하지 못하여 修身 齊家에 부끄러움이 있었으나 4년 사이에 국내가 안정되고 외국이 복속하니 貞觀의 치적은 또한 仁義의 명백한 효과일 것이다.

史臣 吳兢이 분류하여 ≪貞觀政要≫를 지으니, 命令과 政敎, 敷奏(陳奏)와 復逆(請求), 詢謀(論議)의 동일함과 謇諤(直言)의 차이에서 국가 체제를 세우고 백성들을 부유하게 하는 것이 환하여 어제 일과 같았다. 江右 사람 戈直이 과거 현인들의 논의를 모아 해석하고 翰林 草廬 吳公(吳澄)이 책 앞에 題辭를 지을 적에 이를 나에게 맡겼다. 마침 奎章閣大學士에 임명되어 소명을 받고 廣陵으로 가는 도중에 憲使 日新 程公과 논의하였으니, 이 책을 널리 전하기 위함이었다. 程公은 개탄하면서 즉시 학교 경비의 여분을 가지고 출간하였다.

아, 仁義의 마음은 예부터 지금까지 차이가 없다. 이미 드러난 것을 따르며 아직 이르지 못한 것을 힘써서 성스러운 조정에 나아가 도움을 주면 二帝 三王의 치적도 다만 이를 말미암아 미루어나갈 뿐이다. 이 책을 보는 이들은 부디 힘쓸지어다.

至順 4년(1333) 癸酉年 정월 辛卯日에 前中奉大夫 江南諸道行御史臺侍御史 奎章閣大學士 郭思貞은 쓴다.

---

6) 至順 : 1330~1333. 元나라 文宗의 연호이다.

## 〔戈直序〕[1]

貞觀政要者는 唐太宗文皇帝之嘉言善行과 良法美政을 而史臣吳兢이 編類之書也라 自唐世子孫으로 旣已書之屛帷하며 銘之几案하여 祖述而憲章[2]之矣요 至於後世之君하여도 亦莫不列之講讀하며 形之論議하여 景仰而倣法焉하니라 夫二帝三王之事는 尙矣요 兩漢之賢君六七作이어늘 何貞觀之政이 獨赫然耳目之間哉리오 蓋兩漢之時는 世已遠하고 貞觀之去今은 猶近하며 遷固之文은 高古爾雅而所紀之事略하고 吳氏之文은 質樸該贍而所紀之事詳이라 是則太宗之事가 章章較著於天下後世者가 豈非此書之力哉아 夫太宗之於正心修身之道와 齊家明倫之方에 誠有愧於二帝三王之事矣라 然其屈己而納諫하며 任賢而使能하고 恭儉而節用하며 寬厚而愛民은 亦三代而下에 絶無而僅有者也니 後之人君이 擇其善者而從之하고 其不善者而改之면 豈不交有所益乎아 惜乎라 是書傳寫謬誤일새 竊嘗會萃衆本하여 參互考訂하고 而其義之難明과 音之難通을 字爲之釋하며 句爲之述하고 章之不當分者合之하며 不當合者分之하여 自唐以來로 諸儒之論을 莫不采而輯之하고 間亦斷以己意하여 附於其後 然後에 此書之旨가 頗爲明白하니 雖於先儒窮理之學에 不敢妄議나 然於國家致治之方에 未必無小補云이라 後學臨川戈直은 謹書하노라

≪貞觀政要≫는 唐나라 太宗 文皇帝의 嘉言과 善行, 良法과 美政을 史臣 吳兢이 부류별로 편찬한 책이다. 唐나라 때로부터 자자손손이 이미 병풍과 휘장에 쓰고 안석과 책상에 새겨서 이어받아 법으로 삼았고, 후세의 임금에 이르러서도 진강하여 읽는 책에 넣고 의론에 부쳐 우러러 본받지 않은 이가 없었다.

---

1) 〔戈直序〕: 이 제목은 저본에는 없으나, ≪貞觀政要≫(宏業書局, 1999)에 의거하여 보충하였다.

2) 祖述而憲章 : 과거의 제왕을 떠받들어 따른다는 뜻으로, ≪中庸≫ 30章에 "공자는 堯·舜을 높여 계승하고 文王·武王을 본받아 빛냈다.〔仲尼祖述堯舜 憲章文武〕"라고 하였다.

二帝 三王의 일은 오래되었고, 前漢과 後漢에도 현명한 임금이 예닐곱이나 있었는데 어찌하여 貞觀의 정치가 유독 보고 듣는 가운데에 빛나는가. 전한과 후한의 시기는 시대가 너무 먼 반면 貞觀 시대와 지금은 오히려 가까우며, 司馬遷과 班固의 글은 고상하고 우아하면서 기록한 일이 소략한 반면 吳兢의 글은 질박하고 풍부하면서 기록한 일이 자세하다. 그렇다면 태종의 일이 천하 후세에 밝게 드러난 것이 어찌 이 책의 힘이 아니겠는가.

태종이 마음을 바로잡고 몸을 닦는〔正心修身〕道와 집안을 다스리고 인륜을 밝히는〔齊家明倫〕방법에는 참으로 이제 삼왕의 일에 못 미치는 점이 있었다. 그러나 태종이 자신을 굽혀 간언을 받아들이며, 현인을 임용하여 능력 있는 이를 부리며, 공손하고 검소하여 물자를 아껴 쓰며, 관대하고 온후하여 백성을 아끼는 것은 역시 三代 이후에 전혀 없다가 겨우 있게 된 일이다. 후세의 군주들이 훌륭한 것을 가려서 따르고 훌륭하지 않은 것을 고친다면 어찌 서로 유익한 것이 없겠는가.

애석하게도 이 책은 轉寫 과정에 오류가 있으므로, 내가 여러 본을 모아 참고하여 바로잡았다. 그리고 그 뜻을 밝히기 어려운 것과 音을 통하기 어려운 것은, 글자는 풀이하고 구절은 서술하였으며, 문장이 부적절하게 나누어진 것은 합하고 부적절하게 합해진 것은 나누었다. 그리고 唐나라 이래로 여러 유학자들의 논의를 채집하지 않은 것이 없고, 간간이 나의 의견으로 판단하여 그 뒤에 첨부하였다. 그런 뒤에야 이 책의 취지가 제법 명백하게 되었다. 비록 선배 유학자들의 이치를 연구하는 학문에 대해서는 함부로 논의하지 못하였으나 국가의 치적을 이루는 방도에는 작은 도움이 없다고는 못할 것이다.

後學 臨川 戈直은 삼가 쓴다.

# 貞觀政要序

唐衛尉少卿兼修國史修文館學士 吳兢 撰①

唐衛尉少卿兼修國史修文館學士 吳兢이 撰하였다.

① 按兢, 汴州浚儀人. 少厲志, 貫知經史, 方直寡諧, 惟與魏元忠・朱敬則游. 唐長安[1]中, 二人者當道, 薦兢才堪論撰, 詔直史館修國史. 神龍[2]中, 爲右補闕, 累遷衛尉少卿, 兼修文館學士, 復修史. 於是, 采摭太宗朝政事之要, 隨事載錄, 以備勸戒, 合四十篇上之, 名曰貞觀政要. 開元中, 爲太子左庶子, 又嘗私撰唐書唐春秋. 兢居官, 多忠諫, 敘事簡核, 有古良史之風. 嘗撰則天實錄, 直筆無諱, 當世謂今董狐[3]云[4].

살펴보니 吳兢은 汴州 浚儀 사람이다. 젊어서 뜻을 세워 經史를 훤히 알았는데 정직하여 함께 뜻이 맞는 이가 적어 오직 魏元忠・朱敬則과 교유하였다. 唐나라 長安(701~705) 연간에 위원충과 주경칙이 권력을 잡게 되자 오긍의 재주가 論撰을 감당할 만하다고 추천하니 조서를 내려 直史館에서 國史를 편수하게 하였다.

神龍(705~707) 연간에 右補闕이 되고 여러 번 승진하여 衛尉少卿이 되고 修文館 學士를 겸직하여 국사를 다시 편수하였다. 이에 太宗朝 政事의 요점을 채집하여 일에 따라 수록하고 勸戒를 갖추어 도합 40篇을 올렸는데 명칭을 '貞觀政要'라 하였다. 開元(713~741) 연간에 太子左庶子가 되고, 또 일찍이 개인적으로 ≪唐書≫와 ≪唐春秋≫를 지었다.

오긍은 관직에 있을 적에 충성스런 간언을 많이 하였으며 간결하고 자세하게 사실을 서술하여 옛날의 훌륭한 史官의 기풍이 있었다. 일찍이 ≪則天實錄≫을 지을 적에 숨김없이 있는 그대로 사실을 적어 그 당시에 '오늘날의 동호〔今董狐〕'라고 하였다.

**有唐良相曰侍中安陽公**[5]과 **中書令河東公**[6]이 **以時逢聖明**으로 **位居宰輔**하니 **寅亮**

---

1) 長安 : 唐나라 則天武后의 연호이다.

2) 神龍 : 唐나라 中宗이 복위한 이후 則天武后의 연호이다.

3) 董狐 : 春秋시대 晉나라의 史官이다. 直筆로 유명하여 孔子가 "동호는 옛날의 훌륭한 사관이었으니 法에 의거해 直書하고 숨기지 않았다.〔董狐 古之良史也 書法不隱〕"라고 찬양하였다. ≪春秋左氏傳 宣公 2년≫

4) 兢汴州浚儀人……當世謂今董狐云 : ≪新唐書≫ 권132 〈吳兢列傳〉에서 발췌하여 기록한 것이다.

5) 安陽公 : 唐나라 源乾曜의 封號이다. 玄宗 開元 8년(720)에 侍中이 되고 개원 17년(729)에

帝道하며 弼諧王政하여 恐一物之乖所하며 慮四維[7)]之不張일새 每克己勵精하여 緬懷故實하여 未嘗有乏하니 太宗時政化는 良足可觀하여 振古而來로 未之有也라 至於垂世立教之美와 典謨諫奏之詞하여는 可以弘闡大猷하고 增崇至道者를 爰命不才[8)]하여 備加甄錄하니 體制大略이 咸發成規라 於是에 綴集所聞하며 參詳舊史하여 撮其指要하고 擧其宏綱하니 詞兼質文하며 義在懲勸하여 人倫之紀備矣요 軍國之政存焉이라 凡一帙一十卷이요 合四十篇이라 名曰貞觀政要라하니 庶乎有國有家者가 克遵前軌하여 擇善而從하면 則可久之業이 益彰矣요 可大之功이 尤著矣리니 豈必祖述堯舜하며 憲章文武[9)]而已哉아 其篇目次第를 列之于左하노라



---

安陽郡公에 봉해졌다.

6) 河東公 : 唐나라 張嘉貞의 封號이다. 玄宗 개원 8년에 中書令이 되고 그 뒤에 河東侯에 봉해졌다.

7) 四維 : 국가를 다스리는 네 가지 기강이라는 뜻으로, 禮義廉恥를 말한다.

8) 不才 : 재주 없는 사람이라는 뜻으로, 일인칭 겸양어이니, '저'라는 말이다.

9) 祖述堯舜 憲章文武 : 46쪽 역주 2) 참조.

第九卷 議征伐第三十五 議安邊第三十六
第十卷 論行幸第三十七 論畋獵第三十八 論災祥第三十九 論愼終第四十

唐나라의 훌륭한 재상 侍中 安陽公과 中書令 河東公이 그때에 聖明(玄宗)을 만나 宰輔의 지위에 올랐다. 제왕의 도를 경건히 밝히며 왕도정치를 돕는 것이 알맞아 한 가지 일이라도 어긋나는 것이 있을까 두려워하고 禮義廉恥가 베풀어지지 않을까 우려하였으므로, 늘 私欲을 극복하여 정신을 가다듬어 멀리 옛 사실을 생각하여 모자람이 없게 하였다. 太宗 때의 정치 교화는 참으로 볼 만하니, 먼 옛날 이래로 없던 것이다. 세상에 전하여 교화를 세운 훌륭한 일과 典謨와 諫奏의 글 중에는 큰 도모를 널리 밝히고 지극한 도를 더욱 높일 수 있는 것을 나에게 명하여 골고루 뽑아 기록하게 하니 체세의 대략이 모두 드러나 규모를 이루었다.

이에 들은 것을 편집하고 옛 역사를 참고하여 그 요지를 모으고 그 큰 강령을 드니, 글은 바탕과 문채를 겸하고 의리는 勸善懲惡에 있어 인륜의 기강이 갖추어지고 軍國의 정무가 들어 있다. 모두 1帙 10권이고 도합 40편인데 명칭을 '貞觀政要'라고 하였다. 바라건대 국가를 소유한 이들이 이전의 법도를 잘 준수하여 훌륭한 점을 골라 따르면 장구한 왕업이 더욱 빛나고 큰 공적이 더욱 드러날 수 있을 것이니, 어찌 堯임금·舜임금만 높이 계승하며 文王·武王만 본받아 빛낼 필요가 있겠는가. 그 篇目과 차례를 아래에 나열한다.[10)]

제1권 論君道 제1편, 論政體 제2편
제2권 論任賢 제3편, 論求諫 제4편, 論納諫 제5편
제3권 論君臣鑑戒 제6편, 論擇官 제7편, 論封建 제8편
제4권 論太子諸王定分 제9편, 論尊敬師傅 제10편, 論教誡太子諸王 제11편, 論規諫太子 제12편
제5권 論仁義 제13편, 論忠義 제14편, 論孝友 제15편, 論公平 제16편, 論誠信 제17편

---

10) 1帙……나열한다 : 吳兢이 말한 것처럼 ≪貞觀政要≫는 그 체제가 10권 40편이다. 그러나 본서에서는 분책상의 문제로 권이 아닌 편을 중심으로 분책하여 편집하였다.

제6권 論儉約 제18편, 論謙讓 제19편, 論仁惻 제20편, 愼所好 제21편, 愼言語 제22편, 杜讒邪 제23편, 論悔過 제24편, 論奢縱 제25편, 論貪鄙 제26편

제7권 崇儒學 제27편, 論文史 제28편, 論禮樂 제29편

제8권 論務農 제30편, 論刑法 제31편, 論赦令 제32편, 論貢賦 제33편, 辯興亡 제34편

제9권 議征伐 제35편, 議安邊 제36편

제10권 論行幸 제37편, 論畋獵 제38편, 論災祥 제39편, 論愼終 제40편

# 集論諸儒姓氏

## 柳氏 芳

字仲敷, 蒲州人. 唐玄宗時進士, 肅宗時綴緝國史.

柳 芳 : 자는 仲敷이니, 蒲州 사람이다. 唐나라 玄宗 때 進士이며, 肅宗 때 國史를 편집하였다.

## 劉氏 昫

字耀遠, 范陽人. 五代晉時丞相, 撰舊唐書.

劉 昫 : 자는 耀遠이니, 范陽 사람이다. 五代 後晉 때 丞相이며, ≪舊唐書≫를 지었다.

## 宋氏 祁

字子京, 安陸人. 宋仁宗時進士, 爲翰林學士. 撰新唐書列傳.

宋 祁 : 자는 子京이니, 安陸 사람이다. 宋나라 仁宗 때 進士이며 翰林學士가 되었다. ≪新唐書≫의 〈列傳〉을 지었다.

## 孫氏 甫

字之翰, 許昌人. 宋仁宗時進士, 爲諫官, 撰唐史記及唐史論斷.

孫 甫 : 자는 之翰이니, 許昌 사람이다. 宋나라 仁宗 때 進士이며 諫官이 되었다. ≪唐史記≫ 및 ≪唐史論斷≫을 지었다.

## 歐陽氏 脩

字永叔, 廬陵人. 宋仁宗時進士, 仕至參知政事・太子少師, 撰新唐書紀志, 有文集.

歐陽脩 : 자는 永叔이니, 廬陵 사람이다. 宋나라 仁宗 때 進士이며, 벼슬이 參知政事, 太子少師에 이르렀다. ≪新唐書≫의 〈紀〉와 〈志〉를 지었다. 文集이 있다.

## 曾氏 鞏

字子固, 南豐人. 宋神宗時, 擢中書舍人, 有文集.

曾 鞏 : 자는 子固이니, 南豐 사람이다. 宋나라 神宗 때 中書舍人에 발탁되었다. 文集

이 있다.

## 司馬氏 光

字君實, 涑水人. 宋哲宗時, 拜左僕射, 贈太師, 撰資治通鑑.

司馬光 : 자는 君實이니, 涑水 사람이다. 宋나라 哲宗 때 左僕射에 임명되고, 太師에 증직되었다. ≪資治通鑑≫을 지었다.

## 孫氏 洙

字臣源, 廣陵人. 宋神宗時進士, 爲諫官, 有文集.

孫　洙 : 자는 臣源이니, 廣陵 사람이다. 宋나라 神宗 때 進士이며 諫官이 되었다. 文集이 있다.

## 范氏 祖禹

字淳父, 成都人. 宋哲宗時, 爲翰林學士, 撰唐鑑.

范祖禹 : 자는 淳父이니, 成都 사람이다. 宋 哲宗 때 翰林學士가 되었다. ≪唐鑑≫을 지었다.

## 馬氏 存

字子才, 宋哲宗時進士, 有文集.

馬　存 : 자는 子才이다. 宋나라 哲宗 때 進士이며 文集이 있다.

## 朱氏 黼

朱　黼

## 張氏 九成

字子韶, 開封人. 宋高宗時狀元, 爲待制, 撰史論.

張九成 : 자는 子韶이니, 開封 사람이다. 宋나라 高宗 때 狀元하여, 待制가 되었다. ≪史論≫을 지었다.

## 胡氏 寅

字明仲, 建安人. 宋高宗時進士, 爲諫官, 撰讀史管見.

胡　寅 : 자는 明仲이니, 建安 사람이다. 宋나라 高宗 때 進士이며, 諫官이 되었다. ≪讀史管見≫을 지었다.

## 呂氏 祖謙

字伯恭, 東萊人.

呂祖謙 : 자는 伯恭이니, 東萊 사람이다.

### 唐氏 仲友

字〔與政〕[1], 金華人.

唐仲友 : 자는 與政이니, 金華 사람이다.

### 葉氏 適

字正則, 永嘉人.

葉　適 : 자는 正則이니, 永嘉 사람이다.

### 林氏 之奇

字少穎, 三山人.

林之奇 : 자는 少穎이니, 三山 사람이다.

### 眞氏 德秀

字希元, 建安人.

眞德秀 : 자는 希元이니, 建安 사람이다.

### 陳氏 惇脩

字伯厚, 三山人. 撰史斷.

陳惇脩 : 자는 伯厚이니, 三山 사람이다. ≪史斷≫을 지었다.

### 尹氏 起莘

括蒼人. 撰通鑑綱目發明.

尹起莘 : 括蒼 사람이다. ≪資治通鑑綱目發明≫을 지었다.

### 程氏 祁

程　祁

### 呂氏

未詳名字, 撰通鑑精義.

呂　氏 : 이름과 자는 미상이다. ≪通鑑精義≫를 지었다.

---

1) 〔與政〕 : 저본에는 누락되었으나, ≪四庫全書總目≫ 권135에 의하여 보충하였다.

# 貞觀政要[1)]

戈直(元) 集論

愚按 貞觀者는 唐太宗表年之號也라 易大傳曰 天地之道는 貞觀者也[2)]라하니 猶言天地之文理가 主於正以示人也라 政要者는 唐史臣吳兢이 類輯貞觀間君臣之嘉言善行과 良法美政之大要也라 唐史本紀[3)]曰 太宗은 姓李氏요 諱世民이니 隴西成紀人이요 爲涼武昭王[4)]八世孫으로 高祖次子也라 母曰太穆皇后竇氏니 生而不驚하다 方四歲에 有書生謁高祖曰 公貴人也니 必有貴子라하더니 及見太宗曰 龍鳳之姿요 天日之表니 其年幾冠에 必能濟世安民하리라하다 書生旣去에 乃采其語하여 名之曰世民이라하다 及長에 聰明英武하여 有大志하고 能屈節下士하여 結納豪傑하며 佐高祖하여 以定天下之亂하니 功業日隆하다 隋義寧元年에 高祖以唐王으로 受隋禪하여 國號唐이라하다 明年에 改元武德하고 封世民하여 爲秦王하다 九年에 立秦王世民하여 爲皇太子하고 聽政이라 是年八月에 卽皇帝位하고 明年에 改元貞觀하다 在位凡二十三年이요 爲一代之賢君이라하다 其言行之美와 政治之盛과 與夫任賢使能之方과 從諫樂善之道가 大略皆聚此書也라 後文宗讀此[5)]하고 慨然慕之라 故太和初政이 號爲淸明하니 則是書也가 不無補於治云이라

---

1) 아랫글은 戈直이 본문에 들어가기에 앞서 쓴 題下註로 '貞觀'과 '政要'의 의미를 밝히고, 唐太宗의 아름다운 자질에 대해 쓴 것이다. 저본의 체제상 뒤의 제1편 〈論君道〉와 이어지나 편집상 구분하였다.

2) 易大傳曰……貞觀者也 : ≪周易≫ 〈繫辭傳 下〉에 보인다. 易大傳은 ≪周易≫에서 經文(卦辭와 爻辭)을 解釋한 傳이다. 모두 7種으로 〈彖〉·〈象〉·〈文言〉·〈繫辭〉·〈說卦〉·〈序卦〉·〈雜卦〉인데, 大傳이라고도 하며, 특히 〈繫辭〉의 異名으로 많이 사용한다.

3) 唐史本紀 : ≪新唐書≫ 권2 〈太宗本紀〉에 보인다.

4) 涼武昭王 : 5호 16국 시대 西涼을 건립한 李暠(351~417)의 諡號이다.

5) 文宗讀此 : 唐나라 文宗이 ≪貞觀政要≫를 읽은 사실은 ≪舊唐書≫ 권17 下 〈文宗本紀 下〉 '史臣曰'에 "과거에 문종 황제께서 태자로 계실 적에 ≪貞觀政要≫를 즐겨 읽어 太宗께서 정치하는 방도에 부지런한 것을 늘 보고 이 책에 뜻을 두었다.〔初 帝在藩時 喜讀貞觀政要 每見太宗孜孜政道 有意于玆〕"라고 하였다.

내가 살펴보건대 貞觀은 唐나라 太宗이 曆年을 표시한 호칭이다. ≪周易≫〈繫辭傳〉에 "천지의 道는 항상 보여주는 것이다."라고 하니, 천지의 文彩가 올바름을 위주로 하여 사람에게 보여준다는 말과 같다. 政要는 唐나라의 史臣 吳兢이 貞觀 시대의 임금과 신하의 아름다운 말, 훌륭한 행실, 좋은 법, 아름다운 정치의 큰 요점을 분류하여 편집한 것이다.

≪新唐書≫〈太宗本紀〉에 다음과 같이 보인다.

"太宗은 姓이 李氏이고 이름이 世民이다. 隴西 成紀 사람이고 涼나라 武昭王의 8世孫으로 高祖의 둘째 아들이다. 어머니는 太穆皇后 竇氏이니 출생할 때 순산하였다. 4歲가 되었을 때 어느 선비가 高祖를 뵙고 '公은 귀한 분이니 반드시 귀한 아들이 있을 것이오.'라고 하였는데, 태종을 보자 '龍과 봉황처럼 준수한 자질을 지니고 하늘의 태양(제왕)과 같은 의표가 있으니 관례할 나이가 되면 반드시 세상을 구제하고 백성을 편안케 할 것이오.〔濟世安民〕'라고 하였다. 선비가 떠나간 뒤에 그의 말을 따서 世民이라고 이름하였다. 장성해서는 슬기롭고 도리에 밝으며 영특하고 용감하여 큰 뜻이 있고, 겸손하고 선비를 우대하여 호걸들과 교유를 맺으며, 고조를 보좌하여 천하의 난리를 평정하니 功業이 날로 높아졌다.

隋나라 義寧 元年(617)에 고조가 唐王으로 있으면서 隋나라의 禪位를 받아 國號를 唐이라고 하였다. 이듬해에 연호를 武德(618~626)으로 바꾸고 세민을 봉하여 秦王으로 삼았다. 무덕 9년(626)에 진왕 세민을 세워 皇太子로 삼고 정무를 맡겼다. 그해 8월에 세민이 皇帝에 즉위하고, 이듬해(627)에 연호를 貞觀으로 바꾸었다. 재위 기간이 모두 23년이고 한 시대의 현명한 임금〔一代之賢君〕이 되었다."

그 언행의 아름다움, 정치의 성대함, 현인을 임용하여 능력 있는 이를 부리는 방략, 간언을 따르고 선행을 즐거워하는 道가 대략 이 책에 모두 실려 있다. 뒤에 唐나라 文宗이 이 책을 읽고 강개하여 사모하였으므로 太和(문종 연호, 827~835) 초기의 정치가 맑고 밝다고 일컬어졌으니, 이 책이 정치에 보탬이 없다고는 못 할 것이다.

# 제1편 論君道 임금 도리를 논하다

≪貞觀政要≫의 첫 부분에 "임금 노릇 하는 도리는 반드시 우선 백성을 살펴야 한다." 한 것은 백성의 보존이 君道의 첫 번째 일임을 보인 것으로, 임금이 해야 할 일이 무엇인지를 잘 드러내고 있다. 또한 明君과 暗君의 차이는 큰 데 있는 것이 아니라 신하들의 말을 널리 듣는 데에 달려 있다고 보았는데, 그 예로 秦나라 二世皇帝와 隋나라 煬帝가 한 명의 신하만을 믿어서 그 나라를 멸망시켰다고 논하였다.

唐 太宗이 貞觀의 치적을 일으킬 수 있었던 것은 바로 신하들의 여론을 수용하였기 때문인데, 이 편에서는 임금이 갖추어야 할 도리를 통해 그 단서를 열고 있다. 태종이 어렵게 創業하였지만 守成의 어려움을 잊지 않았는데, 이는 그가 임금의 도리를 잘 알고 있음을 보여주고 있다.

凡五章.

모두 5章이다.

## 1-1-1

**貞觀初**에 **太宗謂侍臣曰 爲君之道**는 **必須先存百姓**이라 **若損百姓以奉其身**하면 **猶割股以啖腹**①하니 **腹飽而身斃**라 **若安天下**인댄 **必須先正其身**이니 **未有身正而影曲**하고 **上理**[1]**而下亂者**라 **朕每思傷其身者**는 **不在外物**이요 **皆由嗜欲以成其禍**라 **若耽嗜滋味**하고 **玩悅聲色**하면 **所欲旣多**하여 **所損亦大**하고 **旣妨政事**하여 **又擾生人**②[2]이라 **且復出一非理之言**이면 **萬姓爲之解體**[3]하고 **怨讟**(독)**旣作**③에 **離叛亦興**이라 **朕每思此**하여 **不敢縱逸**하노라

① 股以啖腹：股，一作脛．啖，音淡，食也．

---

1) 理 : 唐 高宗의 이름 字인 '治'를 避諱하여 '理'로 바꾼 것이다. 아래도 같다.

2) 生人 : 生民, 百姓으로, 唐 太宗의 이름 字인 民을 피휘하여 人으로 바꾼 것이다.

3) 解體 : 肢體가 풀어진다는 뜻으로, 인심이 離叛함을 말한다.

股는 어떤 본에는 脛으로 되어 있다. 啖은 음이 淡이니, 먹는다는 뜻이다.

② 又擾生人：擾, 亦作損.

擾는 損으로도 되어 있다.

③ 怨讟(독)既作：讟, 音瀆, 痛怨也.

讟은 음이 瀆이니, 원통하다는 뜻이다.

貞觀 초기에 太宗이 근신에게 말하였다.

"임금 노릇 하는 도리는 반드시 우선 백성을 살펴야 하는 것이오. 만약 백성에게 피해를 끼치면서 제 몸을 양육한다면 마치 다리 살을 베어 배를 채우는 것과 같으니, 배는 부르지만 몸은 죽소. 만일 천하를 안정시키려 하면 반드시 제 몸을 먼저 바르게 해야 하니, 몸이 바른데 그림자가 구부러지거나 위가 잘 다스려지는데 아래가 어지러워지는 일은 없었소.

朕이 평소 생각하기에 제 몸을 손상하는 것은 몸 밖의 사물에 있지 않고 모두 자신의 기호와 욕망으로 말미암아 그 화를 이루는 것이오. 만일 산해진미를 즐기고 음악과 여색을 탐닉하면 욕망이 많아져서 손상 역시 크게 되고, 이미 정무에 해를 끼쳐 또 백성을 어지럽히게 되오. 게다가 임금이 거듭하여 이치에 맞지 않는 말을 한 마디라도 내면 백성들이 그로 인해 와해되고 원망이 이미 일어나 떠나고 배반하는 일 또한 일어나게 되오. 짐이 평소 이를 생각하여 감히 방종하거나 안일하지 않았소."

1-1-2

**諫議大夫④魏徵⑤[4]이 對曰 古者에 聖哲之主는 皆亦近取諸身이라 故能遠體諸**

---

4) 魏徵：580~643. 자는 玄成, 시호는 文貞, 唐初의 名臣이며 直諫으로 유명했다. 貞觀之治를 이룩하는 데에 결정적인 역할을 한 인물이다. 젊어서 빈곤하게 살다가 道士가 되었다. 隋나라 말기에 李密과 竇建德에게 귀순했다가 唐나라에 귀순하여 高祖의 황태자 李建成의 측근이 되었다. 이건성이 동생 李世民(太宗)과의 경쟁에서 패했을 때, 이세민은 위징의 인격을 흠모하여 기용하였다. 諫議大夫 등 요직에 임용되고 뒤에 재상이 되었으며, 鄭國公에 봉해졌다. 위징이 죽자 태종은 銅鑑, 古鑑, 人鑑의 三鑑 중에 人鑑을 잃었다고 애석해하고, 위징의 비문을 직접 짓고 글씨까지 썼다. 뒤에 위징이 추천했던 인물들이 반역을 하고 또 위징이 기록해둔 諫言에 대해 太宗이 불쾌해하여 위징의 비문을 쓰러뜨리게 하였으나, 高句麗 정벌에 실패하고 회군하면서 위징이 살아 있었다면 이 정벌을 만류했을 것이라 하고는 위징의 무덤에 제물을 보내 제사를 지내게 하고 비석을 다시 세우게 하였다.

**物**하니이다 **昔楚聘詹**(첨)**何**⑥[5]하여 **問其理國之要**한대 **詹何對以修身之術**하니 **楚王又問理國**은 **何如**오한대 **詹何曰 未聞身理而國亂者**니이다하니 **陛下所明**은 **實同古義**⑦니이다

④ 諫議大夫 : 唐制, 掌諫論得失侍從贊相之職.
〈諫議大夫는〉 唐나라 제도에 의하면, 임금의 잘잘못을 충고하여 논하며 곁에서 모시고 돕는 일을 관장한다.

⑤ 魏徵 : 詳見任賢篇.
〈魏徵은〉 본서 제3편 〈論任賢〉에 자세히 보인다.

⑥ 昔楚聘詹(첨)何 : 楚, 春秋時國名, 僭稱王. 詹何, 楚詹尹之後, 隱於釣. 楚莊王聞而異之, 召而問焉. 出列子.
楚는 春秋시대의 나라 이름인데, 王(天子)이라고 참칭하였다. 詹何는 楚나라 詹尹의 후손인데, 낚시하며 숨이 지냈다. 楚 莊王이 소문을 듣고 특이하게 여겨 불러서 下問하였다. 내용이 ≪列子≫ 〈說符〉에 나온다.

唐 太宗에게 간언을 하는 魏徵

⑦ 貞觀初……實同古義 : 按通鑑武德九年, 太宗謂侍臣曰 "君依於國, 國依於民, 刻民以奉君, 猶割肉以充腹, 腹飽而身斃, 君富而國亡. 故人君之患, 不自外來, 常由身出. 夫欲盛則費廣, 費廣則賦重, 賦重則民愁, 民愁則國危, 國危則君喪矣. 朕嘗以此思之, 故不敢縱欲也."[6] 與此章辭異而旨同, 故附見于此.
살펴보면 ≪資治通鑑≫ 武德 9년(626)에 太宗이 근신에게 "임금은 국가에 의지하고 국가는 백성에게 의지하오. 백성에게서 각박하게 거두어 임금을 받드는 것은 마치 살을 베어 배를 채우는 것과 같으니, 배는 부르지만 몸이 죽고 임금은 부유해도 국가는 망하오. 그러므로 임금의 근심은 밖에서 오는 것이 아니라 항상 자신에게서 나오는 것이오. 욕심이

5) 詹(첨)何 : 詹子·瞻子라고도 일컫는다. 춘추시대 楚나라의 隱者이다.
6) 通鑑武德九年……故不敢縱欲也 : ≪資治通鑑≫ 권192 唐紀 8 高祖에 보인다.

많으면 비용이 많아지고, 비용이 많아지면 세금이 무거워지고, 세금이 무거워지면 백성이 근심하고, 백성이 근심하면 나라가 위태로워지고, 나라가 위태로워지면 임금은 죽게 되오. 朕이 일찍이 이를 생각하였으므로 감히 내키는 대로 욕심 부리지 않소."라고 하였는데, 이 章과 말은 달라도 뜻이 같으므로 여기에 붙여 소개한다.

諫議大夫 魏徵이 대답하였다.

"옛날에 聖哲한 임금은 모두 또한 가까이 자신에게서 취하였기 때문에 여러 사물을 멀리 살필 수 있었습니다. 옛날에 楚나라에서 詹何를 초빙하여 국가를 다스리는 요점을 물었는데, 첨하는 몸을 닦는 방도로 대답하였습니다. 楚王이 또 묻기를 '국가를 다스림은 어떻게 해야 하오?'라고 하자, 첨하는 '자신이 잘 다스려졌으면서 국가가 어지럽게 되었다는 말은 듣지 못하였습니다.'라고 하였습니다. 폐하께서 밝히신 것은 실로 古人의 도리에 합치되는 것입니다."

**【集論】**

愚按 中庸九經[7]에 修身爲先하고 大學八目[8]에 修身爲本하니 古者에 二帝三王之治는 未有不先正其身하고 而能正天下者也라 故堯必克明峻德而後에 能黎民時雍하고 舜必帝德罔愆而後에 能萬邦咸寧하고 禹必祗台(이)德先而後에 能朔南曁聲教하고 湯必懋昭大德而後에 能表正萬邦하고 武王必建其有極而後에 能作民父母라

내(戈直)가 살펴보건대 ≪中庸≫의 九經에는 修身이 우선이고 ≪大學≫의 八條目에는 修身이 근본이다. 옛날에 二帝 三王의 정치는 자기 몸을 먼저 바로잡지 않고 천하를 바르게 할 수 있었던 경우는 없었다. 그러므로 堯임금은 반드시 능히 큰 덕을 밝힌 뒤에 능히 백성들이 이에 화합하였고, 舜임금은 반드시 帝의 공덕이 허물이 없은 뒤에 능히 모든 나라가 다 편안하였고, 禹임금은 반드시 자신의 덕을 공경히 하여 솔선한 뒤에 능히 교화가 남북에 미쳐갔고, 湯임금은 반드시 큰 덕을 힘써 밝힌 뒤에

7) 九經 : 儒家에서 나라를 다스리고 천하를 평안히 하는 아홉 가지 준칙이다. 그 조목은 ≪中庸≫ 20章에 "무릇 天下와 國家를 다스리는 데에 九經이 있으니, 몸을 닦음, 어진 이를 높임, 친척을 친히 함, 大臣을 공경함, 여러 신하들의 마음을 體察함, 여러 백성들을 자식처럼 사랑함, 百工을 오게 함, 먼 지방의 사람을 懷柔함, 諸侯들을 은혜롭게 하는 것이다.〔凡爲天下國家有九經 曰修身也 尊賢也 親親也 敬大臣也 體群臣也 子庶民也 來百工也 柔遠人也 懷諸侯也〕"라고 하였다.

8) 八目 : ≪大學≫의 八條目으로 格物, 致知, 誠意, 正心, 修身, 齊家, 治國, 平天下를 말한다.

능히 의표로 모든 나라를 바로잡았고, 武王은 반드시 표준을 세운 뒤에 능히 백성의 부모가 되었다.

蓋身者는 表也요 天下者는 景(영)[9]也니 未有表正而景(영)曲者也라 身者는 源也요 天下者는 流也니 未有源淸而流濁者也라 後之人君에 若漢高之約法除苛하고 文景之幾致刑措하고 宣帝之綜核名實하고 光武之恭勤儉約하고 明帝之明察善斷하고 孝章之寬厚長者는 其愛民之心과 治民之具가 蓋亦有合乎先王者矣요 特其本原之地에 有未純焉者爾라 由此觀之컨대 身心與家國天下爲一者는 三代以上之治也요 身心與家國天下爲二者는 三代以下之治也라

몸은 의표이고 천하는 그림자이니, 의표가 바르면서 그림자가 굽은 경우는 없었다. 몸은 샘이고 천하는 支流이니, 샘이 맑으면서 지류가 흐린 경우는 없었다. 후세의 임금들 중에 約法으로 번거로움을 제거한 漢나라 高祖, 거의 형벌을 쓰지 않은 데에 이른 文帝・景帝, 명칭과 실상을 치밀하게 밝혀 부합하게 한 宣帝, 공손하고 검약한 光武帝, 밝게 살펴 잘 판단한 明帝, 관후하고 점잖은 孝章帝 같은 이들은 백성을 사랑하는 마음과 백성을 다스리는 도구가 또한 先王에게 합치하는 것이 있었고, 다만 그 本原인 마음에 순수하지 못한 것이 있었을 뿐이다. 이를 말미암아 살펴보면 몸・마음과 집안・나라・천하가 하나였던 것은 三代 이전의 정치이고, 몸・마음과 집안・나라・천하가 둘이었던 것은 三代 이후의 정치이다.

唐太宗은 以英武之姿로 當大亂之後하여 芟除群雄하여 拓定四海하고 一旦君臨南面에 首告其群臣曰 安天下인댄 必須先正其身이니 未有身正而影曲者라하니 斯言也는 非三代以下之言也라 魏徵이 斯時에 正當告之以中庸之九經과 大學之八目하여 于以闡揚聖學之奧하고 于以發明心術之微는 可也나 顧乃以楚王詹何之言으로 言之는 何其遠哉아 使太宗斯時得聞二帝三王之學이런들 必將終始如一하여 而無晩年之悔[10]하고 內外如一하여 而無宮闈之愧[11]矣리니 豈特貞觀之治而已邪(야)아 惜乎라 太宗은 能言之나 而不能行之하고 魏徵은 能

---

9) 景(영) : 影과 통용된다.

10) 晩年之悔 : 太宗이 고구려 정벌에 실패하고 크게 뉘우치면서 "魏徵이 만약 살아 있었다면 내가 이 출정을 하지 못하게 했을 것이다.〔魏徵若在 不使我有是行也〕"라고 하고 위징의 묘에 제물을 보내 제사를 지내게 하고 쓰러뜨렸던 비석을 다시 세우게 한 일을 말한다. ≪資治通鑑 권198 唐紀 14 太宗 貞觀 19년≫

贊美之나 而不能發明之也로다 吳氏編是書에 置此於開卷之首하니 其有所取也夫아 抑有所感也夫아

唐 太宗은 英俊 武勇의 자질로 큰 난리를 겪은 뒤에 여러 영웅들을 제거하여 천하를 평정하였고, 어느 날 임금이 되어 南面할 때 여러 신하들에게 첫째로 고하기를 "천하를 안정시키려 하면 반드시 제 몸을 먼저 바르게 해야 하니, 그 몸이 바른데 그림자가 굽은 경우는 없었다."라고 하니, 이 말은 三代 이후의 말이 아니다. 魏徵이 이때에 곧바로 ≪中庸≫의 九經과 ≪大學≫의 八條目으로 고하여 聖學의 심오함을 열어주고 心術의 은미함을 드러내 밝힌 것은 옳다. 그러나 楚王과 蕭何의 말로 고한 것은 얼마나 거리가 먼가.

만일 태종이 이때에 二帝 三王의 학문을 들을 수 있었다면 반드시 장차 처음부터 끝까지 한결같아서 늘그막의 뉘우침이 없었을 것이고, 안팎이 한결같아서 後宮의 부끄러움이 없었을 것이니, 어찌 貞觀의 치적만 이룰 뿐이었겠는가. 안타깝다. 태종은 말을 잘하였으나 시행하지는 못하였고 위징은 贊美는 잘하였으나 드러내 밝히지는 못하였다. 吳兢이 本書를 편집하는 데에 이것을 책의 맨 앞에 두었으니 채택한 것이 있었던 것인가, 아니면 느낀 것이 있었던 것인가.

### 1-2-1

貞觀二年에 太宗問魏徵曰 何謂爲明君暗君가 徵曰 君之所以明者는 兼聽也요 其所以暗者는 偏信也니이다 詩云 先人[12]有言호대 詢於芻蕘①라하니이다 昔唐虞之理②에 闢四門하며 明四目하며 達四聰③하니 是以로 聖無不照라 故共鯀之徒가 不能塞也④요 靖言庸回가 不能惑也⑤니이다 秦二世는 則隱藏其身하여 捐隔疎賤하고 而偏信趙高[13]라가 及天下潰叛하여도 不得聞也⑥하고 梁武帝는 信朱异(이)라가 而侯景擧兵向闕하여도 竟不

---

11) 宮闈之愧 : 唐 太宗이 弟嫂를 데리고 산 부끄러움을 말한다. 태종의 아우 李元吉이 巢剌王(소랄왕)에 봉해졌는데 玄武門의 變으로 태종에게 죽임을 당하였다. 태종은 이원길의 아내 巢剌王妃 楊氏를 데리고 함께 살고는 아들 李明을 낳아 이원길의 양자로 삼았다. 그리고 소랄왕비를 황후로 봉하려 하였는데 魏徵이 간언을 올려 중지되었다. ≪綱目續麟 권14 貞觀 2년≫

12) 先人 : ≪詩經≫ 〈大雅 板〉의 集傳에 "先民(先人)은 옛날의 현인이다.〔先民 古之賢人也〕"라고 하였다.

13) 趙高 : ?~B.C. 207. 秦나라 사람으로, 二世皇帝를 시해하고 이세황제의 아들 子嬰을 秦王으로 세웠으나 자영에게 피살되었다.

**得知也**⑦하고 **隋煬帝**는 **偏信虞世基**라가 **而諸賊攻城剽邑**하여도 **亦不得知也**⑧니이다 **是故**로 **人君兼聽納下**하면 **則貴臣不得壅蔽**하여 **而下情必得上通也**리이다 **太宗**이 **甚善其言**하니라

① 先人有言 詢於芻蕘：詩大雅板篇之辭. 芻蕘, 採薪之人, 言雖賤而不棄也. 人, 詩作民, 蓋避太宗諱, 故以人代民, 他皆類此.
≪詩經≫〈大雅 板〉의 가사이다. 芻蕘는 땔나무를 하는 사람이니, 비록 비천한 사람의 말이라도 버리지 않음을 말한다. 人은 ≪詩經≫에 民으로 썼으니, 太宗(世民)의 이름을 피한 것이다. 뒤에도 모두 이와 같다.

② 唐虞之理：堯曰陶唐氏, 舜曰有虞氏. 理本作治, 蓋避高宗諱, 故以理代治, 他皆類此.
堯는 陶唐氏이고 舜은 有虞氏이다. 理는 본래 治로 쓰였는데 고종(李治)의 이름을 피하였기 때문에, 治를 理로 바꾼 것이다. 뒤에도 모두 이와 같다.

③ 闢四門……達四聰：虞書, 史贊舜之辭, 謂開四方之門, 以來天下之賢俊, 廣四方之視聽, 以決天下之壅蔽也.
이는 ≪書經≫〈虞書 舜典〉에서 史官이 舜임금을 찬양한 말이니, 사방 문을 열어 천하의 훌륭한 현인을 오게 하고, 사방의 言路를 넓혀 천하의 막힌 것을 트이게 하였음을 말한 것이다.

④ 共鯀之徒 不能塞也：共, 音恭. 鯀, 音袞. 共工, 唐虞官名, 古之世族官也. 鯀, 崇伯名, 夏禹父也. 共工淫辟, 鯀治水無功, 舜流共工于幽州, 殛鯀于羽山. 塞, 猶蔽也.
共은 음이 恭이고, 鯀은 음이 袞이다. 共工은 唐虞(堯舜) 시대의 官名이니, 옛날에 世族의 대물려 받은 관직이다. 鯀은 崇伯의 이름이니, 夏나라 禹임금의 아버지이다. 공공은 음탕하였고 곤은 홍수를 다스려 공로가 없자, 舜이 공공을 幽州로 유배시키고 곤을 羽山에서 죽였다. 塞은 蔽(가리다)와 같다.

⑤ 靖言庸回 不能惑也：虞書曰"靜言庸違." 靖, 與靜同. 回, 亦違也. 謂靜則能言, 用之則不然也.
≪書經≫〈虞書 堯典〉에 말하기를 "조용할 때는 말을 잘하나 등용되어서는 어긋났다."라고 하니, 靖은 靜(조용하다)과 같고 回도 違(어긋나다)의 뜻이다. 조용할 때는 말을 잘하나 등용되어서는 그렇지 않음을 말한 것이다.

⑥ 秦二世……不得聞也：捐, 音員, 棄也. 秦二世, 始皇少子, 名胡亥, 嗣位, 號二世皇帝. 趙高, 秦宦者, 二世用之爲相. 二世常居禁中, 公卿希得朝見, 盜賊益多, 二世後爲高所弑.
捐은 음이 員이니, 버린다는 뜻이다. 秦나라 二世皇帝는 始皇帝의 작은 아들이니, 이름은 胡亥이고 秦 始皇의 지위를 계승하여 이세황제라고 일컬었다. 趙高는 秦나라 宦官이었는데 이세황제가 宰相으로 기용하였다. 이세황제가 늘 깊은 궁중에 거하여 公卿大臣들도 드물게 알현할 수 있었고 도적이 더욱 많이 일어났다. 이세황제는 뒤에 조고에게 피살되었다.

⑦ 梁武帝……竟不得知也：异, 羊吏切. 梁武帝, 姓蕭名衍, 仕齊, 封梁王, 受齊禪, 國號梁. 朱

异, 仕梁, 爲散騎常侍. 侯景, 東魏臣, 叛歸魏, 復請歸梁, 武帝從朱异之議, 納景爲大將軍. 及景反叛, 朝野共怨异. 武帝後爲景所逼, 餓而死.

异는 羊과 吏의 반절이다. 梁나라 武帝(464~549)는 姓이 蕭이고 이름이 衍이니, 齊나라에 벼슬하여 梁王에 봉해지고 齊나라에게 禪位를 받아 國號를 梁이라고 하였다. 朱异는 梁나라에 벼슬하여 散騎常侍가 되었다. 侯景은 東魏의 신하였는데 배반하여 魏나라에 귀순하였다가 다시 梁나라에 귀순하기를 청하자, 무제가 주이의 논의를 따라 후경을 받아들여 大將軍으로 삼았다. 후경이 반란하자 조정과 재야가 함께 주이를 원망하였다. 무제는 뒤에 후경에게 핍박을 받아 굶어 죽었다.

⑧ 隋煬帝……亦不得知也 : 剽, 音漂, 刼也. 隋煬帝, 姓楊名廣, 文帝次子也. 虞世基, 仕隋爲內史侍郎. 世基, 以帝惡聞盜賊, 告者皆不以實聞, 由是盜賊競起, 陷沒郡縣, 皆不之知. 煬帝後爲宇文化及等所弑.

剽는 음이 漂이니, 겁탈한다는 뜻이다. 隋 煬帝(569~618)는 姓이 楊이고 이름이 廣이니, 隋 文帝의 둘째 아들이다. 虞世基는 隋나라에 벼슬하여 內史侍郎이 되었다. 우세기는 양제가 도적이 일어났다는 말을 듣기를 싫어한다 하여 고할 적에 모두 사실대로 보고하지 않았다. 이로 말미암아 도적이 다투어 일어나서 郡縣을 함락시켰으나 〈황제는 이러한 사실을〉 모두 알지 못했다. 양제는 뒤에 宇文化及 등에게 피살되었다.

貞觀 2년(627)에 太宗이 魏徵에게 물었다.

"무엇으로 明君과 暗君이라 하오?"

위징이 말하였다.

"임금이 명철해지는 것은 널리 듣기 때문이고 어두워지는 것은 한쪽만 신임하기 때문입니다. 《詩經》 〈大雅 板〉에 이르기를 '선현이 말하기를 나무꾼에게도 물으라 하셨다.'라고 하였습니다. 옛날에 堯帝와 舜帝가 다스릴 적에는 사방의 문을 열어두며, 사방 사람의 눈으로 밝게 보며, 사방 사람의 귀로 들었습니다. 그러므로 堯帝와 舜帝의 성스러움이 비추지 않는 곳이 없었습니다. 그래서 共工과 鯀의 무리들이 총명을 가리지 못하였고, 조용할 때는 말을 잘하나 등용되어서는 그와 어긋나는 행동이 총명을 미혹시킬 수 없었습니다.

그러나 秦나라 二世皇帝는 자신을 숨겨 소원한 신하를 버리며 천한 백성들을 멀리 하고 趙高 한 사람만 신임하다가 천하가 무너지고 반란이 일어나도 그것을 듣지 못하였습니다. 梁나라 武帝는 朱异만 신임하다가 侯景이 군대를 일으켜 궁궐로 향해도 끝내 알지 못하였습니다. 隋나라 煬帝는 虞世基 한 사람만 신임하다가 여러 역적들이 성을 공격하고 읍을 약탈해도 알지 못하였습니다.

그러므로 임금이 널리 듣고서 아랫사람의 의견을 받아들이면 높은 신하가 임금의 총명을 막아 가리지 못하여 아랫사람의 실정이 반드시 임금께 통할 수 있을 것입니다."

태종이 그 말을 매우 훌륭하게 여겼다.

【集論】

范氏祖禹[14]曰 善哉라 太宗之問과 魏徵之對也여 可謂得其要矣로다 夫聖人은 以天下爲耳目이라 故聰明하고 庸君은 以近習爲耳目이라 故暗蔽로다 明暗之分은 惟在於遠近大小而已矣로다

范祖禹가 말하였다.

"훌륭하구나, 太宗의 질문과 魏徵의 대답이여. 그 요점을 얻었다고 말할 수 있겠다. 聖人은 천하 사람들을 귀와 눈으로 삼기 때문에 총명하고, 용렬한 임금은 近臣을 귀와 눈으로 삼기 때문에 어둡다. 밝음과 어두움의 구분은 遠大하게 하느냐 近小하게 하느냐에 달려 있을 뿐이다."

唐氏仲友[15]曰 兼聽하면 則公正忠讜進하고 偏信하면 則浸潤膚受[16]行이라 此魏徵論聽納任用之本이라

唐仲友가 말하였다.

---

14) 范氏祖禹 : 1041~1098. 范祖禹는 北宋의 학자·관원이며 進士 출신이다. 司馬光 밑에서 ≪資治通鑑≫을 편수했다. 관직은 給事中·翰林學士 등을 역임했다. 新法을 두둔했다는 여론이 일자 武安軍節度副使로 貶謫되고 永州에 安置되었다. 程顥와 程頤를 사사했으며, 사마광의 학문을 추종했다. 시호는 正獻이다.

15) 唐氏仲友 : 1136~1188. 唐仲友는 南宋의 학자·관원이며 進士 출신이다. 관직은 秘書省正字·通判建康府를 역임하고 江西提刑에 발탁되었지만 朱熹에게 탄핵을 받고 파직된 뒤 저술 활동과 후학 양성에만 전념했다. 經世致用學을 강조하여 佛教와 老莊을 배척하고 당시의 心學도 반대하고 주희의 理學 위주의 학문도 반대하고, 天文·地理·刑政 등 경세에 유익한 학문을 추구했다.

16) 浸潤膚受 : '浸潤之譖'은 물이 점점 스며들듯이 점점 믿도록 만드는 참언을 뜻하고, '膚受之愬'는 살을 에는 듯한 통절한 呼訴로써 듣는 사람이 미처 생각할 겨를도 없이 믿게 만드는 참소를 뜻한다. 모두 임금을 고혹하게 만드는 간신의 소행을 말한다. ≪論語 顔淵≫

"널리 들으면 公正하고 충직한 이가 나오고, 한쪽 말만 믿으면 물이 스며드는 듯한 참소와 살을 에는 듯한 비방이 행해진다. 이것은 魏徵이 간언을 받아들이고 인재를 임용하는 근본을 논한 것이다."

愚按太宗이 問明君暗君한대 魏徵이 謂兼聽者明하고 偏信者暗이라하니 玆言固簡而當矣로다 然兼聽偏信은 此自外至者也요 明之與暗은 又有存於中者焉이라 堯之欽明[17]과 舜之聰明[18]은 乃其中扃(경)[19]澄徹이 如鑑之空하며 如衡之平하여 姸媸(치)輕重이 隨物而見(현)者也요 彼昧者昏者는 反是니 此又明暗之所分이라 蓋偏信은 固易於蔽하고 而兼聽도 亦有所當擇이나 惟明足以燭理면 何施而不可哉아 君天下者가 欲進於堯舜之明인댄 當自格物致知之學始라

내(戈直)가 살펴보건대 太宗이 明君과 暗君을 묻자 魏徵이 널리 듣는 이는 밝고 한쪽 말만 믿는 이는 어둡다고 하였으니, 이 말이 참으로 간결하고 적당하다. 그러나 널리 듣는 것과 한쪽 말만 믿는 것은 외면에서 오는 것이고, 밝은 것과 어두운 것은 또 마음에 있는 것이다. 堯임금의 欽明과 舜임금의 聰明은 속마음이 맑고 깨끗한 것이 깨끗한 거울과 같으며 평평한 저울대와 같아서 美醜와 경중이 사물에 따라 드러나고, 저 어둡고 흐린 자는 이와 반대이니, 이것이 또 밝음과 어두움이 구분되는 것이다. 한쪽 말만 믿는 것은 참으로 가려지기 쉽고, 널리 듣는 것도 당연히 채택해야 하지만 오직 밝음이 이치를 밝게 알기에 충분하다면 무엇을 시행한들 불가능하겠는가. 천하의 제왕이 요임금·순임금의 밝음에 나아가려 한다면 당연히 格物·致知의 학문으로부터 시작해야 한다.

### 1-3-1

貞觀十年에 太宗謂侍臣曰 帝王之業은 草創與守成이 孰難①가 尙書左僕射(야)②房

17) 堯之欽明 : 欽明은 공경하고 밝다는 뜻으로 요임금의 덕을 형용한 말이다. ≪書經≫ 〈虞書 堯典〉에 "옛날 요임금을 상고하건대 放勳이시니, 공경하고 밝고 문채롭고 생각함이 편안하고 편안하시며 진실로 공손하고 능히 겸양하시어 광채가 四表에 입혀지시며 상하에 이르셨다.〔曰若稽古帝堯 曰放勳 欽明文思安安 允恭克讓 光被四表 格于上下〕"라고 하였다.

18) 舜之聰明 : 聰明은 '明四目 達四聰'의 줄임말로, ≪書經≫ 〈虞書 舜典〉에 순임금이 즉위하고 나서 "四岳에게 자문을 구하며 사방의 문을 활짝 열어놓아 사방의 눈으로 자신의 눈을 밝게 하고 사방의 귀로 자신의 귀를 통하게 하였다.〔詢于四岳 闢四門 明四目 達四聰〕"라고 하였다.

19) 中扃(경) : 마음으로, 內心을 뜻한다.

**玄齡**③[20]**對曰 天地草昧**④에 **群雄競起**하여 **攻破乃降**(항)⑤하고 **戰勝乃剋**하니 **由此言之**인댄 **草創爲難**하니이다 **魏徵對曰 帝王之起**는 **必承衰亂**이라 **覆彼昏狡**하고 **百姓樂**(락)**推**⑥하여 **四海歸命**하니 **天授人與**[21]하여 **乃不爲難**하니이다 **然旣得之後**에 **志趣驕逸**하니 **百姓欲靜而徭役不休**하고 **百姓凋殘而侈務不息**하니이다 **國之衰弊**가 **恒由此起**⑦하니 **以斯而言**인댄 **守成則難**하니이다 **太宗曰 玄齡**은 **昔從我定天下**하여 **備嘗艱苦**하고 **出萬死而遇一生**하니 **所以見草創之難也**요 **魏徵**은 **與我安天下**일새 **慮生驕逸之端**하여 **必踐危亡之地**하니 **所以見守成之難也**라 **今草創之難**은 **旣已往矣**하니 **守成之難者**를 **當思與公等愼之**⑧하노라

① 守成孰難：守成, 亦作守文[22], 後同.
守成은 또한 守文(법도를 지킨다)으로 되어 있다. 뒤에도 같다.

② 尙書左僕射(야)：尙, 音常. 射, 音夜. 凡言尙書僕射, 竝同. 僕射, 秦官. 古者重武官, 有主射以督課, 取其領事之號也. 唐制, 尙書省置左・右僕射, 掌統理六官[23], 爲令之貳. 令闕則總省事, 宰相職也.
尙은 음이 常이고, 射는 음이 夜이니, 尙書僕射를 말할 때에는 모두 같다. 僕射는 秦나라 관직이다. 옛날에 武官을 중시하여 활쏘기를 주로 하여 시험하였으니, 관장하는 일을 취하여 호칭으로 삼은 것이다. 唐나라 제도에 의하면 尙書省에는 左僕射・右僕射를 두어 六官을 다스림을 관장하니 尙書令의 다음 지위이다. 상서령이 결원되면 상서성의 일을 총괄하니, 宰相의 직책이다.

③ 房玄齡：詳見任賢篇.
〈房玄齡은〉 본서 제3편 〈論任賢〉에 자세히 보인다.

④ 天地草昧：易屯卦彖傳曰 "天造草昧." 草, 雜亂. 昧, 冥晦也.
≪周易≫ 屯卦 〈彖傳〉에 말하기를 "天運이 뒤섞여 어둡다."라고 하였으니, 草는 뒤섞여 어

---

20) 房玄齡：578~648. 李世民의 측근으로서 太子 李建成을 제거하는 玄武門의 變을 획책하여 성공하였다. 이세민이 즉위하자 中書令이 되고 뒤에 梁國公이 되었다. 재상을 10여 년 동안 맡아보면서 큰 업적을 남겨, 杜如晦와 함께 房杜로 불렸다. 太宗의 신임이 지극하여 고구려 정벌 때는 長安에 남아 성을 지켰다. 시호는 文昭이다.

21) 天授人與：천하의 소유는 하늘이 주고 백성들이 주는 것을 말한다. 萬章이 孟子에게 천하는 누가 주는 것이냐고 묻자, 맹자가 "하늘이 주고 백성들이 주는 것이다. 그러므로 天子가 天下를 남에게 주지 못한다고 한 것이다.〔天與之 人與之 故曰天子不能以天下與人〕"라고 하였다. ≪孟子 萬章 上≫ '天授'는 ≪孟子≫의 '天與'를 바꾸어 쓴 것이다.

22) 守文：본서 72쪽 역주 38) 참조.

23) 六官：六部 尙書의 總稱이고, 六部는 吏部・戶部・禮部・兵部・刑部・工部이다.

지럽다는 뜻이고, 昧는 어둡다는 뜻이다.

⑤ 攻破乃降(항) : 下江切.

〈降(항복하다)은〉 下와 江의 반절이다.

⑥ 百姓樂(락)推 : 樂, 音洛.

樂(즐겁다)은 음이 洛이다.

⑦ 恒由此起 : 恒, 胡登切, 常也.

恒은 胡와 登의 반절이니, 항상이라는 뜻이다.

⑧ 帝王之業……當思與公等愼之 : 按通鑑[24]係十二年, 又云 "玄齡等拜曰 '陛下及此言, 四海之福也.'"

살펴보면 ≪資治通鑑≫ 貞觀 12년(638)에 또 말하였다. "房玄齡 등이 절하면서 '폐하께서 이러한 말씀을 하신 것은 四海의 복입니다.'라고 하였다."

貞觀 10년(636)에 太宗이 근신에게 말하였다.

"帝王의 사업은 創業과 守成 중에 어느 것이 더 어렵소?"

尙書左僕射 房玄齡이 대답하였다.

"세상이 크게 어지러울 때에는 여러 영웅들이 다투어 일어나서 공격해 격파하면 항복하고 싸워 이기면 복종하니, 이것으로 말한다면 창업이 더 어렵습니다."

魏徵이 대답하였다.

"帝王이 군대를 일으킴은 반드시 쇠퇴하고 혼란한 뒤를 이어받기 때문에 어리석고 흉악한 자들을 멸망시키고 백성들이 즐겁게 추대하여 온 세상이 귀의하니, 하늘이 주고 백성들이 주어 어렵지 않습니다. 그러나 천하를 얻고 난 뒤에는 뜻이 교만 방자해지니, 백성들이 조용히 지내고 싶어도 徭役이 그치지 않고 백성들이 쇠약해졌는데도 과도한 공사가 그치지 않습니다. 국가의 쇠퇴가 항상 이로 말미암아 비롯되니, 이것으로 말한다면 守成이 더 어렵습니다."

태종이 말하였다.

"방현령은 과거에 나를 따라 천하를 평정하였으므로 고생을 겪고 누차 죽을 고비를 벗어나 한 번 살 길을 만났으니 창업의 어려움을 아는 까닭이요, 魏徵은 나와 함께 천하를 안정시켰으므로 교만 방자의 실마리가 생겨서 반드시 위

24) 通鑑 : ≪資治通鑑≫ 권195 唐紀 11 太宗에 보인다.

망의 처지에 이를까 우려하니 수성의 어려움을 아는 까닭이오. 현재 창업의 어려움은 이미 지나갔으니 守成의 어려움을 마땅히 공들과 신중히 대응해야 할 것이오."

【集論】

范氏祖禹曰 自古로 創業而失之者寡하고 守成而失之者多라 周公曰 相小人하면 厥父母勤勞稼穡이어든 厥子乃不知稼穡之艱難[25)]이라하니 故禍亂未嘗不生於安逸也라 然非特創業之君守成爲難이요 其後嗣守成尤難也라

范祖禹가 말하였다.

"예부터 創業하여 잘못된 이는 적고 守成하여 잘못된 이는 많았다. 周公이 말하기를 '小人을 살펴보면 부모가 농사에 애쓰는데도 아들은 농사의 어려움을 모른다.'라고 하였다. 그러므로 禍亂은 안일함에서 나오지 않은 적이 없다. 그러나 창업한 임금이 守成하는 것이 어려운 일일 뿐만 아니라 그 후사가 守成하는 것이 더욱 어려운 일이다."

林氏之奇[26)]曰 創業之難은 雖庸人이라도 亦知其然이어니와 守成之難은 雖明者라도 亦有所忽이라 周宣王은 六月出師[27)]를 不以爲難이나 而末年에 庭燎鄉晨以視朝[28)]를 爲不易하고 漢

---

25) 相小人……稼穡之艱難 : 부모의 고통을 모르고 안일한 것을 말한다. ≪書經≫ 〈周書 無逸〉에 "小人들을 살펴보면 그 父母가 농사에 애쓰는데도 그 자식들은 농사의 어려움을 모르고 안일하게 지내며 속된 말이나 하며 허탄하다.〔相小人 厥父母勤勞稼穡 厥子乃不知稼穡之艱難 乃逸乃諺 旣誕〕"라고 하였다.

26) 林氏之奇 : 1112~1176. 林之奇는 宋나라 사람으로, 進士 출신이다. 관직이 校書郎에 이르렀으며, 王安石의 ≪三經義≫를 邪說이라고 반박했다. 呂祖謙의 스승이며, 시호는 文昭이다.

27) 周宣王 六月出師 : 周나라 宣王 때 玁狁이 침략하여 宣王이 尹吉甫에게 명하여 6월에 군사를 출동한 일을 말한다. ≪詩經≫ 〈小雅 六月〉에 "6월에 서둘러서 戎車를 이미 정돈하여……王이 이에 출정하여 王國을 바로잡으라 하니라.〔六月棲棲 戎車旣飭……王于出征 以匡王國〕"라고 하였다.

28) 庭燎鄉晨以視朝 : 이는 ≪詩經≫ 〈小雅 庭燎〉에 보이는데, 그 小序에 "庭燎는 宣王을 찬미한 것이고, 이어서 경계시킨 것이다.〔庭燎 美宣王也 因以箴之〕"라고 하였다. 그리고 小序의 鄭玄箋에 "美는 선왕이 정무에 스스로 근면함을 찬미한 것이다. 因以箴은 선왕이 鷄人(궁중의 시간을 알리는 사람)의 관원을 두어 모든 국가 일에 시기가 되면 시간을 고하였는데 선왕은 관원을 바로잡아 다스리지 않고 밤 시간이 이른지 늦은지를 물었던 것이다.〔美者 美其能自勤以政事 因以箴者 王有鷄人之官 凡國事爲期 則告之以時 王不正其官而問夜早晚〕"라고 하고, 그 孔穎達

高帝는 好謀能聽하여 從諫若轉圜之易[29)]나 而末年에 欲易太子하여 以聽言爲甚難[30)]하니라 是以로 文帝之世에 賈生이 有厝(조)火積薪之言[31)]하고 太宗之世에 魏徵이 有失於安逸之戒하니라

林之奇가 말하였다.

"創業의 어려움은 비록 용렬한 사람이라도 그런 이치를 알지만 守成의 어려움은 비록 명철한 사람이라 하더라도 소홀히 여긴다. 周나라 宣王은 6월에 군사를 출동하는 것을 어렵게 여기지 않았으나 말년에는 뜰에 횃불을 놓아 새벽 일찍 조회를 보는 것을 어렵게 여겼고, 漢나라 高帝(劉邦)는 계획을 좋아하고 듣기를 잘하여 간언을 따르기를 둥근 물건을 굴리듯 쉽게 하였으나 말년에는 太子를 바꾸려고 하여 말을 듣는 것을 매우 어렵게 여겼다. 그러므로 漢나라 文帝 시대에는 賈誼가 쌓아놓은 나무 밑에 불을 놓아둔 것 같이 위태롭다는 말을 하였고, 太宗 시대에는 魏徵이 안일함 때문에 잘못된다는 경계를 하였다."

唐氏仲友曰 太宗之問은 禍福之機[32)]요 房魏之對는 更爲本末이라 若言創業易인댄 太宗身更其難하니 此不可罔이요 若言守成易인댄 太宗必謂難者를 吾猶身濟之라하여 怠忽生矣라 太宗이 悟二臣之意하고 加謹於守成之難하니 明哉인저

---

疏에 "因以箴之는 왕이 훌륭하기는 하지만 실수가 있으니, 이 실수를 다스리는 것은 마치 병을 치료할 때에 針이 필요한 것과 같음을 말한다.〔因以箴之者 言王雖可美 猶有所失 此失須治若病之須箴〕"라고 하여, 근면한 훌륭함은 있으나 관원을 올바르게 다스리지 않은 실수가 있다고 하였다.

29) 漢高帝……從諫若轉圜之易 : ≪漢書≫ 〈梅福列傳〉에 "高祖는 좋은 말을 받아들이기를 마치 부족한 듯이 하였고, 간언을 따르기를 둥근 물건을 굴리듯 쉽게 하였으며 말을 듣는 데에 능함을 구하지 않고, 공이 있는 이를 등용하는 데에는 지난 과거를 따지지 않았다.〔高祖納善若不及 從諫若轉圜 聽言不求其能 擧功不考其素〕"라고 하였다.

30) 欲易太子 以聽言爲甚難 : 漢 高祖가 태자를 바꾸려 하자 張良이 계책을 내어 商山四皓를 불러들여 태자를 侍衛하게 하였다. 고조는 "내가 태자를 바꾸려 하였으나 저 네 사람이 보좌하여 날개가 이미 갖추어졌으니 동요하기 어렵다.〔我欲易之 彼四人輔之 羽翼已成 難動矣〕"라고 하고서 바꾸려는 뜻을 접었다. ≪史記 留侯世家≫

31) 賈生有厝火積薪之言 : ≪漢書≫ 〈賈誼列傳〉에 "불을 안아다가 쌓아놓은 나무 섶 아래에 놓아두고 그 위에서 자면서 불이 미처 타오르기 전에 그것이 편안하다고 말하는 것과 같으니, 지금의 형세가 무엇이 이와 다르겠습니까.〔夫抱火厝之積薪之下 而寢其上 火未及燃 因謂之安 方今之勢 何以異此〕"라고 하였다.

32) 禍福之機 : 機는 쇠뇌의 격발장치로, 어떤 일이 일어나는 契機(기틀)를 의미한다. '禍福의 기틀'은 화와 복이 일어나는 기틀을 의미한다.

唐仲友가 말하였다.

"太宗의 질문은 禍福의 기틀이고, 房玄齡·魏徵의 대답은 다시 本末이 된다. 만일 창업이 쉽다고 말한다면 태종은 몸소 그 어려움을 겪었으니 이는 속일 수 없는 것이다. 만일 수성이 쉽다고 말한다면 태종은 반드시 '어려움을 내가 오히려 몸소 구제하였다.'라고 하여 나태한 마음이 홀연히 일어날 것이다. 태종이 두 명 신하의 뜻을 알아차리고 수성의 어려움에 더욱 신중하였으니 명철하구나."

愚按 自古로 人君이 創業守成을 鮮有身兼之者라 周武漢高는 創業者也나 而不及守成하고 成康文景은 守成者也나 而不及創業이라 惟神禹는 在帝位十年이요 成湯在帝位十三年이니 兼創業守成之事者也라 然以書傳攷之하면 禹不以治水敷土[33]爲難하고 而以本固邦寧[34]爲難하며 湯不以升陑(이)伐桀[35]爲難하고 而以時忱克終[36]爲難하니 豈創業果易하고 而守成果難乎아 蓋創業은 逆境也나 可以進德하고 守成은 順境也나 易以喪德이라 太宗은 身兼創業守成之事하여 不以其已能者自滿하고 而以其未能者爲懼하니 其致貞觀之治也가 宜哉로다

내가 살펴보건대 예부터 임금 중에 創業과 守成을 몸소 겸한 이는 적었다.

周나라 武王과 漢나라 高祖는 창업한 사람이지만 수성에는 미치지 못하였고, 周나라 成王·康王과 漢나라 文帝·景帝는 수성한 사람이지만 창업에는 미치지 못하였다.

神禹(禹의 尊稱)는 재위 기간이 10년이었고, 成湯은 재위 기간이 13년이었으니, 창업과 수성의 일을 겸한 사람이었다. 그러나 《書經》〈夏書 禹貢〉으로 살펴보면 禹임금은 물을 다스리며 땅을 구획하는 일을 어려워하지 않고 근본이 견고해야 나라가 편안한 일을 어려워하였으며, 湯임금은 陑로부터 올라가 桀王을 정벌하는 일을 어려워하지 않고 이에 성실하게 해야 또한 잘 끝맺을 수 있는 일을 어려워하였으니, 어찌 창업이 과연 쉬운 일이며 수성이 과연 어려운 일이겠는가.

창업은 순리를 거스르는 일이지만 德을 진취시킬 수 있고, 수성은 순리를 따르는

33) 治水敷土 : 禹가 물을 다스리고 토지를 구획한 것을 말한다. 《書經 夏書 禹貢》

34) 本固邦寧 : 백성은 나라의 근본이니 근본이 든든해야 나라가 편안함을 말한다. 《書經 夏書 五子之歌》

35) 升陑(이)伐桀 : 《書經》〈商書 湯誓〉의 小序에 "伊尹이 湯을 보좌하여 桀을 정벌할 적에 陑로부터 올라갔다.〔伊尹相湯伐桀 升自陑〕"라고 하였다. 陑는 河曲 남쪽에 있는 땅 이름이다.

36) 時忱克終 : 《書經》〈商書 湯誥〉에 "부디 능히 이에 성실하게 해야 또한 잘 끝맺음이 있을 것이다.〔尙克時忱 乃亦有終〕"라고 하였다.

일이지만 德을 잃기 쉽다. 太宗은 자신이 창업과 수성의 일을 겸하여 이미 이룬 것을 스스로 만족해하지 않고 아직 이루지 못한 것을 두려워하였으니 貞觀의 치적을 이룬 것이 마땅하구나.

### 1-4-1

**貞觀十一年**에 **特進**①**魏徵**이 **上疏曰 臣觀自古受圖膺運**[37]하고 **繼體守文**[38]하며 **控御英雄**②하고 **南面臨下**③는 **皆欲配厚德於天地**하고 **齊高明於日月**하여 **本支百世**[39]토록 **傳祚**④[40]**無窮**이나 **然而克終者鮮**⑤하여 **敗亡相繼**하니 **其故何哉**오 **所以求之**에 **失其道也**니 **殷鑑不遠**⑥으로 **可得而言**하니이다

① 特進：漢世諸侯功德優盛，朝廷所敬異者，賜位特進，位三公下．唐制因之．
漢나라 시대에 諸侯의 功德이 성대하여 朝廷에서 특별히 존경할 이는 特進의 지위를 주었는데, 지위가 三公의 아래였다. 唐나라 제도는 그것을 따랐다.

② 控御英雄：一作傑．
〈雄은〉 어떤 본에는 傑로 되어 있다.

③ 南面臨下：易說卦傳曰 "聖人南面而聽天下，嚮明而治."
≪周易≫ 〈說卦傳〉에 "聖人이 南面(제왕의 지위에 처함)하여 天下를 다스림에 밝은 곳을 향해 통치한다."라고 하였다.

④ 傳祚無窮：祚，祿位也．
祚는 녹봉과 벼슬이다.

⑤ 克終者鮮：上聲，少也．後同．
〈鮮은〉 上聲이니, 적다는 뜻이다. 뒤에도 같다.

⑥ 殷鑑不遠：詩大雅蕩篇之辭．言商紂之所當鑑者，近在夏桀之世也．
≪詩經≫ 〈大雅 蕩〉의 가사이다. 商나라 紂王이 거울로 삼아야 할 것은 가까이 夏나라 桀王에게 있음을 말한 것이다.

---

37) 受圖：河圖를 받는다는 뜻이다. 伏羲가 천하를 다스릴 적에 龍馬가 河水에서 나왔는데, 등에 무늬가 있었고 이 무늬를 본받아 八卦를 그었다.

38) 繼體守文：嫡子가 帝位를 이어 법도를 지킴을 말한다. ≪史記≫ 권49 〈外戚世家〉 '繼體守文之君'의 ≪索隱≫에 "繼體는 創業한 임금이 아니고 嫡子로서 先帝의 正體를 계승하여 즉위한 자를 말한다. 守文은 法과 같으니, 天命을 받아 創制한 임금이 아니고 다만 先帝의 法度를 지켜서 임금이 됨을 말할 뿐이다.〔繼體 謂非創業之主 而是嫡子繼先帝之正體而立者也 守文者 猶法也 謂非受命創制之君 但守先帝法度爲之主爾〕"라고 하였다.

39) 本支百世：宗孫과 支孫이 백대를 잇는다는 뜻으로, 자손이 영원히 번성함을 말한다.

40) 祚：福이라는 뜻인데 전의되어 皇位, 國統을 뜻한다.

貞觀 11년(637)에 特進 魏徵이 上疏하였다.

“신이 살펴보건대 예부터 河圖를 받아 천운에 응하고 帝位를 계승하여 법도를 지키며 영웅들을 통제하고 제왕이 되어 백성을 다스린 이들은 모두 자신의 두터운 덕을 천지와 짝하게 하고 高明함을 日月과 비등하게 하여 宗孫과 支孫이 백대가 되도록 皇位를 무궁하게 전하려고 하였습니다. 그러나 有終의 미를 거둔 자가 적어 패망이 서로 이어졌으니, 그 까닭은 무엇이겠습니까. 구하는 데에 그 방도를 잃었기 때문이니, 殷나라가 거울로 삼을 것이 멀리 있지 않은 것으로 말씀드릴 수 있습니다.

1-4-2

**昔在有隋**[41]는 **統一寰宇**[42]하고 **甲兵强銳**⑦하여 **三十餘年**[43]에 **風行萬里**하고 **威動殊俗**[44]하되 **一旦擧而棄之**하여 **盡爲他人之有**하니이다 **彼煬帝**가 **豈惡**(오)**天下之治安**⑧하고 **不欲社稷之長久**하여 **故行桀虐**⑨하여 **以就滅亡哉**리오 **恃其富强**하고 **不虞後患**하며 **驅天下以從欲**하고 **罄萬物而自奉**[45]하며 **採域中之子女**하고 **求遠方之奇異**하며 **宮苑是飾**하고 **臺榭是崇**[46]하며 **徭役無時**하고 **干戈不戢**하니 **外示嚴重**이나 **內多險忌**하여 **讒邪者**⑩는 **必受其福**하고 **忠正者**는 **莫保其生**하니이다 **上下相蒙**⑪하여 **君臣道隔**하고 **民不堪命**하여 **率土分崩**[47]하니 **遂以四海之尊**[48]으로 **殞於匹夫之手**⑫[49]하고 **子孫殄絶**⑬하여 **爲天下笑**하니 **可不痛哉**아 **聖哲乘機**[50]하사 **拯其危溺**⑭하사 **八柱傾而復正**⑮[51]하며 **四**

41) 有隋 : 隋나라이다. 有는 나라 앞에 붙이는 助辭이다. 宋을 有宋, 明을 有明이라고 하는 것도 같은 예이다.

42) 寰宇 : 天下를 의미하며, 寰은 王畿의 뜻이다.

43) 三十餘年 : 隋나라의 통치 기간을 말한다. 隋나라는 581년부터 618년까지 38년간 존속하였다.

44) 殊俗 : 풍속이 다른 먼 지방을 말한다.

45) 罄 : 그릇이 텅 비었다는 뜻으로, 다한다는 뜻이다.

46) 臺榭 : 흙으로 쌓은 단과 그 위의 건물이다. 樓臺 등의 건축물을 널리 말한다.

47) 率土 : 率土之濱의 줄임말이다. 바다에 접한 모든 육지라는 뜻으로, 온 천하를 말한다.

48) 四海之尊 : 天子를 말한다.

49) 殞於匹夫之手 : 隋 煬帝가 宇文化及에게 시해된 것을 말한다.

**維弛而更張**⑯하니 **遠肅邇安**이 **不踰於期月**⑰하고 **勝殘去殺**[52)]이 **無待於百年**⑱하니이다

⑦ 甲兵强銳 : 一作盛.

〈銳는〉 어떤 본에는 盛으로 되어 있다.

⑧ 豈惡(오)天下之治安 : 惡, 烏去聲.

惡(싫어하다)는 烏의 去聲이다.

⑨ 行桀虐 : 桀, 名履癸, 夏末淫暴之君, 湯伐之而死.

桀王은 이름이 履癸이니, 夏나라 말기의 음탕하고 포악한 임금이다. 湯王이 정벌하여 죽였다.

⑩ 讒邪者 : 讒, 鉏咸切, 譖也.

讒은 鉏와 咸의 반절이니, 비방한다는 뜻이다.

⑪ 上下相蒙 : 揜蔽也.

〈蒙은〉 가린다는 뜻이다.

⑫ 殞於匹夫之手 : 殞, 羽敏切, 歿也.

殞은 羽와 敏의 반절이니, 죽는다는 뜻이다.

⑬ 子孫殄絶 : 殄, 音腆, 盡也.

殄은 음이 腆이니, 다한다는 뜻이다.

⑭ 拯其危溺 : 拯, 之慶切, 救也.

拯은 之와 慶의 반절이니, 구제한다는 뜻이다.

⑮ 八柱傾而復正 : 淮南子曰 "地有九州八柱."[53)] 括地象曰 "崑崙山爲柱, 地之中也. 地下有八柱, 牽制, 名山大川, 孔穴相通."[54)]

≪淮南子≫에 "땅에 九州(아홉 개 주)와 八柱(여덟 개 기둥)가 있다."라고 하였고, ≪河圖括地

50) 聖哲 : 성스럽고 명철한 사람이라는 뜻으로, 唐나라를 창업한 高祖와 太宗을 말한다.

51) 八柱 : 여덟 개의 기둥이라는 뜻으로, 하늘을 받친다고도 하고 또는 땅을 받친다고도 하는 상상의 기둥이다. 여기서는 국가의 支柱를 말한다. ≪楚辭≫ 〈天問〉에 "여덟 개 기둥이 어찌 감당하겠는가. 동남쪽이 어찌 무너지겠는가.〔八柱何當 東南何虧〕"라고 하였는데, 王逸의 注에 "하늘에 여덟 개의 산이 기둥이 되는 것을 말한다.〔言天有八山爲柱〕"라고 하였다.

52) 勝殘去殺 : '포악한 사람을 교화시켜 死刑을 폐지한다.'는 뜻인데, 이에 대한 ≪論語≫ 〈子路〉에 "勝殘은 포악한 사람을 교화시켜 惡한 짓을 하지 않게 하는 것이다. 去殺은 백성들이 善에 교화되어 死刑을 쓰지 않게 됨을 말한다.……勝殘去殺은 惡한 짓을 하지 않게 할 뿐이니, 善人의 功效는 이와 같다. 聖人의 경우는 백 년을 기다리지도 않고 그 교화가 또한 여기에 그치지 않을 것이다.〔勝殘 化殘暴之人 使不爲惡也 去殺 謂民化於善 可以不用刑殺也……勝殘去殺 不爲惡而已 善人之功如是 若夫聖人 則不待百年 其化亦不止此〕"라고 하였다.

53) 地有九州八柱 : ≪淮南子≫에는 八柱가 보이지 않고, ≪後漢書≫ 〈張衡傳〉의 注에는 〈河圖〉의 글로 나와 있다.

54) 括地象曰……孔穴相通 : 括地象은 ≪河圖括地象≫의 줄임말이다. 漢나라 때 讖緯書인 ≪河圖≫의 一種으로 地理書이다. 다만 神話·傳說에 대한 내용이 많다. 이 내용은 ≪古微書≫ 권32 〈河圖括地象〉에 실려 있다.

象≫에 "崑崙山이 기둥이니 地의 중앙이다. 땅 아래에 八柱가 있는데, 서로 단단히 붙잡고 있으며, 명산과 대천은 동굴로 서로 통한다."라고 하였다.

⑯ 四維弛而更張 : 弛, 音矢, 廢也. 更, 平聲. 管子曰 "禮義廉恥, 是謂四維, 四維不張, 國乃滅亡." 弛는 음이 矢니, 폐기함이다. 更(고치다)은 平聲이다. ≪管子≫ 〈牧民〉에 "禮·義·廉·恥는 四維(네 개의 큰 벼릿줄)라고 하니, 四維가 펼쳐지지 않으면 나라가 滅亡한다."라고 하였다.

⑰ 不踰於期月 : 期, 與朞同, 謂周一歲之月也. 論語曰 "苟有用我者, 朞月而已, 可也." 期는 朞와 같으니, 1년의 12개월을 한 바퀴 돈 것을 말한다. ≪論語≫ 〈子路〉에 "만일 나를 등용해주는 이가 있으면 일 년 만 되어도 괜찮게 기강이 서게 될 것이다."라고 하였다.

⑱ 勝殘去殺 無待於百年 : 勝, 平聲. 去, 上聲. 論語曰 "善人爲邦百年, 亦可以勝殘去殺矣." 勝(교화하다)은 平聲이고, 去(없애다)는 上聲이다. ≪論語≫ 〈子路〉에 "착한 사람이 나라를 다스리기를 백 년 동안 하면 포악한 사람을 교화시키고 사형을 폐지할 수 있다."라고 하였다.

과거에 隋나라는 천하를 통일하고 군대가 강성하여 30여 년 만에 위풍이 만 리까지 퍼져가고 위세가 외국까지 진동하였으나 갑자기 국가를 들어다 내버려서 모두 남의 소유가 되었습니다. 저 隋 煬帝가 어찌 천하의 治安을 싫어하고 국가가 오래갈 것을 원하지 않아 일부러 桀王 같은 포악한 정치를 하여 멸망에 이르렀겠습니까.

隋 煬帝

자신의 부강함만 믿고 후환을 생각하지 아니하며, 천하 사람들을 몰아 노역시켜 자기 욕망을 따르게 하고 수많은 재물을 다 바쳐 자신을 받들게 하며, 나라 안의 남녀들을 뽑아오고 먼 곳의 진기한 물건들을 구해오며, 궁전 정원을 꾸미고 누대를 높이 지으며, 요역을 아무 때나 시키고 전쟁을 그치지 않았습니다. 표면으로는 엄중함을 과시하였으나 내심으로는 음험하고 시기하여 비방하고 간사한 자는 반드시 복을 받고, 충성하고 정직한 자는 목숨을 보전한 자가 없었습니다. 위와 아래가 서로 차단되어 임금과 신하의 도가 막히고, 백성들이 명을 감당하지 못하여 온 천하가 분열되고 붕괴되었습니다. 마침내 양제는 천하의 至尊인 천자로서 필부의 손에 죽고 자손이 끊겨 천하의 웃음거리가 되었으니, 통탄하지 않을 수 있겠습니까.

聖哲께서 기회를 틈타 백성의 위난을 구제하시어 기울어진 천지의 支柱를 다시 바로 세우시고 해이해진 禮·義·廉·恥를 고쳐 펼치시니, 먼 곳과 가까운 곳이 안정되는 것은 일 년을 넘지 않을 것이고 포악한 사람을 교화시켜 死刑을 폐지하는 것은 백 년을 기다릴 것도 없을 것입니다.

### 1-4-3

**今宮觀臺榭**를 **盡居之矣**⑲요 **奇珍異物**을 **盡收之矣**며 **姬姜淑媛**[55]을 **盡侍於側矣**⑳요 **四海九州**[56]를 **盡爲臣妾矣**니이다 **若能鑑彼之所以失**㉑하고 **念我之所以得**하여 **日愼一日**하여 **雖休勿休**[57]하고 **焚鹿臺**[58]**之寶衣**㉒하며 **毁阿房之廣殿**㉓하며 **懼危亡於峻宇**㉔하며 **思安處於卑宮**㉕인댄 **則神化潛通**하여 **無爲而治**[59]하리니 **德之上也**니이다 **若成功不毁**하여

---

55) 姬姜淑媛 : 미녀를 말한다. ≪詩經≫〈東門之池〉'彼美淑姬'에 대한 孔穎達의 疏에 "黃帝의 姓은 姬이고 炎帝의 姓은 姜인데 二姓의 후예들은 자손이 창성하고 그 집의 여인들은 미녀들이 더욱 많아 마침내 姬姜으로 婦人의 美稱을 삼았다.〔以黃帝姓姬 炎帝姓姜 二姓之後 子孫昌盛 其家之女 美者尤多 遂以姬姜爲婦人之美稱〕"라고 하였다. 일설에는 姬는 周나라 성, 姜은 齊나라 성으로 大國의 미녀라고 한다.

56) 九州 : 中國 전역을 말한다. 고대에 중국을 아홉 개의 州, 즉 冀州·兗州·靑州·徐州·揚州·荊州·豫州·梁州·雍州로 편성하였다. ≪書經 夏書 禹貢≫

57) 雖休勿休 : ≪書經≫〈周書 呂刑〉孔安國의 註에 "비록 칭송을 받더라도 칭송받을 공덕이 있다고 스스로 생각하지 말라.〔雖見美 勿自謂有德美〕"라고 하였다.

58) 鹿臺 : 臺 이름으로, 殷나라 도읍 朝歌에 있던 건물 명칭이다. 紂王이 珠玉과 錢帛을 보관한 곳이다.

59) 無爲而治 : 無爲而治에 대한 儒家의 주장은 賢人을 임용하여 德으로 백성을 교화하여 國家가 다스려지게 하는 것이다. 道家의 주장은 自然에 順應하여 作爲할 것을 구하지 않아도 국가가 다스려지게 하는 것이다.

卽仍其舊하고 除其不急하여 損之又損[60]하며 雜茅茨於桂棟하고 參玉砌以土階㉖하며 悅以使人[61]하여 不竭其力하고 常念居之者逸이나 作之者勞인댄 億兆悅以子來[62]하고 群生仰而遂性하리니 德之次也니이다 若惟聖罔念㉗하여 不愼厥終하고 忘締構之艱難㉘하여 謂天命之可恃라하고 忽采椽[63]之恭儉㉙하며 追雕牆之靡麗하고 因其基以廣之하며 增其舊而飾之하고 觸類而長㉚[64]하여 不知止足[65]인댄 人不見德하고 而勞役是聞하리니 斯爲下矣니이다 譬之負薪救火[66]하고 揚湯止沸[67]하니 以暴易亂[68]하고 與亂同道[69]하면 莫可測也㉛니 後嗣何觀이리오

⑲ 今宮觀榭 盡居之矣：觀, 去聲.
觀(누대)은 去聲이다.

⑳ 姬姜淑媛 盡侍於側矣：媛, 美女也, 音援.

---

60) 損之又損：≪道德經≫ 48章에 "학문을 하면 날마다 지식이 늘어나고 도를 행하면 날마다 허망함이 줄어든다. 허망함을 줄이고 또 줄여서 작위함이 없는 데에 이른다.〔爲學日益 爲道日損 損之又損 以至于無爲〕"라고 하였다.

61) 悅以使人：기뻐함으로 백성을 부린다는 뜻이다. ≪周易≫ 兌卦 〈彖傳〉에 "기쁜 마음으로 백성에게 솔선하면 백성들이 수고로움을 잊는다.〔說以先民 民忘其勞〕"라고 하였다.

62) 子來：많은 사람들이 자식처럼 일하러 온다.〔庶民子來〕는 뜻이다. ≪詩經≫ 〈大雅 靈臺〉에 보인다.

63) 采椽：가죽나무〔櫟木〕 서까래라는 뜻으로, 검소함을 말한다.

64) 觸類而長：부류에 따라 확장해 나아가는 것이다. ≪周易≫ 〈繫辭 上〉 9章에 "이끌어 펴며 부류에 따라 확장해가면 천하의 일이 다 이루어질 것이다.〔引而伸之 觸類而長之 天下之能事畢矣〕"라고 하였다.

65) 止足：그칠 줄을 알고 만족할 줄을 아는 것이다. ≪道德經≫ 44章에 "만족할 줄 알면 욕을 보지 않고 그칠 줄 알면 위태롭지 않아 오래갈 수 있다.〔知足不辱 知止不殆 可以長久〕"라고 하였다.

66) 負薪救火：땔나무를 지고 불을 끈다는 뜻으로, 재해를 없애려다가 재해를 확대시키는 것을 말한 것이다. ≪韓非子≫ 〈有度〉에 "또 모두 나라 법을 버리고 외부와 사사로이 친하면 이는 땔나무를 지고 불을 끄는 것이다.〔又皆釋國法而私其外 則是負薪而救火也〕"라고 하였다.

67) 揚湯止沸：끓는 물을 퍼내어 끓는 것을 멈추게 한다는 뜻으로, 표면만 다스리고 근본을 다스리지 않음을 말한 것이다.

68) 以暴易亂：포악한 자로 난폭한 자를 바꾸었다는 뜻으로, 새로운 왕조 또는 인물의 악독함이 이전과 같음을 말한 것이다. ≪史記≫ 〈伯夷列傳〉에 "포악으로 포악을 바꾸고도 잘못인 줄 모른다.〔以暴易暴兮 不知其非矣〕"라고 하였다.

69) 與亂同道：어지러운 자와 도를 함께하는 것이다. ≪書經≫ 〈商書 太甲 下〉에 "잘 다스리는 자와 도를 함께하면 흥성하지 않음이 없고, 어지러운 자와 일을 함께하면 망하지 않음이 없다.〔與治同道 罔不興 與亂同事 罔不亡〕"라고 하였다.

媛은 美女이니, 음이 援이다.

㉑ 若能鑑彼之所以失 : 一作亡.

〈失은〉 어떤 본에는 亡으로 되어 있다.

㉒ 焚鹿臺之寶衣 : 武王克商, 紂走反入, 登鹿臺, 蒙衣其珠玉, 自燔于火而死. 武王命南宮括散鹿臺之財.

武王이 商나라를 정복하자 紂王이 도주하다가 도로 들어와서 鹿臺에 올라 주옥으로 장식한 옷을 입고는 스스로 몸에 불을 살라 타 죽었다. 무왕이 南宮括에게 명하여 鹿臺의 재물을 분배해주게 하였다.

㉓ 毁阿房之廣殿 : 阿, 於何切. 房, 讀曰旁. 秦始皇作前殿阿房, 東西五百步, 南北五十丈, 上可坐萬人, 下可建五丈旗. 自殿下直抵南山表, 閣道絶漢. 後爲楚所焚.

阿는 於와 何의 반절이고, 房은 旁으로 읽는다. 秦 始皇이 前殿〔正殿〕인 阿房宮을 지었는데 동서가 500步이고 南北이 50丈이며 위에는 만 명이 앉을 수 있고, 아래에는 5丈이 되는 旗를 세울 수 있었다. 殿閣 아래에서 곧바로 南山 꼭대기에 이르고 閣道(복도)가 은하수를 횡단하였다. 뒤에 楚(項羽)에 의해 불태워졌다.

㉔ 懼危亡於峻宇 : 夏書五子之歌曰 "甘酒嗜音, 峻宇雕墻, 有一於此, 未或不亡."

≪書經≫ 〈夏書 五子之歌〉에 "술을 좋아하고 풍악을 좋아하거나 집을 높이 짓고 담장을 조각하는 일 중에 하나만 있으면 망하지 않는 이가 없다."라고 하였다.

㉕ 思安處於卑宮 : 處, 上聲, 後同. 論語曰 "卑宮室而盡力乎溝洫, 禹吾無間然矣." 謂禹薄於己而勤於民也.

處(살다)는 上聲이다. 뒤에도 같다. ≪論語≫ 〈泰伯〉에 "집을 낮게 지었으나 治水 사업에 힘을 다하였으니, 禹王은 내가 비난하지 못하겠다."라고 하였으니, 우왕이 자기에게는 허술하게 하고 백성에게는 애쓴 것을 말한다.

㉖ 雜茅茨於桂棟 參玉砌以土階 : 堯舜之朝, 土階三等, 茅茨不剪.

堯·舜의 조정에는 흙섬돌이 세 계단이었고, 띠풀 지붕을 얹고서 가지런히 자르지 않았다.

㉗ 若惟聖罔念 : 周書曰 "惟聖罔念作狂." 言一念之差, 雖聖亦爲狂矣.

≪書經≫ 〈周書 多方〉에 "성인이라도 잘 생각하지 않으면 경망한 사람이 된다."라고 하였으니, 잘못된 한 생각에 비록 성인이라도 또한 경망한 사람이 됨을 말한다.

㉘ 忘締搆之艱難 : 締, 音帝, 結也. 搆, 音姤, 成也.

締는 음이 帝이니 맺는다는 뜻이고, 搆는 음이 姤이니 이룩한다는 뜻이다.

㉙ 忽采椽之恭儉 : 椽, 音傳, 榱桷也.

椽은 음이 傳이니, 서까래이다.

㉚ 觸類而長 : 音掌.

〈長(자라나다)은〉 음이 掌이다.

㉛ 莫可測也 : 測, 一作則.

測은 어떤 본에는 則으로 되어 있다.

지금 궁궐과 누대를 모두 차지하셨고, 진기한 보물들을 모두 거두어들이셨으며, 미녀들을 모두 곁에서 모시게 하고, 四海 九州 사람들을 모두 臣妾으로 삼았습니다. 만약 저 隋나라가 천하를 잃은 까닭을 거울삼고 우리 唐나라가 천하를 얻은 까닭을 생각하시어 날마다 신중히 처하여 비록 칭송을 받더라도 칭송받을 공덕이 있다고 여기지 말고, 鹿臺의 보배로운 옷을 불태우고 阿房宮의 넓은 전각을 헐어버리며 높은 집을 위태롭고 망할 곳으로 여겨 두려워하고 낮은 집을 편안히 거처할 곳으로 생각하신다면, 신묘한 덕화가 은연중에 통하여 작위함이 없어도 다스려지게 될 것이니, 이는 최상의 덕입니다.

만약 이루어진 건물들을 헐지 않아 옛것을 그대로 쓰고, 긴요하지 않은 것을 제거하여 거듭 줄이며 초가집을 화려한 집과 섞어 짓고, 옥 섬돌을 진흙 섬돌과 섞어 만들며, 기쁜 마음으로 솔선하여 백성들을 부려서 백성들의 힘을 고갈시키지 않고, 궁전에 거주하는 자는 비록 편안하지만 궁전을 짓는 자는 수고로움을 항상 생각한다면 백성들이 기뻐하여 자식이 부모의 일에 달려오듯 할 것이고 온 백성들이 우러러보며 性命을 보전할 것이니, 이는 次上의 德입니다.

만약 성인이라도 잘 생각하지 않아 그 끝을 신중히 하지 않고, 창업의 어려움을 잊어 天命만 믿으면 된다고 하여 가죽나무 서까래 집에 사는 공손하고 검소한 생활을 소홀히 하며, 담장을 사치롭게 꾸미고 그 터를 따라 넓혀가며, 옛것을 늘려 꾸미고 부류에 따라 확장해 그칠 줄도 만족할 줄도 모르면, 백성들은 임금의 덕은 보지 못하고 노역을 시킨다는 소문만 듣게 될 것이니, 이는 최하가 됩니다. 비유하자면 땔나무를 지고 불을 끄려는 것과 같고 끓는 물을 퍼내어 끓는 것을 멈추게 하려는 것과 같습니다. 포악한 자로 난폭한 자를 대신하고 어지러운 자와 도를 함께하면 결과를 예측할 수 없으니, 후손들이 무엇을 보겠습니까.

1-4-4

夫事無可觀則人怨㉜하고 人怨則神怒하고 神怒則災害必生하고 災害旣生하면 則禍亂必作하니 禍亂旣作에 而能以身名全者는 鮮矣니이다 順天革命之后[70)]가 將隆七百之

**祚**㉝[71]하여 **貽厥子孫**하고 **傳之萬葉**[72]하니 **難得易失**㉞을 **可不念哉**㉟아

㉜ 夫事無可觀則人怨 : 夫, 音扶, 後同.
夫(발어사)는 음이 扶이다. 뒤에도 같다.

㉝ 將隆七百之祚 : 隆, 一作基. 左傳曰 "成王定鼎于郟鄏, 卜世三十, 卜年七百, 天所命也."
隆은 어떤 본에는 基로 되어 있다. ≪春秋左氏傳≫ 宣公 3년에 "成王이 鼎을 郟鄏(협욕)에 안치할 적에 占辭에 代數는 30대, 햇수는 700년이니, 하늘이 명한 것이다."라고 하였다.

㉞ 難得易失 : 易, 以豉切, 後同.
易(쉽다)는 以와 豉의 반절이다. 뒤에도 같다.

㉟ 可不念哉 : 按通鑑[73]係十一年正月, 上作飛山宮. 故魏徵上此疏.
살펴보면 ≪資治通鑑≫ 貞觀 11년 정월에 太宗이 飛山宮을 지었으므로 魏徵이 이 疏를 올렸다.

일에 볼만한 공적이 없으면 백성들이 원망하고, 백성들이 원망하면 神이 노하고, 神이 노하면 재해가 반드시 생기고, 재해가 생기고 나면 禍亂이 반드시 일어나니, 화란이 일어난 뒤에 몸과 명예를 잘 보전한 자는 적습니다. 천운에 순히 하여 천명을 바꾼 임금이 700년의 왕업을 융성하게 하여 그 자손에게 물려주고 만대에 전하듯이 해야 하니, 국가를 얻기는 어렵지만 잃기는 쉽다는 것을 생각하지 않을 수 있겠습니까."

### 1-4-5

**是月**에 **徵又上疏曰 臣聞求木之長者**는 **必固其根本**하고 **欲流之遠者**는 **必浚其泉源**하고 **思國之安者**는 **必積其德義**라하니이다 **源不深而望流之遠**하며 **根不固而求木之長**하며 **德不厚而思國之理**는 **臣雖下愚**나 **知其不可**어늘 **而況於明哲乎**아 **人君**은 **當神器之重**㊱하고 **居域中之大**㊲하여 **將崇極天之峻**하고 **永保無疆之休**하리니 **不念居安思危**하고 **戒奢以儉**하며 **德不處其厚**하고 **情不勝其欲**하면 **斯亦伐根以求木茂**하고 **塞源而**

70) 順天革命之后 : 천운에 순히 하여 천명을 바꾼 임금이다. ≪周易≫ 革卦 〈彖傳〉에 "탕왕과 무왕이 천명을 바꾸어 천운에 순히 하고 사람에게 응하였다.〔湯武革命 順乎天而應乎人〕"라고 하였다.

71) 七百之祚 : 700년의 왕업이라는 뜻으로, 국가가 오래 유지되는 것을 말한다.

72) 萬葉 : 萬世, 萬代로, 葉은 世·代의 뜻이다.

73) 通鑑 : ≪資治通鑑≫ 권194 唐紀 10 太宗에 보인다.

**欲流長者也**니이다

㊱ 當神器之重 : 神器, 帝位也.
神器는 帝位이다.
㊲ 居域中之大 : 老子曰 "域中有四大. 道大, 天大, 地大, 王亦大."
老子가 "우주 안에 四大(네 가지 큰 것)가 있으니, 道가 크고 天이 크고 地가 크고 王이 역시 크다."라고 하였다.

이달(貞觀 11년 4월)에 위징이 또 上疏하였다.

"신이 들으니 나무가 크게 자라기를 바라는 이는 반드시 뿌리를 견고하게 하고, 물이 멀리까지 흘러가기를 원하는 이는 반드시 샘을 깊게 파며, 나라가 안정되기를 생각하는 이는 반드시 德義를 쌓는다고 합니다. 샘이 깊지 않은데 물이 멀리까지 흘러가기를 바라며, 뿌리가 견고하지 않은데 나무가 크게 자라기를 구하며, 덕이 두텁지 않은데 나라가 다스려지기를 생각하는 것은, 신이 비록 매우 어리석으나 그것이 불가능한 일인 줄 아는데, 하물며 명철한 분이겠습니까.

임금은 神器(帝位)의 중임을 담당하고 우주 안에 큰 위치를 차지하여 하늘같은 존엄을 누리고 영원히 한없는 아름다움을 보전할 것인데, 편안히 살며 위태로움을 생각하지 않고 사치를 경계하여 검소함을 염두에 두지 않으며, 덕은 그 두터움을 유지하지 못하고 정은 욕망을 이기지 못하면, 또한 뿌리를 자르고 나무가 무성하기를 바라며 샘을 막고 물이 멀리까지 흘러가기를 원하는 것입니다.

1-4-6

**凡百元首**㊳는 **承天景命**하여 **莫不殷憂而道著**㊴하고 **功成而德衰**니이다 **有善始者實繁**이나 **能克終者蓋寡**하니 **豈〔不〕**[74]**取之易而守之難乎**아 **昔取之而有餘**나 **今守之而不足**은 **何也**아 **夫在殷憂**하여는 **必竭誠以待下**나 **旣得志**하여는 **則縱情以傲物**하니 **竭誠則胡越爲一體**㊵하고 **傲物則骨肉爲行路**㊶하니 **雖董之以嚴刑**㊷하고 **震之以威怒**라도 **終苟免**

74) 〔不〕: 저본에는 없으나, 《增注唐策》 권5 〈魏徵十思九德疏〉에 의거하여 보충하였다.

**而不懷仁**하고 **貌恭而不心服**하니이다 **怨不在大**[75)]하니 **可畏惟人**이요 **載舟覆舟**하니 **所宜深愼**㊸이요 **奔車朽索**(삭)[76)]에 **其可忽乎**㊹아

㊳ 凡百元首 : 虞書曰 "元首明哉." 所以喩君也.
≪書經≫ 〈虞書 益稷〉에 "元首(머리)가 명철하다."라고 하였으니, 임금을 비유한 것이다.

㊴ 莫不殷憂而道著 : 殷憂, 憂之盛也.
殷憂는 매우 근심하는 것이다.

㊵ 胡越爲一體 : 胡越者, 極南北之間, 言至異可同也.
胡와 越은 남과 북의 간격이 극도로 먼 것인데, 〈胡와 越이 일체가 된다는 것은〉 매우 달라도 함께할 수 있음을 말한다.

㊶ 骨肉爲行路 : 言至親反疏也.
〈骨肉이 길 가는 사람처럼 된다는 것은〉 지극히 가까운 친족이 도리어 서먹서먹해짐을 말한다.

㊷ 雖董之以嚴刑 : 董, 督也. 虞書曰 "董之用威."
董은 독촉함이니, ≪書經≫ 〈虞書 大禹謨〉에 "독촉하여 두렵게 한다."라고 하였다.

㊸ 載舟覆舟 所宜深愼 : 家語曰 "君者, 舟也, 庶人者, 水也, 水所以載舟, 亦所以覆舟也."
≪孔子家語≫ 〈五儀解〉에 "임금은 배이고 庶人은 물이니, 물은 배를 띄우기도 하고 배를 엎기도 한다."라고 하였다.

㊹ 奔車朽索(삭) 其可忽乎 : 朽, 許九切. 索, 蘇各切. 夏書曰 "予臨兆民, 凜乎若朽索之御六馬." 喩危懼可畏之甚. 奔車朽索, 亦此意也.
朽(썩다)는 許와 九의 반절이고, 索(새끼줄)은 蘇와 各의 반절이다. ≪書經≫ 〈夏書 五子之歌〉에 "내가 백성들을 대할 적에 무섭기가 썩은 고삐로 여섯 마리 말을 모는 것과 같다."라고 하였다. 이는 위태로워 매우 두려워할 만함을 비유한 것이니, 엎어지려는 수레를 썩은 고삐로 모는 것도 이러한 뜻이다.

무릇 모든 제왕들은 하늘의 큰 명을 계승하여 크게 우려한 뒤에는 도가 드러나지만 공이 이루어지고 난 뒤에는 덕이 쇠하지 않은 이가 없었습니다. 시작을 잘한 이는 실로 많았으나 끝맺기를 잘한 이는 적었으니, 어찌 취하기는 쉬워도 지키기는 어려운 것이 아니겠습니까.

---

75) 怨不在大 : 백성들의 원망은 이치를 따르지 않고 힘쓰지 않는 데에 있음을 말한다. ≪書經≫ 〈周書 康誥〉에 "원망은 큰 데 있지 않으며 또한 작은 데 있지 않다. 이치를 순히 하고 순히 하지 않으며, 힘쓰고 힘쓰지 않음에 달려 있다.〔怨不在大 亦不在小 惠不惠 懋不懋〕"라고 하였다.

76) 奔 : 賁과 통하여, 엎다〔覆〕라는 뜻이다.

옛날 천하를 취할 적에는 여유가 있었으나 지금 천하를 지키는 데에는 부족한 것은 무엇 때문입니까. 크게 우려할 적에는 반드시 정성을 다하여 아랫사람을 대하였으나 뜻을 얻고 나서는 마음대로 행동하여 사람들에게 오만해서입니다. 정성을 다하면 胡와 越도 일체가 되고 사람들에게 오만하면 骨肉(형제)도 길 가는 사람처럼 멀어지니, 비록 엄한 형벌로 독촉하고 기세등등한 노여움으로 떨게 하더라도 끝내 구차히 재난을 벗어날 뿐 仁을 생각하지 않고, 모습으로만 공손히 할 뿐 마음으로 승복하지 않습니다.

원망함은 큰 데에 있지 않으니 두려워할 만한 것은 사람입니다. 물은 배를 띄우기도 하고 엎기도 하니 매우 신중히 해야 합니다. 엎어지려는 수레를 썩은 고삐로 모는데 어찌 경솔히 할 수 있겠습니까.

### 1-4-7

**君人者**는 **誠能見可欲**하면 **則思知足以自戒**하고 **將有作**하면 **則思知止以安人**하고 **念高危**면 **則思謙沖而自牧**하고 **懼滿溢**하면 **則思江海下百川**[77)]하고 **樂盤遊**하면 **則思三驅以爲度**㊺하고 **憂懈怠**하면 **則思愼始而敬終**하고 **慮壅蔽**하면 **則思虛心以納下**하고 **想讒邪**하면 **則思正身以黜惡**하고 **恩所加**하면 **則思無因喜以謬賞**하고 **罰所及**하면 **則思無因怒而濫刑**하니이나

㊺ 樂盤遊 則思三驅以爲度 : 樂, 音洛, 後同. 盤遊, 畋獵也. 周書曰 "不敢盤于遊田." 三驅者, 圍合其三面, 前開一路, 使之可去, 不忍盡物, 好生之仁也.[78)] 易比卦(六)〔九〕[79)]五 "王用三驅, 失前禽." 蓋猶成湯祝網[80)]之義.

---

77) 江海下百川 : ≪道德經≫ 66장에 "강과 바다가 온갖 골짜기의 왕이 될 수 있는 것은 아래에 잘 처하기 때문이다.〔江海所以能爲百谷王者 以其善下之〕"라고 하였다.

78) 三驅者……好生之仁也 : 이 내용은 程頤의 ≪伊川易傳≫ 卷1에 보인다. ≪周易正義≫의 孔穎達 疏에는 "三驅의 禮는 先儒들이 모두 '세 번 짐승을 몰아 쏘아 잡는 것이다.' 하였다.〔夫三驅之禮者 先儒皆云 三度驅禽而射之也〕"라고 하여, 三驅를 일 년에 세 차례 사냥 나가는 것이라고 보았다.

79) (六)〔九〕 : 저본에는 '六'으로 되어 있으나, ≪周易≫ 比卦에 의거하여 '九'로 바로잡았다.

80) 祝網 : 그물을 치고 빌었다는 뜻으로, 仁德을 베푸는 것을 말한다. 湯王이 들판에서 사방에 그물을 치고 새를 잡는 이를 보고는 너무 심하다고 생각하여, 마침내 삼면의 그물을 없애고 한 면에만 그물을 치고는 축원하기를 "왼쪽으로 가고 싶으면 왼쪽으로 가고 오른쪽으로

樂(즐겁다)은 음이 洛이다. 뒤에도 같다. 盤遊는 사냥함이니, ≪書經≫ 〈周書 無逸〉에 "감히 유람과 사냥을 편안히 여기지 아니하였다."라고 하였다. 三驅는 짐승을 몰 적에 삼면만 포위하고 앞에 한쪽 길은 터놓아 떠나갈 수 있게 하여 짐승을 차마 다 잡지 않는 것이니, 살리기를 좋아하는 仁이다. ≪周易≫ 比卦 九五爻辭에 "王은 삼면을 에워싸고 몰 적에 앞쪽으로 도망가는 짐승은 놓아준다."라고 하였으니, 이는 成湯이 그물을 치고서 비는〔祝網〕 뜻과 같다.

임금은 정말 욕심낼 만한 것을 보게 되면 만족할 줄 알아 스스로 경계할 것을 생각해야 하고, 토목공사를 일으키게 되면 그칠 줄 알아 백성들을 편안히 할 것을 생각해야 하고, 높아서 위태로울까 염려되면 겸허하여 스스로 수양할 것을 생각해야 하고, 가득차서 넘칠까 두려우면 長江과 바다가 모든 물길의 아래에 처한 것을 생각해야 하고, 사냥을 즐기게 되면 〈옛날에 湯王이〉 삼면만 포위하고 한쪽은 터놓아 법도에 따라 잡은 것을 생각해야 하고, 게을러질까 근심되면 처음을 신중히 하며 끝까지 경건히 할 것을 생각해야 하고, 상하가 막힐까 염려되면 허심탄회하게 아랫사람의 뜻을 받아들일 것을 생각해야 하고, 비방과 간사함을 단절시킬 것을 생각하면 몸을 바르게 하여 악을 물리칠 것을 생각해야 하고, 은혜를 베풀 때에는 기쁨 때문에 상을 잘못 내려준 것은 없는지 생각해야 하고, 벌을 시행할 때에는 노여움 때문에 형을 함부로 준 것은 없는지 생각해야 합니다.

### 1-4-8

**總此十思**하고 **弘玆九德**㊻하여 **簡能而任之**하고 **擇善而從之**면 **則智者盡其謀**하고 **勇者竭其力**하며 **仁者播其惠**하고 **信者效其忠**하리이다 **文武爭馳**하여 **君臣無事**하면 **可以盡豫遊之樂**㊼하며 **可以養松喬之壽**㊽하고 **鳴琴垂拱**[81]하여 **不言而化**㊾하리니 **何必勞神苦思**하고 **代下司職**하여 **役聰明之耳目**하여 **虧無爲之大道哉**㊿아

㊻ 九德 : 虞書, 皐陶曰 "亦行有九德, 寬而栗, 柔而立, 愿而恭, 亂而敬, 擾而毅, 直而溫, 簡而

---

가고 싶으면 오른쪽으로 가라. 명을 듣지 않는 놈은 나의 그물로 들어오라.〔祝曰 欲左左 欲右右 不用命 乃入吾網〕"라고 하였다. ≪史記 권3 殷本紀≫

81) 垂拱 : 편안하게 정치하여 잘 다스려지는 것을 말한다. ≪書經≫ 〈周書 武成〉에 "옷을 늘어뜨리고 손을 마주 잡고 있는데도 천하가 다스려졌다.〔垂拱而天下治〕"라고 하였다.

廉, 剛而塞, 彊而義." 言人之德見(현)於行者凡九, 蓋知人之事也.

≪書經≫ 〈虞書 皐陶謨〉에 皐陶가 말하기를 "또한 행실에는 아홉 가지 덕성이 있으니, 너그러우면서도 장엄하며, 유순하면서도 꿋꿋하며, 삼가면서도 공손하며, 다스리면서도 공경하며, 익숙하면서도 굳세며, 곧으면서도 온화하며, 간략하면서도 모나며, 굳세면서도 독실하며, 강하면서도 의로운 것입니다."라고 하였다. 이는 사람의 덕성이 행실에 나타나는 것이 모두 아홉 가지가 있음을 말하니, 이는 사람을 알아보는 일이다.

㊼ 可以盡豫遊之樂 : 孟子曰 "一遊一豫, 爲諸侯度." 豫, 樂. 遊, 巡也. 言王者一遊一豫, 皆有惠及民, 而諸侯所取法, 不敢慢遊以病民也.

≪孟子≫ 〈梁惠王 下〉에 "한 번 순시함과 한 번 즐김이 제후들의 법도가 된다."라고 하였으니, 豫는 즐김이고, 遊는 순시하는 것이다. 이는 王者의 한 번 순시함과 한 번 즐김이 모두 은혜가 백성들에게 미치고 제후들이 법도를 취하니, 감히 교만하게 순시하여 백성들을 괴롭히는 것이 아님을 말한 것이다.

㊽ 可以養松喬之壽 : 赤松・王喬, 皆古仙人之有壽者.

赤松과 王喬는 모두 옛날에 장수한 신선이다.

㊾ 鳴琴垂拱 不言而化 : 家語曰 "舜彈五弦之琴, 造南風之詩." 垂拱者, 垂衣拱手, 無爲而治也.

≪孔子家語≫ 〈辯樂解〉에 "舜임금이 五弦琴을 타고 〈南風詩〉를 지었다."라고 하였다. 垂拱은 옷깃을 내려뜨리고 손을 마주 잡고 있어 작위함이 없는데도 다스려지는 것이다.

㊿ 虧無爲之大道哉 : 按通鑑[82]係十一年四月, 魏徵上此疏.

살펴보면 ≪資治通鑑≫ 貞觀 11년(637) 4월에 위징이 이 소를 올렸다.

이 열 가지 생각을 종합하고 이 아홉 가지 덕성을 넓혀, 능력 있는 사람을 선발하여 임용하고 선행을 하는 사람을 가려내어 그의 주장을 따르면, 지혜로운 이는 智謀를 다하고 용감한 이는 힘을 다할 것이며, 어진 이는 은혜를 펼치고 신의가 있는 이는 충성을 바칠 것입니다.

文官과 武官이 경쟁적으로 노력하여 군신 간에 일이 없으면, 즐기며 순시하는 즐거움을 다할 수 있고 赤松과 王喬의 장수를 누릴 수 있으며, 비파를 울리고 옷을 늘어뜨리고 두 손을 마주 잡고서 말하지 않아도 교화될 것입니다. 어찌 군이 정신과 생각을 고달프게 하고 아랫사람이 맡은 일을 대신하여 총명한 귀와 눈을 피로하게 하면서 無爲之治의 큰 道를 훼손시킬 것이 있겠습니까."

82) 通鑑 : ≪資治通鑑≫ 권194 唐紀 10 太宗에 보인다.

1-4-9

太宗手詔答曰 省頻抗表(51)하니 誠極忠款(52)하고 言窮切至라 披覽忘倦하여 每達宵分(53)이라 非公體國情深하고 啓沃義重(54)이면 豈能示以良圖하여 匡其不及이리오

(51) 省頻抗表：省, 悉井切, 視也.
省은 悉과 井의 반절이니, 본다는 뜻이다.
(52) 誠極忠款：苦管切, 誠也.
〈款은〉 苦와 管의 반절이니, 성실하다는 뜻이다.
(53) 每達宵分：夜半也.
〈宵分은〉 밤중이라는 뜻이다.
(54) 啓沃義重：啓, 開也. 沃, 灌漑也. 商書高宗命傅說曰 "啓乃心, 沃朕心."
啓는 연다는 뜻이고, 沃은 물을 댄다는 뜻이다. ≪書經≫ 〈商書 說命 上〉에 高宗이 傅說에게 명하기를 "네 마음을 열어 내 마음에 퍼부어라."라고 하였다.

太宗이 직접 조칙을 써서 답하였다.
"자주 올리는 表文을 살펴보니, 정성은 충성스러운 마음을 다하였고, 말은 매우 절실함이 드러났기에 펼쳐보고는 피곤함을 잊어 늘 밤중까지 이르곤 하였소. 公이 국가를 살펴보는 마음이 깊고 짐을 開導하는 의리가 중하지 않다면 어찌 훌륭한 계획을 제시하여 나의 부족함을 바로잡으려 하겠소?

1-4-10

朕聞晉武帝自平吳已後(55)에 務在驕奢하여 不復留心治政하니 何曾(56)이 退朝하여 謂其子劭(57)曰 吾每見主上할새 不論經國遠圖하고 但說平生常語하니 此非貽厥子孫者라 爾身猶可以免이라하고 指諸孫曰 此等必遇亂死리라하더니 及孫綏하여 果爲淫刑所戮(58)하니 前史美之하여 以爲明於先見이라하되 朕意不然하여 謂曾之不忠은 其罪大矣라하노라 夫爲人臣은 當進思盡忠하고 退思補過하여 將順其美하고 匡救其惡(59)이니 所以共爲理也라 曾位極台司(60)하여 名器[83]崇重하니 當直辭正諫하고 論道佐時어늘 今乃退有後言[84]하고

83) 名器：爵位이다. 名은 爵號, 器는 車服이다. ≪春秋左氏傳≫ 成公 2년 '唯器與名'의 杜預의 注에 보인다.
84) 退有後言：表裏不同한 것을 말한다. ≪書經≫ 〈虞書 益稷〉에 "내가 어긋남을 네가 보필해야

進無廷諍하되 以爲明智라하니 不亦謬乎아 危而不持면 焉用彼相(61)이리오

(55) 晉武帝自平吳已後 : 晉武帝, 複姓司馬, 名炎. 家世仕魏, 封晉王, 受魏禪, 國號晉. 吳, 國名, 三國孫權之後, 晉武滅之.
晉 武帝는 複姓으로 司馬이고, 이름이 炎이다. 집안이 대대로 魏나라에 벼슬하여 晉王에 봉해졌다가 魏나라의 선위를 받아 國號를 晉이라고 하였다. 吳는 나라 이름으로 三國시대 孫權의 후예인데, 晉 武帝가 멸망시켰다.

(56) 何曾 : 字穎考, 仕魏爲司徒. 晉受禪, 以曾爲太傅.
〈何曾은〉 字가 穎考이고 魏나라에 벼슬하여 司徒가 되었다. 晉나라가 선위를 받자 하증을 太傅로 삼았다.

(57) 謂其子劭 : 字敬祖, 曾之子也. 仕晉爲司徒.
〈何劭는〉 字가 敬祖이고, 何曾의 아들이다. 晉나라에 벼슬하여 司徒가 되었다.

(58) 及孫綏 果爲淫刑所戮 : 綏, 字伯蔚, 曾之孫也. 仕晉爲尙書, 後爲東海王越所殺.
何綏는 字가 伯蔚이고, 何曾의 손자이다. 晉나라에 벼슬하여 尙書가 되었다가 뒤에 東海王 司馬越에게 살해되었다.

(59) 進思盡忠……匡救其惡 : 孝經傳, 曾子述孔子之辭.
≪孝經≫ 傳의 9章(事君章)의 말이니, 曾子가 孔子의 말을 조술한 것이다.

(60) 曾位極台司 : 三公, 上應三台. 台司者, 三公之位也.
三公은 위로 三台星에 응하니, 台司는 三公의 지위이다.

(61) 危而不持 焉用彼相 : 去聲. 焉, 於虔切. 論語, 孔子告冉求曰 "危而不持, 顚而不扶, 則將焉用彼相矣."
〈相(보조자)은〉 去聲이다. 焉(어찌)은 於와 虔의 반절이다. ≪論語≫ 〈季氏〉에 孔子가 冉求에게 고하기를 "위태로운데도 잡아주지 못하며 넘어지는데도 부축하지 못한다면 장차 저 相을 어디에 쓰겠는가."라고 하였다.

朕은 들으니 晉나라 武帝가 吳나라를 평정한 이후에 교만과 사치를 일삼아 다시 성치에 마음을 두지 않자, 何曾이 조정에서 퇴근하여 그의 아들 何劭에게 '내가 늘 主上을 뵐 때마다 나라를 경영할 원대한 계획을 논하지 않고 다만 일상적인 말만 하니, 이 사람은 국가를 자손들에게 물려줄 수 있는 인물이 아니다. 너는 그래도 재앙에서 벗어날 수 있을 것이다.'라고 하고 여러 손자들을 가리키면서 '이들은 반드시 난리를 만나 죽을 것이다.'라고 하였는데, 손자 何綏에 이르러 과연 혹형을 받아 죽었으니 종전의 史書에서 훌륭하게 여겨 先見之

할 것이니, 너는 면전에서는 따르고 물러가서는 뒷말을 하지 말아서 너의 四隣의 직책을 공경히 수행하라.〔予違汝弼 汝無面從 退有後言 欽四隣〕"라고 하였다.

明이라 하였소.

그러나 짐의 생각은 그렇지 않으니 하증의 충성스럽지 못함은 그 죄가 크다고 하겠소. 신하는 당연히 나아가서는 충성을 다할 것을 생각하고 물러나서는 허물을 보완할 것을 생각하여, 임금의 아름다운 점을 받들어 순히 따르고 임금의 잘못된 점을 바로잡아 구제해야 하니, 이는 함께 나라를 다스리기 때문이오. 하증은 지위가 三公의 최고 윗자리에 있어 작위가 높고 중하였으니, 당연히 곧은 말로 바르게 간언하고 도를 논하여 시대에 도움을 주어야 하오. 그러나 지금에 와서는 조정에서 물러가서는 뒷말을 하고 조정에 나아가서는 간쟁을 하지 않았는데 그를 지혜로운 자라고 하니 또한 그릇된 것이 아니겠소. 위태로운데도 잡아주지 못한다면 저 相(보조자)을 어디에 쓰겠소?

1-4-11

**公之所陳**에 **朕聞過矣**라 **當置之几案**하여 **事等弦韋**(62)하리라 **必望收彼桑榆**[85)]하여 **期之歲暮**하고 **不使康哉良哉**로 **獨美於往日**(63)하고 **若魚若水**가 **遂爽於當今**(64)이라 **遲復嘉謀**하노니 **犯而無隱**(65)하라 **朕將虛襟靜志**하여 **敬佇德音**(66)하리라

(62) 弦韋 : 弦, 弓弦. 韋, 柔皮也. 韓子曰 "西門豹性急, 佩韋以自緩, 董安于性緩, 佩弦以自急."
弦은 활줄이고, 韋는 부드러운 가죽이다. ≪韓非子≫ 〈觀行〉에 "西門豹는 성격이 급하여 부드러운 가죽을 차고 다니면서 스스로 느긋하게 하였고, 董安于는 성격이 느긋하여 활줄을 차고 다니면서 스스로 긴장하게 하였다."라고 하였다.

(63) 不使康哉良哉 獨美於往日 : 美, 亦作盛. 虞書舜皐陶賡歌之辭曰 "股肱良哉, 庶事康哉."
美는 盛으로도 되어 있다. ≪書經≫ 〈虞書 益稷〉에 舜임금과 皐陶가 이어가며 노래한 가사에 "고굉(신하)이 훌륭하여 모든 일이 편안하게 될 것입니다."라고 하였다.

(64) 若魚若水 遂爽於當今 : 蜀先主曰 "孤之有孔明, 猶魚之得水也."
蜀漢 先主(劉備)가 "나에게 諸葛孔明이 있는 것은 마치 물고기가 물을 얻은 것과 같다."라고 하였다.

---

85) 收彼桑榆 : 초년의 실패를 뒤에 수습하는 것을 말한다. 後漢 때의 장수 馮異가 赤眉의 난을 토벌하다가 처음 싸움에서 패하고, 얼마 뒤에 다시 군사를 정비하여 적미의 군대를 격파하였는데, 光武皇帝가 "처음에 회계에서 날개가 꺾였지만 마침내 민지에서 날개를 떨쳤으니, 아침에 잃었다가 저녁에 거두었다고 이를 만하다.〔始雖垂翅回谿 終能奮翼澠池 可謂失之東隅 收之桑榆〕"라고 하였다. ≪後漢書 권17 馮異列傳≫

⑥⑤ 遲復嘉謀 犯而無隱 : 遲, 去聲. 禮"事君有犯而無隱."
遲(기다리다)는 去聲이다. 《禮記》〈檀弓 上〉에 "임금을 섬기는 데에는 면전에 직간함은 있고 은미하게 간함은 없다."라고 하였다.
⑥⑥ 敬佇德音 : 按太宗此詔, 通鑑[86]係在十一年七月, 魏徵累上疏之後.
살펴보면 太宗의 이 조칙은 《資治通鑑》 貞觀 11년(637) 7월에 위징이 누차 올린 상소의 뒤에 실려 있다.

公의 진언에서 짐의 과실을 들었으니 당연히 책상에 놓아두고 緩急을 조절하는 지침으로 삼겠소. 반드시 초년의 실수를 수습하여 늘그막에 도모하기를 바라고, 신하가 훌륭하여 일이 편안하게 된다는 것이 과거의 아름다운 일로만 남게 하지 말고, 물고기와 물과 같은 관계가 지금에도 어긋나게 하지 않겠소. 아름다운 계획을 거듭하기를 기다릴 것이니, 면전에 직간함은 있고 은미하게 간함은 없어야 할 것이오. 짐은 장차 마음을 비우고 뜻을 안정시키고서 경건하게 훌륭한 말을 기다리겠소."

**【集論】**

孫氏甫曰 魏公以忠直稱하여 歷數百年而名愈高하니 李翶論修史之法에 則曰 假如傳魏徵하면 則記其諫諍之詞에 足以見正直이라하니 是魏公得諫諍之道니 其言足以傳信於後也라 此二疏는 乃諫諍之著者라 魏公事英主에 力贊治道하여 已成太平之治하고 見其小失하면 尙孜孜諫諍以防其甚하니라 如事中常之主하여 天下未治에 其君或有大過면 諫必危切이요 至安危大計하여는 必忘身以爭也리라 蓋輔相之道가 不至此면 不足以爲忠하니 後之爲相者는 宜詳之로다

孫甫가 말하였다.
"魏公은 忠直으로 칭송받아 수백 년을 거쳐오면서 명성이 더욱 높아졌다. 李翶가 역사 편찬의 법을 논할 적에 말하기를 '가령 魏徵의 열전을 만든다면 그 간쟁한 말을 기록하는 데에서 충분히 正直함을 보게 될 것이다.'라고 하였다. 이는 魏公이 諫諍의 道를 얻었으니 그의 말이 충분히 후세에 진실을 전할 수 있다는 것이다. 이 두 건의 상소는 바로 간쟁에 관한 저술이다.
魏公은 영특한 임금을 모실 적에 힘써 정치의 도를 도와 이미 태평의 치적을 이룩

86) 通鑑 : 《資治通鑑》 권195 唐紀 11 太宗에 보인다.

하고, 太宗의 작은 실수를 보면 여전히 힘써 간쟁하여 심각한 상황을 예방하였다. 만일 중간 등급의 임금을 섬겨 천하가 아직 다스려지지 않았을 적에 그 임금에게 혹 큰 과실이 있다면 간쟁을 반드시 위태롭고 절실하게 했을 것이고, 安危의 큰 계책에 있어서는 반드시 자신을 잊고 다투었을 것이다. 재상의 도가 이 경지에 이르지 않으면 충성이라고 하기에 부족하니 뒤에 재상이 된 자는 자세히 살펴야 할 것이다."

呂氏祖謙曰 魏徵敎太宗十思에 使太宗能以是十思而充之면 則當時之治가 不惟貞觀而已리니 雖竝隆於堯舜이라도 可也니라 然魏公之十思는 可以與孔子之九思[87)]로 同垂訓於萬世矣라

呂祖謙이 말하였다.

"위징이 太宗에게 열 가지 생각〔十思〕을 가르치매 만일 태종이 이 열 가지 생각을 잘 확충해나갔다면 당시의 치적이 貞觀 정도에 그칠 뿐만이 아니었을 것이니, 비록 堯임금・舜임금과 나란히 융성한 것도 가능했을 것이다. 그러나 위공의 열 가지 생각은 孔子의 아홉 가지 생각〔九思〕과 함께 만대에 훈계를 남길 수 있다."

愚按 魏徵之於諫也에 可謂難矣라 不惟大事能諫이라 雖小事라도 未嘗舍也요 不惟初年能諫이라 雖末年이라도 未嘗輟也라 史稱其平生諫疏二百餘篇[88)]이어늘 而是年一月之中에 見於諫疏者가 凡二焉이라 見於書者如此하니 則其見於言者를 可知矣요 傳於世者如此하니 則其不傳於世者를 亦可知矣로다 臣不以數(삭)諫爲嫌하고 君不以數(삭)諫爲忤하니 其致貞觀之治가 有以也夫로다 今以二疏觀之하니 一以爲當監隋之所以失하고 念唐之所以得이요 一以爲有善始者實繁이나 能克終者實寡라 夫能懼得失而後에 能愼終始요 能愼終始면 則有得而無失矣리니 二疏之言은 相爲表裏者也라 吳氏合二疏하여 爲一章하니 厥有旨哉로다

87) 九思 : 군자가 생각할 아홉 가지 일로, 밝게 보기를 생각하고〔視思明〕, 밝게 듣기를 생각하고〔聽思聰〕, 안색을 온화하게 하기를 생각하고〔色思溫〕, 용모를 공손하게 하기를 생각하고〔貌思恭〕, 진실하게 말하기를 생각하고〔言思忠〕, 공경히 일할 것을 생각하고〔事思敬〕, 의심나면 묻기를 생각하고〔疑思問〕, 화나면 환난을 생각하고〔忿思難〕, 얻을 것을 보면 의리를 생각하는 것〔見得思義〕이다. ≪論語 季氏≫

88) 史稱其平生諫疏二百餘篇 : ≪舊唐書≫ 〈魏徵列傳〉에 "〈太宗이 위징을 위로하기를〉 卿이 진술한 간언이 전후로 200여 건인데 경이 지극 정성으로 나라를 받들지 않는다면 어찌 이와 같이 할 수 있었겠소.〔卿所陳諫 前後二百餘事 非卿至誠奉國 何能若是〕"라고 하였다.

내가 살펴보건대 魏徵이 간언함에 있어서 신중했다고 이를 만하다. 큰일을 잘 간언했을 뿐만 아니라 비록 작은 일이라도 버려둔 적이 없고, 초년에 잘 간언했을 뿐만 아니라 비록 말년에 이르러서도 그친 적이 없었다. 역사에서 위징의 평생 간언한 상소가 200여 편이라고 일컫는데 이해(貞觀 11년) 한 달 동안 간언한 상소로 보이는 것이 두 건이다. 글에 나타난 것이 이와 같으니 말에 나타난 것을 알 만하고, 세상에 전하는 것이 이와 같으니 세상에 전하지 않는 것을 또한 알 만하다. 신하가 자주 간언함을 꺼리지 않고 임금이 자주 간언을 듣는 것을 싫어하지 않았으니 貞觀의 치적을 이룬 것이 이유가 있도다.

지금 이 상소 두 건을 살펴보니, 하나는 隋나라가 천하를 잃은 까닭을 거울삼고 唐나라가 천하를 얻은 까닭을 생각하라는 것이며, 하나는 시작을 잘하는 이는 실로 많으나 끝까지 잘하는 이는 실로 적다는 것이다. 얻고 잃는 것을 두려워한 뒤에야 처음부터 끝까지 신중히 할 수 있고, 처음부터 끝까지 신중히 할 수 있으면 얻음은 있고 잃음이 없을 것이니, 두 건 상소의 말은 서로 표리가 되는 것이다. 吳兢이 두 건 상소를 합하여 1章으로 만들었으니 그 뜻이 있도다.

### 1-5-1

**貞觀十五年**에 **太宗謂侍臣曰 守天下難易**①아 **侍中**②**魏徵對曰 甚難**하니이다 **太宗曰 任賢能**하고 **受諫諍**하면 **卽可**③어늘 **何謂爲難**가 **徵曰 觀自古帝王**컨대 **在於憂危之間**하면 **則任賢受諫**이로되 **及至安樂**④하여는 **必懷寬怠**하여 **言事者惟令兢懼**⑤하여 **日陵月替**하여 **以至危亡**하니 **聖人所以居安思危**는 **正爲此也**⑥니이다 **安而能懼**가 **豈不爲難**가

① 守天下難易 : 以豉切.
〈易(쉽다)는〉 以와 豉의 반절이다.

② 侍中 : 唐制, 門下省侍中, 掌出納帝命, 相國儀. 凡國家之務, 與中書令參總而顓判國事, 宰相職也.
唐나라 제도에 의하면, 門下省 侍中은 황제의 명령을 출납하고 국가의 예의를 돕는 것을 관장한다. 모든 국가적 사무를 中書令과 함께 참여하고 총괄하여 國事를 오로지 결단하니 宰相의 직책이다.

③ 卽可 : 卽, 一作則.
卽은 어떤 본에는 則으로 되어 있다.

④ 及至安樂 : 音洛.
〈樂(즐겁다)은〉 음이 洛이다.

⑤ 言事者惟令兢懼：令, 平聲.
令(하여금)은 平聲이다.
⑥ 正爲此也：爲, 去聲.
爲(위하다)는 去聲이다.

貞觀 15년(641)에 太宗이 근신에게 말하였다.
"天下를 지키는 것이 어렵소, 쉽소?"
侍中 위징이 대답하였다.
"매우 어렵습니다."
태종이 말하였다.
"현능한 이를 임용하고 간쟁을 받아들이면 되는데 어째서 어렵다고 하는 것이오?"
위징이 말하였다.
"옛날의 제왕들을 살펴보건대 근심스럽고 위험한 때에는 현인을 임용하고 간언을 받아들였습니다. 그러나 안락할 때에는 반드시 느슨하고 게으른 생각을 품어 일을 말하는 신하들을 두렵게 만들어 〈현인의 임용과 간언이〉 나날이 폐기되어 위태롭고 망하는 데 이르렀으니, 聖人이 편안함에 거처하면서도 위태로울까 염려한 것은 바로 이 때문이었습니다. 편안하면서 두려워할 수 있는 것이 어찌 어렵지 않습니까."

【集論】

愚按 太宗以間世之才로 內芟群雄하고 外淸四夷하여 其視取天下有不足爲者어늘 況於守天下乎아 故魏徵因其問하여 而對以甚難하니 魏徵豈欲難人之所易哉아 蓋自古로 人主在憂危하면 則思敬畏하고 思敬畏하면 則亂者治矣요 居安樂하면 則懷寬怠하고 懷寬怠하면 則治者亂矣라 周宣能謹於北伐之日[89]이나 而不能謹於庭燎鄕晨之時[90]하고 晉武知謹於平吳之先이나 而不能謹於天下一統之後[91]하고 明皇首誅諸韋[92]나 安居而祿山之亂生[93]하고

89) 周宣能謹於北伐之日：周나라 宣王이 大臣 尹吉甫를 시켜 북쪽의 玁狁을 정벌하도록 한 때를 말한다. 《詩經 小雅 六月》
90) 不能謹於庭燎鄕晨之時：본서 69쪽 역주 28) 참조.
91) 晉武知謹於平吳之先 而不能謹於天下一統之後：《晉書》 권3 〈武帝紀〉에 "吳나라를 평정한 이

憲宗平蕩淮蔡[94]나 休兵而弘志之禍作[95]이라 唐虞盛治에 兢兢業業於一日萬幾者[96]가 豈徒然哉아 昔定公問一言興邦한대 孔子對以爲君之難[97]하니 然則魏徵之言은 其一言興邦者乎인저

내가 살펴보건대 太宗은 세상에 드문 인재로서 안으로는 여러 영웅들을 제거하고 밖으로는 사방 오랑캐들을 숙청하여 천하를 차지하는 것을 손쉬운 일로 보았는데, 하물며 천하를 지키는 것쯤이겠는가. 그러므로 魏徵이 그 질문에 계기로 매우 어렵다고 대답하였으니, 위징이 어찌 사람이 하기 쉬운 것을 어렵게 하려고 하였겠는가. 예로부터 임금이 근심스럽고 위태로운 지경에 있으면 생각이 경건하고 조심스러워지며, 생각이 경건하고 조심스러우면 어지러운 것이 다스려진다. 놓인 상황이 편안하고 즐거우면 품은 의지가 느슨하고 게을러지며, 품은 의지가 느슨하고 게을러지면 다스려진 것이 어지러워진다.

周나라 宣王은 북쪽을 정벌하는 날에는 근후하였으나 뜰의 횃불이 새벽을 향할 때에는 근후하지 않았고, 晉나라 武帝는 吳나라를 평정하기 이전에는 근후할 줄 알았으나 천하를 통일한 이후에는 근후하지 않았고, 唐나라 明皇(玄宗)은 애초에 韋后 등을 주벌하였으나 안락하게 되자 安祿山의 난이 일어났고, 唐나라 憲宗은 淮蔡의 반란을

---

후에 천하가 다스려져 평안해지자 마침내 정치에 게으르고 놀이와 잔치에 빠졌다.〔平吳之後 天下乂安 遂怠於政術 耽於遊宴〕"라고 하였다.

92) 明皇首誅諸韋 : 唐나라 中宗이 則天武后에 의하여 폐위되었다가 복위되었으나 그의 황후인 韋后에게 독살되자, 明皇(玄宗) 李隆基가 위후의 난을 평정한 일을 말한다.

93) 安居而祿山之亂生 : 明皇이 초기에는 잘 다스렸으나 楊貴妃를 맞이하고 안락에 빠지자 安祿山의 난이 일어난 것을 말한다.

94) 憲宗平蕩淮蔡 : 唐나라 憲宗 때 淮西節度使 吳元濟가 모반하였을 때, 裴度와 李愬 등을 보내 평정하게 한 일을 말한 것이다. 淮蔡는 淮西 지방을 가리키는 말이다.

95) 休兵而弘志之禍作 : 唐 憲宗이 처음에는 충성스러운 사람을 등용하고 모든 소인들을 배척하여 내쫓았으나 난이 점차 평정되자 사치하여 토목 공사를 벌이고 간사한 신하를 다시 등용하여 마침내 宦官 陳弘志에게 죽임을 당한 것을 말한다.

96) 兢兢業業於一日萬機 : 帝王이 매일 처리하는 번다한 政事에 신중히 함을 말한다. ≪書經≫ 〈虞書 皐陶謨〉에 "안일함과 욕심으로 제후들을 가르치지 말아서 삼가고 두려워하소서. 하루 이틀 사이에도 일의 발단이 만 가지나 됩니다.〔無敎逸欲有邦 兢兢業業 一日二日萬幾〕"라고 하였다.

97) 定公問一言興邦 孔子對以爲君之難 : ≪論語≫ 〈子路〉에 "定公이 孔子에게 '한 마디 말로 나라를 일으킬 수 있는 일이 있습니까?'라고 묻자, 공자는 '임금 노릇 하기가 어려운 줄 안다면 한 마디 말로 나라를 흥하게 함을 기약할 수 없겠습니까.〔如知爲君之難也 不幾乎一言而興邦乎〕'"라고 하였다.

평정하였으나 전쟁이 그치자 陳弘志에게 시해당하는 화가 일어났다.

성대한 치적을 남긴 堯舜시대에도 매일 처리하는 번다한 정사를 신중히 처리한 것이 어찌 공연히 그런 것이겠는가. 옛날 魯나라 定公이 나라를 흥기시킬 한 마디 말을 묻자, 孔子가 임금 노릇 하기 어렵다는 말로 대답하였으니, 그렇다면 위징의 말은 아마도 나라를 흥기시킬 한 마디 말일 것이다.

## 제2편 論政體 정치 체제를 논하다

이 편에서는 貞觀 시대 정치의 체제에 대해 논하고 있다. 太宗은 帝道와 王道를 시행하여 중국이 편안함을 얻고 먼 곳의 오랑캐들도 복종시켰는데, 이는 帝王의 調練師 魏徵이 태종 자신을 仁義로 단속해주며 道德으로 넓혀주어서 성공한 것이라고 하였다. 그리고 태종은 신하들을 자신의 귀와 눈으로 삼아 독단하지 않는 공동의 정치를 하겠다고 하였으며, 백성은 부리는 존재가 아닌 임금이 백성에게 쓰이는 존재라고 인식하였다. 또 태종이 활을 잘 안다고 자부하다가 활 기능공의 말을 듣고 자신이 활을 제대로 알지 못했음을 깨닫고서 관리들을 접견하여 백성의 이해와 정치교화의 득실을 아는 데 힘쓰고자 하였다.

凡十(三)〔四〕[1)]章.
모두 14章이다.

### 2-1-1

**貞觀初**에 **太宗謂蕭瑀**①**曰 朕少好弓矢**②하여 **自謂能盡其妙**러니 **近得良弓十數**하여 **以示弓工**하니 **乃曰 皆非良材也**라하여 **朕問其故**한대 **工曰 木心不正**하여 **則脈理皆邪**③하며 **弓雖剛勁而遣箭不直**이라 **非良弓也**라하니 **朕始悟焉**이라 **朕**이 **以弧矢定四方**하니 **用弓多矣**로대 **而猶不得其理**어늘 **況朕有天下之日淺**하니 **得爲理之意**가 **固未及於弓**이로라 **弓猶失之**어늘 **而況於理乎**아 **自是**로 **詔京官五品以上**④하여 **更**(경)**宿中書內省**⑤하고 **每召見**에 **皆賜坐與語**하여 **詢訪外事**하여 **務知百姓利害**와 **政教得失焉**하더라

① 蕭瑀 : 字時文, 後梁明帝子也. 高祖入關招之, 授光祿大夫. 武德初, 遷內史令. 貞觀初, 拜太子少師, 遷僕射(야), 又遷御史大夫, 參預朝政. 後拜太子少傳. 卒謚曰恭. 帝以性忌, 改謚貞褊.
〈蕭瑀는〉 字가 時文이니, 後梁 明帝의 아들이다. 唐 高祖가 關中에 들어와 그를 불러서 光祿大夫에 임명하였다. 武德(618~626) 초기에 內史令으로 옮겼다. 貞觀 초기에 太子少師

1) (三)〔四〕: 저본에는 '十三章'으로 되어 있으나, 실제 章數가 14장이므로 이를 '十四章'으로 바로잡았다.

에 임명되었다가 僕射로 옮기고 또 御史大夫로 옮겨서 조정의 정사에 참여하였다. 뒤에 太子少傅에 임명되었다. 세상을 떠나자 시호를 恭이라고 하였다. 황제(太宗)가 그의 성품이 시기한다고 하여 시호를 고쳐 貞褊이라고 하였다.

② 少好弓矢 : 少・好, 竝去聲.
少(젊다)와 好(좋아하다)는 모두 去聲이다.

③ 脈理皆邪 : 皆, 一作多.
皆는 어떤 본에는 多로 되어 있다.

④ 京官五品以上 : 京官, 謂京都官. 唐制, 五品以上, 皆以名聽制授.
京官은 京都의 官을 말한다. 唐나라 제도에 의하면, 5品 이상은 모두 이름을 올려 制授(임명)를 따른다.

⑤ 更宿中書內省 : 更, 平聲. 唐制, 中書內省在禁中.
更(번갈다)은 平聲이다. 唐나라 제도에 의하면 中書內省은 禁中에 있다.

蕭瑀

**貞觀** 초년에 **太宗**이 **蕭瑀**에게 말하였다.

"짐이 젊었을 때 활과 화살을 좋아하여 스스로 그 묘리를 모두 안다고 생각하였소. 최근 良弓 열 자루를 얻어 弓工(활 제작공)에게 보여주니, 궁공이 말하였소.

'좋은 재료가 아닙니다.'

짐이 그 이유를 물었소.

궁공이 말하였소.

'나무의 심이 바르지 못하여 나뭇결이 모두 삐뚤어져 있으며 활은 비록 굳세고 강하나 화살을 발사하는 것이 똑바르지 않으니, 좋은 활이 아닙니다.'

짐이 비로소 깨달았소. 짐은 활과 화살을 들고 천하를 평정하면서 수많은 활을 사용하였는데도 오히려 활의 묘리를 모르고 있었던 것이오. 하물며 짐이 천하를 차지한 지 얼마 안 됐으니, 정치하는 뜻을 이해한 것이 실로 활을 아는 것에 미치지 못하오. 활도 오히려 잘 알지 못하거늘 하물며 정치야 더 말할 것이 있겠소."

이로부터 京官 5품 이상에게 조서를 내려 교대로 中書內省에서 숙직을 하도록 하였다. 그들을 불러 볼 때마다 모두 자리를 내주어 함께 대화를 하여 궁궐 밖의 일에 관해 물어 백성의 이해와 정치교화의 득실을 아는 데 힘썼다.

【集論】

范氏祖禹曰 傳曰 國之將興也에 君子自以爲不足하고 其亡也에 若有餘[2)]라하여늘 太宗이 因識弓之未精하여 而知天下之理를 已不能盡하고 詢謀於衆而不自用하니 此其所以興也라

范祖禹가 말하였다.
"≪國語≫에 '국가가 흥성하려고 할 적에는 君子(집정대신)가 스스로를 부족하다고 여기고, 망하려고 할 적에는 군자가 넉넉함이 있는 듯이 여긴다.'라고 하였다. 太宗이 활에 정밀하지 못함을 안 것으로 인해 천하의 정치를 자기가 다 알지 못함을 알고는 많은 사람에게 묻고 자기의 의견만을 쓰지 않았으니, 이것이 흥성하게 된 이유이다."

胡氏寅曰 太宗射藝絶世하나 矢無虛發하니라 若使弓材不良하여 發矢不直하면 則當危幾交急之時하여 所欲斃者를 不能應弦而倒하여 而濱於殆也가 久矣라 工人之意는 則不爲是라 蓋見太宗之微라 故借弓爲喩하여 所以規之也니 猶曰君心不正하면 則言行皆邪하여 勢雖尊嚴이나 而出政不善云爾하니라 執藝之言[3)]은 所謂伯牙之彈을 而太宗聞之에 異乎子期之聽[4)]耶아 太宗英才蓋世하고 群臣亦一時豪傑이나 多不足以望淸光[5)]이요 而造弓者가 乃自外而窺其內하니 衆不可揜이 蓋如此어늘 人君可不愼哉아 凡人能反求諸己者實難이어늘 太宗雖愧於聽德之聰이나 然能因是召見京官하고 問民疾苦와 政事得失하니 是亦爲君之道也라

---

2) 國之將興也……若有餘 : ≪國語≫ 〈晉語 9〉에 보인다.

3) 執藝之言 : 미천한 工人이라도 업에 종사하면서 자신의 의견을 가지고 간할 수 있다는 뜻으로, ≪書經≫ 〈夏書 胤征〉에, "官師가 서로 바로잡고 百工들이 기예의 일을 잡아서 간하라. 〔官師相規 工執藝事以諫〕" 하였다.

4) 伯牙之彈……子期之聽 : 춘추시대 楚나라 사람 伯牙가 거문고를 잘 연주하였는데, 그의 知音인 鍾子期가 듣고는 잘 알아맞힌 고사이다. ≪呂氏春秋 권14 孝行覽 本味≫

5) 淸光 : 맑은 광채라는 뜻으로, 제왕의 풍채를 말한다.

胡寅이 말하였다.

"太宗은 활 솜씨가 세상에서 뛰어나 화살을 헛쏘는 일이 없었다. 만약 활의 재질이 좋지 않아 쏜 화살이 똑바로 나가지 않으면 위기가 교차하는 급한 때를 당하여 죽이려고 하는 자를 활을 쏘기 무섭게 맞춰 넘어뜨릴 수 없어 위태로운 상황에 다다른 지가 오래일 것이다.

공인의 뜻은 활에 있었던 것이 아니다. 태종의 은미한 뜻을 보았으므로 활을 빌려 비유하여 경계시킨 것이니, 마치 '임금의 마음이 바르지 않으면 언행이 모두 잘못되어, 위세는 비록 존엄하지만 정치를 함이 선하지 못하다.'라는 말과 같다. 執藝의 말은 이른바 伯牙의 거문고 연주인데, 태종이 듣는 것이 鍾子期가 듣는 것과 다르겠는가.

태종은 영특한 재주가 세상을 덮으니 신하들이 또한 한 시대의 호걸이었으나 대부분 태종의 용안을 우러러보지 못하였고, 활을 만드는 자가 밖으로부터 그 안을 엿보았으니, 많은 사람들을 속일 수 없음이 이와 같은데 임금이 신중하지 않을 수 있겠는가. 무릇 사람이 돌이켜 자기에게서 구하기는 실로 어려운 것인데 태종이 비록 덕이 있는 말을 듣는 총명함에는 부족하지만 이 일을 계기로 京官을 불러 보고 백성의 고통과 정사의 득실을 물었으니, 이는 또한 임금의 도리이다."

愚按 古者에 工執藝事以諫은 固時見於傳하되 不謂唐之弓工이 能見太宗之微하고 而有木心不正하여 表裏皆邪之語라 斯言也는 孟子曰 一正君而國定[6]이라하고 董子曰 爲人君者가 正心以正朝廷하고 正朝廷以正百官하고 正百官以正萬民하면 而遠近莫不一於正[7]이라하니 不知太宗果能因工人之言하여 而觸類於經傳之言乎아

내가 살펴보건대 옛날에 百工이 기예의 일로 간언한 것은 진실로 傳記에 수시로 보이지만, 唐나라의 弓工이 太宗의 은미한 뜻을 보고 나무의 심이 바르지 못해 겉과 속이 모두 삐뚤어졌다는 말은 하지 않았다.

이 말은 孟子가 "한 번 임금을 바로잡으면 나라가 안정된다."라 하고, 董仲舒가 "임금이 된 자가 마음을 바르게 하여 조정을 바르게 하고, 조정을 바르게 하여 백관을

---

6) 一正君而國定 : ≪孟子≫ 〈離樓 上〉에 "군주가 어질면 모든 일이 어질지 않음이 없고, 군주가 의로우면 의롭지 않음이 없고, 군주가 바르게 되면 바르지 않음이 없으니, 한 번 군주의 마음을 바로잡으면 나라가 안정된다.〔君仁莫不仁 君義莫不義 君正莫不正 一正君而國定矣〕"라고 하였다.

7) 爲人君者……莫不一於正 : ≪漢書≫ 〈董仲舒列傳〉에 보인다.

바르게 하고, 백관을 바르게 하여 모든 백성을 바르게 하면 遠近이 한결같이 바르게 되지 않음이 없다."라고 한 뜻과 같으니, 太宗이 과연 工人의 말로 인하여 經傳의 말을 유추하여 적용하였는지는 알지 못하겠다.

### 2-2-1

貞觀元年에 太宗謂黃門侍郎①王珪②曰 中書所出詔勅③에 頗有意見不同하니 或兼錯失이어든 而相正以否라 元置中書門下④는 本擬相防過誤라 人之意見이 每或不同하여 有所是非는 本爲公事⑤나 或有護己之短하여 忌聞其失하여 有是有非를 銜以爲怨⑥하고 或有苟避私隙하고 相惜顔面하여 知非政事로대 遂卽施行⑦이라 難違一官之小情하여 頓爲萬人之大弊는 此實亡國之政이니 卿輩는 特須在意防也라 隋日內外庶官이 政以依違而致禍亂호대 人多不能深思此理하고 當時皆謂禍不及身하여 面從背言⑧하여 不以爲患이라가 後至大亂一起에 家國俱喪이라 雖有脫身之人이 縱不遭刑戮이나 皆辛苦僅免하여 甚爲時論所貶黜하니 卿等은 特須滅私徇公하여 堅守直道하여 庶事相啓沃하고 勿上下雷同也⑨하라

① 黃門侍郎 : 漢世, 禁門曰黃闥, 以中人主之, 故曰黃門. 唐制, 黃門侍郎貳侍中, 職掌祭祀贊獻, 奏天下祥瑞之官.
漢나라 시대에는 禁門을 黃闥이라고 하였는데, 中人(宦官)이 주관하였으므로 黃門이라고 하였다. 唐나라 제도에 의하면, 黃門侍郎은 貳侍中(侍中의 부관)으로 제사를 지낼 때의 贊獻과 세상의 祥瑞를 上奏하기를 관장한 관직이다.

② 王珪 : 詳見任賢篇.
〈王珪는〉 본서 제3편 〈論任賢〉에 자세히 보인다.

③ 中書所出詔勅 : 中書, 省名. 武德三年, 改內書省曰中書省. 唐制, 中書掌軍國政令, 凡制冊詔牒, 皆宣署而施行焉. 置令二人. 侍郎二人, 右諫議大夫四人, 右補闕六人, 令之貳也. 其屬則有舍人六人, 右散騎常侍二人, 右拾遺六人, 起居舍人二人. 時中書·門下與尙書號曰三省.
中書는 省의 이름이다. 唐나라 武德 3년(620)에 內書省을 고쳐서 中書省이라고 하였다. 唐나라 제도에 의하면, 중서성은 軍國의 정령을 담당하였고, 모든 制冊과 詔牒에 대해 모두 서명하여 시행하였다. 令 2인을 두었고, 侍郎 2인, 右諫議大夫 4인, 右補闕 6인은 令의 부관이다. 그 소속에는 舍人 6인, 右散騎常侍 2인, 右拾遺 6인, 起居舍人 2인이 있다. 당시에 中書省·門下省·尙書省을 三省이라고 불렀다.

④ 元置中書門下 : 省名. 唐制, 門下省掌出納詔令, 國務則與中書參總焉. 置侍中二人. 黃門侍

郎二人, 侍中之貳也. 其屬則有左散騎常侍二人, 左諫議大夫四人, 給事中四人, 起居郎二人, 補闕二人, 左拾遺二人, 弘文館亦隷焉.

〈門下는〉 省의 이름이다. 唐나라 제도에 의하면, 門下省은 詔令의 출납을 담당하고 국가의 일은 中書省과 참여하여 총괄한다. 侍中 2인을 두었고, 黃門侍郎 2인은 侍中의 부관이다. 그 속관에는 左散騎常侍 2인, 左諫議大夫 4인, 給事中 4인, 起居郎 2인, 補闕 2인, 左拾遺 2인이 있고, 弘文館도 여기에 예속된다.

⑤ 本爲公事 : 爲, 去聲.

爲(위하다)는 去聲이다.

⑥ 銜以爲怨 : 銜, 戶監切, 含也.

銜은 戶와 監의 반절이니, 품는다는 뜻이다.

⑦ 遂卽施行 : 施, 平聲.

施(시행하다)는 平聲이다.

⑧ 面從背言 : 虞書曰 "汝無面從, 退有後言." 謂面諛以爲是, 背毁以爲非也.

≪書經≫ 〈虞書 益稷〉에 "너는 눈앞에서만 순종하고 물러나선 뒷말하지 말라."라고 하였으니, 앞에서는 아양 떨며 옳다고 하다가 뒤에서는 헐뜯고 잘못이라고 함을 말한다.

⑨ 勿上下雷同也 : 雷之發聲, 物無不同時應者, 故曰雷同.

우레가 소리를 낼 때는 만물이 동시에 호응하지 않는 것이 없으므로 雷同이라고 한다.

貞觀 원년(627)에 太宗이 黃門侍郎 王珪에게 말하였다.

"中書省에서 기초한 조칙에 대해 꽤 여러 사람의 의견이 다른데, 혹 양쪽에서 착오를 일으키면 서로의 잘못을 바로잡아 주어야 하오. 원래 中書省과 門下省을 설치한 것은 본래 서로를 견제하여 과오를 방지하게 하려는 것이었소. 사람들의 의견이 매번 혹 달라서 시비가 있는 것은 본래 공무를 위한 것인데, 혹은 자신의 단점을 감추어 실수가 알려지는 것을 꺼려 시비가 있는 것을 가슴에 품어 원망하거나 혹은 사사로운 嫌隙을 구차히 피하고 서로 체면을 아껴주어 온당한 정사가 아닌 줄 알면서도 마침내 곧바로 시행하고 있소. 관원 한 사람의 작은 사정은 어기기 어려워하면서 갑자기 만인의 큰 폐해를 만드는 것은 실로 나라를 망치게 하는 정사이니, 경들은 특별히 주의하여 예방해야 하오.

隋나라 때 안팎의 여러 관원들이 정무에 머뭇거리다가 화란에 이르게 되었는데, 사람들이 대부분 이 이치를 깊이 생각하지 못하고 당시에 모두 재앙이 자신에게 미치지 않을 것이라 여겨 앞에서는 따르고 뒤에서는 다른 말을 하여 근심하지 않다가 후에 큰 혼란이 한꺼번에 일어나자 집안과 나라가 모두 망하는 지경에 이르렀소. 비록 환란에서 벗어난 사람이 있어 설령 형벌과 죽임을 당하지는 않았어도 모두 심한 고통을 겨우 면하였고 당시 사람들의 여론에 질책을 심하게 받았소. 경들은 반드시 사사로움을 없애고 공정함을 따라 올바른 도리를 굳게 지키면서 모든 일에 서로 마음을 열어 말해주고, 상하간에 부화뇌동하지 마시오."

【集論】

胡氏寅曰 古者論一相而止어늘 至成王하여 雖以周公位冢宰나 然亦與召公同相爲左右하니 何者오 周公이 不敢自聖하고 獨專相事하며 又將訓後世한대 爲人心不同하고 大賢難得하니 則參錯竝行하여 相輔相正하여 歸於無失而已라 自漢以來로 或置左右丞相하고 或竝置三公하여 不拘一相之文이라 至唐而法意猶密하여 旣有左右僕射어늘 又有侍中中書尙書兩令左右丞하고 又以官未及而人可用者로 參預朝政하되 而其大綱은 則俾中書出令하고 門下審駁하고 而尙書受成하여 頒之有司라 當貞觀時에 君明臣忠하고 朝希粃政하여 不數年하여 坐致太平하니 其集材竝用之效如此라 諸葛武侯曰 參署者는 集衆思하고 廣忠益也니 若難相違覆이면 曠闕損矣라 違覆而得中이면 猶棄弊蹻而獲珠玉也[8]라하니 嗚呼라 爲君如太宗하고 爲臣如武侯하면 公心望治하리니 可爲後世法也라

胡寅이 말하였다.

"옛날에는 재상 한 사람을 논의할 뿐이었는데, 周나라 成王에 이르러 비록 周公을 총재의 지위에 두었으나 또한 召公과 함께 재상이 되어 左右가 되게 하였다. 왜냐하면 주공은 감히 성인을 자처하여 홀로 재상의 일을 전담하지 않았으며, 또 장차 후세를 가르치려고 하였는데 사람의 마음이 같지 않고 크게 어진 사람은 얻기가 어려웠기에 서로 섞여 아울러 행하여 서로 돕고 서로 바로잡아 잘못이 없는 데로 귀결하였을 뿐이었다.

漢나라 이래로 혹은 左丞相·右丞相을 두고 혹은 三公을 아울러 두어 재상이 한 사람이라는 규정에 구애 받지 않았다. 唐나라에 이르러 법의 내용이 오히려 치밀해져 이미 左僕射·右僕射가 있었는데, 또 侍中, 中書令·尙書令, 左右丞을 두었고, 또 관직에 아직 나가지 않았으나 채용할 만한 사람을 조정의 정사에 참여시켰다. 그러나

8) 參署者……珠玉也 : ≪三國志≫ 〈蜀志〉 권9 〈董和列傳〉에 보인다.

그 큰 강령은 중서성에서 명령을 기초하게 하고 문하성에서 심리하여 논박하게 하고 상서성에서 완성된 것을 받아 담당관에게 반포하도록 하였다. 貞觀 시대를 만나서 임금은 명철하고 신하는 충성하며 조정에는 잘못된 정사가 적어, 몇 년이 안 되어 쉽게 태평함을 이루었으니, 인재를 모아 아울러 등용하는 효과가 이와 같았다.

諸葛武侯(제갈량)가 말하기를 '관직에 참여한 이들은 여러 사람의 의견을 모으고 충성하는 유익함을 넓히도록 해야 한다. 만약 서로 반복 논쟁하기를 어려워하면 손실이 크다. 반복 논쟁하여 적합함을 얻게 되면 마치 헌 짚신을 버리고 주옥을 얻는 것과 같다.'라고 하였으니, 아, 임금이 太宗과 같고 신하가 제갈무후와 같다면 공정한 마음으로 다스려지기를 바랄 것이니, 후세의 법이 될 수 있을 것이다."

愚按 胡氏謂古者論一相而止어늘 至周召始竝相이라호되 以書傳考之하면 殆不然也니 何則가 虞廷之使宅百揆[9]는 宰相之職也요 后稷皐陶(요)垂益伯夷后夔(기)는 皆群有司之職也라 若契(설)之敷教와 龍之納言은 則不可以有司言也니 豈非輔正宰相하고 參預朝政者乎아 湯以伊尹仲虺(훼)竝爲宰相하고 紂以鄂(악)侯西伯竝爲三公하니 豈待周召而後에 有竝相之事哉아 唐制에 俾中書出令하고 門下審駁하고 尙書受成은 蓋所以集衆人之善하여 而防一己之私니 眞唐虞三代之遺意也라 觀太宗戒王珪之辭하면 首言護短避隙之私하고 次言隋朝依違之禍하니 是不惟法度之善이요 其申儆戒飭於法外者니 豈不尤深切矣哉아

내가 살펴보건대 胡寅이 "옛날에는 재상 한 사람을 논의할 뿐이었는데 周公과 召公에 이르러 처음으로 나란히 재상이 되었다."라고 말하였으나, ≪書經≫의 傳을 상고하면 전혀 그렇지 않다. 어째서인가.

舜임금의 조정에서 百揆(總理)에 자리하게 한 것은 재상의 직책이고, 后稷·皐陶·垂·益·伯夷·后夔(夔의 존칭)는 모두 여러 담당자의 직책이다. 契이 가르침을 베푼 것과 龍이 납언을 맡은 것은 담당자로 말해서는 안 되니, 어찌 宰相을 바르게 보좌하고 조정 정사에 참여한 것이 아니겠는가. 湯임금이 伊尹·仲虺를 모두 재상으로 삼았고 紂王은 鄂侯·西伯(文王)을 모두 삼공으로 삼았으니, 어찌 주공과 소공의 때에 와서야 두 명의 재상을 둔 일이 있겠는가.

唐나라 제도에 의하면 中書省에서 명령을 기초하게 하고 門下省에서 심리하여 논박

---

9) 使宅百揆 : ≪書經≫ 〈虞書 舜典〉에 "功을 일으켜 帝堯의 일을 넓힐 자가 있으면 百揆에 자리 잡게 해서 여러 일을 밝혀 무리들을 순히 다스리게 하겠다.〔有能奮庸 熙帝之載 使宅百揆 亮采惠疇〕"라고 하였다.

하게 하고 尙書省에서 완성된 것을 받게 한 것은 많은 사람의 훌륭한 의견을 모으고 자기 한 사람의 사사로움을 예방하기 위한 것이니, 진실로 唐虞·三代가 남긴 뜻이다.

太宗이 王珪를 경계시킨 말을 보면 처음에 단점을 숨기며 혐극을 피하는 사사로운 것을 말하였고, 다음에는 隋나라 조정이 정무에 머뭇거리다가 생긴 재앙을 말하였다. 이는 법도가 훌륭할 뿐만 아니라, 법 밖의 것에 대하여 거듭 경계하고 조심하게 한 것이니, 어찌 더욱 깊고 절실하지 않은가.

## 2-3-1

**貞觀二年**에 **太宗問黃門侍郞王珪曰 近代君臣理國**이 **多劣於前古**는 **何也**오 **對曰 古之帝王**은 **爲政**에 **皆志尙淸靜**하여 **以百姓之心**으로 **爲心**이러니 **近代**는 **則唯損百姓以適其欲**하고 **所任用大臣**이 **復非經術之士**라 **漢家宰相**이 **無不精通一經**①하여 **朝廷若有疑事**면 **皆因經決定**하니 **由是**로 **人識禮敎**하여 **理致太平**이라 **近代**에 **重武輕儒**하고 **或參以法律**하여 **儒行旣虧**②하여 **淳風大壞**하니이다 **太宗深然其言**하고 **自此百官中**에 **有學業優長**하고 **兼識政體者**면 **多進其階品**하고 **累加遷擢焉**이러라

① 無不精通一經 : 如漢宣帝時, 丞相韋賢通禮, 魏相學易之類.
예컨대 漢나라 宣帝 때에 승상 韋賢은 ≪禮經≫을 통달하고 위상은 ≪周易≫을 배운 것과 같은 부류이다.

② 儒行旣虧 : 行, 去聲.
行(행실)은 去聲이다.

정관 2년(628)에 太宗이 황문시랑 王珪에게 물었다.

"근대에 임금과 신하가 나라를 다스리는 것이 이전보다 훨씬 못한 것은 무슨 까닭이오?"

왕규가 대답하였다.

"옛날에 제왕은 정치를 할 적에 모두 마음이 淸靜을 숭상하여 백성의 마음을 자기 마음으로 삼았는데, 근대에는 오직 백성에게 해를 끼쳐 사욕을 채우며 게다가 임용한 대신이 경학을 하는 선비가 아닙니다. 漢나라 때는 재상이 한 가지 경전에 정통하지 않은 경우가 없어서 조정에 의심나는 일이 있으면 모두 경서에 근거하여 결정하였습니다. 이로 말미암아 사람들이 禮敎를 알아 다스림

이 태평을 이룬 것입니다. 근대에는 무예를 중시하고 유학을 경시하며, 혹은 법률을 가지고 참작하여 儒家의 행실이 이미 무너져 순박한 풍속이 크게 나빠졌습니다."

태종이 그 말이 매우 옳다고 하고 이로부터 백관 가운데 학업이 우수하고 더불어 정치의 요체를 아는 자가 있으면 대부분 품계를 올려주고 누차 발탁하여 승진시켰다.

**【集論】**

胡氏寅曰 上旣泛問하고 珪亦泛對하니 如是則無切磋之益矣라 前古凡幾古며 近世凡幾世아 珪宜復帝曰 不知陛下所指爲何代니 請得論之니 如是則有因事獻替[10]之功矣리라 若魏晉而下는 則無足言하고 若自兩漢은 則西京[11]文學之美가 不如東漢名節之卲하니 而風俗厚薄과 治化淳漓는 無不本於人君者라 忠臣事君에 必勉其所未能하고 而奬其所未至니 兩漢盛時를 太宗所可及也인댄 禹湯文武之業을 豈不在所希慕乎아

胡寅이 말하였다.

"임금이 이미 범범하게 물었고 王珪 또한 범범하게 대답하였으니, 이와 같으면 서로 절차탁마의 유익함이 없을 것이다. 前古는 얼마나 옛날이며 近世는 몇 세대인가. 왕규는 다시 太宗에게 '폐하께서 가리키는 것이 어느 시대인지 알지 못하겠으니, 말씀해주시기 바랍니다.'라고 했어야 한다. 이렇게 하였다면 일에 따라서 獻替의 공이 있었을 것이다.

魏·晉 이하는 말할 것도 못되지만 兩漢으로부터는 西京(西漢) 문학의 아름다움이 東漢의 명예와 절조가 높은 것만 같지 못하니, 풍속의 온후함과 각박함, 정치 교화의 순진함과 천박함은 임금에게 근본하지 않는 것이 없다. 충신이 임금을 섬길 적에는 반드시 능하지 못한 것을 힘쓰고 이르지 못한 바를 장려해야 하니, 양한의 성대한 때에 태종이 미칠 수 있다고 하면 禹·湯·文·武의 왕업을 어찌 바라고 사모하는 데에 두지 않겠는가."

---

10) 獻替 : 獻可替否의 준말로, 해야 할 일은 과감히 건의하고 하면 안 될 일은 그만두도록 하는 것을 말한다.

11) 西京 : 西漢은 長安에 도읍하였고, 東漢은 洛陽에 도읍하였다. 그러므로 낙양을 東京, 장안을 西京이라고 한다. 여기서는 서한을 상징한다.

愚按 太宗이 近代劣於前古之問은 自三代以下之善哉問也[12)]어늘 王珪가 首以漢爲對하고 而謂近代는 重武輕儒라하니 果何所指也아 夫古者皐夔稷契(설)伊傅周召는 此所謂儒也니 以明體適用之學으로 躋斯世於極治者也니 豈特漢之經術比哉아 太宗이 以學業優長兼識政體者를 進其階品하니 不知學業優長者가 果眞儒乎아

내가 살펴보건대, 太宗이 '근대가 前古보다 못한 것은 어째서인가.'라는 물음은 三代 이래로 드문 훌륭한 질문인데, 王珪가 우선 漢나라로 대답하고 '근대는 무력을 중시하고 유학을 경시한다.'라고 하였으니, 과연 누구를 지칭한 것인가. 前古의 皐陶·夔·后稷·契·伊尹·傅說·周公·召公은 이른바 儒者이다. 이들은 본령을 밝혀 응용에 적용하는 학문으로 이 세상을 잘 다스려지는 데에 올려놓은 이들이니, 어찌 다만 漢나라의 경학에 비교되겠는가. 太宗은 학업이 우수하고 더불어 정치의 요체까지 아는 자들의 품계를 올려주었으니, 학업만 우수한 자가 과연 진정한 유학자인지 알지 못하겠다.

### 2-4-1

貞觀三年에 太宗謂侍臣曰 中書門下는 機要之司라 擢才而居하여 委任實重하니 詔勅에 如有不穩便이면 皆須執論하라 比來①에 惟覺阿旨順情하여 唯唯苟過②하고 遂無一言諫諍者하니 豈是道理리오 若惟署詔勅行文書而已인댄 人誰不堪가 何煩簡擇하여 以相委付이리오 自今詔勅에 疑有不穩便이어든 必須執言하여 無得妄有畏懼하여 知而寢默③하라

① 比來：比, 音鼻.
比(근래)는 음이 鼻이다.

② 唯唯苟過：唯唯, 竝音葦.
唯唯는 모두 음이 葦이다.

③ 知而寢默：按, 通鑑 "是年四月, 上始御太極殿, 謂侍臣曰 '云云.' 房玄齡等皆頓首謝. 故事凡軍國大事, 則中書舍人各執所見, 雜署其名, 謂之五花判事. 中書侍郎·中書令, 省審之, 給事

---

12) 善哉問也：春秋시대 齊나라 景公이 先王의 정치를 행하려고 물었을 때 훌륭한 질문이라고 대답한 말이다. ≪孟子≫ 〈公孫丑 下〉에 "齊 景公이 晏子에게 묻기를 '……내가 어떻게 수련해야 先王의 관람에 견줄 수 있겠소?'라고 하니, 안자가 답하기를 '훌륭하신 질문입니다.'〔齊景公問於晏子曰……吾何修而可以比於先王觀也 晏子對曰 善哉問也〕"라고 하였다.

中・黃門侍郎, 駁正之. 上始申明舊制, 由是鮮有敗事."
살펴보건대 ≪資治通鑑≫에 "이해 4월에 太宗이 처음으로 太極殿에 행차하여 근신에게 '……'라고 하니, 房玄齡 등이 모두 머리를 조아리고 사례하였다. 故事에 무릇 軍國의 큰일은 中書舍人이 〈각각 의견이 다를 경우 문서에 찌를 붙여〉 각각 의견을 제시하고 그 이름을 함께 서명하는 것을 五花判事라고 하였다. 中書侍郎과 中書令이 이것을 심리하고 給事中과 黃門侍郎이 논박하여 바로잡았다. 태종이 처음으로 옛날 제도를 거듭 밝히니 이로 말미암아 그르치는 일이 적게 되었다."

정관 3년(629)에 太宗이 근신에게 말하였다.
"中書省과 門下省은 중요한 기밀을 담당하는 관청이라, 인재를 발탁하여 자리에 두어 임무를 맡긴 것이 실로 중요하니, 조칙에 만일 온당하지 않은 것이 있으면 모두 반드시 논의해야 하오. 근래에 오직 나의 뜻에 아첨하며 나의 뜻만 따라서, '예예'라고만 하여 구차하게 넘어갈 줄만 알아 마침내 한마디도 간쟁하는 이가 없으니, 어찌 이것이 도리이겠소. 만약 조칙에 서명하고 문서를 돌리는 일뿐이라면 어느 사람인들 감당하지 못하겠소. 어찌 번거롭게 인재를 선발하여 맡길 것이 있겠소. 지금부터 조칙에 온당하지 않은 부분이 있다고 의심이 되면 반드시 지적해 말하고, 망령되이 두려워하여 알면서도 침묵하지 않도록 하시오."

**【集論】**

范氏祖禹曰 朝廷設官分職은 非徒使上下相從이라 欲交修其所不逮也라 故書曰 百官修職[13]이라하니 苟取充位而奉行上令하면 則是胥史而已라 不明之君이 自以無過로 惡(오)人之言이라 是以政亂而上不聞이라 太宗이 勑責而使之言하니 雖欲不治나 不可得也라

范祖禹가 말하였다.
"조정에 관원을 두고 직책을 나눈 것은 상하가 서로 따르게 할 뿐만 아니라 부족한 것을 번갈아 보충하려고 한 것이다. 그러므로 ≪書經≫ 〈夏書 胤征〉에 '모든 관원이 각기 직책을 닦아 군주를 보필한다.'라고 하였으니 구차히 자리만 차지하고 임금의 명령을 받들어 행하기만 하면 이는 胥史(胥吏)일 뿐이다. 명철하지 못한 임금은 스스

13) 書曰 百官修職 : ≪書經≫ 원문은 "百官修輔"인데, 孔穎達의 疏에 "百官修常職 輔其君"이라 한 것을 따라 輔를 職으로 바꾼 것이다.

로 과실이 없다고 하고 남의 말을 싫어하기 때문에 정사가 어지러워져도 임금이 듣지 못한다. 太宗이 조칙으로 요구하여 근신들에게 말을 하도록 하였으니, 비록 다스려지지 않기를 원해도 다스려지지 않을 수 없을 것이다."

呂氏□□[14]曰 武王은 諤諤而昌하고 商紂는 唯唯而亡[15]이라 蓋朝廷之上에 和而不同[16]하고 論難往來하여 務求至當이 此諤諤之風也니 朝廷以諤諤爲風하면 則正人進而佞人退하니 安得而不昌乎리오 其或君臣上下가 有非不諫하고 務相順從하여 以爲雷同이 此唯唯之風也니 朝廷以唯唯爲風이면 則佞人進而君子退하니 安得而不亡乎아 是道也가 豈武王與紂爲然가 秦人은 唯唯而亡하고 漢家는 諤諤而昌하며 隋人은 唯唯而亡하고 唐家는 諤諤而昌하니 未有唯唯而不亡하고 亦未有諤諤而不昌者也니라

呂氏 □□가 말하였다.

"武王은 신하들이 직언으로 간쟁하여 창성하였고, 商나라 紂王은 신하들이 예예 하고 따르기만 해서 망하였다. 조정에서는 화합하되 부화뇌동하지 않고 의견을 주고받아 지극히 당연한 것을 구하는 것이 직언으로 간쟁하는 기풍이다. 조정에서 직언으로 간쟁하는 것을 기풍으로 삼으면 바른 사람이 나오고 아첨하는 사람은 물러가니, 어찌 창성하지 않을 수 있겠는가. 혹은 임금과 신하, 윗사람과 아랫사람 사이에 잘못이 있어도 간쟁하지 않고 힘써 서로 순종하여 부화뇌동하는 것이 예예 하는 기풍이다. 조정에서 예예 하는 것으로 기풍을 삼으면 아첨하는 사람은 나오고 군자는 물러가니, 어찌 망하지 않을 수 있겠는가.

이러한 도리는 어찌 武王과 紂王만 그러하였겠는가? 秦나라 사람은 예예 하여 망하였고 漢나라는 직언으로 간쟁하여 창성하였으며, 隋나라 사람은 예예 하여 망하였고 唐나라는 직언으로 간쟁하여 창성하였다. 예예 하여 망하지 않은 자는 없고 직언으로 간쟁하여 창성하지 않은 자도 없다."

愚按 舜命龍作納言曰 夙夜出納朕命호대 惟允[17]하라하거늘 說者謂後世中書門下之職이 卽

14) 呂氏□□ : 본서의 〈集論諸儒姓氏〉에 "이름과 字는 미상이다. 《通鑑精義》를 지었다."라고 하였다.

15) 武王諤諤而昌 商紂唯唯而亡 : 《史記》 〈商君列傳〉에 보인다.

16) 和而不同 : 군자의 태도를 말한다. 《論語》 〈子路〉에 "君子는 화합하되 뇌동하지 않고 소인은 뇌동하되 화합하지 않는다.〔君子和而不同 小人同而不和〕"라고 하였다.

納言也라하니 夫出者는 受上言하여 以宣於下요 納者는 聽下言하여 以聞於上이며 而允者는 當於理之謂也라 下情上達하고 上情下孚하여 一切以帝命之公으로 而無讒說之私하니 此非擇才면 不能也라 彼阿旨順情하고 唯唯苟免者는 豈惟允之義乎리오

내가 살펴보건대, 舜임금이 龍을 納言에 임명하고 말하기를 "밤낮으로 나의 명령을 出納할 때 진실하게 하라.〔允〕"고 하였는데, 해석하는 자가 "후세의 中書省과 門下省의 직책이 곧 납언이다."라고 하였다. 出은 임금의 말을 받아서 아래에 전달하는 것이고, 納은 아랫사람들의 말을 듣고서 임금에게 보고하는 것이며, 允은 이치에 부합하는 것을 말한다. 아랫사람들의 뜻이 임금에게 전달되고 임금의 뜻이 아랫사람들에게 믿음을 받아 일체 임금의 명령이 공평하였기 때문에 참소하는 사사로움이 없으니, 이는 인재를 발탁하지 않으면 불가능하다. 저 임금의 비위를 맞추며 임금의 뜻을 따르고 예예 하며 구차하게 모면하는 것이 어찌 〈王命을 출납할 때〉 '진실하게 하라.'는 참된 뜻이겠는가.

### 2-5-1

貞觀四年에 太宗問蕭瑀曰 隋文帝는 何如主也①오 對曰 克己復禮②하며 勤勞思政하여 每一坐朝③에 或至日昃하고 五品已上을 引坐論事하며 宿衛之士가 傳飧而食④하니 雖性非仁明이나 亦是勵精之主라하거늘

① 隋文帝 何如主也 : 隋文帝, 姓楊, 名堅, 弘農人. 後周朝以元舅輔政, 位相國, 封隋王, 受周禪, 國號隋.
隋 文帝는 姓이 楊이고 名이 堅이며 弘農 사람이다. 後周(北周) 시대에 元舅로서 정사를 도와 지위가 相國이 되었으며 隋王에 봉해졌고, 後周 靜帝의 선양을 받고는 국호를 隋라고 하였다.

② 克己復禮 : 論語, 孔子答顔淵問仁之辭, 言克去己私, 復還天理也.
〈克己復禮는〉 ≪論語≫ 〈顔淵〉에서 공자가 仁을 묻는 안연에게 대답한 말이니, 자기의 私欲을 잘 제거하여 천리를 회복함을 말한다.

③ 每一坐朝 : 音潮.
〈朝(조정)는〉 음이 潮이다.

④ 傳飧而食 : 飧, 音孫, 熟食也.
飧은 음이 孫이니, 익힌 음식이다.

---

17) 夙夜出納朕命 惟允 : ≪書經≫ 〈虞書 舜典〉에 보인다.

貞觀 4년(630)에 太宗이 蕭瑀에게 물었다.

"隋 文帝는 어떤 임금이었소?"

소우가 대답하였다.

"자기의 사욕을 극복하여 禮를 회복하였으며 애써 정사를 생각하여, 한번 조정에 앉을 때마다 해가 서산으로 기울어질 때까지 정무를 보는 경우가 있었고, 5품 이상의 관원을 자리로 인도하여 일을 논의하였으며, 숙위하는 군사를 시켜 저녁을 가져오게 하여 먹었으니, 비록 성품이 仁慈하고 明哲하지는 않았으나 또한 勵精(정신을 떨쳐 힘씀)한 군주입니다."

隋 文帝

2-5-2

太宗曰 公知其一이요 未知其二로다 此人은 性至察而心不明하니 夫[⑤]心暗이면 則照有不通하고 至察이면 則多疑於物이라 又欺孤兒寡婦하여 以得天下[⑥]라 恒恐群臣內懷不服하여 不肯信任百司하고 每事를 皆自決斷하니 雖則勞神苦形이나 未能盡合於理라 朝臣이 旣知其意로되 亦不敢直言하여 宰相以下[⑦]가 惟卽承順而已라 朕意則不然하니 以天下之廣과 四海之衆의 千端萬緖로 須合變通이라 皆委百司商量[⑧]하고 宰相籌畫하여 於事穩便이라야 方可奏行이어늘 豈得以一日萬機[⑨]로 獨斷一人之慮也리오 且日斷十事에 五條不中[⑩]하니 中者는 信善이나 其如不中者에 何오 以日繼月하여 乃至累年하여 乖謬旣多하면 不亡何待리오 豈如廣任賢良하여 高居深視리오 法令이 嚴肅하면 誰敢爲非리오하고 因令諸司[⑪]로 若詔勅頒下에 有未穩便者어든 必須執奏하고 不得順旨便卽

施行하여 務盡臣下之意하다

⑤ 夫 : 音扶.
〈夫(발어사)는〉 음이 扶이다.
⑥ 欺孤兒寡婦 以得天下 : 隋文帝受禪之時, 周宣帝旣喪, 靜帝幼沖之日也.
隋나라 文帝가 선양을 받은 때는 後周(北周) 宣帝의 상례를 치르고 난 뒤로 靜帝가 어릴 때였다.
⑦ 宰相以下 : 相, 去聲, 後同.
相(재상)은 去聲이다. 뒤에도 같다.
⑧ 皆委百司商量 : 平聲.
〈量(헤아리다)은〉 平聲이다.
⑨ 一日萬機 : 虞書曰 "一日二日萬機." 機與幾同. 言日之至淺, 而事之至多也.
≪書經≫ 〈虞書 皐陶謨〉에 "하루 이틀 사이에도 수만 가지의 일이 일어난다."라고 하였다. 機는 幾와 같다. 날수는 지극히 적어도 일은 지극히 많은 것을 말한다.
⑩ 五條不中 : 去聲, 後同. 謂中於理也.
〈中(맞다)은〉 去聲이다. 뒤에도 같다. 이치에 맞음을 말한다.
⑪ 因令諸司 : 因令之令, 平聲.
因令의 令(하여금)은 平聲이다.

太宗이 말하였다.

"그대는 하나만 알고 둘은 알지 못하오. 이 사람은 성품은 지극히 살피면서 마음은 명철하지 못하오. 마음이 어두우면 밝히려 해도 통하지 못함이 있고, 지극히 살피면 사물에 대해 의심이 많은 법이오. 또 그는 고아(靜帝)와 과부(靜帝의 어머니)를 속여서 천하를 얻었기 때문에 늘 여러 신하들이 마음으로 승복하지 않을까 두려워하여 모든 관리에게 믿고 맡기려 하지 않고 매사를 모두 스스로 결단하였으니, 비록 정신과 육체를 수고롭게 하였으나 다스림에 다 합치되지는 못하였소. 조정의 신하가 그 뜻을 알고 나서도 또한 감히 직언하지 못하고 재상 이하가 오직 그대로 따랐을 뿐이오.

짐의 뜻은 그렇지 않소. 넓은 천하와 수많은 四海 백성들의 천만 가지 일을 반드시 변통해야 하기에 모두 백관에게 맡겨 헤아리게 하고 재상에게 계획하게 하여 일에 온당하여야 비로소 아뢰어 시행할 수 있거늘, 어찌 하루에 천만 가지 일을 한 사람의 생각으로 독단할 수 있겠소. 또 하루에 열 가지 일을 결단하는 경우 다섯 가지는 이치에 맞지 않을 것이니, 이치에 맞는 것은 진실로 훌륭하지만, 이치에 맞지 않는 것은 어찌하겠소. 날이 가고 달이 가서 여러 해가 지나 잘못이 많아지고 나면 망하지 않고 무엇을 기다릴 것이오. 어찌 어질고 뛰어난 인재를 널리 임명하여 높은 지위에 앉혀 깊이 살피도록 하는 것만 하겠소. 법령이 엄숙하면 누가 감히 잘못을 하겠소."

이어서 모든 관청에게 조서를 반포할 적에 온당하지 않은 것이 있으면 반드시 지적하여 상주하게 하고 윗사람의 뜻에 맞추어 곧바로 시행하지 않도록 하여 힘써 신하의 뜻을 다하도록 하였다.

【集論】

范氏祖禹曰 君以知人爲明하고 臣以任職爲良이니 君知人이면 則賢者得行其所學하고 臣任職이면 則不賢者不得苟容於朝니 此庶事所以康也라 若夫君行臣職하면 則叢脞矣요 臣不任君之事하면 則惰니 此萬事所以墮也라 當舜之時하여 禹爲一相하여 總百官하고 自稷以下가 分職以聽焉이라 君人者는 如天運於上하여 而四時寒暑가 各司其序하면 則不勞而萬物生矣라 君不可以不逸은 所治者大하고 所司者要也요 臣不可以不勞는 所治者寡하고 所職者詳也라 不明之君은 不能知人이라 故務察而多疑하여 欲以一人之身으로 代百官之所爲니 則雖聖智라도 亦日力不足矣라 故其臣下는 事無大小히 皆歸之君하고 政有得失하면 不任其患하여 賢者는 不得行其志하고 而持祿之士는 得以保其位하니 此天下所以不治也라 是以隋文은 勤而無功하고 太宗은 逸而有成하니 彼不得其道하고 而此得其道故也라

范氏禹가 말하였다.

"임금은 사람을 아는 것으로 명철함을 삼고 신하는 직책을 맡는 것으로 훌륭함을 삼는다. 임금이 사람을 알면 어진 사람이 배운 것을 시행할 수 있고, 신하가 직책을 맡으면 어질지 않은 사람이 조정에서 구차하게 용납을 받을 수 없으니, 이는 여러 가지 일이 편안하게 되는 이유이다. 만약 임금이 신하의 직책을 수행하면 잔다랗게 되고, 신하가 임금이 명한 일을 맡지 않으면 게을러지니, 이는 모든 일이 무너지게 되는 이유이다.

舜임금 때에 禹 한 사람이 재상이 되어 모든 관원을 총괄하고 稷 이하가 직무를 나누어 다스렸다. 임금은 마치 天道가 위에서 운행하여 四時의 추위와 더위가 각각 그

차례를 담당하면 힘들이지 않아도 만물이 생장하는 것과 같이 해야 한다. 임금이 편안하지 않으면 안 되는 것은 다스리는 것이 크고 맡은 것이 중요하기 때문이요, 신하가 수고롭지 않으면 안 되는 것은 다스리는 것이 적고 직책으로 맡은 일이 자세하기 때문이다.

명철하지 못한 임금은 사람을 알 수 없으므로, 살피는 데 힘쓰고 의심이 많아 한 사람 몸으로 모든 관원들이 하는 것을 대신하려고 하니, 비록 성인의 지혜라 하더라도 또한 시일과 힘이 부족하다. 그러므로 신하가 크고 작은 일 관계없이 모두 임금에게 돌리고, 정사에 득실이 있으면 그 근심을 책임지지 않아 어진 이는 그의 뜻을 행할 수 없고, 녹봉만 받아먹는 人士는 그 자리만 보존하니, 이는 천하가 다스려지지 않게 되는 이유이다.

이 때문에 隋 文帝는 부지런하였으나 공이 없고 唐 太宗은 편안하여 이룩함이 있었으니, 수 문제는 다스리는 도를 얻지 못하였고 당 태종은 다스리는 도를 얻었기 때문이다."

愚按 古之君天下者는 勞於求賢하고 逸於得人[18]하니 未有身代群臣之事하고 而自以爲勵精者也라 隋文帝는 天資苛察하고 多疑自任하여 欲以一身之耳目으로 而周知天下之務하고 以一人之手足으로 而悉代百司之勞라 不及再傳하여 天下大亂이라 後世道學不明이라 故隋文이 自以爲勵精之事하고 蕭瑀도 亦稱之爲勵精之主라 夫堯之兢兢은 堯之勵精也요 舜之孶孶는 舜之勵精也라 堯以不得舜으로 爲己憂하고 舜以不得禹皐陶로 爲己憂[19]라 堯舜之勵精은 勞於求賢而已니 豈以其身代群臣之事哉아 瑀又謂其能克己復禮[20]라하니 斯顔子之所勉行也어늘 豈隋文之所能乎아 失之遠矣라 太宗이 深悟隋文之非하여 非惟欲廣任賢良하여 高居深視라 但令百司不得順旨하고 務盡臣下之意라 故貞觀之治를 較之開皇에 相去懸絶者는 有以也夫인저

내가 살펴보건대, 옛날 천하에 임금 노릇을 한 이는 어진 이를 구하는 데에서 수고

---

18) 勞於求賢 逸於得人 : ≪後漢書≫ 〈王堂傳〉에 "옛사람은 어진 이를 구하는 데에서 수고하고 맡겨 부리는 데에서 편안하였다.〔古人勞於求賢 逸於任使〕"라고 하였다.

19) 堯以不得舜爲己憂 舜以不得禹皐陶爲己憂 : ≪孟子≫ 〈滕文公 上〉에 보인다.

20) 克己復禮 : ≪論語≫ 〈顔淵〉에 "顔淵이 仁을 묻자, 孔子가 말하였다. '자기의 私欲을 이겨서 禮를 회복함이 仁을 하는 것이니, 하루라도 私欲을 이겨 禮를 회복하면 천하가 仁을 허여한다.'〔顔淵問仁 子曰 克己復禮爲仁 一日克己復禮 天下歸仁焉〕"라고 하였다.

하였고 사람을 얻는 데에서 편안하였으니, 몸소 여러 신하의 일을 대신하고 스스로 勵精을 했다고 한 이는 없었다. 隋 文帝는 타고난 자질이 가혹하게 살피고 의심이 많고 자신만이 옳다고 여겨 한 몸의 귀와 눈으로 천하의 일을 두루 알려 하고, 자기 한 몸의 손과 발로 스스로 모든 관원의 수고로움을 다 대신하려고 하였기에 지위를 두 번 전하기도 전에 천하가 크게 어지러워졌다.

후세에는 道學이 밝지 않았기 때문에 수 문제가 스스로 勵精(정신을 가다듬어 노력함)한 일을 했다 하고, 蕭瑀도 또한 그를 칭하여 "勵精한 군주입니다."라고 한 것이다. 堯임금의 조심함은 요임금의 勵精이고, 舜임금의 부지런함은 순임금의 勵精이다. 요임금은 순을 얻지 못하는 것을 자신의 근심으로 삼고, 순임금은 禹와 皐陶를 얻지 못하는 것을 자신의 근심으로 삼았다. 요·순의 勵精은 어진 이를 구하는 데에 노력하였을 뿐이니, 어찌 몸소 여러 신하의 일을 대신하였겠는가. 소우는 또 "수 문제가 자기의 사사로움을 이겨서 禮를 회복했다."라고 하였으니, 이는 顔子가 힘써 행하던 것인데, 어찌 수 문제가 할 수 있는 것이겠는가. 아주 잘못이다.

太宗은 수 문제의 잘못을 깊이 깨달아 널리 어질고 훌륭한 사람에게 맡겨서 높은 곳에 거처하며 깊숙이 보려고 하였을 뿐만이 아니라, 모든 관리들에게 임금의 비위를 맞추지 않고 신하의 뜻을 힘써 다하게 하였다. 그러므로 貞觀의 치적을 수 문제의 開皇(581~600) 연간과 비교해볼 적에 서로 크게 차이가 나는 데에는 이유가 있는 것이다.

2-6-1

**貞觀五年**에 **太宗謂侍臣曰 治國**은 **與養病**으로 **無異也**니 **病人覺愈**에 **彌須將護**니 **若有觸犯**이면 **必至殞命**이라 **治國亦然**하니 **天下稍安**이면 **尤須兢慎**이니 **若便驕逸**이면 **必至喪敗**라 **今天下安危**가 **繫之於朕**이라 **故日慎一日**하여 **雖休勿休**[21]라 **然耳目股肱**을 **寄於卿輩**하여 **旣義均一體**하니 **宜協力同心**하여 **事有不安**이어든 **可極言無隱**이라 **儻君臣相疑**하여 **不能備盡肝膈**이면 **實爲國之大害也**①[22]라

21) 雖休勿休 : ≪書經≫ 〈周書 呂刑〉에 "너는 부디 天命을 공경히 맞이해서 나 한 사람을 받들어라. 내가 비록 형벌을 내리라고 하더라도 형벌을 내리지 말고 내가 비록 아름답게 용서하라고 하더라도 용서하지 말라.〔爾尙敬逆天命 以奉我一人 雖畏勿畏 雖休勿休〕"라고 하였다.

22) 實爲國之大害也 : 謝保成의 ≪貞觀政要集校≫에는 "實爲治國之大害也"로 되어 있어 '治' 한 자가 더 있다. 이를 따라 번역하였다.

① 貞觀五年……實爲國之大害也：按通鑑[23)], 是年康國求內附, 太宗因有是言. 魏徵曰 "內外治安, 臣不以爲喜, 惟喜陛下居安思危耳."
살펴보면 《資治通鑑》에 이해에 康國(서역의 나라 이름)이 귀부하기를 요청하자 太宗이 이 일 때문에 이 말을 하였다. 이에 魏徵이 말하기를 "나라 안과 밖이 다스려져 편안해짐을 신은 기쁘게 생각하지 않고, 오직 폐하께서 편안히 거처할 때에도 위태로움을 생각하시는 것을 기뻐할 뿐입니다."라고 하였다.

貞觀 5년(631)에 太宗이 근신에게 말하였다.

"나라를 다스리는 것은 병자를 치료하는 것과 다름이 없소. 병든 사람이 병이 나았다고 느낄 때 반드시 더욱더 調攝을 잘해야 하니, 만약 이를 어기면 반드시 죽게 되오. 나라를 다스리는 것 또한 그러하니, 천하가 조금 편안하면 반드시 더욱더 조심하고 삼가야 하오. 만약 교만하고 안일하게 하면 반드시 패망에 이르게 될 것이오. 지금 천하의 안위가 짐에게 달려 있소. 그러므로 날마다 근신하고 근신하여, 비록 아름답게 여길 일이 있더라도 아름답게 여기지 말아야 할 것이오.

그러나 짐의 귀와 눈, 팔과 다리를 경들에게 맡겨 이미 의리상 균등하게 한 몸이 되었으니, 힘을 합하고 마음을 같이하여 온당하지 않은 일이 있으면 모두 말하고 숨김이 없어야 할 것이오. 만약 임금과 신하 사이에 서로 의심하여 마음속의 생각을 다하지 못하면 실로 나라를 다스리는 데에 큰 해가 될 것이오."

**【集論】**

呂氏祖謙曰 魏徵之於太宗에 救其惡이 多矣하고 而未嘗不將順其美[24)]焉이라 故其言曰 內外治安을 臣不以爲喜하고 惟喜陛下居安思危耳라하니 夫旣將其居安思危之美하여 俾其居安思危之心을 永永不忘이면 則其將順正救之道를 豈不兩盡乎아

---

23) 通鑑：《資治通鑑》 권193 唐紀 9 太宗 貞觀 5년에 보인다.

24) 將順其美：《孝經》〈事君〉에 "군자가 임금을 섬길 적에 나아가서는 충성을 다할 것을 생각하고 물러나서는 과실을 보필할 것을 생각하여, 그 미덕을 받들어 따르고 그 악행을 바로잡아 구제하였으므로 위와 아래가 서로 친할 수 있었다.〔君子之事上也 進思盡忠 退思補過 將順其美 匡救其惡 故上下能相親也〕"라고 하였다.

呂祖謙이 말하였다.

"魏徵이 太宗에 대해서 잘못을 바로잡아준 것이 많고, 그 미덕을 받들어 따르지 않은 적이 없었다. 그러므로 그 말에 '안과 밖이 다스려져 편안해짐을 신은 기쁘게 생각하지 않고 오직 폐하께서 편안하게 거처할 때에도 위태로움을 생각하시는 것을 기뻐할 뿐입니다.'라고 하였다. 이미 편안하게 거처하면서도 위태로움을 생각하는 아름다움을 지니고 있어 편안히 거처하면서도 위태로움을 생각하는 마음을 영원히 잊지 않으면 〈임금의 아름다운 점을〉 받들어 따르고 〈임금의 잘못된 점을〉 바로잡아 구제하는 두 가지 도를 어찌 다하지 않겠는가."

愚按 太宗謂治國與養病無異라하니 竊嘗因其言而推之라 天下猶一身也니 人君爲元首요 大臣爲心腹이요 其次爲股肱이요 又其次爲耳目이요 又其次爲爪牙라 天下之疲癃殘疾은 則癢疴疾痛을 擧切吾身者也라 唐虞三代는 康强無事之時也요 春秋戰國은 病困危篤之時也요 三國南北朝는 病蹠盭痱辟(척려비벽)者也요 隋亡唐興은 其病愈新起之時乎인저 愼其起居하고 節其飮食하여 兢兢焉保護之可也라 一有觸犯하면 不惟病之復作이요 且不可復愈矣라 雖然이나 先儒嘗言 仁者는 以天地萬物爲一體하니 認得爲己하면 何所不至리오 若不屬己면 如手足痿痺하여 氣已不貫[25]이라하니 烏乎라 使太宗而知此義하면 又豈特貞觀之治而已리오

내가 살펴보건대, 太宗이 "나라를 다스리는 것은 병자를 치료하는 것과 다름이 없다."라고 하였으니, 일찍이 그 말을 따라 미루어 따져보았다. 천하는 한 몸과 같으니, 임금은 머리요, 대신은 가슴과 배요, 그 다음은 팔과 다리요, 또 다음은 귀와 눈이요, 또 그 다음은 손톱과 이이다. 천하의 지치고 병든 자들은 남의 가려움과 아픔을 모두 자기 몸에 절실하게 느낀다.

唐虞와 三代는 건강하여 무사한 때이고, 春秋시대와 戰國시대는 병에 시달리고 위독한 때이며, 三國시대와 南北朝시대는 발바닥이 틀어지고 중풍에 걸린 때이고, 隋나라가 망하고 唐나라가 흥함은 그 병이 나아서 새롭게 일어날 때일 것이다. 생활을 신중히 하고 음식을 절제하여 조심스럽게 보호하는 것이 옳으니, 조금이라도 이를 어김이 있으면 병이 재발할 뿐만 아니라 또 다시 나을 수도 없을 것이다.

그러나 先儒가 일찍이 말하기를 "仁者는 천지 만물을 한 몸으로 여기니, 자신과 일체가 되는 것을 안다면 어디인들 이르지 못하겠는가. 만약 자신과 일체로 여기지 않

25) 仁者……氣已不貫 : ≪二程遺書≫ 권2 上에 보인다.

으면, 마치 손발이 마비되어 氣가 이미 貫通하지 않는 것과 같다."라고 하였으니, 아, 만일 태종이 이 의리를 알았다면 또 어찌 다만 貞觀之治 정도에 그칠 뿐이겠는가.

2-7-1

貞觀六年에 太宗謂侍臣曰 看古之帝王하면 有興有衰가 猶朝之有暮하니 皆爲蔽其耳目하여 不知時政得失이라 忠正者는 不言하고 邪諂者는 日進하여 旣不見過라 所以至於滅亡이라 朕旣在九重[①]하여 不能盡見天下事라 故布之卿等하여 以爲朕之耳目하니 莫以天下無事하고 四海安寧으로 便不存意하라 可愛는 非君이며 可畏는 非民[②]가 天子者는 有道則人推而爲主나 無道則人棄而不用하나니 誠可畏也로다

① 朕旣在九重：平聲. 君門九重.
〈重(거듭)은〉 平聲이다. 궁궐의 문은 아홉 겹이다.

② 可愛非君 可畏非民：虞書, 舜告禹之辭. 言君可愛, 而民可畏也.
〈'可愛非君 可畏非民'은〉 ≪書經≫ 〈虞書 大禹謨〉에 舜임금이 禹에게 고해준 말이다. 임금은 사랑할 만하고 백성은 두려워할 만함을 말한 것이다.

貞觀 6년(632)에 太宗이 근신에게 말하였다.

"옛날의 제왕을 살펴보면 흥성하고 쇠망한 것이 아침에 해가 떠서 저녁에 기우는 것과 같으니, 모두 군주의 눈과 귀를 가려서 당시 정사의 득실을 알지 못하였기 때문이오. 충성스럽고 올바른 자는 말하지 않고, 간사하고 아첨하는 자는 날마다 기용되어 이미 임금이 자신의 허물을 보지 못하게 되므로 멸망에 이르게 되오.

짐은 이미 구중궁궐에 있는 터라 천하의 일을 다 볼 수가 없소. 그러므로 경들을 포진하여 짐의 눈과 귀로 삼으니, 천하가 무사하고 四海가 편안하다고 해서 곧 유념하지 않아서는 안 되오.

≪書經≫ 〈虞書 大禹謨〉에 '사랑할 만한 것은 임금이 아니겠으며 두려워할 만한 것은 백성이 아니겠는가.'라고 하였소. 천자는 도가 있으면 사람들이 추대하여 군주로 삼고, 도가 없으면 사람들이 버려 쓰지 않을 것이니, 진실로 두려워할 만하오."

2-7-2

**魏徵對曰 自古失國之主**는 **皆爲居安忘危**하고 **處理忘亂**③이라 **所以不能長久**니이다 **今陛下**는 **富有四海**[26)]하시고 **內外清晏**이어시늘 **能留心理道**하사 **常臨深履薄**④하시니 **國家曆數**⑤가 **自然靈長**이니이다 **臣又聞**호니 **古語云 君**은 **舟也**요 **人**은 **水也**라 **水能載舟**요 **亦能覆舟**[27)]라하니 **陛下以爲可畏**하시면 **誠如聖旨**니이다

③ 處理忘亂 : 處, 上聲.
處(머물다)는 上聲이다.

④ 常臨深履薄 : 詩曰 "如臨深淵, 如履薄氷." 喩可畏之甚也.
≪詩經≫ 〈小雅 小旻〉에 "깊은 연못에 임한 듯이 하고 살얼음을 밟는 듯이 한다."라고 하였으니, 두려워할 만함이 심함을 비유한 것이다.

⑤ 國家曆數 : 曆數者, 帝王相繼之次第, 猶歲月氣節之先後也.
曆數는 제왕이 서로 계승하는 순서이니, 세월과 절기의 선후와 같은 것이다.

魏徵이 대답하였다.

"예로부터 나라를 잃은 군주는 모두 편안히 거처하면서 위태로움을 잊어버리고, 다스림을 이루고는 난세를 잊어버렸기 때문에 오랫동안 유지할 수 없었습니다. 지금 폐하께서는 부유함으로는 천하를 소유하시고 나라 안과 밖이 평온한데도 다스리는 도에 유념하셔서 항상 깊은 연못에 임한 듯이 하고 살얼음을 밟는 듯이 행하시니, 국가의 운수가 자연히 신령하고 오래갈 것입니다.

신이 또 들으니 옛말에 '군주는 배이고 백성은 물이다. 물은 배를 띄울 수도 있고 또한 배를 뒤집을 수도 있다.'라고 하였으니, 폐하께서 백성은 실로 두려워할 만하다고 생각하신다면 진실로 성상의 뜻대로 될 것입니다."

**【集論】**

**愚按 書曰 詢于四岳**하사 **闢四門**하고 **明四目**하고 **達四聰**이라하니 **所以通下情而防壅蔽也**라

---

26) 富有四海 : ≪中庸章句≫ 17장에 "舜임금은 아마 大孝일 것이다. 德으로는 聖人이 되시고, 존귀함으로는 天子가 되시고, 富로는 四海의 안을 소유하셨다. 宗廟의 제사를 흠향하시며 子孫을 보전하셨다.〔舜其大孝也與 德爲聖人 尊爲天子 富有四海之內 宗廟饗之 子孫保之〕"라고 하였다.

27) 古語云……亦能覆舟 : ≪荀子≫ 〈王制〉와 〈宥坐〉에 "군주는 배이고 백성은 물이다. 물은 배를 띄울 수도 있고 또한 배를 뒤집을 수도 있다.〔君者舟也 庶人者水也 水則載舟 水則覆舟〕"라고 하였다.

太宗以廷臣爲耳目이 有合於此歟인저 又曰 民惟邦本이니 本固라야 邦寧이라하고 天下愚夫愚婦가 一能勝予라하니 所以畏民心而保君位也라 魏徵以水能載舟覆舟는 有得於此歟인저 君臣之相儆戒如此하면 誠有天下者之鑑也라

내가 살펴보건대, ≪書經≫ 〈虞書 舜典〉에 "四岳(사방 제후)에게 물어 사방의 문을 열어놓고 사방 사람의 눈을 밝히고 사방 사람의 귀를 통하게 하였다."라고 하였으니, 아랫사람의 사정을 통하고 〈임금의 총명이〉 가리워지는 것을 예방하기 위한 것이었다. 太宗이 조정의 신하들을 귀와 눈으로 삼은 것이 여기에 부합함이 있도다.

또 ≪書經≫ 〈夏書 五子之歌〉에 말하기를 "백성은 오직 나라의 근본이니 근본이 견고해야 나라가 편안하다."라고 하였고, "〈우리가 민심을 잃으면〉 천하에 어리석은 지아비와 어리석은 부인이라도 한 사람이 우리를 이길 수 있다."라고 하였으니, 백성의 마음을 두려워하여 임금의 자리를 보존하기 위한 것이다. 위징이 "물이 배를 띄우기도 하지만 배를 뒤집어엎을 수도 있다."라고 한 것은 여기에서 터득한 점이 있을 것이다.

임금과 신하가 서로 경계함이 이와 같다면 진실로 천하를 소유한 자의 귀감이 된다.

2-8-1

貞觀六年에 太宗謂侍臣曰 古人云 危而不持하고 顚而不扶하면 焉用彼相①[28]이리오하니 君臣之義에 得不盡忠匡救乎아 朕嘗讀書라가 見桀殺關龍逄(방)②하고 漢誅鼂錯(조)③하고 未嘗不廢書歎息하니 公等은 但能正詞直諫하여 裨益政敎하라 終不以犯顔忤旨④로 妄有誅責하리라 朕이 比來⑤에 臨朝斷決할새 亦有乖於律令者로대 公等以爲小事라하여 遂不執言이나 凡大事는 皆起於小事라 小事不論하면 大事又將不可救니 社稷傾危가 莫不由此라 隋主殘暴하여 身死匹夫之手[29]호대 率土蒼生이 罕聞嗟痛하니 公等爲朕하여 思隋氏滅亡之事⑥하고 朕爲公等하여 思龍逄鼂錯之誅하여 君臣保全하면 豈不美哉아

① 焉用彼相 : 焉, 於虔切. 相, 去聲. 見君道篇註.

28) 危而不持……焉用彼相 : ≪論語≫ 〈季氏〉에 보인다.
29) 隋主殘暴 身死匹夫之手 : 隋 煬帝가 그의 신하 宇文化及에게 시해된 일을 말한다.

焉(어찌)은 於와 虔의 반절이다. 相(보조자)은 去聲이다. 본서 제1편 〈論君道〉의 註에 보인다.

② 見桀殺關龍逄(방) : 音旁. 桀, 夏桀, 見君道篇註. 關龍逄, 夏之賢大夫, 諫桀被殺.
〈逄은〉 음이 旁이다. 桀은 夏나라 桀王이니, 본서 제1편 〈論君道〉의 註에 보인다. 關龍逄은 夏나라의 어진 대부인데 桀王에게 간언하다 죽임을 당하였다.

③ 漢誅鼂錯(조) : 上, 音潮. 下, 音措. 鼂錯, 潁川人. 漢景帝時爲御史大夫, 請諸侯之罪過削其地, 吳楚七國逐反[30], 袁盎請帝斬錯, 遂斬於東市.
위의 鼂는 음이 潮이고, 아래의 錯는 음이 措이다. 鼂錯는 潁川 사람이다. 漢나라 景帝 때에 御史大夫가 되어서 罪過가 있는 제후들의 땅을 삭감할 것을 청하였다. 吳·楚 7국이 마침내 반란하자 袁盎이 황제에게 조조를 참수하기를 청하니, 마침내 東市에서 참수되었다.

④ 終不以犯顔忤旨 : 忤, 音午, 逆也.
忤는 음이 午이니, 어긴다는 뜻이다.

⑤ 比來 : 比, 音鼻.
比(근래)는 음이 鼻이다.

⑥ 爲朕思隋氏滅亡之事 : 爲, 去聲, 後同.
爲(위하다)는 去聲이다. 뒤에도 같다.

정관 6년(632)에 太宗이 근신에게 말하였다.

“옛사람이 말하기를 ‘위태로운데도 붙잡아주지 않고 넘어지는데도 부축해주지 않는다면 저 相(보조자)을 어디에다 쓰겠는가.’라고 하였으니, 임금과 신하의 의리에 〈나아가서는〉 충성을 다하고 〈임금에게 잘못된 점이 있으면〉 바로잡아 구제하지 않을 수 있겠소. 짐이 일찍이 책을 읽다가 夏나라 桀王이 關龍逄을 죽이고 漢나라 景帝가 鼂錯를 죽인 것을 보고 책을 덮고서 탄식하지 않은 적이 없었으니, 공들은 다만 바른말로 직간하여 정치 교화에 도움을 주도록 하시오. 결코 면전에서 정색하며 간언하다가 내 뜻을 거슬렀다고 해서 함부로 주륙하거나 질책하지 않을 것이오.

짐이 근래에 조정에 나와서 결정을 할 때 또한 율령에 어긋난 것이 있었는데, 공들이 작은 일이라 하여 마침내 의견을 말하지 않았으나 무릇 큰일은

30) 吳楚七國逐反 : 漢 景帝 3년에 7국 제후가 일으킨 변란을 말한다. 鼂錯의 주청으로 경제가 제후들의 封地를 깎으려 하자, 吳王 劉濞가 주동하여 7국의 제후들이 조조를 죽이라고 반란을 일으켰다. 경제는 조조를 죽이고, 周亞夫 등을 보내 난을 진압하고 오왕을 참수하자, 다른 제후들은 모두 자살하였다. ≪漢書 권5 景帝紀≫

모두 작은 일에서 생기기 마련이오. 작은 일을 논의하지 않으면 큰일을 또 구원할 수 없을 것이니, 사직이 기울고 위태로워지는 것이 이로 말미암지 않는 경우가 없소. 隋나라 煬帝가 잔인하고 포악한 짓을 하여 필부의 손에 죽었지만 천하의 백성들이 탄식하며 비통해했다는 말을 듣지 못했으니, 공들은 짐을 위해 隋나라가 멸망한 일을 생각하시오. 짐은 공들을 위해 관용방과 조조가 주살당한 것을 생각하여 임금과 신하가 온전하게 보존되면 어찌 아름답지 않겠소."

【集論】

林氏之奇曰 君臣之間에 其安危禍福之所在에 未嘗不相與共之也라 夏桀이 爲一己之欲이라 故不恤關龍逄之死라가 龍逄旣誅에 而桀亦不免於亡이요 虞世基가 爲一己之計라 故不諫煬帝過라가 煬帝旣亡에 而世基亦不免於禍라 夫夏桀之殺龍逄과 世基之媚煬帝는 豈不以在己之意爲自得哉아 及其危禍之至하여는 而俱以不免하니 此太宗所以戒其臣하여 使之爲己思煬帝之亡也요 亦爲之念龍逄之死也라 由是言之하면 君之納諫과 臣之進諫이 豈非相爲謀而後에 能相保乎아

林之奇가 말하였다.

"임금과 신하 사이에는 편안함·위태로움·재앙·복록이 있는 곳에 서로 함께하지 않은 적이 없었다. 夏나라 桀王은 자기 한 사람만을 위한 욕심 때문에 關龍逄의 죽음을 근심하지 않다가 관용방이 죽고 나자 걸왕도 망함을 면하지 못하였고, 虞世基는 자기 한 사람만을 위한 계책 때문에 煬帝의 과실을 간언하지 않다가 양제가 망하고 나자 우세기도 재앙을 면하지 못하였다. 夏 桀王이 관용방을 죽인 것과 우세기가 양제에게 아첨한 것은 어찌 자기의 뜻을 스스로 얻었다고 하지 않겠는가.

그 위태로움과 재앙이 이르게 되자 모두 재앙을 면하지 못하였으니, 太宗이 이 때문에 신하를 경계시켜서 그들에게 태종 자신을 위하여 양제가 망한 것을 생각하게 하고, 태종 또한 그들을 위하여 관용방의 죽음을 생각하게 한 것이다. 이로 말미암아 말하면 임금이 간언을 받아들이는 것과 신하가 간언을 올리는 것이 어찌 서로 도모한 뒤에 서로 보존할 수 있는 것이 아니겠는가."

愚按 君臣一心이면 則君體其臣하고 臣體其君하여 上下交니 泰之時也[31]요 君臣二心이면 則

君不恤其臣하고 臣不恤其君하여 上下不交니 否之時也[32)]라 太宗이 欲爲群臣思龍逄鼂錯之誅하니 是君能以臣之心爲心也요 又使群臣爲己思隋氏滅亡之事하니 是臣能以君之心爲心也라 君이 以臣之心爲心하고 臣이 以君之心爲心하면 其上下之交가 泰乎인저 宜其致貞觀之治也라

내가 살펴보건대, 임금과 신하가 한 마음이면 임금은 신하를 자기 몸처럼 여기고 신하는 임금을 자기 몸처럼 여겨 위와 아래가 서로 교감하니, 통하는 때이다. 임금과 신하가 두 마음이면 임금은 신하를 친애하지 않고 신하는 임금을 친애하지 않아 위와 아래가 교감하지 못하니, 막히는 때이다.

太宗이 여러 신하들을 위하여 關龍逄과 鼂錯의 주륙을 생각하고자 하였으니, 이는 임금이 신하의 마음으로 자기 마음을 삼은 것이고, 또 여러 신하들에게 태종 자신을 위하여 隋나라가 멸망한 일을 생각하게 하였으니, 이는 신하가 임금의 마음으로 자기 마음을 삼은 것이다. 임금이 신하의 마음으로 자기 마음을 삼고 신하가 임금의 마음으로 자기 마음을 삼으면 위와 아래의 교감이 통할 것이다. 貞觀의 치적을 이룩한 것이 당연하다.

## 2-9-1

貞觀(七)〔四〕[33)]年에 太宗이 與秘書監①魏徵으로 從容論自古理政得失②하고 因曰 當今大亂之後하여 造次不可致理③로다 徵曰 不然하니이다 凡人이 在危困則憂死亡하고 憂死亡則思理하고 思理則易(이)敎④니 然則亂後易敎가 猶飢人易食也니이다 太宗曰 善人이 爲邦百年然後에 勝殘去殺⑤이라하니 大亂之後에 將求致理인들 寧可造次而望乎아 徵曰 此據常人이요 不在聖哲이니 若聖哲施化⑥하여 上下同心하면 人應如響하여 不疾而速[34)]이라 朞月而可가 信不爲難이니 三年成功이 猶謂其晩⑦이니이다 太宗以爲

31) 上下交 泰之時也 : ≪周易≫ 泰卦 〈彖傳〉에 "上下가 사귀어 그 뜻이 같아지는 것이다.〔上下交而其志同也〕"라고 하였다.

32) 上下不交 否之時也 : ≪周易≫ 否卦 〈彖傳〉에 "上下가 사귀지 않아 天下에 나라가 없는 것이다.〔上下不交而天下无邦也〕"라고 하였다.

33) (七)〔四〕 : 저본에는 '七'로 되어 있으나, 謝保成의 ≪貞觀政要集校≫에는 "貞觀四年"으로 교감하였고, ≪資治通鑑≫에도 이 기사가 "貞觀四年"에 실려 있다. 이에 의거하여 '四'로 바로잡았다.

34) 不疾而速 : ≪周易≫ 〈繫辭傳 上〉에 "오직 神妙하기 때문에 빨리 하지 않아도 빠르며 가지

然하다

① 與秘書監 : 唐制, 秘書省置監一人, 掌邦國經籍圖書之事. 有二局曰著作曰太史, 皆率其屬而修其職. 少監爲之貳.
唐나라 제도에 의하면, 秘書省에 監 1인을 두어 국가의 경적과 도서의 일을 관장하였다. 2局을 두었는데 著作局과 太史局이니, 모두 그 僚屬을 거느리고 그 관직을 수행하였다. 少監은 부관이다.

② 從容論自古理政得失 : 從, 卽容切. 從容, 和緩貌.
從은 卽과 容의 반절이다. 從容은 온화한 모양이다.

③ 造次不可致理 : 造, 七到切, 後同. 造次, 急遽也.
造는 七과 到의 반절이다. 뒤에도 같다. 造次는 갑자기이다.

④ 思理則易(이)敎 : 易, 以豉切, 後同.
易(쉽다)는 以와 豉의 반절이다. 뒤에도 같다.

⑤ 勝殘去殺 : 勝, 平聲. 去, 上聲. 此述論語之辭.
勝(견디다, 교화하다)은 平聲이다. 去(버리다)는 上聲이다. 이는 ≪論語≫ 〈子路〉의 말을 서술한 것이다.

⑥ 若聖哲施化 : 施, 平聲.
施(베풀다)는 平聲이다.

⑦ 三年成功 猶謂其晩 : 論語曰 "苟有用我者, 朞月而已可也, 三年有成."
≪論語≫ 〈子路〉에 "만일 나를 등용해주는 자가 있다면 1년 만 되면 괜찮을 것이고, 3년이면 이루어짐이 있을 것이다."라고 하였다.

**貞觀** 4년(630)에 **太宗**이 **秘書監 魏徵**과 함께 옛날 이래로 정사를 다스린 득실을 조용히 논하고 이어서 말하였다.

"지금은 큰 난리를 겪은 뒤라 갑자기 다스림을 이룰 수 없소."

위징이 말하였다.

"그렇지 않습니다. 무릇 사람이 위험하고 곤궁하면 죽음을 걱정하고, 죽음을 걱정하면 다스려지기를 생각하고, 다스려지기를 생각하면 가르치기 쉽습니다. 그렇다면 어지러운 뒤에 가르치기 쉬운 것이 배고픈 사람에게 먹이기 쉬운 것과 같습니다."

태종이 말하였다.

"≪論語≫ 〈子路〉에 '훌륭한 인물이 나라를 다스린 지 백년 뒤에야 잔악한 자

---

않아도 이른다.〔唯神也 故不疾而速 不行而至〕"라고 하였다.

들을 감당해 다스려 사형을 없앨 수 있다.'라고 하였으니, 큰 난리 뒤에 다스림을 이루고자 한들 어찌 갑자기 바랄 수 있겠소?"

위징이 대답하였다.

"이는 보통 사람에 근거한 것이고 성스럽고 명철한 임금의 경우는 다릅니다. 만약 성스럽고 명철한 임금이 교화를 베풀어 윗사람과 아랫사람이 마음을 함께하면 사람들의 호응이 메아리와 같아서 빨리 하지 않아도 빠릅니다. 1년 만 다스려도 괜찮다고 한 것은 진실로 하기 어려운 것이 아니니, 3년에 공을 이룬다는 것이 오히려 늦다고 할 것입니다."

태종은 위징의 말을 옳다고 생각했다.

2-9-2

**封德彝**⑧**等**이 **對曰**⑨ **三代以後**⑩에 **人漸澆訛**⑪라 **故秦任法律**⑫하고 **漢雜霸道**⑬[35)]하여 **皆欲理而不能**이니 **豈能理而不欲**이리오 **若信魏徵所說**⑭하시면 **恐敗亂國家**리이다 **徵曰 五帝**⑮**三王**⑯이 **不易人而理**⑰라 **行帝道則帝**하고 **行王道則王**하여 **在於當時所理**에 **化之而已**니 **考之載籍**하면 **可得而知**니이다 **昔黃帝與蚩尤七十餘戰**하여 **其亂甚矣**로대 **旣勝之後**에 **便致太平**⑱하고 **九黎亂德**이어늘 **顓頊征之**하여 **旣克之後**에 **不失其理**⑲하고 **桀爲亂虐**이어늘 **而湯放之**하여 **在湯之代**에 **旣致太平**⑳하고 **紂爲無道**이늘 **武王伐之**하여 **成王之代**에 **亦致太平**㉑하니 **若言人漸澆訛**하여 **不及純樸**하면 **至今應悉爲鬼魅**㉒리니 **寧可復得而敎化耶**리잇가 **德彝等**이 **無以難之**㉓나 **然咸以爲不可**㉔러라

⑧ 封德彝：名倫, 以字行, 觀州人. 初仕隋爲起居舍人, 佐虞世基以詔承主意. 後與宇文士及降唐, 以秘策干高祖, 爲秦王參謀軍事. 貞觀初, 拜右僕射. 卒謚曰明. 後以邪佞, 改謚繆(무).[36)]
〈封德彝는〉 이름은 倫이고, 字로 세상에 알려졌으며, 觀州 사람이다. 처음에 隋나라에 벼슬하여 起居舍人이 되었고, 虞世基를 도와서 임금의 뜻을 아첨하여 받들었다. 후에 宇文士及과 함께 唐나라에 항복하였고, 秘策으로 高祖에게 職位를 요구하여 秦王의 參謀軍事

---

35) 漢雜霸道：≪漢書≫ 권9 〈元帝紀〉에 "漢나라는 본래 제도가 있으니 본래 霸道와 王道를 섞어 사용하였다.〔漢家自有制度 本以霸王道雜之〕"라고 하였다.

36) 改謚繆(무)：≪史記正義論例謚法解≫에 "이름과 실상이 어긋나는 것을 繆이라 한다.〔名與實爽曰繆〕"라고 하였다.

가 되었다. 貞觀 초기에 右僕射에 임명되었다. 세상을 떠나자 시호를 明이라고 하고, 뒤에 간사하다고 하여 시호를 고쳐서 繆라고 하였다.

⑨ 等 對曰 : 按, 通鑑[37]無等字, 作非之曰.
살펴보면 ≪資治通鑑≫에는 等자가 없고 非之曰이라고 되어 있다.

⑩ 三代以後 : 以, 一作之.
以는 어떤 본에는 之로 되어 있다.

⑪ 澆訛 : 上, 古聊切, 薄也. 下, 五禾切, 謬也.
위의 澆는 古와 聊의 반절이니 경박하다는 뜻이고, 아래의 訛는 五와 禾의 반절이니 속인다는 뜻이다.

⑫ 故秦任法律 : 謂秦之治, 專用刑法律令, 言尙酷也.
秦나라의 다스림이 오로지 형법과 율령을 사용함을 이르니, 혹독함을 숭상하는 것을 말한다.

⑬ 漢雜霸道 : 謂漢之治, 以王道霸道雜施之, 言不純也.
漢나라의 다스림은 왕도와 패도를 섞어서 시행하였음을 이르니, 순수하지 않음을 말한 것이다.

⑭ 若信魏徵所說 : 一作論.
〈說은〉 어떤 본에는 論으로 되어 있다.

⑮ 五帝 : 史記謂黃帝・顓頊・帝嚳・唐堯・虞舜爲五帝. 孔安國書序, 以少昊・顓頊・高辛・唐・虞爲五帝. 未詳孰是.
≪史記≫ 〈五帝本紀〉에는 黃帝・顓頊・帝嚳・唐堯・虞舜을 五帝라고 하였고, 孔安國의 ≪尙書序≫에는 少昊・顓頊・高辛・唐・虞를 五帝라고 하였으니, 어느 것이 옳은지 자세하지 않다.

⑯ 三王 : 三王, 夏・殷・周創業之主, 禹・湯・武王是也.
三王은 夏・殷・周를 創業한 군주이니 禹王・湯王・武王이 이 사람이다.

⑰ 不易人而理 : 易, 如字.
易(바꾸다)은 본래 音義대로 독해한다.

⑱ 昔黃帝與蚩尤……便致太平 : 黃帝, 姓公孫, 名軒轅, 號有熊氏. 蚩尤, 古諸侯之無道者. 蚩尤作亂, 黃帝徵師諸侯, 與戰於涿鹿之野, 遂禽殺之, 而萬國和.
黃帝는 姓이 公孫이고, 名이 軒轅이며, 號는 有熊氏이다. 蚩尤는 옛날 無道한 諸侯이다. 치우가 난을 일으키자 황제가 제후의 군대를 불러서 그와 涿鹿의 들판에서 싸워 마침내 사로잡아 죽이니, 모든 나라가 화평하였다.

⑲ 九黎亂德……不失其理 : 九黎, 蚩尤之屬也. 顓頊, 號高陽氏, 黃帝之孫也. 國語, 楚觀射父(석보)曰 "少皞氏之衰也, 九黎亂德, 人神雜糅, 不可方物. 顓帝承之, 乃命南正重, 司天以屬神,

37) 通鑑 : ≪資治通鑑≫ 권193 唐紀 9 太宗 貞觀 4년에 보인다.

火正黎, 司地以屬人."

九黎는 蚩尤의 소속이다. 顓頊은 號가 高陽氏이니, 黃帝의 손자이다. ≪國語≫ 〈楚語 下〉에 楚나라 觀射父가 말하기를 "少皥氏가 쇠하자, 九黎가 덕을 어지럽혀 사람과 신을 맡은 관원의 일이 뒤섞여 名物을 구별할 수 없게 되었습니다. 전욱이 이를 이어받아서 南正인 重에게 명하여 하늘의 衆神을 모아 제사를 주관하게 하고, 火正인 黎에게 명하여 땅의 민중을 모아 그 일을 주관하게 하였습니다."라고 하였다.

⑳ 桀爲亂虐……旣致太平 : 桀, 夏王, 名履癸. 湯, 殷主, 名履. 桀不務德, 而賊傷百姓, 湯遂率兵伐之. 桀走鳴條, 遂放而死, 湯乃踐位, 平定四海.

桀은 夏나라 왕이니, 이름은 履癸이다. 湯은 殷나라 군주이니, 이름은 履이다. 桀王이 덕에 힘쓰지 않고 백성들을 해치자 탕이 마침내 군대를 거느리고 쳤다. 걸왕이 鳴條로 달아나자 마침내 추방하여 죽이고 탕이 임금 자리에 올라 천하를 평정하였다.

㉑ 紂爲無道……亦致太平 : 紂, 殷王, 名受. 武王, 周文王之子, 名發. 紂淫亂日甚, 百姓怨望, 武王遂率諸侯伐之, 紂死於鹿臺. 武王克殷二年, 太子誦立, 是爲成王.

紂는 殷나라 왕이니, 이름은 受이다. 武王은 周나라 文王의 아들이며, 이름은 發이다. 紂王의 음란함이 날로 심해져 백성들이 원망하자, 무왕이 마침내 제후를 거느리고 치니 주왕이 鹿臺에서 죽었다. 무왕이 殷나라를 무너뜨리고 2년 만에 태자 誦을 세우니, 이 사람이 成王이다.

㉒ 至今應悉爲鬼魅 : 應, 平聲, 當也.

應은 平聲이니, 응당이라는 뜻이다.

㉓ 無以難之 : 難, 去聲, 駁也.

難은 去聲이니, 논박하다는 뜻이다.

㉔ 然咸以爲不可 : 以上文, 按通鑑[38]係在四年.

이상의 글은 살펴보건대 ≪資治通鑑≫ 貞觀 4년에 실려 있다.

封德彝 등이 대답하였다.

"三代 이후에 사람들이 점점 경박하고 속이게 되었습니다. 그러므로 秦나라는 형법과 율령에 의지하고, 漢나라는 王道와 霸道를 섞어 써서 모두 다스리고자 하였으나 할 수 없었습니다. 어찌 잘 다스리려고 하지 않았겠습니까. 만약 위징의 말을 믿으시면 국가가 패망하여 어지러워질까 두렵습니다."

魏徵이 말하였다.

"五帝와 三王은 백성을 바꾸지 않고 다스렸습니다. 오제의 道를 행하면 帝가 되고 삼왕의 道를 행하면 王이 되어 당시 다스리는 데 있어서 백성을 교화했을

38) 通鑑 : ≪資治通鑑≫ 권193 唐紀 9 太宗에 보인다.

뿐이니, 옛 전적을 살피면 알 수 있습니다. 옛날 黃帝가 蚩尤와 70여 번 전투를 하여 혼란이 심했는데 황제가 승리한 후에 곧 태평을 이루었고, 九黎가 덕을 어지럽히자 顓頊이 그들을 정벌하여 이긴 후에 다스리는 것을 그르치지 않았으며, 桀王이 난리와 폭정을 일삼자 湯이 그를 내쫓아서 湯王의 시대에 이미 태평을 이루었고, 紂王이 무도하자 武王이 정벌하여 成王의 시대에 또한 천하가 태평성대를 이루게 되었습니다. 만약 사람들이 점점 경박하고 속여 순박함에 미치지 못했다면 지금에 와서는 응당 다 귀신이 되었을 것이니, 어찌 다시 얻어서 교화할 수 있겠습니까."

봉덕이 등이 더 위징을 논박하지 못하였으나 모두 옳지 않다고 생각하였다.

2-9-3

**太宗**이 **每力行不倦**하여 **數年間**에 **海內康寧**하고 **突厥破滅**㉕하니 **因謂群臣曰 貞觀初**에 **人皆異論**하여 **云當今**에 **必不可行帝道王道**라호대 **惟魏徵勸我**러니 **旣從其言**하니 **不過數載**하여 **遂得華夏安寧**하고 **遠戎賓服**이라 **突厥**이 **自古以來**로 **常爲中國勍敵**㉖이러니 **今酋長**㉗이 **竝帶刀宿衛**하고 **部落**이 **皆襲衣冠**하니 **使我遂至於此**는 **皆魏徵之力也**라하고 **顧謂徵曰 玉雖有美質**이나 **在於石間**하니 **不値良工琢磨**하면 **與瓦礫不別**㉘이요 **若遇良工**하면 **卽爲萬代之寶**니 **朕雖無美質**이나 **爲公所切磋**㉙라 **勞公約朕以仁義**하고 **弘朕以道德**하여 **使朕功業至此**하니 **公亦足爲良工爾**㉚라하다

㉕ 突厥破滅 : 突, 陀沒切. 厥, 九勿切. 突厥, 阿史那氏, 古匈奴北部也, 居金山之陽. 夏曰獫狁, 商曰鬼方, 周曰獫狁. 其別部凡二十八等, 皆世其官, 與中國抗衡, 歷代爲患, 悉臣服於唐.
突은 陀와 沒의 반절이요, 厥은 九와 勿의 반절이다. 突厥은 阿史那氏로, 옛날 匈奴의 北部이고, 金山의 남쪽에 살았다. 夏나라에서는 獫狁이라 하였고, 商나라에서는 鬼方이라 하였고, 周나라에서는 獫狁이라고 하였다. 그 別部(氏族 갈래)는 모두 28등이고 모두 그 관직을 세습하여 중국과 맞서니, 대대로 근심이 되었는데 唐나라에 모두 신하로 복종하였다.

㉖ 常爲中國勍敵 : 勍, 音檠, 强也.
勍은 음은 檠이니, 강하다는 뜻이다.

㉗ 今酋長 : 酋, 慈由切. 長, 音掌, 番國之長也.
酋(우두머리)는 慈와 由의 반절이고, 長(우두머리)은 음이 掌이니, 번국의 우두머리이다.

㉘ 與瓦礫不別 : 礫, 音的, 小石也. 別, 彼列切.
礫은 음이 的이니, 작은 돌이다. 別(다르다)은 彼와 列의 반절이다.

㉙ 爲公所切磋 : 七多切. 詩曰 "如切如磋, 如琢如磨." 言其治之有緖, 而益致其精也.
〈磋(갈다)는〉 七과 多의 반절이다. ≪詩經≫ 〈衛風 淇奧〉에 "깎고 다듬고 쪼고 간 듯하네." 라고 하니, 다루는데 순서가 있고 정밀함을 더욱 세밀하게 함을 말한 것이다.

㉚ 公亦足爲良工爾 : 按史傳[39]曰 "帝納其言不疑, 於是天下大治. 蠻夷君長, 襲衣冠, 帶刀宿衛. 東薄海, 南踰嶺. 戶闔不閉, 行旅不齎糧, 取給於道. 帝謂群臣曰 '此徵勸我行仁義, 旣效矣. 惜不令封德彝見之.'"
살펴보니 史冊에 다음과 같이 말하였다. "太宗이 그 말을 받아들여 의심하지 않았고 이에 천하가 크게 다스려졌다. 蠻夷의 君長들이 의관을 입고 칼을 차고 호위하였다. 동으로는 바닷가에 이르고 남으로는 五嶺을 넘었으며, 문을 열어두어 닫지 않고 여행자들이 양식을 싸가지고 다니지 않아도 길에서 조달할 수 있었다. 태종이 신하들에게 말하기를 '이는 魏徵이 일찍이 나에게 인의를 행하라고 권하여 효험이 드러난 것이다. 封德彝가 죽어서 보지 못하게 된 것이 애석하구나.'라고 하였다."

太宗이 늘 힘써 행하고 게을리 하지 않아서 수년 사이에 천하가 편안해지고 突厥이 격파되니, 이로 인하여 여러 신하들에게 말하였다.

"貞觀 초년에 사람들이 모두 논의가 달라서 당시에 결코 帝道와 王道를 시행할 수 없다고 말하였는데, 魏徵만이 나에게 권하였소. 그의 말을 따르고 난 뒤 몇 년 지나지 않아 마침내 華夏(중국)가 편안함을 얻었고, 먼 곳의 오랑캐들도 복종하였소. 돌궐은 예로부터 늘 중국의 강한 적이었는데 지금 추장이 함께 칼을 차고 궁궐에서 호위를 하고, 部落들이 모두 의관을 입고 있소. 내가 마침내 여기에 이르게 된 것은 모두 위징의 힘이오."

태종이 위징을 돌아보며 말하였다.

"옥이 비록 아름다운 바탕이 있으나 돌 사이에 섞여 있어서 숙련공에게 연마되지 못하면 기와나 자갈과 다름이 없고, 만약 숙련공을 만나면 곧 만대의 보물이 되는 것이니, 짐은 비록 아름다운 바탕이 없으나 공에게 단련을 받았소. 공이 수고롭게도 짐을 仁義로 단속해주고 짐을 道德으로 넓혀주어 짐의 功業이 여기에 이르도록 하였으니, 공은 또한 숙련공이라 하기에 충분하오."

39) 史傳 : ≪新唐書≫ 권97 〈魏徵列傳〉에 보인다.

【集論】

孫氏甫曰 帝王興治道는 在觀時而爲之니 觀時는 在至明하고 至明은 在至公이니 至明則理無不通하고 至公則事無不正이라 通於理라 故能變天下之弊하고 正其事라 故能立天下之教니 弊變教立하면 其治不勞而成矣라 孔子曰 如有用我者면 期月而已可也니 三年이면 有成이라하니 則聖人之意를 可見矣라 但後之爲天下者는 雖欲興起治道나 多非聖哲之才라 不能通究時弊하여 以道變之하고 務速其功하여 以行一時之事라 故所爲駁雜하여 莫復前古之治也라 觀魏公之論하면 誠得聖人之意어늘 文皇이 能納其言하여 而不惑姦人之論하고 力變時弊하여 以行王道하니 嗚呼明哉로다 大亂之後에 興立教法하여 不急其功하여 致時太平하고 德流於後하니 嗚呼公哉로다

孫甫가 말하였다.

"제왕이 다스리는 도를 일으키는 것은 때를 살펴서 하는 데 달려 있으니, 때를 살피는 것은 지극히 밝음에 있고, 지극히 밝음은 지극히 공평함에 있다. 지극히 밝으면 이치가 통하지 않는 것이 없고, 지극히 공평하면 일이 바르지 않은 것이 없다. 이치에 통하므로 천하의 폐단을 변하게 할 수 있고, 그 일을 바르게 하므로 천하의 가르침을 세울 수 있으니, 폐단이 변하고 가르침이 확립되면 다스림은 수고롭지 않아도 이루어진다.

≪論語≫ 〈子路〉에 孔子가 말하기를 '만일 나를 등용해주는 자가 있다면 1년 만 하더라도 괜찮을 것이고, 3년이면 이루어짐이 있을 것이다.'라고 하였으니, 성인의 뜻을 볼 수 있다. 다만 후세에 천하를 다스리는 자는 비록 다스리는 도를 일으키려고 하였으나 대부분 성스럽고 명철한 재주를 지닌 이가 아니어서 당시의 폐단을 통틀어 규명하여 도리로 변화시키지 못하고, 힘써 그 공을 서둘러서 한때의 일을 행하였다. 그러므로 하는 일이 뒤섞여 옛날의 치적을 회복한 이가 없었다.

위징의 논의를 보면 진실로 성인의 뜻을 얻었는데, 文皇(太宗)이 그의 말을 받아들여 간사한 사람의 논의에 현혹되지 않고 힘써 당시의 폐단을 변화시켜서 왕도를 행하였으니, 아, 명철하도다. 크게 어지러운 시기 뒤에 교화의 법도를 일으켜 세워 그 공을 이루는 것을 조급해하지 않아 태평 시대를 이룩하고 덕택이 후세에 이어지게 하였으니, 아! 공평하도다."

范氏祖禹曰 太宗可謂能審取捨矣라 魏徵의 仁義之言也는 欲順天下之理而治之요 封德

彝의 刑罰之言也는 欲咈天下之性而治之라 夫民이 莫不惡危而欲安하고 惡勞而欲息이라 以仁義治之則順하고 以刑罰治之則咈矣라 欲治天下하면 則順之而已니 咈之而能治之는 未之聞也라 太宗이 從魏徵而不從德彝하여 行之數年에 遂致太平하니 仁義之效가 如此其速也라 故治道는 在人主所力行耳니 孰不可爲太宗乎리오마는 及其成功하여 復歸美於下는 此前世帝王之所不及也라

范祖禹가 말하였다.

"太宗은 잘 살펴 취사선택을 하였다고 말할 만하다. 魏徵이 말한 仁義는 천하의 이치를 따라 다스리려 한 것이고, 封德彝가 말한 刑罰은 천하의 성정을 어겨서 다스리려고 한 것이다. 백성들 중에는 위태로움을 싫어하여 편안하려 하고 수고로움을 싫어하여 쉬려고 하지 않는 자가 없다. 仁義로 다스리면 따르고 刑罰로 다스리면 어긴다. 천하를 다스리려고 하면 〈천하의 이치를〉 따를 뿐이니, 어기면서 잘 다스릴 수 있다는 말은 듣지 못하였다.

태종이 위징을 따르고 봉덕이를 따르지 않아 몇 년 동안 시행한 뒤에 마침내 태평을 이룩하였으니, 仁義의 효과가 이와 같이 빠르다. 그러므로 다스리는 도는 임금이 힘써 행하는 데에 있을 뿐이니, 누구인들 태종이 될 수 없겠는가마는 그가 공을 이루고 나서 다시 아름다움을 아래에 돌려준 것은 이전 시대의 帝王이 미치지 못한 것이다."

胡氏寅曰 德彝가 言三代以還으로 人漸澆訛는 未爲甚失이요 魏徵이 言若果澆訛면 當爲鬼魅는 則非也라 以書契以來觀之하면 三代之時가 固不若唐虞之世하고 周之文勝이 又不若虞夏之質하며 兩漢風俗이 豈敢望周며 而唐室風俗이 又安能及漢耶아 若謂民常淳樸하여 無有澆訛하면 是結繩之治가 可以易約劑하고 土鼓之樂이 可以變絲竹矣라 要之컨대 一治一亂은 天地之大數也라 亂極人少면 則氣厚而人淳하고 治極人多년 則氣漓而人澆니 淳漓一變하면 而天地之氣盈虛消息이니 後世誠不及古遠矣라 若夫人之所以爲人이 出於本心하여 不可泯滅者는 則古猶今耳라 是故可以懷之以仁하고 理之以義하고 先之以敬讓하고 示之以好惡也라 魏徵이 有見於飢渴者易爲飮食[40]하되 而無見於人心之未亡者라 故其效止於斗米數錢과 外戶不閉요 則無以進矣니 固不能使人人有士君子之器也로다

40) 飢渴者易爲飮食 : ≪孟子≫ 〈公孫丑 上〉의 "굶주린 자에게 식품 되기가 쉽고, 목마른 자에게 음료 되기가 쉽다.〔飢者易爲食 渴者易爲飮〕"에서 유래한 것이다.

胡寅이 말하였다.

"封德彝가 말한 '三代 이후로 사람들이 점점 경박하고 속이게 되었다.'라는 것은 심하게 그릇된 말이 아니고, 魏徵이 말한 '만약 과연 경박하고 속이게 되었다면 당연히 귀신이 되었을 것이다.'라는 말은 잘못이다.

문자가 생긴 이래로 살펴보면, 삼대의 시대가 진실로 堯舜 시대만 못하고, 주나라가 文飾에 치중한 것이 또 舜禹의 질박함만 못하다. 前漢과 後漢의 풍속이 어찌 감히 周나라를 바라겠으며, 唐나라의 풍속이 또 어찌 漢나라에 미칠 수 있겠는가. 만약 백성이 항상 순박하여 경박하고 속임이 없다면, 結繩의 정치가 約劑(증빙 문서)를 바꿀 수 있고 土鼓(흙과 가죽으로 만든 북)의 음악이 絲竹(현악기와 관악기)을 변화시킬 수 있다.

요컨대 한 번 다스려지고 한 번 어지러워짐은 천지의 큰 운수이다. 혼란이 극도에 이르러 사람이 적어지면 기운이 온후하여 사람이 순박해지고, 다스려짐이 지극하여 사람이 많아지면 기운이 희박해져 사람이 경박해진다. 순박함과 희박함이 한 번 변하면 천지의 기운이 찼다가 비고 사라졌다 불어나니 후세가 진실로 먼 옛날에 미치지 못한다.

사람이 사람답게 되는 것이 본심에서 나와 사라지지 않는 것은 옛날이나 지금이나 같다. 이 때문에 仁으로 품어줄 수 있고 의리로 다스릴 수 있고 공경과 사양으로 솔선할 수 있고 좋아함과 싫어함으로 보일 수 있는 것이다.

위징이 굶주리고 목마른 자에게 음식되기가 쉽다는 것은 알았으나 사람들의 마음이 아직 망하지 않은 것은 알지 못하였다. 그러므로 그 효과가 쌀 한 말의 값이 몇 전에 불과하고 사람들이 바깥문을 닫지 않는 정도에 그치고 더 이상 진전이 없었으니, 진실로 사람마다 士君子의 국량을 가지게 할 수는 없는 것이다."

愚按 仁者는 心之德而愛之理요 義者는 心之制而事之宜[41]니 二者는 皆出於天理之本然하여 人心之固有也라 古之聖人은 體之於心하고 行之於身하여 措之於家國天下라 操存於未發之時하고 持守於隱微之地하여 終始如一하여 無須臾之離也요 表裏如一하여 無毫髮之間也라 故能使天地自位하고 萬物自育하여 氣無不和하여 四靈[42]畢至하니 此豈可以僞而爲之하고 襲而取之哉리오 周道旣衰하고 聖學榛塞이라 孟子於戰國之時에 汲汲然以仁義說齊梁之君호대

41) 仁者……事之宜 : ≪孟子≫ 〈梁惠王 上〉 "何必曰利"의 朱熹 註에 보인다.

42) 四靈 : 네 종류의 영험한 동물로, 기린 · 봉황 · 거북 · 용을 가리킨다. ≪禮記 禮運≫

則見謂迂闊而莫之行也라 自時厥後엔 則自謂馬上得之하니 安事詩書者[43]가 有之矣요 崇尙黃老하고 不信儒術者[44]가 有之矣요 自謂本雜霸道[45]라하여 不喜書生者가 有之矣니 其視仁義를 不過尊之以美名하고 待之以虛器而已라 寥寥千載에 唐太宗이 以英武間世之姿로 當撥亂反正之運하여 獨能黜抑封倫之言하고 力行魏徵之請이라 故能致斗米三錢하고 外戶不閉하며 行旅野宿하고 幾於刑措하니 亦可謂仁義之效矣라 然太宗之於仁義也에 慕其名而不得其實하고 喜其文而不究其本하고 知求之於紀綱政事하되 而不知反之於吾身方寸之間하고 知求之於外廷朝著하되 而不知行之於宮闈隱微之際라 故始以從諫爲美하되 而終不免仆碑之失[46]하고 外以出宮女[47]爲名하되 而內不免懷嬴之累[48]하니 內外扞格하고 終始衡決이라 其於聖人之仁義에 蓋外似而內違하고 名同而實乖也라 夫自成康八百餘年하여 而後有漢하고 漢八百餘年하여 而後有太宗하니 天之生賢君이 如此其不數數也라 幸而有力行仁義之君이나 而較之於聖人之道하면 則又若珷玞(무부)之於美玉하고 稊稗(피)之於美稼焉하니 豈非聖道不明하여 有君無臣之所致乎아 嗚呼惜哉로다

내가 살펴보건대, 仁은 마음의 덕이고 사랑의 원리이며, 義는 마음의 제재이고 일

---

43) 馬上得之 安事詩書者 : 이는 ≪史記≫ 권97 〈陸賈列傳〉에 "내가 말 위에서 천하를 얻었거늘 어찌 ≪詩經≫과 ≪書經≫을 일삼으랴.〔迺公居馬上而得之 安事詩書〕"라고 하였다.

44) 崇尙黃老 不信儒術者 : 漢나라 초기의 학풍을 말한다. 漢나라는 黃老學으로 다스리다가 武帝 때에 儒學으로 바꾸고 五經博士를 두었다.

45) 雜霸道 : 漢나라 宣帝가 漢나라는 본래 패도와 왕도를 섞어 썼으니, 어찌 순전히 德敎만 써서 옛날 周나라 정사와 같게 하겠는가 한 것에서 나온 말이다.

46) 仆碑之失 : 魏徵이 죽었을 적에 唐 太宗이 친히 碑文을 짓고 써서 비석을 세워 위징을 매우 사모했는데, 얼마후에 위징이 천거했던 杜正倫·侯君集이 죄를 얻어 竄逐되거나 伏誅됨으로 인해 위징을 의심하여 비석을 무너뜨린 일을 말한다. 그러나 태종은 高句麗 정벌에 실패하고 회군할 때 그 일을 뉘우치고 비석을 다시 세우고 제사를 지내게 하였다. ≪新唐書 권97 魏徵列傳≫

47) 出宮女 : ≪舊唐書≫ 권2 〈本紀 太宗 上〉에 "액정 궁녀 3천여 명을 내보냈다.〔放掖庭宮女三千餘人〕"라고 하였다.

48) 懷嬴之累 : 近親의 아내를 妃로 삼은 결점을 말한 것이다. 懷嬴은 春秋시대 秦나라 穆公의 딸로서, 晉나라 태자 圉가 秦나라에 인질로 있을 때 혼인하고 난 뒤 태자 어가 도주하여 晉나라 임금이 되었는데 이 사람이 晉 懷公이다. 그 뒤 懷公의 숙부 重耳(후일의 晉 文公)가 秦나라에 망명하였을 때 회영과 혼인을 하게 되었고 중이가 귀국하여 임금으로 즉위한 뒤에 회영을 부인으로 삼았다. 唐 太宗은 그의 아내 文德皇后가 죽은 뒤에 아우 李元吉의 아내 巢剌王妃(소랄왕비) 楊氏를 총애하여 황후로 세우고자 하였는데, 위징이 회영의 일을 들어 간언하자 그만두었다. ≪春秋左氏傳 僖公 23, 24년≫, ≪資治通鑑 권198 唐紀 14 太宗 貞觀 21년≫

의 마땅함이니, 두 가지는 모두 천리의 본연에서 나와서 사람의 마음에 固有한 것이다. 옛날의 성인은 마음에 仁義를 체득하고 몸에 인의를 행하여 집안, 국가, 천하에 인의를 두었다. 아직 발현하지 않았을 때에 잡아 보존하고 은미한 데에서 잡아 지켜서 처음부터 끝까지 똑같아서 잠시도 떠남이 없고, 겉과 속이 똑같아서 털끝만 한 틈도 없다. 그러므로 천지가 스스로 자리할 수 있게 하고 만물이 스스로 양육될 수 있게 하여 기운이 화합하지 않음이 없어서 四靈이 다 이르게 되니, 이것이 어찌 속여서 할 수 있고 엄습하여 취할 수 있는 것이겠는가.

周나라의 도가 쇠퇴한 뒤에 성인의 학문이 두절되었는데, 孟子가 전국시대에 급급히 仁義를 가지고 齊나라·梁나라의 임금에게 유세하였으나 迂闊(사리에 어두움)하다는 평가를 받아 그것을 행하는 자가 없었다. 이 이후로는 임금이 스스로 말하기를 "말 위에서 천하를 얻었거늘 어찌 ≪詩經≫과 ≪書經≫을 일삼으랴."라고 하는 자가 있었고, 黃帝와 老子를 숭상하고 儒術을 믿지 않는 자가 있었으며, 스스로 말하기를 "본래 왕도와 패도를 섞어서 썼다."라고 하여 선비를 기뻐하지 않는 자가 있었으니, 仁義를 보기를 그럴듯한 이름으로 높이고 유명무실한 빈 그릇으로 여기는 데에 지나지 않을 뿐이었다.

아득히 천년 후에 唐 太宗이 영특하고 용맹하여 세상에 드문 자질로 난리를 평정하여 올바름으로 되돌아가는 운세를 당하여 홀로 封倫(봉덕이)의 말을 물리쳐 억제하고 위징의 요청을 힘써 행하였다. 그러므로 쌀 한 말이 3錢이고 바깥문을 닫지 않았으며, 여행자들이 들에서 유숙하고 거의 형벌을 버려두고 쓰지 않는 데에 이르렀으니, 또한 인의의 효과라고 말할 만하다. 그러나 太宗이 인의에 대해서는 그 이름만 사모하였지 그 실제를 터득하지 못하였으며, 그 글만 기뻐하였지 그 근본을 궁구하지 못하였으며, 기강과 정사에서 구할 줄만 알았지 나의 몸과 마음속에서 돌이켜 구할 줄을 알지 못하였으며, 外廷의 朝班에서 구할 줄만 알았지 궁중의 은미한 곳에서 행할 줄을 알지 못하였다. 그러므로 처음에 간언을 따르는 것을 아름다운 일로 여겼으나 끝에는 魏徵의 비석을 무너뜨리는 실수를 면하지 못하였고, 밖으로는 궁녀를 내보내는 것으로 명분을 삼았으나 안으로는 懷嬴의 잘못을 면하지 못하였으니, 內外가 서로 막히고 처음과 끝이 서로 맞지 않은 것이다. 그가 성인의 인의에 대해서 외면은 비슷하였으나 내면은 어긋났고 명분은 같았으나 실상은 괴리되었다.

周나라 成王과 康王으로부터 800여 년 후에 漢나라가 있었고, 漢나라로부터 800여 년 후에 太宗이 있었으니, 하늘이 어진 임금을 낼 때 이처럼 드물게 했던 것이다. 다행히 인의를 힘써 행한 임금이 있었으나 성인의 도에 비교해보면, 또 마치 珷玞(옥 비슷한 돌)를 아름다운 옥에 견주는 것과 같고 稊稗를 좋은 벼에 견주는 것과 같으니, 어찌 성인의 도가 밝지 않아 훌륭한 임금만 있고 신하는 없는 데서 온 결과가 아니겠는가. 아, 애석하구나.

## 2-10-1

貞觀八年에 太宗謂侍臣曰 隋時百姓이 縱有財物이나 豈得保此리오 自朕有天下已來로 存心撫養하여 無有所科差하니 人人皆得營生하여 守其資財는 卽朕所賜라 向使朕이 科喚不已면 雖數(삭)資賞賜①라도 亦不如不得이로다 魏徵對曰 堯舜在上에 百姓이 亦云耕田而食하고 鑿井而飮이라하여 含哺鼓腹하고 而云 帝何力於其間矣②리오하니 今陛下如此含養百姓하시니 可謂日用而不知[49]니이다 又奏稱호되 晉文公③出田하여 逐獸於碭(탕)④하여 入大澤하여 迷不知所出이러니 其中에 有漁者어늘 文公謂曰 我는 若君也니 道將安出고 我且厚賜若하리라 漁者曰 臣願有獻하노이다 文公이 出澤而受之라하여 於是에 送出澤이어늘 文公曰 今子之所欲教寡人者는 何也오 願受之하노라 漁者曰 鴻鵠이 保河海라가 厭而徙之小澤하면 則有矰(증)丸之憂⑤하고 黿鼉가 保深淵이라가 厭而出之淺渚하면 必有釣射(석)之憂⑥하니이다 今君이 出獸碭하여 入至此하시니 何行之太遠也시니잇고 文公曰 善哉라하고 謂從者하여 記漁者名⑦하라한대 漁者曰 君何以名이시니잇고 君尊天事地하사 敬社稷하고 保四國하고 慈愛萬人하사 薄賦斂⑧輕租稅하시면 臣亦與焉⑨이나 君不尊天不事地하사 不敬社稷하고 不固四海하사 外失禮於諸侯하고 內逆人心하시면 一國이 流亡하리니 漁者雖有厚賜나 不得保也라하고 遂辭不受하니이다한대 太宗曰 卿言이 是也⑩라하다

① 雖數(삭)資賞賜 : 數, 音朔.
數(자주)은 음이 朔이다.
② 而云帝何力於其間矣 : 堯時, 有老人擊壤於路曰 "吾日出而作, 日入而息, 鑿井而飮, 耕田而食, 帝何力於我哉."

---

49) 日用而不知 : 하층민은 道를 사용하면서도 인식하지 못함을 말한 것이다. ≪周易≫ 〈繫辭傳上〉에 "어진 자는 이를 보고서 인이라고 이르고, 지혜로운 자는 이를 보고서 지라고 이르며, 백성은 날마다 쓰면서 알지 못한다.〔仁者見之 謂之仁 智者見之 謂之智 百姓日用而不知〕"라고 하였다.

堯임금 때에 노인이 길에서 땅을 두드리며 말하였다. "나는 해가 뜨면 나가서 일을 하고 해가 지면 들어와 쉬며 우물 파서 물을 마시고 밭 갈아서 밥을 먹으니 임금이 나에게 어찌 힘이 되는 것이 있겠는가."

③ 又奏稱晉 文公 : 晉, 春秋時國名. 文公, 晉君, 名重耳.
晉은 춘추시대의 나라 이름이다. 文公은 晉나라 임금이니, 이름은 重耳이다.

④ 逐獸於碭(탕) : 徒浪切.
〈碭(縣 이름)은〉 徒와 浪의 반절이다.

⑤ 則有矰(증)丸之憂 : 矰, 音曾, 矢也.
矰은 음이 曾이니, 화살이다.

⑥ 必有釣射(석)之憂 : 射, 音石.
射(맞히다)은 음이 石이다.

⑦ 謂從者 記漁者名 : 從, 去聲.
從(수행원)은 去聲이다.

⑧ 薄賦斂 : 去聲.
〈斂(거두다)은〉 去聲이다.

⑨ 臣亦與焉 : 與, 去聲.
與(참여하다)는 去聲이다.

⑩ 貞觀八年……卿言是也 : 舊本, 此章附忠義篇, 今按其言於政體尤切, 故附於此.
구본에 이 장은 〈論忠義〉편에 붙어 있었다. 지금 살펴보면 그 말이 정치의 체제에 더욱 절실하므로 여기에 붙인다.

貞觀 8년(634)에 太宗이 근신에게 말하였다.

"隋나라 때 백성이 비록 재물이 있었으나 어찌 이를 보존할 수 있었겠소. 짐이 천하를 소유한 이래로 백성을 어루만져 기르는 것을 마음에 두어서 科稅(세금 징수)하고 差役(徭役 징발)한 일이 없으니, 사람들마다 모두 생업을 꾸려 재물을 지키게 된 것은 곧 짐이 내려준 것이오. 만일 짐이 과세하고 차역하기를 그만두지 않았다면 비록 누차 상을 내려주더라도 또한 상을 안 받는 것만 못할 것이오."

魏徵이 대답하였다.

"堯임금과 舜임금이 임금의 지위에 계실 때에 백성이 또한 말하기를 '밭을 갈아서 밥을 먹고 우물을 파서 물을 마신다.'라고 하여 배불리 먹고 배를 두드리며 말하기를 '임금이 나에게 어찌 힘이 되는 것이 있겠는가.'라고 하였습니다. 지금 폐하께서 이와 같이 백성들을 함양하시니 백성들이 날마다 쓰면서 알지 못하는 경지라고 말할 만합니다."

또 아뢰었다.

"晉나라 文公이 사냥을 나가서 짐승을 碭縣까지 쫓다가 큰 늪에 들어가 길을 잃고 헤매어 나가는 곳을 알 수 없었습니다. 그곳에 어부가 있었는데 문공이 말하기를 '나는 네 임금인데 길을 장차 어디로 나가야 하겠는가? 내가 장차 너에게 후히 상을 줄 것이다.'라고 하자, 어부가 말하기를 '신이 올릴 말이 있습니다.'라고 하였습니다.

문공이 '이 늪에서 나가게 되면 네 말을 들어주겠다.'라고 하여, 이에 늪에서 빠져나가게 해주었는데, 문공이 말하기를 '지금 그대가 과인을 가르치려고 하는 것은 무엇인가? 그대에게 듣기를 원한다.'라고 하였습니다.

어부가 말하기를 '큰기러기와 고니가 河海에서 살다가 싫어져서 작은 늪으로 이사를 하면 주살과 탄환을 맞을 근심이 있고, 자라와 악어가 깊은 연못에서 살다가 싫어져서 얕은 개천으로 나가면 반드시 낚시와 화살에 맞을 근심이 있습니다. 지금 임금께서 짐승 잡으러 탕현에 나와서 이곳까지 들어오셨으니 어째서 이렇게 먼 곳까지 행차하셨습니까?'라고 하니, 문공이 말하기를 '훌륭하다.'라고 하고, 수행한 자에게 어부의 이름을 기록하라고 말하였습니다. 어부가 말하기를 '임금께서는 어찌 이름을 기록하라고 하십니까? 임금께서 하늘을 존숭하고 땅을 섬겨서 사직을 공경하고 사방 나라를 보호하고 만민을 사랑하여 세금을 적게 거두고 조세를 가볍게 하시면 신도 그 속에 들게 될 것입니다. 그러나 임금께서 하늘을 존숭하지 않고 땅을 섬기지 않아 사직을 공경하지 않고 사해를 견고하게 하지 않아 밖으로는 제후에게 禮를 잃고 안으로는 민심을 어기시면 온 나라가 망하는 데로 흘러갈 것이니, 제가 비록 후하게 상을 받더라도 보존할 수 없을 것입니다.'라고 하고, 마침내 사양하고 받지 않았습니다."

태종이 말하였다. "경의 말이 옳소."

【集論】

愚按 惠王移民移粟[50]을 孟子不許其仁하고 子産濟人溱洧[51]를 孟子譏其不知爲政하니 夫使梁國有九年之儲하고 子産有輿梁之政이어든 安用區區之小惠哉아 善乎라 太宗曰 人得

營生은 卽朕所賜니 若科差不已하면 雖賞賜不如不得이여 此可謂知爲政之本矣라 愚觀後世之君컨대 有賜民今年田租者하고 有賜民爵賜民帛者[52)]하니 夫耕田鑿井之民이 尙不知帝力之何有어늘 彼有限之賜가 何足以周無窮之民乎아

내가 살펴보건대, 梁 惠王이 백성을 옮기고 곡식을 옮긴 것을 두고 孟子는 仁으로 인정하지 않고, 子產이 자기 수레로 溱水와 洧水에서 사람들을 건네준 것을 두고 맹자는 그가 정치를 할 줄 모른다고 비판하였다. 만일 梁나라에 9년의 저축이 있고, 자산이 수레가 다닐 만한 다리를 만들었다면 어찌 보잘것없는 작은 은혜를 베풀었겠는가.

太宗이 말한 "사람들이 생업을 꾸림은 곧 짐이 내려준 것이니, 만약 科稅하고 差役하기를 그치지 않으면 비록 상을 내려주어도 상을 안 받는 것만 못할 것이다."라고 말한 것이 훌륭하구나. 이는 정치를 하는 근본을 알았다고 말할 수 있다.

내가 후세의 임금을 보건대 백성에게 금년의 농지세를 면제해준 경우가 있었으며, 백성에게 작위를 내려주고 백성에게 비단을 내려준 경우가 있었다. 밭을 경작하고 우물을 파서 생활하는 백성이 오히려 제왕의 힘이 무엇이 있는지를 알지 못하는데, 저 한정이 있는 포상으로 어찌 한정이 없는 백성을 구휼할 수 있겠는가.

## 2-11-1

貞觀九年에 太宗謂侍臣曰 往昔初平京師①에 宮中美女珍玩이 無院不滿호대 煬帝가 意猶不足하여 徵求無已②하고 兼東西征討하여 窮兵黷武③하니 百姓不堪하여 遂致亡滅이라 此皆朕所目見이라 故夙夜孜孜④하여 惟欲清淨하여 使天下無事하여 遂得傜役不興하고 年穀豐稔하여 百姓安樂(락)⑤이라 夫治國은 猶如栽樹⑥하여 本根不搖하면 則枝葉茂榮⑦하나니 君能清淨하면 百姓何得不安樂乎리오

---

50) 惠王移民移粟 : 救荒 정치를 말한 것이다. 《孟子》〈梁惠王 上〉에 보인다.

51) 子產濟人溱洧 : 《孟子》〈離婁 下〉에 "子產이 鄭나라의 정사를 다스릴 적에 자기가 타는 수레를 가지고 溱水와 洧水에서 사람들을 건네주었다.〔子產聽鄭國之政 以其乘輿濟人於溱洧〕"라고 하였다.

52) 有賜民今年田租者 有賜民爵賜民帛者 : 漢나라 文帝의 훌륭한 정사를 말한다. 漢 文帝 즉위년(B.C. 180)에 "짐이 처음 즉위하였으니 천하에 사면령을 내리고 백성에게 작위 1급을 내린다.〔朕初卽位 其赦天下 賜民爵一級〕"라 하였고, 13년(B.C. 167)에 "농지세를 면제하고 천하의 고아 과부에게 비단과 솜을 내려주었다.〔其除田之租稅 賜天下孤寡布帛絮〕"라고 하였다. 《漢書 권4 文帝紀》

① 往昔初平京師：師, 衆也. 周都鎬京, 後世因以天子建都之地曰京師. 此指長安隋之都而言也.
師는 무리이다. 周나라는 鎬京에 도읍하였는데, 후대에 이를 인하여 천자가 도읍을 건설한 곳을 '京師'라고 한다. 여기서는 隋나라의 도읍 長安을 가리켜서 말한 것이다.
② 徵求無已：徵, 平聲, 召也.
徵은 平聲이니, 부른다는 뜻이다.
③ 窮兵黷武：黷, 音瀆.
黷(더럽히다)은 음이 瀆이다.
④ 故夙夜孜孜：竝音玆, 篤意也.
〈孜孜는〉 모두 음이 玆이니, 뜻을 돈독하게 하는 것이다.
⑤ 安樂(락)：音洛, 後同.
〈樂(즐기다)은〉 음이 洛이다. 뒤에도 같다.
⑥ 夫治國 猶如栽樹：夫, 音扶.
夫(발어사)는 음이 扶이다.
⑦ 茂榮：一作盛.
〈榮은〉 어떤 본에는 盛으로 되어 있다.

정관 9년(635)에 太宗이 근신에게 말하였다.

"예전에 처음 隋나라 도성을 평정했을 때 대궐 안은 미녀와 진귀한 보물이 건물마다 가득 차지 않은 곳이 없었으나, 隋 煬帝는 마음에 오히려 부족하게 여겨 끊임없이 징발하였고, 겸하여 동서로 정벌을 하여 군사를 동원해 함부로 전쟁을 일으켰으니, 백성이 감당하지 못하여 마침내 멸망에 이르렀소.

이는 모두 짐이 목격한 것이오. 그러므로 짐이 아침 일찍부터 저녁까지 뜻을 돈독히 하고 오직 깨끗하여 천하에 일이 없게 하고자 하여 마침내 요역을 일으키지 않았고, 곡식은 풍년이 들어 백성들이 안락하게 되었소. 나라를 다스리는 것은 나무를 기르는 것과 같아서 뿌리가 흔들리지 않으면 가지와 잎이 무성해지니, 임금이 깨끗하면 백성들이 어찌 안락하지 않겠소."

**【集論】**

愚按 孟子曰 其爲人也多欲하면 雖有存焉者나 寡矣라하니 人莫不然이나 而君天下者가 尤甚焉이라 夫峻宇雕墻[53]은 本於宮室하고 酒池肉林[54]은 本於飮食하고 淫虐嚴酷은 本於刑罰하고

53) 峻宇雕墻：≪書經≫ 〈夏書 五子之歌〉에 "안으로 여색에 빠지고 밖으로 사냥에 빠지고, 술을

窮兵黷武는 本於征伐하니 自古亡國喪家之君은 未有不由多欲者也라 桀은 以多欲而亡하고 成湯은 反之而興하며 紂는 以多欲而亡하고 武王은 反之而興하며 煬帝는 多欲而亡하고 太宗은 反之而興하니 夫太宗之寡欲은 非能如湯武也요 不過勉强行之耳로되 猶能身致盛治하여 歷年數百이어늘 況於眞知實踐者乎아

내가 살펴보건대, ≪孟子≫ 〈盡心 下〉에 "사람이 욕심이 많으면 비록 본심을 보존함이 있더라도 〈보존함이〉 적을 것이다."라고 하니, 사람 중에 그렇지 않은 자가 없으나 천하에 임금이 된 자가 더욱 심하다.

집을 높이 짓고 담장을 조각하는 것은 궁중에서 근본하였고, 술이 못을 이루고 매단 고기가 숲을 이루는 것은 임금의 음식에서 근본하였으며, 지나치게 혹독하여 잔인한 것은 형벌에서 근본하였고, 군사를 동원하여 함부로 전쟁을 하는 것은 본래 정벌에서 근본하였으니, 예부터 국가를 망치는 임금은 욕심이 많은 데에서 비롯되지 않은 경우가 없었다.

桀王은 욕심이 많아서 망하였고 成湯은 그와 반대로 하여 흥성하였으며, 紂王은 욕심이 많아서 망하였고 武王은 그와 반대로 하여 흥성하였으며, 煬帝는 욕심이 많아서 망하였고 太宗은 그와 반대로 하여 흥성하였다. 태종이 욕심을 적게 한 것으로 보자면 탕왕과 무왕만큼은 못 되고 힘써 실천한 것에 불과하였지만, 그래도 몸소 성대한 치적을 이루어 수백 년 동안 나라를 유지할 수 있었는데, 더구나 진실로 실천할 줄을 아는 자에 있어서야 말할 것이 있겠는가.

## 2-12-1

貞觀十六年에 太宗謂侍臣曰 或君亂於上하고 臣理於下하며 或臣亂於下하고 君理於上하니 二者苟逢이면 何者爲甚이리오 特進魏徵對曰 君心理하면 則照見下非하여 誅一勸百하리니 誰敢不畏威盡力이리잇가 若昏暴於上하여 忠諫不從하면 雖百里奚伍子胥之在虞吳라도 不救其禍요 敗亡亦繼①하리이다 太宗曰 必如此인댄 齊文宣은 昏暴호대

---

달게 여기고 음악을 좋아하며, 집을 높이 짓고 담장을 조각하는 것은 이 중에 한 가지만 있어도 혹 망하지 않는 이가 없다.〔內作色荒 外作禽荒 甘酒嗜音 峻宇彫牆 有一於此 未或不亡〕"라고 하였다.

54) 酒池肉林 : ≪史記≫ 〈殷本紀〉에 "술로 못을 만들고 고기를 걸어 숲을 만들었다.〔以酒爲池 縣肉爲林〕"라고 하였다.

**楊遵彦**이 **以正道扶之得理**는 **何也**②오 **徵曰 遵彦**이 **彌縫暴主**하여 **救理蒼生**이나 **纔得免亂**이요 **亦甚危苦**니 **與人主嚴明**하고 **臣下畏法**하여 **直言正諫**이 **皆見信用**으로 **不可同年而語也**니이다

① 雖百里奚伍子胥之在虞吳……敗亡亦繼：一作促. 虞・吳, 二國名. 百里奚, 虞之賢臣. 晉假道於虞以伐虢, 欲幷取虞. 百里奚知虞公之不可諫, 而去之秦. 後果爲晉所滅. 伍子胥, 名員(운), 楚人, 吳之賢臣. 吳王夫差伐越, 越請和. 子胥諫, 吳王不聽, 與越平. 復欲伐齊, 子胥以爲不可, 吳王又不聽. 太宰嚭(비)譖子胥於王, 王賜劍使自死. 後吳爲越王勾踐所滅.
〈繼는〉 어떤 본에는 促으로 되어 있다. 虞・吳는 두 나라 이름이다. 百里奚는 虞나라의 어진 신하이다. 晉나라가 虞나라에게 길을 빌려 虢나라를 치겠다고 하고는 아울러 虞나라를 취하려고 하였다. 백리해는 虞公에게 간언할 수 없음을 알고 虞나라를 떠나 秦나라로 갔다. 그 후에 과연 虞나라는 晉나라에게 멸망당하였다.
伍子胥는 이름이 員이니, 楚나라 사람이고 吳나라의 어진 신하이다. 吳王 夫差가 越나라를 치자 越나라가 화친을 청하였다. 오자서가 간언하였으나 오왕이 따르지 않고 越나라와 평화조약을 맺었다. 다시 齊나라를 치려고 하자 오자서가 옳지 않다고 말하였으나 오왕이 또 따르지 않았다. 太宰 嚭가 오왕에게 오자서를 참소하자, 오왕이 검을 내려 오자서에게 스스로 목숨을 끊도록 하였다. 후에 오나라는 越王 勾踐에게 멸망당하였다.

② 齊文宣……何也：齊文宣, 姓高, 名洋, 東魏臣. 襲其父歡, 位封齊王, 受魏禪, 國號齊. 楊遵彦, 名愔(음), 仕齊爲尙書令. 文宣以功業自矜, 遂嗜酒淫泆, 肆行强暴, 而能委政楊愔, 總攝機衡, 百度修飭. 時人皆言 "主昏於上. 政淸於下."
北齊의 文宣帝(529~559)는 성이 高이며 이름은 洋이니, 東魏의 신하였다. 아버지 高歡을 이어서 지위가 齊王에 봉해졌고 魏나라를 신양받아 국호를 齊라고 하였다. 楊遵彦은 이름이 愔이니, 齊나라에 벼슬하여 尙書令이 되었다. 문선제가 공적을 자랑하여 마침내 술을 즐기고 음탕한 행동을 하였으며, 방자한 행동을 하고 포악한 짓을 하였으나 楊愔에게 정사를 맡겨 機衡(중추 직위)을 총괄하게 하니, 모든 일이 잘 다스려졌다. 당시 사람들이 모두 말하기를 "군주는 위에서 어두운데 정사는 아래에서 맑구나."라고 하였다.

貞觀 16년(642)에 太宗이 근신에게 말하였다.

"혹은 임금은 위에서 어지럽게 하고 신하는 아래에서 다스리며, 혹은 신하는 아래에서 어지럽게 하고 임금은 위에서 다스리니, 만약 이 두 가지 경우를 만나게 되면 어느 것이 더 심한 것이오?"

特進 魏徵이 대답하였다.

"임금의 마음이 다스려지면 아래의 잘못을 환히 보아서 한 사람을 죽여 백 사람을 권면할 것이니, 누가 감히 위엄을 두려워하여 힘을 다하지 않겠습니까.

만약 임금이 위에서 어둡고 포악하여 충성스러운 간언을 따르지 않으면 비록 百里奚와 伍子胥가 虞나라와 吳나라에 있었지만 그 재앙을 구하지 못하였을 뿐만 아니라, 국가의 패망이 또한 뒤따르게 하였던 것처럼 될 것입니다."

태종이 말하였다.

"반드시 이와 같다면 北齊의 文宣帝가 어둡고 포악했지만 楊遵彦이 바른길로 도와서 다스려지게 된 것은 무엇이오?"

위징이 대답하였다.

"양준언이 포악한 군주를 이리저리 주선하여 백성들을 다스려 구제했으나 겨우 혼란을 면할 수 있었고, 또한 심히 위태로워 고생하였으니, 이는 임금은 밝고 엄격하며 신하들은 국법을 두려워하여 곧은 말과 올바른 간언이 모두 군주의 신임을 받아 쓰인 것과는 같은 수준에서 말할 수 없습니다."

【集論】

林氏之奇曰 君者는 臣之綱이라 君正則臣正하니 未有綱之不正하고 而能使其目之正者라 然則君苟自亂하면 安能使其臣之治也리오 鄭公之言은 可謂得夫正綱之道어늘 而太宗이 乃以齊文宣得楊遵彦으로 爲君亂臣治之比하니 殊不知彼之所爲가 才能救其亡耳라 烏足以爲治哉아 孔子言 衛靈公之無道어늘 康子曰 夫如是어니 奚而不喪가하니 孔子曰 仲叔圉는 治賓客하고 祝鮀는 治宗廟하고 王孫賈는 治軍旅하니 夫如是어니 奚其喪[55]이리오하시니 是亦君亂而臣治라 然止於不喪而已니 安能以興邦乎아

林之奇가 말하였다.

"임금은 신하의 벼리(그물의 밧줄)이다. 임금이 바르면 신하가 바르니, 벼리가 바르지 않은데 그물눈을 바르게 할 수 있는 경우는 없다. 그렇다면 임금이 만약 스스로 어지럽게 한다면 어찌 신하가 다스려지게 할 수 있겠는가. 鄭公(魏徵)의 말은 '벼리를 바르게 하는 도를 얻었다.'라고 말할 만하다.

그러나 太宗이 이에 齊나라 文宣帝가 楊遵彦을 얻은 것으로 임금이 〈위에서〉 어지럽게 하였으나 신하가 〈아래에서〉 다스린 것과 비교를 하였으니, 저들이 한 것은 겨우 망하는 것을 구제한 것에 지나지 않음을 전혀 알지 못한 것이다. 그러니 어찌 다

55) 孔子言衛靈公……奚其喪 : ≪論語≫ 〈憲問〉에 보인다.

스렸다고 말할 수 있겠는가.

孔子가 衛靈公이 도가 없다고 말하자, 季康子가 말하기를 '이와 같은데도 어찌하여 지위를 잃지 않는 것입니까?'라고 하자, 공자가 말하기를 '仲叔圉는 빈객을 다스리고, 祝鮀는 宗廟를 다스리고, 王孫賈는 군대를 다스렸습니다. 이와 같으니, 어찌 그 지위를 잃겠습니까.'라고 하였으니, 이는 또한 임금은 어지럽게 하고 신하는 다스린 것이다. 그러나 잃지 않는데 그쳤을 뿐이니, 어찌 나라를 일으킬 수 있겠는가."

愚按 書曰 后克艱厥后하고 臣克艱厥臣이라야 政乃乂하여 黎民敏德이라하니 君臣相須라야 以成至治니 此元首股肱所由以取喩也라 太宗之言이 未爲知要니 夫君亂臣理는 此季世之所見也라 求之古先盛時하면 太甲이 欲敗度縱敗禮[56)]하니 可以言亂이나 必有元聖大臣이 如伊尹之匡救하여 遂終爲賢君이요 降此하면 則魏徵所謂才得免亂爾라 若夫君理臣亂은 尤無是理라 君能理矣하여 明其政刑하면 臣何自亂이리오 臣之亂政은 由君之未理也라

내가 살펴보건대, ≪書經≫ 〈虞書 大禹謨〉에 말하기를 "임금은 임금이 되는 것을 어렵게 여기며 신하는 신하가 되는 것을 어렵게 여겨야 정사가 다스려져서 백성들이 덕에 속히 교화될 것입니다."라고 하였다. 임금과 신하가 서로 의존하여야 지극한 치세를 이룰 수 있으니, 이는 임금과 신하가 의지하는 것으로써 비유를 취한 것이다.

太宗의 말은 요점을 알지 못한 것이니, 임금이 어지럽게 하고 신하가 다스리는 것은 말세에 나타나는 것이다. 옛날 先代의 성대한 시기에서 찾아보면 太甲이 욕심으로 법도를 무너뜨리고 방종함으로 禮를 무너뜨렸으니 혼란하다고 말할 수 있다. 그러나 이윤과 같이 태갑의 잘못을 바로잡고 구원하는 元聖(湯王)의 大臣이 반드시 있었기 때문에 마침내 어진 임금이 되었다. 여기에서 내려가면 위징이 말한바 '겨우 어지러움을 면할 수 있다.'라는 것일 뿐이다.

그런데 임금이 다스리고 신하가 어지럽게 하는 것은 더욱 그럴 리가 없다. 임금이 잘 다스려서 정치와 형벌을 명백히 하면 신하가 어찌 스스로 어지럽게 하겠는가. 신하가 정사를 어지럽게 하는 것은 임금이 다스리지 못한 데서 비롯된 것이다.

### 2-13-1

貞觀十九年에 太宗謂侍臣曰 朕이 觀古來帝王하니 驕矜而取敗者를 不可勝數①라

56) 欲敗度縱敗禮 : ≪書經≫ 〈商書 太甲 中〉에 보인다.

**不能遠述古昔**이요 **至如晉武平吳**②[57]하고 **隋文伐陳**③**已後**에 **心逾驕奢**하여 **自矜諸己**하니 **臣下不復敢言**하여 **政道因茲弛紊**④이라 **朕**이 **自平定突厥破高麗已後**⑤로 **兼幷鐵勒**⑥하고 **席卷沙漠**하여 **以爲州縣**하니 **夷狄遠服**하여 **聲教益廣**이라 **朕**은 **恐懷驕矜**하여 **恒自抑折**⑦하고 **日旰而食**⑧하고 **坐以待晨**하여 **每思臣下有讜言直諫**⑨이 **可以施於政教者**⑩하면 **當拭目**하여 **以師友待之**⑪하니 **如此**하면 **庶幾於時康道泰爾**⑫로다

① 勝數 : 上, 平聲. 下, 上聲.
위의 勝(감당하다)은 平聲이다. 아래의 數(헤아리다)는 上聲이다.

② 至如晉武平吳 : 見君道篇註.
〈至如晉武平吳는〉 본서 제1편 〈論君道〉의 註에 보인다.

③ 隋文伐陳 : 陳後主之世亡滅之.
陳나라 後主의 시대를 멸망시킨 것이다.

④ 弛紊 : 上, 音矢. 下, 音汶, 散亂也.
위의 弛(풀리다)는 음이 矢이다. 아래의 紊은 음이 汶이니, 흩어져 어지러움이다.

⑤ 自平定突厥破高麗已後 : 麗, 平聲. 凡言高麗竝同. 高麗, 東夷國名, 本扶餘別種, 居遼東. 周封箕子之國也. 今爲鎭東省.
麗(나라 이름)는 平聲이니, 〈高麗는〉 일반적으로 高麗(高句麗)라고 말하는 것과 동일하다. 高麗는 東夷의 나라 이름으로, 본래 夫餘에서 갈라진 종족이며 遼東에 거주하였다. 周나라가 箕子를 봉해준 나라이다. 지금 鎭東省이다.

⑥ 兼幷鐵勒 : 鐵勒, 匈奴苗裔, 其種類多居西海之北, 突厥北部也. 太宗旣平其國, 卽其部落, 列置州縣, 號爲羈縻, 以其首領爲都督刺史, 皆得世襲. 凡四夷內屬者, 皆然也.
鐵勒은 匈奴의 후예인데, 그 종족이 대부분 西海의 북쪽에 거주하니 돌궐의 북부이다. 太宗이 그 나라를 평정하고 나서 곧 그 부락에 주와 현을 나열해 설치하여 부르기를 羈縻(명분만 속국인 나라)라 하고, 그 수령으로 都督과 刺史를 삼아서 모두 세습하게 하였다. 무릇 四夷로서 唐나라에 內屬한 자들은 모두 그렇게 하였다.

⑦ 恒自抑折 : 音舌.
〈折(절제하다)은〉 음이 舌이다.

⑧ 日旰而食 : 旰, 音幹, 晚也.
旰은 음이 幹이니, 늦다는 뜻이다.

⑨ 每思臣下有讜言直諫 : 讜, 音黨, 亦直也.
讜은 음이 黨이니, 또한 바르다는 뜻이다.

---

57) 晉武平吳 : 晉나라 武帝 司馬炎이 吳나라 군주 孫皓에게 항복을 받아 중국을 통일하였으나, 재물을 탐하고 돈을 좋아하여 지나친 행동을 일삼고 부패하였다. 그가 죽고 오래되지 않아 중국이 다시 분열하여 혼란한 국면으로 접어들었다.

⑩ 可以施 : 施, 平聲.
施(베풀다)는 平聲이다.
⑪ 以師友待之 : 一無友字.
어떤 본에는 友자가 없다.
⑫ 庶幾於時康道泰爾 : 幾, 平聲.
幾(거의)는 平聲이다.

貞觀 19년(645)에 太宗이 근신에게 말하였다.

"짐이 옛 제왕을 살펴보니, 교만하고 자만하여 실패한 자를 이루 다 헤아릴 수 없소. 멀리 옛일을 진술할 것도 없소. 예컨대 晉나라 武帝(司馬炎)가 吳나라를 평정하고 隋나라 文帝가 陳나라를 쳐서 멸망시킨 뒤에 마음이 더욱 교만하고 사치해져 스스로를 자랑스러워하였는데, 신하들이 감히 다시 말하지 못하여 정치의 도리가 이 때문에 흩어져 어지럽게 되었소.

짐이 突厥을 평정하고 高句麗를 격파한 후로 鐵勒을 겸병하고 사막을 휩쓸고서 州와 縣을 설치하니, 夷狄이 멀리에서 복종하여 덕의 교화가 더욱 넓어졌소. 짐은 교만과 자만심이 생길까 두려워서 늘 자신을 억제하고 해가 저물어서야 밥을 먹고, 앉아서 새벽을 기다리며 신하들의 바른말과 곧은 간언 중에 정치 교화에 베풀 만한 것이 있으면 눈을 닦고 자세히 보아서 師友로 대우할 것을 늘 생각하니, 이와 같이 하면 거의 시대가 편안하고 도가 통하게 될 것이오."

**【集論】**

愚按 是時에 魏徵既死하니 諫諍之臣이 漸少라 高麗雖破나 忿兵[58]之興未已라 既破鐵勒하얀 自謂雪恥酬百王하고 除兇報千古라하니 其驕矜滿溢之意가 固形於歌詠矣라 然猶能日旰而食하고 坐以待晨하여 俾群臣讜言直諫하여 欲以師友待之하니 嗚呼라 此所以克終盛治하고 不失令名하여 有晉武隋文之功하고 而無晉武隋文之禍歟인저

58) 忿兵 : ≪漢書≫ 권74 〈魏相傳〉에 "적이 우리를 공격해서 어쩔 수 없이 대응하는 군대를 應兵이라고 하는데 군대가 어쩔 수 없이 응전하는 경우에는 승리하고, 사소한 일로 다투어 분을 참지 못하는 것을 忿兵이라고 하는데 군대가 분을 참지 못해 응전하는 경우에는 패한다.〔敵加於己 不得已而應之 謂之應兵 兵應者勝 爭恨小故 不忍忿憤者 謂之忿兵 兵忿者敗〕"라고 보인다.

내가 살펴보건대, 이때 위징이 죽고 나자 간쟁하는 신하가 점점 적어졌다. 高句麗를 비록 격파하였으나 忿兵을 끊임없이 일으켰다. 鐵勒을 격파하고 나서는[59] 太宗이 스스로 말하기를 '설욕하여 역대 제왕들에게 보답하고, 흉적을 제거하여 천고에 보답하였다.'라고 하였으니, 그의 교만과 자긍이 가득 차 넘치는 뜻이 진실로 노래하여 읊조리는 데에 나타났다.

그러나 오히려 해가 저물어서야 식사를 하고 앉은 채로 새벽을 맞이하여, 여러 신하들에게 정직한 말과 곧은 간언을 하도록 하여 師友로 대우하려고 하였다. 아, 이것이 마침내 성대하게 다스릴 수 있고 아름다운 명예를 잃지 않아 晉 武帝와 隋 文帝의 공로는 있고 진 무제와 수 문제가 겪었던 재앙은 없었던 이유이다.

### 2-14-1

**太宗自卽位之始**로 **霜旱爲災**하여 **米穀踊貴**하고 **突厥侵擾**[60]하여 **州縣騷然**하니 **帝志在憂人**하여 **銳精爲政**하며 **崇尙節儉**하며 **大布恩德**이러라 **是時**에 **自京師**로 **及河東**①**河南**②**隴右**③히 **饑饉尤甚**④하여 **一匹絹**에 **纔得一斗米**라 **百姓雖東西逐食**이나 **未嘗嗟怨**하여 **莫不自安**이러니 **至貞觀三年**하여 **關中**⑤**豐熟**하여 **咸自歸鄕**하여 **竟無一人逃散**하니 **其得人心**이 **如此**요 **加以從諫如流**하고 **雅好儒術**⑥하여 **孜孜求士**하여 **務在擇官**하고 **改革舊弊**하여 **興復制度**하니 **每因一事**하여 **觸類爲善**이러라

① 河東：古冀州之域, 今河東道.
河東은 옛 冀州의 지역이니, 지금 河東道이다.

② 河南：古兗州之域, 今河南等處.
河南은 옛 兗州의 지역이니, 지금 河南 등의 지역이다.

③ 隴右：古梁州之域, 今陝西等處.
隴右는 옛 梁州의 지역이니, 지금 陝西 등의 지역이다.

④ 饑饉尤甚：饑, 音飢. 饉, 音僅. 穀不熟曰饑, 菜不熟曰饉.
饑는 음이 飢이고, 饉은 음이 僅이다. 곡식이 익지 않은 것을 饑라 하고, 채소가 익지 않

---

59) 鐵勒을……나서는：여기서 鐵勒은 철륵(투르크)의 한 부족인 薛延陀를 가리킨다. 당시 몽골 고원에서 설연타가 철륵의 여러 부족을 지배하고 있었다. 645년 唐 太宗이 고구려를 원정하였는데, 이해 설연타의 可汗이 죽자 唐나라는 이를 틈타 설연타를 공격하여 멸망시켰다.

60) 突厥侵擾：626년 太宗이 즉위한 지 얼마 안 되어 돌궐이 長安 근처 渭水까지 침입하여 장안 사람들이 소란했던 일을 말한다.

은 것을 饉이라고 한다.

⑤ 關中 : 漢書, 關中左殽・函, 右隴・蜀. 太宗分天下爲十道, 此爲關西, 唐建都之地也, 今陝西省.
≪漢書≫ 권40 〈張陳王周列傳〉에 "관중의 왼쪽이 殽山과 函谷關이고 오른쪽이 隴과 蜀이다."라고 하였다. 太宗이 천하를 나누어 10道로 만들었는데, 여기는 關西이다. 唐나라가 도읍을 세운 곳이니 지금의 陝西省이다.

⑥ 雅好儒術 : 一作學. 好, 去聲.
〈術은〉 어떤 본에는 學으로 되어 있다. 好(좋아하다)는 去聲이다.

太宗이 즉위한 초기부터 서리와 가뭄의 재앙이 있어 곡식 값이 뛰고 突厥이 침략하여 주현이 소란하였다. 태종은 마음이 백성들을 걱정하는 데 있어서 정신을 가다듬어 정치를 하며, 근검절약을 숭상하고 크게 은덕을 폈다.

이때에 장안으로부터 河東・河南・隴右에 이르기까지 기근이 더욱 심해 비단 한 필에 겨우 쌀 한 말을 얻을 수 있었다. 백성들이 비록 동서로 먹을 것을 찾아다녔지만 조금도 원망하거나 한탄한 적이 없어 스스로 평안하지 않은 자가 없었다. 貞觀 3년(629)이 되자 關中 지역이 풍년이 들어 모두 스스로 고향으로 돌아가고 마침내 한 사람도 도주해 흩어진 자가 없었으니, 태종이 인심을 얻은 것이 이와 같았다.

게다가 마치 물이 흐르듯이 간언을 잘 따르고 평소 儒術을 좋아하여 부지런히 선비를 찾아서 관원을 발탁하는 데 힘썼으며 과거의 폐단을 개혁하여 제도를 부흥시키니, 매번 한 가지 일로 인해 유사한 일을 만날 때마다 잘 처리하였다.

**初**에 **息隱海陵之黨**⑦이 **同謀害太宗者**가 **數百千人**이나 **事寧**[61]에 **復引居左右近侍**어늘 **心術豁然**하여 **不有疑阻**하니 **時論**이 **以爲能斷決大事**하여 **得帝王之體**러라 **深惡**(오)**官吏貪濁**⑧하여 **有枉法受財者**하면 **必無赦免**하고 **在京流外**[62]에 **有犯贓者**면 **皆遣執奏**하여 **隨其所犯**하여 **置以重法**하니 **由是**로 **官吏**가 **多自淸謹**이러라 **制馭王公妃主之家**와 **大**

61) 事寧 : 玄武門의 變이 성공했음을 말한 것이다. 이 일은 武德 9년(626) 6월에 李世民이 병사를 이끌고 玄武門에 들어가 태자 李建成 및 齊王 李元吉을 죽여서 일단락되자, 高祖가 이세민을 황태자로 삼았다.

62) 流外 : 隋唐시대 9品 이하 官員의 通稱이다. 京師 官署의 吏員은 대부분 流外官으로 充任하였다.

姓豪猾之伍하니 皆畏威屏跡⑨하여 無敢侵欺細人하고 商旅野次호되 無復盜賊하고 囹圄常空⑩하고 馬牛布野하며 外戶不閉요 又頻致豐稔하여 米斗三四錢이라 行旅自京師로 至于嶺表⑪하며 自山東으로 至于滄海⑫히 皆不賫粮하고 取給於路하고 入山東村落하여 行客經過者⑬는 必厚加供待⑭하며 或發時有贈遺⑮하니 此皆古昔未有也라

⑦ 息隱海陵之黨：息隱, 高祖長子也, 名建成. 初立爲皇太子. 海陵, 高祖第四子也, 名元吉. 初封齊王. 建成荒色嗜酒, 畋遊無度, 見秦王功高, 與元吉謀害秦王. 秦王知之, 遂殺二人. 既卽帝位, 乃封建成爲息王, 諡曰隱. 元吉爲海陵王, 諡曰剌(랄).

息隱은 高祖의 장자이니, 이름은 建成이다. 처음에 황태자로 세워졌다. 海陵은 高祖의 넷째 아들이니, 이름은 元吉이다. 처음에 齊王에 봉해졌다. 李建成이 여색에 빠지고 술을 즐기며 사냥을 나가는 것이 한도가 없었다. 秦王(太宗)의 공이 높은 것을 보고 李元吉과 도모하여 진왕을 해치려고 하였는데, 진왕이 이를 알아차리고 마침내 두 사람을 죽였다. 황제에 즉위하고 나서 이건성을 봉하여 息王으로 삼고 시호를 隱이라고 하였다. 이원길은 海陵王으로 삼고 시호를 剌이라고 하였다.

⑧ 深惡(오)官吏貪濁：惡, 烏去聲.

惡(미워하다)는 烏의 去聲이다.

⑨ 皆畏威屛跡：屛, 音餠.

屛(가리다)은 음이 餠이다.

⑩ 囹圄常空：囹, 音零. 圄, 音語. 周獄名也.

囹은 음이 零이고, 圄는 음이 語이다. 〈囹圄는〉 周나라의 감옥 이름이다.

⑪ 至于嶺表：五嶺之外, 今二廣之地.

〈嶺表는〉 五嶺의 밖이니, 지금 二廣(廣東과 廣西)의 땅이다.

⑫ 至于滄海：山東, 古冀州之域, 今濟南等路. 滄海, 東海之名也.

山東은 옛 冀州의 지역이니, 지금 濟南路 등이다. 滄海는 東海의 이름이다.

⑬ 行客經過者：過, 平聲.

過(지나다)는 平聲이다.

⑭ 必厚加供待：供, 平聲.

供(제공하다)은 平聲이다.

⑮ 或發時有贈遺：去聲, 饋送也.

〈遺는〉 去聲이니, 음식을 주어서 보낸다는 뜻이다.

애초에 高祖의 장자인 息隱王(이건성)과 넷째 아들인 海陵王(이원길)의 무리로서 太宗을 해치려고 함께 모의한 자가 수백 명에서 수천 명에 이르렀지만 일이 평정되자 다시 데려다 측근에 두고 가까이에서 모시게 하였는데, 태종은

마음이 트여서 의심하거나 멀리하지 않으니, 당시 여론이 그가 大事를 잘 결단하여 제왕으로서의 체통을 얻었다고 하였다. 貪官汚吏를 매우 싫어하여 법을 악용해 재물을 받은 자가 있으면 반드시 사면하지 않았고, 서울에 있는 流外官 중에 뇌물죄를 범한 자가 있으면 모두 아뢰게 하여 침해한 정도에 따라 엄중한 법을 시행하였다. 이로 말미암아 관리들이 대부분 저절로 청렴하고 근신해졌다.

태종이 왕공·후비·공주의 집안과 世家와 매우 교활한 무리를 통제하니, 모두 위엄을 두려워하여 자취를 감춰 감히 백성들을 침탈하거나 속이는 경우가 없었고, 상인과 나그네가 들에서 머물더라도 다시 도적이 없었으며, 감옥은 늘 텅 비었고, 말과 소는 산과 들에 널려 있었고, 바깥문은 닫지 않았다. 또 자주 풍년이 들어서 쌀 한 말이 3, 4전에 불과하였다. 나그네는 장안에서 嶺表, 산동에서 동해에 이르기까지 모두 양식을 싸가지고 다닐 필요 없이 길에서 조달할 수 있었고 산동의 촌락에 들어가면 지나가는 나그네들을 반드시 후하게 대접해주었으며 혹 나그네가 떠날 때는 음식을 주어서 보내니, 이는 모두 옛날에 없던 일이다.

【集論】

歐陽氏脩曰 盛哉라 太宗之烈也여 其除隋之亂은 比迹湯武요 致治之美는 庶幾成康이로다 自古功德兼隆은 由漢以來으로 未之有也니 至其牽於多愛하여 復立浮屠하고 好大喜功하여 勤兵於遠은 此中材庸主之所常爲라 然春秋之法은 責備賢者라 是以後世君子의 欲成人之美者가 莫不嘆息於斯焉이라하다

歐陽脩가 말하였다.

"성대하다, 太宗의 공렬이여. 隋나라의 혼란을 제거한 일은 자취가 湯王과 武王에 견줄 수 있고, 치적을 이룩한 아름다움은 거의 成王과 康王에 가깝다. 예로부터 공과 덕이 겸하여 높은 것은 漢나라 이래로 아직 없었다. 태종에 이르러서는 后妃를 사랑하는 데 끌리고 또 불교를 일으켰으며, 큰일을 벌이기 좋아하고 큰 공적을 세우기 좋아하여 먼 곳에 用兵하여 전쟁을 하였으니, 이는 중간 재질의 어리석은 임금이 항상 하는 짓이다. 그러나 春秋의 필법은 어진 이에게 모든 善이 갖춰지기를 요구한다. 이

때문에 남의 아름다움을 이루어주려는 후세의 군자들이 이 점에 대해 탄식하지 않은 이가 없었다."

曾氏鞏曰 太宗之爲君也는 屈己從諫하여 仁心愛人하니 可謂有天下之志요 以租庸[63]任民하고 以府衛[64]任兵하며 以職事任官하고 以才能任職하며 以興義任俗하고 以尊本任衆이라 賦役有定制하고 兵農有定業하며 官無虛名하고 職無廢事라 人習於善行하고 離於末作하며 使之操於上者는 要而不煩하고 取於下者는 寡而易供이라 民有農之實하여 而兵之備存하고 有兵之名하여 而農之利在라 事之分有歸하여 而祿之出不浮하며 材之品不遺하여 而治之體相承이라 其廉恥日以篤하고 田野日以闢이라 以其法修則安且治하고 廢則危且亂하니 可謂有天下之材요 行之數歲에 粟米之賤이 斗至數錢하니 居者有餘蓄하고 行者有餘貲하여 人人自厚하여 幾於刑措하니 可謂有治天下之效를 有是三者로대 而不得與先王竝者는 法度之行과 禮樂之具와 田疇之制와 庠序之教가 擬之先王하면 未備也일새라 躬親行陣之間하여 戰必勝하고 攻必取하니 天下莫不以爲武나 而非先王之所尙也요 四夷萬古所未及以政者가 莫不服從하여 天下莫不以爲盛이나 而非先王之所務也라 太宗之爲政於天下者如此하니 其得失可睹矣라

曾鞏이 말하였다.

"太宗이 임금 노릇을 한 것은 자기를 굽히고 간언을 따라 어진 마음으로 사람을 사랑하였으니, 천하를 다스리는 뜻이라 할 만하다.

租庸을 백성에게 맡기고 府衛를 군대에 맡기며, 직분의 일을 관원에게 맡기고 재능 있는 사람에게 직책을 맡기며, 의리를 일으키는 일을 풍속에 맡기고 농업을 존중함을 대중에게 맡겼다. 조세와 부역에는 정해진 제도가 있고 兵事와 農事에는 정해진 일이 있으며, 관원은 헛된 명칭이 없고 직책은 폐기된 일이 없었다. 그래서 사람들은 선행을 익히고 상공업을 멀리하였으며, 위에서 잡고 있는 것은 요약하여 번거롭지 않게 하고 아래에서 취한 것은 적어서 공급하기 쉽게 하였다. 백성에게 농사의 실적이 있어 병사의 대비가 있게 되었고, 병사에 명분이 있어 농사의 이로움이 있게 되었

63) 租庸 : 租庸調 중 租와 庸을 가리킨 것이다. 조용조는 唐나라의 조세 제도 가운데 하나이다. 租는 토지를 대상으로 곡물에 부과하는 조세이고, 庸은 노역 대신 피륙으로 내는 세이며, 調는 戶를 대상으로 각지의 특산물을 내게 하는 것이다.

64) 府衛 : 北周・隋・唐의 府兵制이다. 府兵이 윤번제로 京師를 宿衛하므로 府兵을 府衛라고도 일컫는다.

다. 일의 분장은 귀속함이 있어 녹봉의 지출은 낭비됨이 없었으며, 인재의 품등은 버릴 것이 없어 정치의 체제는 서로 이어졌다. 예의와 염치가 날로 돈독해졌고 田野가 날로 개척되었다. 이 때문에 그 법이 닦이면 편안하고 또 다스려지며, 폐기되면 위태롭고 또 혼란하게 되었으니, 태종은 천하를 다스릴 재목이라고 말할 수 있다.

이를 몇 년 동안 행하자 곡식 값이 싸져서 한 말에 몇 전에 불과하였으며, 거류하는 자는 넉넉한 저축이 있었고 길을 가는 자는 넉넉한 재물이 있어서 사람들이 저절로 온후해져 거의 형벌을 쓰지 않게 되었으니, 천하를 다스리는 효과가 있었다고 말할 만하다.

이 세 가지가 있었으나 선왕들과 나란히 견줄 수 없는 것은 법도를 행하는 것과 예악을 갖추는 것, 토지의 제도와 학교의 가르침을 선왕들과 비교하면 아직 갖추어지지 못했기 때문이다. 몸소 친히 행군하는 동안 전쟁하면 반드시 승리하고 공격하면 반드시 취하니, 천하에서 무용이 있다고 칭찬하지 않는 사람이 없었으나 선왕이 숭상한 것은 아니고, 四夷에 옛날부터 정사가 미치지 못했던 곳까지 사람들이 복종하지 않는 경우가 없어서 천하에서 성대하다고 칭찬하지 않는 사람이 없었으나 선왕이 일삼은 것은 아니다. 태종이 천하에 정사를 한 것이 이와 같았으니, 그 득실을 알 수 있다."

司馬氏光曰 太宗이 文武之才로 高出前古하여 驅策英雄하고 網羅俊乂하며 好用善謀하고 樂聞直諫하여 拯民於水火之中하여 而措之衽席之上하고 使盜賊化爲君子하고 呻吟轉爲謳歌하며 衣食有餘하고 刑措不用하며 突厥之渠가 繫頸闕庭하고 北海之濱이 悉爲州縣하니 蓋三代以還으로 中國之盛이 未之有也라

司馬光이 말하였다.

"太宗이 학문과 무예의 재주로 前古에 높이 빼어나 영웅들을 부리고 준걸들을 망라하며, 좋은 계책을 쓰는 것을 좋아하고 직간을 듣는 것을 즐겨서, 백성들을 물과 불 같은 고난 속에서 건져서 이부자리 위에다 두고, 도적을 변화시켜서 군자가 되게 하고 신음을 바꾸어 노래하게 하며, 옷과 밥은 넉넉함이 있고 형벌은 버려 사용하지 않으며, 突厥의 우두머리가 대궐 뜰에서 목에 줄을 묶어 항복하고, 北海의 물가가 다 州와 縣이 되었으니, 三代 이후로 없던 中國의 성대함이다."

范氏祖禹曰 太宗이 以武撥亂하고 以仁勝殘하니 其材略이 優於漢高나 而規摹不及也요 恭

儉이 不若孝文이나 而功烈過之矣라 迹其性本彊悍이나 而能畏義而好賢하고 屈己以從諫하며 刻厲矯揉하고 力於爲善하니 此所以致貞觀之治也라 夫人主之所行은 其善惡是非가 在後世로되 當其時엔 不可得辨也라 老子曰 善人者는 不善人之師요 不善人者는 善人之資[65]라하니 人君이 擇其善者而從之하면 足以得師요 其不善者而戒之하면 足以爲資矣리라

范祖禹가 말하였다.

"太宗이 무력으로 혼란을 평정하고 仁으로 잔악한 자를 이겼으니, 그 재주와 책략은 漢나라 高祖보다 우수하였지만 규모는 미치지 못하였고, 공손하고 검소함은 孝文帝만 못하였지만 공열은 그보다 뛰어났다. 그 성품을 살펴보면 본래 강하고 굳세지만 義에 저촉할까 두려워하고 어진 이를 좋아하였으며, 자기를 굽혀 간언을 따르고 각고의 노력으로 자신을 바로잡았으며 선을 행하는 데에 힘썼으니, 이것이 貞觀의 치적을 이루게 된 까닭이다.

임금이 행하는 것은 선악과 시비가 후세에 남지만, 그 당시에는 분별을 하지 못한다. 老子가 '선인은 불선한 사람의 스승이며, 불선한 사람은 선인의 바탕이 된다.'라고 하였으니, 임금이 선한 자를 택하여 따르면 스승으로 삼기에 충분하고, 불선한 자를 경계하면 바탕으로 삼기에 충분할 것이다."

程氏祁曰 太宗擧兵五年에 定海內하여 率天下於仁壽富庶之域者하니 亦以天下之才로 爲天下之務而已라 觀其任王珪魏徵於仇讐하고 任褚亮李百藥於降虜하고 起劉洎馬周於疎遠하고 起張玄素孫伏伽於耆舊하여 委之以政하고 責之以功하며 諫無不從하고 謀無不獲하니 且太宗之才는 固非天下之所能及이라 然而不以此驕天下之士하고 惴惴然常若有所不逮하니 此其所以能爲三百年[66]之基也라

程祁가 말하였다.

"太宗이 전쟁을 한 지 5년 만에 海內를 평정하여 천하 사람들을 仁하여 天壽를 누리며 부유하고 무리지어 사는 경지로 이끌어갔으니, 또한 천하의 재주로 천하의 일을 했을 뿐이다. 살펴보면 태종은 王珪와 魏徵을 원수 중에서 임용하고, 褚亮과 李百藥을 항복한 오랑캐 중에서 임용하고, 劉洎와 馬周를 소원한 사람들 중에서 기용하

65) 善人者……善人之資 : ≪道德經≫ 27장에 보인다.

66) 三百年 : 唐나라가 통치한 대략 연도수를 말한 것이다. 唐나라는 618년에서 906년까지 290년을 통치하였다.

고, 張玄素와 孫伏伽를 원로 중에서 기용하여, 정사를 그들에게 맡기고 공을 그들에게 구하였으며, 간언은 따르지 않은 것이 없고 계책은 얻지 않은 것이 없었으니, 또 태종의 재주는 참으로 세상 사람들이 미칠 수 있는 것이 아니다. 그러나 이러한 공로로 천하의 선비들에게 교만하지 않고 두려워하여 항상 부족한 점이 있는 것처럼 하였으니, 이것이 300년의 기초가 될 수 있었던 것이다."

愚按 太宗之爲君은 可以爲賢矣요 貞觀之治는 可以爲盛矣라 今卽其行事觀之하면 內除群雄하고 外定四夷하며 身經百戰호되 未嘗負北(배)하니 後世人君之功이 未有高焉者也라 其君人之大德有三하니 一曰 謙虛納諫이요 二曰 知人善任이요 三曰 恭儉愛民이니 後世人君之德이 未有過焉者也라 定租庸調하여 以爲取民之制하고 定府兵十六衛하여 以爲養兵之制하며 任官엔 則有職爵勳階之制하고 用刑엔 則有笞杖徒流之制하니 後世制度之美가 莫能加也라 命房杜以爲相하고 英衛[67]以爲將하며 王魏之諫爭과 褒鄂之驍勇과 虞褚之詞翰으로 下至孫思邈之醫藥과 李淳風之曆數와 袁天綱之相法히 莫不至精至妙하여 度越千古하니 後世人才之盛이 莫能及也라 夫功也德也制度也人才也가 其盛如此로되 而卒不得與於二帝三王之盛者는 何哉오 蓋嘗觀之컨대 古先帝王이 雖其天資之美라도 未有不由學問而成者也니 二帝三王之事尙矣나 其所從學은 猶班班可考요 若高宗之學于古訓而有獲[68]과 成王之學有緝熙于光明[69]이 泰和盛治하여 冠冕百王은 有以也夫인저 太宗이 外親瀛洲[70]之賢하고 內立弘文之館[71]하여 未嘗不學也나 特非二帝三王之學耳라 使其能從事於二帝三王之學인댄

---

67) 英衛 : 唐나라의 개국 공신으로 英國公에 봉해진 李勣과 衛國公에 봉해진 李靖을 말한다. 이세적은 본 이름이 徐世勣이었는데, 공을 세워서 李氏 姓을 하사받았으며, 唐 太宗의 諱를 피하여 世를 생략하여 李勣이라고 하였다. 唐나라 초기의 명장으로, 字는 懋功이다. 隋나라 말기에 李密의 휘하에 있다가 唐나라에 귀순하여 영국공에 봉해졌고, 高宗 때 平壤城을 함락시키고 고구려를 멸망시켰다. 이정은 唐나라 高祖와 太宗을 잇따라 섬기며 오랑캐들을 정벌하는 큰 공을 세운 명장으로, 후세 사람들이 그의 용병법을 기록한 ≪李衛公問對≫가 전한다.

68) 學于古訓而有獲 : ≪書經≫ 〈商書 說命 下〉에 "옛 훈계를 배워서 얻음이 있다.〔學于古訓乃有獲〕"라고 하였다.

69) 學有緝熙而光明 : ≪詩經≫ 〈周頌 敬之〉에 "학문을 이어 빛내 광명하다.〔學有緝熙于光明〕"라고 하였다.

70) 瀛洲 : 唐 太宗이 설립한 文學官을 말한다. 태종은 문학관을 설치하여 杜如晦와 房玄齡 등 18명의 文官을 學士로 삼아 政事를 묻고 전적을 토론하였다. 또 그들의 화상을 그리고 찬을 짓도록 하고 이름·字·작위·출신지를 적게 하고 '18學士'라고 불렀다. 당시 사람들이 그들을 사모하여 '登瀛洲'라고 하였다. ≪新唐書 褚亮列傳≫

又豈特貞觀之治而已哉리오

내가 살펴보건대 太宗이 임금 노릇 한 것은 현명하다고 할 만하고, 貞觀의 치적은 성대하다고 할 만하다. 지금 그가 행한 일을 보면, 안으로는 여러 영웅들을 제거하고 밖으로는 사방 오랑캐를 평정하였으며 친히 모든 전쟁을 경략하되 패배한 적이 없었으니, 후세 임금으로 공이 이보다 높은 자는 아직까지 없었다.

그가 임금으로서 위대한 덕이 세 가지가 있으니, 첫째는 겸허하게 간언을 받아들인 점, 둘째는 사람을 알아보고 잘 맡긴 점, 셋째는 공손하고 검소하며 백성을 사랑한 점이다. 후세 임금으로 덕이 이보다 뛰어난 자는 아직까지 없었다.

租庸調를 정하여 백성에게 취하는 제도를 만들고, 府兵 16衛를 정하여 병사를 양성하는 제도를 만들며, 관리를 임명할 때는 직책·작위·공훈·계급의 제도를 두었고, 형벌을 사용할 때는 笞杖·徒刑·流刑의 제도를 두었으니, 후세 제도의 아름다움이 능가할 수 있는 것이 없었다. 房玄齡과 杜如晦를 임명하여 재상으로 삼았고, 英公(李勣)과 衛國公(李靖)을 장군으로 삼았으며, 王珪와 위징의 간쟁, 褒公(段志玄)과 鄂公(尉遲敬德)의 용맹, 虞世南과 褚亮의 문장, 그리고 아래로 孫思邈의 醫藥, 李淳風의 曆數, 袁天綱의 相法까지 지극히 정밀하고 지극히 오묘하지 않은 것이 없어서 천고에 탁월하였으니, 인재가 성대한 후세라 하더라도 미칠 수가 없었다.

功·德·制度·人才의 성대함이 이와 같았으나 마침내 二帝와 三王의 성대함에 참여할 수 없던 것은 무엇 때문인가. 일찍이 살펴보건대 옛날 帝王이 비록 타고난 자질의 아름다움이 있더라도 학문을 말미암지 않고 이룬 자는 없었다. 이제와 삼왕의 일은 오래되었으나 그들이 종사하여 배운 것은 오히려 뚜렷하여 상고할 수 있다. 殷나라 高宗이 옛 훈계를 배워서 얻음이 있는 것과 周나라 成王이 학문을 이어서 빛내 광명한 것이 크게 화합하여 성대하게 다스려서 백왕 중에 으뜸이 된 데에는 이유가 있다. 태종이 밖으로 瀛洲의 현인들과 친하고 안으로 弘文館을 세워서 배우지 않은 적이 없었으나 다만 이제와 삼왕의 학문이 아니었을 뿐이다. 만일 태종이 이제와 삼왕의 학문에 종사하였다면, 또 어찌 다만 貞觀의 치적에 그칠 뿐이겠는가.

71) 弘文館 : 도서관 이름이다. 唐 武德 4년(621)에 修文館을 門下省에 설치하고 太宗이 즉위하여 弘文館으로 바꾸었다. 서적 20여만 권을 모아두고, 學士를 두어 圖籍을 교정하는 일과 학생을 교수하는 일을 담당하게 하였다.

## 제3편 論任賢 어진 신하의 임용을 논하다

이 편은 貞觀 시대를 이끈 名臣들의 임용에 대해 논의하였다. 房玄齡은 전심전력을 다하고, 杜如晦는 사방을 경영하여 이들은 房杜라고 일컬어졌다. 魏徵은 충성으로 나라에 보답하고자 간언에 힘썼으며, 王珪 역시 간언을 통해 濁流를 쳐내고 淸流를 옹호하며 惡을 미워하며 善을 좋아하여 이들은 王魏로 일컬어졌다. 李靖은 가는 곳마다 승리하여 당시 북방의 可汗마저 이마를 땅에 대고 항복시켰으며, 李勣은 정확히 군대를 움직이고 임기응변을 통해 전장에서 많은 승리를 거두었다. 虞世南은 태종에게 德行, 忠直, 博學, 文章, 書簡에 있어 뛰어나다는 평을 받았으며, 馬周는 바른 도리로 말하여 태종에게 잠시라도 보지 않으면 바로 생각난다는 평을 받았다.

특히 방현령은 사람에게 완벽함을 구하여 취하지 않고 자기의 장점으로 남의 단점을 바로잡지 않아서 훌륭한 재상이라고 칭송되었고, 위징은 人鏡으로 칭송되었고, 이적은 병이 났을 때 태종이 수염을 잘라 약을 만들 정도로 아꼈다.

凡八章.

모두 8章이다.

### 3-1-1

**房玄齡**①은 **齊州臨淄人也**②라 **初仕隋**할새 **爲隰城尉**③라가 **坐事除名**하여 **徙上郡**이라 **太宗徇地渭北**④할새 **玄齡杖策謁於軍門**이어늘 **太宗一見**에 **便如舊識**하고 **署渭北道行軍記室參軍**⑤이라 **玄齡旣遇知己**하여 **遂罄竭心力**이라

① 房玄齡 : 名喬, 以字顯. 父彦謙, 仕隋, 歷刺史. 玄齡少警敏, 通經史, 善屬文. 開皇中, 隋方盛, 密白父曰 "上無功德, 徒以周近親, 妄誅殺, 亂嫡庶, 競僭侈, 終當滅亡." 父驚曰 "無妄言." 年十八, 擧進士, 授羽騎尉校讐秘省. 侍郎高孝基曰 "此郞當爲國器, 恨不見其聳壑昂霄耳." 中原方亂, 慨然有憂天下之志. 旣事秦王, 王曰 "漢光武得鄧禹, 今我得玄齡, 猶禹[1]也." 餘見下文.

---

1) 禹 : 鄧禹로, 光武帝를 도와 천하를 평정한 제일의 개국공신이다. 24세 때 광무제가 즉위하자 三公의 하나인 大司徒에 임명되고 高密侯에 봉해졌다.

房玄齡

〈房玄齡이〉 이름은 喬인데, 字로 알려졌다. 부친 房彦謙은 隋나라에 출사하여 刺史를 지냈다. 房玄齡은 어릴 적에 신중하고 민첩하여 經史에 통달하고 문장을 잘 지었다.

開皇(581~600) 연간에 隋나라가 한창 강성해지자 은밀하게 부친에게 아뢰기를 "임금이 功德이 없어 다만 근친들과 어울리고 함부로 사람들을 죽이며, 嫡子와 庶子를 혼동하고 다투어 과분한 사치를 일삼으니, 결국에는 멸망할 것입니다."라고 하니, 부친이 놀라 "망언을 하지 말라."고 하였다.

18세에 進士에 합격하여 羽騎尉 兼秘書省 校讐에 임명되었는데, 侍郎 高孝基가 말하기를 "이 사람은 나라를 다스릴 수 있는 큰 그릇이 될 것인데, 그가 계곡을 뛰어넘고 하늘로 치솟는 모습을 보지 못하는 것이 안타깝구나."라고 하였다.

中原이 한창 어지러울 때, 강개하여 천하를 근심하는 뜻이 있었다. 秦王을 섬기게 되자 진왕이 말하기를 "漢나라 光武帝는 鄧禹를 얻었는데, 지금 내가 房玄齡을 얻은 것은 등우를 얻은 것과 같다."라고 하였다. 나머지는 아래에 보인다.

② 齊州臨淄人也：齊州, 今濟南路, 隸山東. 臨淄, 縣名, 今屬益都路.

齊州는 지금의 濟南路이니, 山東에 속한다. 臨淄는 縣의 이름이니, 지금의 益都路에 속한다.

③ 隰城尉：隰, 音習. 隰城, 今隰州, 隸河東. 唐制, 縣置尉, 掌親理庶務, 分判衆曹, 割斷追催, 收率課調, 令之佐也.

隰은 음이 習이다. 隰城은 지금의 隰州이니, 河東에 속한다. 唐나라 제도에 의하면 縣에는 尉를 두는데, 직접 여러 가지 일을 다스리고, 여러 부서의 일을 나누어 판결하며, 결단하여 환수를 재촉하고, 과세를 부과하여 거두어들이는 일을 관장하니, 현령의 보좌관이다.

④ 渭北：渭水之北, 今陝西之地.

〈渭北은〉 渭水의 북쪽이니, 지금의 陝西 지역이다.

⑤ 記室參軍：唐制, 掌軍府表啓書疏之職.

唐나라 제도에 의하면 軍府에서 表, 啓, 書, 疏를 관장하는 직책이다.

房玄齡은 齊州 臨淄縣 사람이다. 처음에 隋나라에 출사하여 隰城縣의 縣尉가 되었다가 뒤에 어떤 사건에 연루되어 제명을 당해 上郡으로 옮겨갔다. 太宗이 渭水 북쪽 지역을 순행할 적에 방현령이 말채찍을 잡고 軍門 앞에서 太宗을 뵈었는데, 태종이 한 번 보고서 마치 이전부터 알고 지내던 사람처럼 대하고 渭北道의 行軍記室參軍으로 임명했다. 방현령은 자기를 알아주는 사람을 만나고 나서 마침내 태종을 위해 전심전력을 다했다.

3-1-2

是時에 賊寇每平에 衆人競求金寶어늘 玄齡은 獨先收人物하여 致之幕府하고 及有謀臣猛將하여는 與之潛相申結하여 各致死力이라 累授秦王府記室하고 兼陝東道⑥大行臺考功郎中⑦이라 玄齡在秦府十餘年에 恒典管記라 隱太子[2]와 巢剌(랄)王[3]은 以玄齡及杜如晦⑧로 爲太宗所親禮하여 甚惡(오)之⑨하여 譖之高祖⑩하니 由是로 與如晦竝遭驅斥이라 及隱太子將有變也하여는 太宗召玄齡如晦하여 令衣道士服⑪하여 潛引入閤謀議라 及事平에 太宗入春宮⑫하여 擢拜太子左庶子⑬라

⑥ 陝東道：今河南等處.
〈陝東道는〉 지금의 河南 등지이다.

⑦ 考功郎中：唐制, 掌百官功過善惡之職.
〈考功郎中은〉 唐나라 제도에 의하면 百官의 공로와 과실, 선악을 관장하는 직책이다.

⑧ 玄齡及杜如晦：詳見下章.
〈杜如晦는〉 아래 장에 자세히 보인다.

⑨ 甚惡(오)之：惡, 烏去聲.
惡(미워하다)는 烏의 去聲이다.

⑩ 高祖：諱淵, 字叔德.
〈高祖는〉 諱가 淵이고, 字가 叔德이다.

⑪ 令衣道士服：令, 平聲. 衣, 去聲.
令(하여금)은 平聲이다. 衣(입다)는 去聲이다.

⑫ 春宮：東宮也. 武德九年六月, 太宗初爲皇太子.

---

2) 隱太子：唐 高祖 李淵의 장남이자 唐 太宗의 형인 李建成이다. 隱太子는 그가 죽고 난 뒤 복위된 칭호이다.

3) 巢剌(랄)王：唐 太宗의 아우인 李元吉이다. 巢剌王은 그의 爵號이다.

〈春宮은〉 東宮이다. 武德 9년(626) 6월에 太宗이 처음으로 황태자가 되었다.

⑬ 太子左庶子：唐制，東宮左春坊左庶子，掌侍從贊相禮儀駁正啓奏之職.
唐나라 제도에 의하면 東宮左春坊의 左庶子는 곁에서 모시며 禮儀를 돕고 올바르게 바로잡아 인도하고 아뢰는 것을 관장하는 직책이다.

이때 적군이 평정될 때마다 대다수의 사람들은 앞다투어 금은보화를 찾았는데, 房玄齡만은 제일 먼저 인재들을 거두어 幕府로 보내고 계책을 잘 내는 신하나 용맹한 장수가 있으면 그들과 은밀히 의기투합하여 각자 死力을 다했다. 여러 차례 秦王府의 記室에 임명되고 陝東道의 大行臺考功郎中을 겸임했다. 방현령은 진왕부에서 10여 년 동안 근무하면서 항상 문서를 담당하는 일을 맡았다. 隱太子와 巢剌王은 房玄齡과 杜如晦가 太宗에게 신임과 예우를 받는다고 하여 그들을 몹시 미워하여 高祖에게 참소를 하니, 이 때문에 방현령은 두여회와 함께 쫓겨났다. 은태자가 변란을 일으키려고 하자 태종이 방현령과 두여회를 불러 道士의 옷을 입고 閤門으로 잠입하도록 하여 일을 상의하였다. 변란이 평정된 후에 태종이 동궁으로 들어가서 방현령을 太子左庶子로 발탁하였다.

### 3-1-3

**貞觀元年**에 **遷中書令**⑭하고 **三年**에 **拜尙書左僕射監修國史**⑮하고 **封梁國公**하니 **實封一千三百戶**⑯라 **旣總任百司**에 **虔恭夙夜**하고 **盡心竭節**하여 **不欲一物失所**라 **聞人有善**하면 **若己有之**하며 **明達吏事**하고 **飾以文學**하며 **審定法令**에 **意在寬平**이라 **不以求備取人**[4]하고 **不以己長格物**하며 **隨能收敍**하고 **無隔疎賤**하니 **論者稱爲良相焉**⑰이라 **十三年**에 **加太子少師**⑱라

⑭ 中書令：唐制，中書省之長，掌佐天子執大政，而總判省事宰相也.
〈中書令은〉 唐나라 제도에 의하면 中書省의 우두머리이니, 天子를 보좌하여 大政을 집행하고 중서성의 일을 총괄적으로 판단하는 일을 관장하는 재상이다.

⑮ 監修國史：唐制，史館有監修國史，皆宰相兼領.

---

4) 不以求備取人：≪論語≫ 〈微子〉에 "한 사람의 몸에 모든 것이 갖추어지기를 요구하지 않는다.〔無求備於一人〕"라고 하였다.

唐나라 제도에 의하면 史館에는 監修國史를 두니, 모두 宰相이 겸직으로 관장한다.

⑯ 實封一千三百戶：唐爵九等, 一曰王, 食邑萬戶, 二曰郡王, 食邑五千戶, 三曰國公, 食邑三千戶, 四曰開國郡公, 食邑二千戶, 五曰開國縣公, 食邑千五百戶, 六曰開國縣侯, 食邑千戶, 七曰開國縣伯, 食七百戶, 八曰開國縣子, 食五百戶, 九曰開國縣男, 食三百戶. 此言千三百戶者, 實封數也. 後倣此.

唐나라 爵位에는 9등급이 있다. 첫 번째는 王이니 食邑이 10,000戶이고, 두 번째는 郡王이니 食邑이 5,000호이고, 세 번째는 國公이니 食邑이 3,000호이고, 네 번째는 開國郡公이니 食邑이 2,000호이고, 다섯 번째는 開國縣公이니 食邑이 1,500호이고, 여섯 번째는 開國縣侯이니 食邑이 1,000호이고, 일곱 번째는 開國縣伯이니, 食邑이 700호이고, 여덟 번째는 開國縣子이니 食邑이 500호이며, 아홉 번째는 開國縣男이니, 食邑이 300호이다. 여기에서 1,300호라고 한 것은 實封[5]의 數이다. 뒤에도 이와 같다.

⑰ 論者稱爲良相焉：相, 去聲, 後同.

相(재상)은 去聲이다. 뒤에도 같다.

⑱ 太子少師：少, 去聲. 唐制, 太子少師少傅少保, 掌曉三師[6]德行, 以諭皇太子, 奉觀三師之德.

少(낮다)는 去聲이다. 唐나라 제도에 의하면 太子少師·少傅·少保는 三師의 덕행을 밝혀서 황태자를 깨우쳐주고 三師의 德을 받들어 관찰하는 일을 관장한다.

貞觀 元年(627)에 房玄齡은 中書令으로 승진하고, 정관 3년(629)에는 尙書左僕射·監修國史에 임명되었으며, 梁國公에 봉해졌는데, 실제 封戶는 1,300戶였다. 백관들을 통솔하게 되자 아침 일찍부터 밤늦게까지 경건하게 행동하고 마음을 다해 절조를 지켜서 한 사람도 제 역할을 하지 못하는 이가 없게 하였다. 어떤 사람이 선한 행실이 있다고 들으면 마치 자기에게 그런 점이 있는 것처럼 기뻐했으며, 관리의 직무에 통달하고 문학적 재능도 갖추었으며, 법령을 심의하고 제정할 때는 너그럽고 공평하게 하는 데 마음을 두었다. 사람을 취할 때 완비되기를 구하지 않고 자기의 장점으로 남의 단점을 바로잡지 않았으며, 능력에 따라 거두어 서용하고, 소원하거나 미천한 사람이라고 해서 차별하는 일이 없었으니, 논의하는 자들이 훌륭한 재상이라고 칭송하였다. 정관 13년(639)에 太子少師를 겸임하였다.

---

5) 實封：古代에 封建國家는 名義上 功臣과 貴族에게 내려주는 食邑의 戶數가 실제로 봉해주는 숫자와 부합하지 않는 경우가 있었으므로 실제로 주는 封戶를 實封이라고 하였다.

6) 三師：太師·太傅·太保를 말한다.

## 3-1-4

**玄齡**이 **自以一居端揆**⑲**十有五年**이라하여 **頻抗表辭位**어늘 **優詔不許**라 **十六年**에 **進拜司空**⑳하여 **仍總朝政**하고 **依舊監修國史**라 **玄齡**이 **復以年老請致仕**하니 **太宗**이 **遣使**㉑**謂曰 國家久相任使**㉒어늘 **一朝忽無良相**㉓이면 **如失兩手**라 **公若筋力不衰**면 **無煩此讓**하고 **自知衰謝**면 **當更奏聞**하라하니 **玄齡遂止**㉔라

⑲ 自以一居端揆 : 舜使禹宅百揆. 端揆者, 相位也.
舜임금이 禹를 百揆의 자리에 앉혔으니, 端揆는 재상의 직위이다.

⑳ 司空 : 唐制, 太尉・司徒・司空爲三公, 佐天子, 理陰陽, 平邦國, 無所不統.
唐나라 제도에 의하면 太尉・司徒・司空이 三公이니, 天子를 보좌하여 陰陽을 다스리고 나라를 편안하게 하여 총괄하지 않는 것이 없다.

㉑ 遣使 : 去聲.
〈使(사신)는〉 去聲이다.

㉒ 國家久相任使 : 相, 如字.
相(재상)은 본래 音義대로 독해한다.

㉓ 一朝忽無良相 : 朝, 音昭.
朝(아침)는 음이 昭이다.

㉔ 玄齡復以年老請致仕……玄齡遂止 : 按史傳[7] "玄齡抗表陳辭, 太宗遣使謂之曰 '昔留侯[8]讓位, 竇融[9]辭榮, 自懼盈滿, 知進能退, 善自止足, 前代美之. 公亦欲齊蹤往哲, 實可嘉尙. 然國家久相任使, 一朝忽無良相, 如失兩手.' 玄齡遂止."
史傳을 살펴보건대 "房玄齡이 表文을 올려 사직을 아뢰니 太宗이 사신을 보내어 그에게 말하기를 '옛날에 留侯(張良)가 지위를 사양하고 竇融이 영화로움을 사양한 것은 스스로 분수에 넘치게 될까 두려워한 것이니, 나아가면 물러날 줄을 알고 잘한 일에는 스스로 그쳐 만족한 것을 이전 시대에서 아름답게 여겼소. 공 역시 과거 현인들과 자취를 동일하게 하려고 하니 참으로 가상하오. 그러나 국가에서 오랫동안 재상으로 임용하였는데, 하루아침에 갑자기 훌륭한 재상이 없게 된다면 마치 두 손을 잃는 것과 같소.'라고 하니, 방현령이 마침내 중지하였다."라고 하였다.

---

7) 史傳 : ≪舊唐書≫ 권66 〈房玄齡列傳〉에 보인다.

8) 留侯 : 漢 高祖의 공신 張良의 봉호이다. 字는 子房이다. 그의 집안은 대대로 韓나라의 大臣이었는데, 秦나라에 의해 漢나라가 망하자, 그 원수를 갚기 위해 力士를 시켜 철퇴로 秦始皇을 저격했으나 실패하였다. 뒤에 한 고조를 도와 끝내 秦나라를 멸망시키고 漢나라를 건국하게 한 후 은퇴하였다.

9) 竇融 : 漢나라 말기 서북 변경 지역의 장수이다. 字는 周公이다. 王莽이 망하자 後漢 光武帝에게 귀순하여 安豐侯에 봉해졌다. 그 후 벼슬이 大司空에 이르렀다.

房玄齡은 스스로 15년 동안 계속 재상의 지위에 있었다고 하여 여러 차례 表文을 올려 사직을 청하였으나, 태종은 그를 우대하는 조서를 내리고 사임을 허락하지 않았다. 貞觀 16년(642)에 승진해서 司空에 임명되어 그대로 조정의 정사를 총괄하였고, 예전처럼 監修國史를 맡았다. 방현령이 다시 나이가 많다는 이유로 사직을 청하자 太宗이 사람을 보내어 말하기를 "나라에서 오랫동안 재상으로 임용하였는데 하루아침에 갑자기 훌륭한 재상이 없게 된다면 마치 두 손을 잃는 것과 같소. 만일 그대의 근력이 쇠하지 않았다면 이렇게 사양하는 일로 번거롭게 하지 말고, 스스로 쇠약해짐을 느끼면 다시 주청을 하시오." 라고 하니, 방현령이 마침내 중지하였다.

3-1-5

**太宗**이 **又嘗追思王業之艱難**과 **佐命之匡弼**하여 **乃作威鳳賦以自喩**하고 **因賜玄齡**하니 **其見稱類如此**㉕라

㉕ 太宗又嘗追思王業之艱難……其見稱類如此 : 按新・舊唐書皆曰"太宗追思王業艱難, 佐命之力, 作威鳳賦, 以賜無忌." 俱載長孫無忌傳, 參之通鑑亦然. 政要作賜玄齡, 未詳孰是. 愚謂其所紀姓名雖不同, 而太宗眷命功臣之意則一也. 今錄其賦於此, 以備觀覽焉. 其辭曰 "有一威鳳, 憩翮朝陽[10], 晨遊紫霧, 夕飮玄霜[11]. 資長風以擧, 翰戾天衢而遠翔. 西翥則烟氛閉色, 東飛則日月騰光. 化垂鵬於北裔, 訓群鳥於南荒. (珍)〔殄〕[12]亂世而方降, 應明時而自彰. 俛翼雲路, 歸功本樹. 仰喬枝而見猜, 俯修條而抱蠹. 同林之侶俱嫉, 共幹之儔竝忤. 無桓山之義情[13], 有炎洲[14]之凶度. 若巢葦而居安, 獨懷危而履懼. 鴟鴞嘯乎側葉, 燕雀喧乎下枝. 暫已

10) 朝陽 : 아침 햇볕이 떠오르는 東山이다. ≪詩經≫ 〈大雅 卷阿〉에 "봉황새가 저 높은 산언덕에서 울도다. 오동나무가 저 조양에서 자라도다.〔鳳凰鳴矣 于彼高岡 梧桐生矣 于彼朝陽〕"라고 하였다.

11) 玄霜 : 신화에 전래되는 일종의 仙藥이다. ≪漢武帝內傳≫에 "仙家의 제일 좋은 약으로는 玄霜과 降雪이 있다.〔仙家上藥 有玄霜絳雪〕"라고 하였다.

12) (珍)〔殄〕 : 저본에는 '珍'으로 되어 있으나, ≪舊唐書≫ 〈長孫無忌傳〉에 의거하여 '殄'으로 바로잡았다.

13) 桓山之義情 : 애틋한 이별 감정을 말한다. 顔淵이 孔子에게 말하기를 "제가 들으니, 桓山의 새가 새끼 네 마리를 낳았는데, 날개가 자라 제각각 四海로 날아가려 하자 그 어미가 슬피 울며 보냈다고 합니다.〔回聞 桓山之鳥生四子焉 羽翼旣成 將分于四海 其母悲鳴而送之〕"라고 하였다. ≪孔子家語 顔回≫

14) 炎洲 : 神話에 나오는 南海의 무더운 섬이다.

陋之至鄙, 害它賢之獨奇. 或聚咮而交擊, 乍分羅而見羈. 戢凌雲之逸羽, 韜偉世之淸儀. 遂乃蓄情宵影, 結志晨暉. 霜殘綺翼, 露點紅衣. 嗟憂患之易結, 嘆矰繳之難違. 期畢命於一死, 本無情於再飛. 幸賴君子, 以依以恃. 引此風雲, 濯斯塵滓, 披蒙翳於葉下, 發光彩於枝裏. 仙翰屈而還舒, 靈音摧而復起. 職八極以遐翥, 臨九天而高峙. 庶廣德於衆禽, 非崇利於一己. 是以徘徊感德, 顧慕懷賢. 憑明哲而禍散, 託英才而福全. 答惠之情彌結, 報功之志方宣. 非知難而行易, 思令後而終前. 俾賢德之流慶, 畢萬葉而芳傳."

살펴보건대, ≪新舊書≫와 ≪舊唐書≫에 모두 이르기를 "太宗이 王業을 이루기까지의 어려움과 자신을 보좌한 공로를 생각하여 〈威鳳賦〉를 지어 長孫無忌에게 하사하였다."라고 하였는데, 모두 〈長孫無忌列傳〉에 실려 있고, ≪資治通鑑≫을 참조해보아도 역시 그러하다. 그런데 ≪貞觀政要≫에는 房玄齡에게 하사했다고 하였으니, 어느 것이 옳은지 모르겠다. 내가 생각하기에 기록된 성과 이름이 비록 같지는 않지만 太宗이 공신을 돌아보고 임명한 뜻은 동일하다. 지금 여기에 〈威鳳賦〉를 실어 살펴볼 수 있게 하였다. 그 내용은 다음과 같다.

"한 마리 봉황이 朝陽에서 쉬며 새벽에는 붉은 안개 속에서 노닐고 저녁에는 玄霜을 마시네. 큰 바람을 타고 높이 나니, 날개가 하늘에 닿을 듯 멀리 날아가네. 서쪽으로 날면 안개가 빛을 감추고, 동쪽으로 날면 해와 달이 빛을 발산하네. 북쪽 가에선 날갯짓하는 붕새를 가르치고, 남쪽 가에선 여러 새들을 가르치네. 亂世가 그치고 나서야 세상에 나오고, 태평성대에 응해 절로 모습 드러내네.

구름길에서 날갯짓하고, 앉았던 나무에 공을 돌리네. 높은 나뭇가지를 우러러 보아 시기를 당하고, 긴 나뭇가지를 굽어보아 비방을 받네. 같은 숲에 있는 무리들이 모두 미워하고 같은 나무에 있는 짝들이 모두 싫어하여, 桓山의 의로운 정은 없고 炎洲의 흉악한 궁리만 있네. 갈대 둥지에서 편안히 거처하는 듯하지만, 홀로 위태로움을 생각하고 두려움을 느끼네. 솔개와 올빼미는 곁가지의 잎에서 울부짖고, 제비와 참새는 아랫가지에서 지껄여대네. 비루한 자신을 부끄러워하고, 홀로 뛰어난 다른 현자들을 해치네. 혹 부리를 모아 서로 공격하기도 하고, 갑자기 분산하였다가 얽어 씌우네. 구름을 뛰어넘는 뛰어난 날개를 거두고, 좋은 세상의 깨끗한 거동을 감추네.

마침내 밤 그림자에 정을 쌓고 아침 햇살에 뜻을 맺었는데, 서리에 아름다운 날개가 상하며 이슬에 붉은 깃털 젖었네. 쉽게 이루어지는 우환에 탄식하고, 피하기 어려운 주살에 한숨짓네. 한 번 죽는 데 목숨을 다할 것을 기약하고, 본래 다시 날아오를 뜻이 없네.

다행히 군자에게 힘입어 의지하고 믿었으며, 이 바람과 구름을 끌어다 이 먼지를 씻어냈네. 나뭇잎 아래에서 드리워진 그늘을 헤치고, 나뭇가지 속에서 광채를 내뿜네. 신선 같은 날개 접었다 다시 펴고, 신령한 소리 그쳤다가 다시 일어나네. 사방 끝까지 도맡아 멀리 날아오르고, 하늘 끝에 임하여 높이 솟아오르네. 여러 새들에게 덕이 넓게 퍼지기를 바라고, 자기 일신만의 이익을 존중하지 않네.

이 때문에 배회하며 은덕에 감사하고, 돌아보며 사모하여 어진 이를 그리워하네. 명철한 이에게 의지하여 재앙을 사라지게 하고, 영재에게 의탁하여 복을 온전히 하네. 은

혜에 보답하는 정은 더욱 뭉클하고, 공에 보답하는 뜻이 막 펴지네. 알기 어렵고 행하기 쉽다는 것을 그르게 여기고, 후일을 아름답게 하며 이전 일을 잘 마칠 것을 생각하네. 어질고 덕 있는 자에게 이어지는 경사가 있게 하여, 만대에 다할 때까지 아름다움을 전하도록 하네."

太宗은 또 일찍이 왕업을 창업하기까지의 어려움과 자신을 보필한 공로를 회상하고는 〈威鳳賦〉를 지어 자신을 비유하고 이어서 房玄齡에게 하사하였으니, 그가 칭송을 받은 것이 대체로 이와 같았다.

**【集論】**

朱氏黼曰 人主以任相爲職하고 宰相以任人爲職하니 使宅百揆는 舜所以命禹也요 旁招俊乂하여 列于庶位[15]는 傅說(부열)所以相高宗也라 太宗嘗謂玄齡호대 當廣求賢人하여 隨材授任하라하니 可謂知任相矣라 玄齡聞人有善하면 若己有之[16]하며 不以求備取人하고 不以己長格物하니 可謂知相職矣라 是以로 居端揆十五年에 有司庶府가 皆稱其職也라 竊嘗論之컨대 宰相非量材受任爲難이요 而爲國用人之不易라 貞觀之盛에 群材蟻附하여 一財計之任이 雖賤이라도 有司且能之어늘 玄齡이 特以度支關天下利害하여 寧虛其位而不以與人하고 寧任於己而不庀凡士하니 蓋以民力所繫는 不當委裒刻之吏하고 國計所本은 不可付聚斂之臣이라 故寧抱乏材之嘆이언정 而不容苟且以具員하고 寧受吝權之譏언정 而不忍冒昧以與下하니 此其所以號稱名相歟인저

朱黼가 말하였다.

"군주는 재상을 임명하는 것을 직분으로 삼고 재상은 인재를 임용하는 것을 직분으로 삼으니, 百揆(수상)의 자리에 앉게 한 것은 舜임금이 禹에게 명한 것이고, 뛰어난 인재를 널리 불러서 여러 지위에 배치한 것은 傅說이 高宗을 도운 것이다. 太宗이 일찍이 房玄齡에게 말하기를 '마땅히 널리 어진 사람들을 구하여 재주에 따라 임무를 맡기시오.'라고 하였으니, 재상을 임명할 줄 알았다고 할 만하다. 방현령은 어떤 사

15) 旁招俊乂 列于庶位 : ≪書經≫ 〈商書 說命 中〉에 "傅說 제가 공경히 받들어서 뛰어난 인재들을 널리 불러 여러 지위에 늘어서게 하겠습니다.〔惟說式克欽承 旁招俊乂 列于庶位〕"라고 하였다.

16) 若己有之 : ≪書經≫ 〈周書 秦誓〉에 "남이 가지고 있는 기예를 자신이 소유한 것처럼 여기며, 남의 훌륭하고 聖스러움을 마음속에 좋아하되 자기의 입에서 나오는 것보다도 더 좋아한다면 이는 남을 포용할 수 있는 것이다.〔人之有技 若己有之 人之彥聖 其心好之 不如自其口出 是能容之〕"라고 하였다.

람에게 선한 행실이 있다는 말을 들으면 마치 자기가 그런 점이 있는 것처럼 여겼으며, 사람을 취하되 완벽하기를 구하지 않고 자기의 장점으로 남의 단점을 바르게 하지 않았으니, 재상의 직분을 알았다고 할 만하다. 이 때문에 재상의 지위에 있었던 15년 동안 有司(담당관)와 여러 관청의 관원이 모두 그 직책에 걸맞았다.

일찍이 논해보건대 재상이 재주를 헤아려 임무를 주는 것은 어려운 일이 아니고, 나라를 위해 인재를 등용하는 것은 쉬운 일이 아니다. 성대한 貞觀 연간에는 많은 인재들이 모여들어 한낱 財務를 담당하는 직임이 비록 천하지만 有司가 그 일을 잘 하였는데, 이는 방현령이 특히 度支(戶部)가 천하의 이해와 관련된다고 여겼기 때문에 차라리 그 자리를 비워둘지언정 다른 사람에게 주지 않았고, 차라리 자기의 임무로 삼을지언정 평범한 사람을 자리에 있게 하지 않았던 것이다. 이는 백성들의 노고와 관계된 일은 각박하게 거두어들이는 관리에게 맡겨서는 안 되고, 국가 예산의 근본이 되는 것은 재물을 긁어모으는 관리에게 맡겨서는 안 된다고 생각했기 때문이다. 그러므로 차라리 인재가 부족하다는 탄식을 감내할지언정 구차하게 관리의 인원수만 맞추는 것을 용납하지 않았고, 차라리 자리를 아낀다는 비판을 받을지언정 차마 선불리 아랫사람에게 주지 않았으니, 이 점이 명재상이라는 칭송을 받는 이유일 것이다."

呂氏祖謙曰 房玄齡之相太宗에 王魏는 以善諫而司直하고 英衛는 以善兵而立功이라 玄齡乃斷斷於上하여 而爲一時之名相하여 可謂無他技而能有容[17)]하니 足以任天下之事矣라 觀其以度支係天下利害하여 嘗有缺하여 求其人未得이면 乃自領之하고 其材固足以辦天下之事면 而能不自用也라 由是言之컨대 無他技而有容이 固足爲貴요 至於材不自用하고 而能用人之材하여는 則玄齡之賢所以爲不可及也라

呂祖謙이 말하였다.

"房玄齡이 太宗의 재상으로 있을 때, 王珪와 魏徵은 간언을 잘하여 군주를 바로잡았고, 英國公 李勣과 衛國公 李靖은 군대를 잘 통솔하여 공을 세웠다. 방현령이 성실하게 윗자리에 있으면서 한 시대의 명재상이 되어 다른 재주는 없으나 포용을 잘한

17) 無他技而能有容 : ≪書經≫ 〈周書 秦誓〉에 "어떤 한 신하가 있는데, 그는 한결같이 정성스럽기만 할 뿐 다른 특별한 재주는 없으나, 그 마음이 크고 넓어서 포용함이 있는 듯하여, 남이 재능을 지니고 있으면 자기가 지닌 것처럼 기뻐한다.〔若有一介臣 斷斷兮無他技 其心休休焉 其如有容焉 人之有技 若己有之〕"라고 하였다.

다고 이를 수 있으니, 천하의 일을 맡기기에 충분하였도다. 살펴보건대 그는 度支(탁지)가 천하의 이해와 관계된다고 여겨서 결원이 있을 경우 적당한 사람을 구하다가 얻지 못하면 스스로 그 일을 관장하였고, 그 재주가 천하의 일을 수행하기에 충분하면 자신의 능력을 쓰지 않았다. 이로 말미암아 말하자면 별다른 재주는 없으나 포용을 잘하는 것이 참으로 귀하게 여길 만한 것이고, 자신의 능력을 쓰지 않고 남의 재주를 씀에 있어서는 방현령의 현명함을 따라갈 수 없는 이유이다."

眞氏德秀曰 梁文昭公이 佐太宗定天下로 及終相位히 凡三十三年이라 其持身也敬하고 其謀國也忠하니 蓋庶乎古大臣之風矣라 至於用人하여는 則委諫爭於王魏하고 付征伐於英衛하며 使衆善畢集於君하고 退然若無能爲者하니 此一節은 蓋秦漢以來로 未有能及之者라 後之君子는 其(用)〔于〕[18]梁公之用心에 當端拜師之라

眞德秀가 말하였다.

"梁文昭公(房玄齡)이 太宗을 도와 천하를 평정한 것으로부터 재상의 지위를 마치기까지 기간이 총 33년이다. 몸가짐을 공경히 하고 나라를 위해서는 충성을 다하였으니, 옛날 大臣의 풍모에 가까웠다. 사람을 등용함에 있어서 간쟁은 王珪와 魏徵에게 맡기고, 정벌은 英國公 李勣과 衛國公 李靖에게 맡겼으며, 선한 무리들을 모두 임금의 곁에 모이게 하고 자신은 물러나 하는 일이 없는 것처럼 하였으니, 이 한 가지 절목은 秦·漢 이래로 그를 따를 자가 없다. 뒷날의 君子는 梁公의 마음가짐에 대해 마땅히 예의를 표하고 본받아야 할 것이다."

愚按 昔漢高祖初入關也에 諸將爭走金帛財物之府나 而蕭何獨收相府律令圖書[19]하여 竟爲開基之根本이라 夫蕭何起秦刀筆吏[20]나 而高見遠識如此하니 爲興王名相이 豈偶然之故哉아 房玄齡이 杖策謁軍門이어늘 太宗一見에 如舊識하고 賊寇每平에 衆人爭求金寶나 玄齡獨先收人物하여 致之幕府하니 其知所先務는 與蕭何收相府圖書로 同一이라 高見遠謀로 興王相業은 蕭不專美於漢이라 風雲[21]感召니 此豈人力也哉아 非天이면 其孰能使之리오

18) (用)〔于〕: 저본에는 '用'으로 되어 있으나, 《稗編》 권98 〈房玄齡〉에 의거하여 '于'로 바로잡았다.

19) 漢高祖初入關也……而蕭何獨收相府律令圖書 : 《史記》 권53 〈蕭相國世家〉에 보인다.

20) 刀筆吏 : 작은 칼과 붓을 잡은 관리라는 말로, 문서 정리를 담당하는 낮은 관리이다.

21) 風雲 : 同類끼리 서로 感應하여 잘 맞는 것을 말한다. 《周易》 乾卦 〈文言傳〉에 "구름은 용을 따르고 바람은 호랑이를 따른다.〔雲從龍 風從虎〕"라고 하였다.

내가 살펴보건대 옛날에 漢 高祖가 처음 關中에 들어갔을 때 여러 장수들은 앞다투어 금·비단·재물이 있는 창고로 달려갔으나 蕭何만은 宰相府의 律令과 圖書를 거두어 결국에는 개국의 기틀을 여는 근본이 되었다. 소하는 秦나라의 刀筆吏 출신이었으나 높은 안목과 원대한 식견이 이와 같았으니, 왕업을 일으킨 명재상이 된 것이 어찌 우연이겠는가.

房玄齡이 말채찍을 잡고 軍門 앞에서 알현했을 때 太宗이 한 번 보고서 마치 예전부터 알던 사이처럼 대했고, 적군이 평정될 때마다 대다수의 사람들은 앞다투어 금은보화를 찾았으나, 방현령만은 제일 먼저 인재들을 거두어 막부로 보냈으니, 그가 먼저 해야 할 일을 안 것은 소하가 宰相府의 圖書를 거두어들인 것과 동일하다. 높은 안목과 원대한 식견으로 王業을 일으킨 재상의 일은 소하가 漢나라에서 한 것만이 전적으로 아름다운 것이 아니다. 바람과 구름이 감응하여 그렇게 된 것이니, 이것이 어찌 인력으로 되는 것이겠는가. 하늘이 아니면 누가 그렇게 할 수 있겠는가.

### 3-2-1

**杜如晦**①는 **京兆萬年人也**②라 **武德初**에 **爲秦王府兵曹參軍**③이라가 **俄遷陝**(섬)**州**④**總管府長史**⑤라

杜如晦

① 杜如晦 : 字克明. 少英爽, 以風流自命. 內負大節, 臨機輒斷. 隋世, 預吏部選, 高孝基異之曰 "君當爲棟樑用, 願保令德." 餘見下文.

〈杜如晦는〉 字가 克明이다. 어릴 적에 뛰어난 기상이 있어 풍류로 자처하였다. 마음속에 큰 절조를 품고, 기회를 만나서는 즉시 결단을 내렸다. 隋나라 때 吏部의 선발에 참여하자, 高孝基가 남달리 여겨 말하기를 "그대는 마땅히 棟樑으로 쓰이게 될 것이니, 아름다운 덕을 잘 보존하기 바란다."라고 하였다. 나머지는 아래에 보인다.

② 京兆萬年人也 : 京兆, 郡名, 今奉元路. 萬年, 縣名, 今咸寧縣, 隷陝西.

京兆는 郡의 이름으로, 지금의 奉元路

이다. 萬年은 縣의 이름으로, 지금의 咸寧縣이니 陝西에 속한다.

③ 秦王府兵曹參軍 : 唐制, 掌王府武官簿書考課儀衛假使等事.
〈秦王府兵曹參軍은〉 唐나라 제도에 의하면 王府 武官의 장부와 문서, 고과, 호위, 임시 파견 등의 일을 관장한다.

④ 陜(섬)州 : 今仍舊, 隸河南.
〈陜州는〉 지금 옛 지명 그대로 쓰는데, 河南에 속한다.

⑤ 總管府長史 : 長, 音掌. 唐制, 邊要之地, 置總管以統軍. 長史, 其貳職也.
長(우두머리)은 음이 掌이다. 唐나라 제도에 의하면 변방의 요충지에 總管을 두어 군사를 통솔하였다. 長史는 그 부관이다.

杜如晦는 京兆 萬年縣 사람이나. 武德(618~626) 초기에 秦王府 兵曹參軍이 되었다가 얼마 뒤에 陜州總管府 長史로 옮겼다.

3-2-2

時에 府中多英俊이로대 被外遷者衆하여 太宗患之하니 記室房玄齡曰 府僚去者 雖多나 蓋不足惜이요 杜如晦는 聰明識達하여 王佐才也니 若大王守藩端拱이어든 無所用之어니와 必欲經營四方이어든 非此人이면 莫可니이다하다 太宗이 自此彌加禮重하여 寄以心腹하여 遂奏爲府屬하여 嘗參謀帷幄이라 時에 軍國多事어늘 剖斷如流하여 深爲時輩所服이라 累除天策府從事中郎⑥하여 兼文學館學士⑦라

⑥ 累除天策府從事中郎 : 武德四年, 高祖以秦王功高, 古官號不足以稱, 乃加號天策上將, 位在王公上, 開府置官屬. 從事中郎, 其屬職也.
武德 4년(621)에 高祖가 秦王의 공이 높아서 옛 관직의 칭호로 부르기에는 부족하다고 하여 '天策上將'이라는 칭호를 더해주었는데, 지위는 王公의 위에 있으며, 府를 설치하고 관속을 두었다. 從事中郎은 天策府의 소속 관직이다.

⑦ 文學館學士 : 太宗爲天策上將, 亂稍平, 乃嚮儒. 宮城西作文學館, 收聘賢才, 詢訪討論. 學士, 其職也.
太宗이 天策上將이 되고 난리가 점차 평정되자, 儒學에 마음을 두었다. 궁성 서쪽에 文學館을 짓고 뛰어난 인재를 거두고 초빙하여 자문을 구하고 토론을 하였다. 學士는 문학관의 관직이다.

당시에 秦王府에는 뛰어난 인물들이 많았지만 외직으로 전임되는 자들이 많아 太宗이 걱정을 하자, 記室 房玄齡이 말하기를 "진왕부의 관리들 중에 떠나

는 자들이 비록 많지만, 이는 애석해할 만한 일이 아닙니다. 그렇지만 杜如晦는 총명하고 식견이 뛰어나 왕을 보좌할 만한 인재이니, 만일 대왕께서 藩鎭(제후 봉국)을 지키고 팔짱 끼고 안일하게 지내려 한다면 그를 쓰지 않아도 되지만, 대왕께서 기필코 사방을 경영하려고 하신다면 이 사람이 없이는 불가능합니다."라고 하였다.

태종은 이로부터 더욱 예우하고 존중하여 심복으로 생각하여 드디어 주청하여 진왕부 속관으로 삼아 일찍이 휘하에서 모의에 참여하도록 하였다. 당시에 軍務와 國政이 많았는데, 판단과 처리를 물 흐르듯 명쾌히 하여 동료들에게 크게 존경을 받았다. 여러 차례 옮겨 天策府 從事中郎에 임명되어 文學館 學士를 겸임했다.

3-2-3

**隱太子之敗**에 **如晦與玄齡功第一**이라 **遷拜太子右庶子**⑧라가 **俄遷兵部尙書**⑨하고 **進封蔡國公**하니 **實封一千三百戶**라 **貞觀二年**에 **以本官**으로 **檢校侍中**⑩하고 **三年**에 **拜尙書右僕射**하여 **兼知吏部選事**⑪하여 **仍與房玄齡**으로 **共掌朝政**하니 **至於臺閣**[22] **規模**와 **典章文物**하여는 **皆二人所定**이라 **甚獲當時之譽**하여 **時稱房杜焉**⑫이라

⑧ 太子右庶子 : 唐制, 東宮右春坊右庶子, 掌侍從左右・獻納啓奏・宣傳令旨之政.
唐나라 제도에 의하면 東宮 右春坊의 右庶子는 좌우에서 侍從하는 일, 충언을 올리고 글로 아뢰는 일, 명령을 알리거나 전하는 정무를 관장한다.

⑨ 兵部尙書 : 唐制, 兵部掌武選・地圖・車馬・甲械之政, 尙書其長也.
唐나라 제도에 의하면 兵部는 武將의 선발, 지도, 수레와 말, 갑옷과 병장기의 정무를 관장하는데, 尙書는 병부의 수장이다.

⑩ 檢校侍中 : 唐制, 檢校某官者, 皆詔除, 而非正命.
唐나라 제도에 의하면 檢校某官은 모두 조칙으로 임명하기는 하지만 정식 관원이 아니다.

⑪ 知吏部選事 : 唐制, 吏部掌文選・勳封・考課之政. 知, 猶主也.
唐나라 제도에 의하면 吏部는 文官의 선발과 勳封과 考課의 정무를 관장한다. 知는 主(주관하다)와 같다.

⑫ 杜如晦……時稱房杜焉 : 按史傳[23], 如晦進僕射久之, 以疾辭職. 薨, 贈司空, 諡曰成. 手詔虞

---

22) 臺閣 : 漢나라 때의 尙書臺로, 널리 中央政府機構를 말한다.

世南爲碑文, 言痛悼意. 他日食瓜美, 輟其半奠焉. 後夢如晦, 若平生. 明日, 勅所御饌往祭, 勞問妻子, 恩禮無少衰. 後詔功臣世襲, 贈密州刺史, 徙國萊.

史傳을 살펴보니, 杜如晦는 僕射로 승진한 지 오래되어 병으로 사직하였다. 세상을 떠나자 司空으로 추증하고 시호를 成이라고 했다. 太宗이 虞世南에게 手詔를 내려 碑文을 짓게 하여 애도하는 뜻을 말하였다. 어느 날 참외를 먹다가 그 맛이 좋자, 먹던 것을 멈추고 그 참외의 나머지 반을 두여회의 영전에 올리게 하였다. 그 후에 꿈에서 두여회를 보았는데 생전의 모습과 같았다. 다음 날 명을 내려 御饌을 가지고 가서 두여회의 제사에 쓰도록 하고 처자식을 위로하였는데, 은전과 예우가 조금도 줄어들지 않았다. 뒤에 조서를 내려 두여회의 공신 작위를 세습하도록 하고 密州刺史로 추증하고 封國을 萊國으로 바꾸어 주었다.

隱太子가 패망했을 때, 杜如晦는 房玄齡과 제일 큰 공을 세웠다. 太子 右庶子에 임명되었다가 얼마 후에 兵部尙書로 옮겼으며 蔡國公에 봉해졌으니, 實封이 1,300호였다. 貞觀 2년(628)에 본래 관직을 지닌 채 檢校侍中을 맡았다. 정관 3년(629)에 尙書右僕射에 임명되고 知吏部選事를 겸임하여 방현령과 함께 조정의 정사를 관장하였으니, 조정 기구의 규모와 典章과 文物에 있어서는 모두 두 사람이 결정한 것이다. 당시 사람들에게 몹시 칭송을 받아 당시에 '房杜'라고 일컬어졌다.

**【集論】**

柳氏芳曰 房杜佐太宗에 天下號爲賢相이라 然無迹可尋이요 德亦至矣[24]라 故로 太宗定禍亂에 而房杜不言功하고 王魏善諫諍에 而房杜讓其賢하고 英衛善將兵에 而房杜行其道라 理致太平하고 善歸人主하니 爲唐宗臣이 宜哉로다

柳芳이 말하였다.

"房玄齡과 杜如晦가 太宗을 보좌할 적에 천하에서 어진 재상이라고 하였다. 그러나 찾을 만한 자취가 없고 덕성 역시 지극하였다. 그러므로 태종이 난리를 평정했을 때

---

23) 史傳 : ≪新唐書≫ 권96 〈杜如晦列傳〉에 보인다.

24) 無迹可尋 德亦至矣 : 지극한 덕을 말한 것이다. ≪論語≫ 〈泰伯〉 '泰伯其可謂至德也已矣'에 대한 朱熹의 註에 "泰伯은……그 사양함이 은미하여 자취를 볼 수 없다.……또 그 자취를 감추었으니 그 덕의 지극함이 얼마나 대단한가.〔泰伯……其遜隱微 無迹可見也……又泯其迹焉 則其德之至極 爲何如哉〕"라고 하였다.

방현령과 두여회는 공을 말하지 않았고, 王珪와 魏徵이 간쟁을 잘하자 방현령과 두여회는 그 현명함을 사양하였으며, 英國公 李勣과 衛國公 李靖이 군사를 잘 다스리자 방현령과 두여회는 그 道를 실천하였다. 치적은 태평성대를 이루고 훌륭함은 군주에게 돌렸으니, 唐나라의 宗臣(존경받는 신하)이 된 것이 마땅하도다."

劉氏昫曰 房杜皆以命世之才로 遭逢明主하여 謀猷允協하여 以致升平한대 議者以比漢之蕭曹하니 信矣라 然杜之見用은 房之所擧也라 太宗嘗與玄齡圖事할새 則曰 非如晦면 莫能籌之라하여늘 及如晦至하여는 竟如玄齡之策하니 蓋房知杜之能斷大事하고 杜知房之善建嘉謀라 裨諶草創하고 東里潤色[25]하여 相須而成하여 俾無悔事하니 賢達用心이 良有以也라 若以往哲方之하면 房則管仲子産이요 杜則鮑叔罕虎[26]矣라

劉昫가 말하였다.

"房玄齡과 杜如晦는 당세에 걸출한 인재로 명철한 군주를 만나 계책을 내어 참으로 화합하여 태평성대를 이루었는데, 평론하는 자들이 이들을 漢나라의 蕭何와 曹參에 비유하니 믿을 만하다. 그러나 두여회가 등용된 것은 방현령의 천거 때문이다. 太宗이 일찍이 방현령과 일을 도모할 적에 방현령이 '두여회가 아니면 일을 계획할 수 없습니다.'라고 하였는데, 두여회가 이르자 마침내 방현령의 계책대로 하였으니, 방현령은 두여회가 큰일을 결단할 수 있다는 것을 알고, 두여회는 방현령이 좋은 계책을 잘 세운다는 것을 안 것이다. 裨諶이 초안을 하고 東里가 윤색하여 서로 함께 도와 이루어 후회가 없도록 하였으니, 현달한 이들이 마음을 쓰는 것은 참으로 그 이유가 있다. 만일 과거의 哲人으로 비유하자면 방현령은 管仲과 子産이고, 두여회는 鮑叔과 罕虎이다."

---

25) 裨諶草創 東里潤色 : 裨諶은 春秋시대 鄭나라 大夫이며, 東里는 鄭나라 대부 公孫僑로 모두 외교 문서를 잘 만들었다. 孔子가 이르기를 "외교 문서를 만드는 데 있어 비심이 이를 기초하여 짓고, 세숙이 이를 토론하고, 행인 자우가 이를 수식하고, 동리 자산이 이를 윤색하였다.〔爲命 裨諶草創之 世叔討論之 行人子羽修飾之 東里子産潤色之〕"라고 한 데서 온 말인데, 辭命이란 外國에 응대하는 말을 가리킨다. ≪論語 憲問≫

26) 管仲子産鮑叔罕虎 : 管仲과 子産은 일을 잘 처리하는 사람이고, 鮑叔과 罕虎는 인재를 알아보아 추천을 잘 하는 사람이다. 罕虎는 춘추시대 鄭나라 上卿이다. 國政을 잘 다스려 명성이 높았고, 일찍이 子産의 어짊을 알아보고 그에게 정사를 맡겼다. ≪春秋左氏傳 襄公 30년≫

宋氏祁曰 太宗取孤隋하여 攘群盜하고 天下已平에 用房杜輔政이라 大亂之餘에 紀綱彫弛어늘 而能興仆植僵하여 使號令典刑으로 粲然罔不完하니 可謂名宰相이라 然求所以致之之迹이라도 殆不可見하니 何哉오 雖然이나 宰相은 代天者也니 輔贊彌縫而藏諸用[27)]하여 使斯人由而不知하니 彼揚己取名하여 瞭然使戶曉者는 殆房杜之細耶인저

宋祁가 말하였다.

“太宗이 고립된 隋나라를 차지하여 여러 도적들을 물리치고 천하가 평정된 뒤에 房玄齡과 杜如晦를 등용하여 정치를 보좌하게 하였다. 큰 난리가 끝난 뒤에 기강이 무너졌으나 넘어진 것을 일으키고 쓰러진 것을 다시 세워 號令과 典刑이 찬연히 완비되지 않음이 없도록 하였으니, 명재상이라고 할 만하다. 그러나 그렇게 된 자취를 찾아도 거의 찾을 수가 없으니 어째서인가. 비록 그렇지만 재상은 하늘의 일을 대신하는 자로, 군주를 보필하고 이리저리 주선하여 用에 능력을 감추어서 백성들이 따르면서도 알지 못하게 하니, 자기를 내세우고 명성을 취하여 집집마다 분명히 알게 하는 자들은 아마 방현령과 두여회가 하찮게 여길 것이다.”

張氏九成曰 太宗身屬櫜鞬하여 以基帝業할새 閫外之臣은 皆以功爲尙이나 而房杜는 隱然爲國名臣이라 自後世觀之컨대 任公竭節하여 身處要地가 如玄齡者는 誰人也며 臨機獨斷하여 吐胸中之奇가 若如晦者는 誰人也오

張九成이 말하였다.

“太宗이 몸소 武裝을 갖추고 싸워 帝業의 기틀을 다질 때 閫外(지방의 장군)의 신하들은 모두 공을 숭상하였으나 房玄齡과 杜如晦는 은연중에 나라의 명신이 되었다. 후세에서 살펴보건대 공무를 맡아 절개를 다하여 방현령처럼 몸소 要職에 있던 사람은 누구이며, 중요한 일에 임해 홀로 결단을 내려 두여회처럼 마음속에 있는 기이한 계책을 말한 사람은 누구인가.”

呂氏祖謙曰 房杜輔相太宗하여 成貞觀之治나 而後世觀之면 無迹可尋하니 此則近於無聲

---

27) 藏諸用 : 재능과 능력을 감추고 있다는 뜻이다. ≪周易≫ 〈繫辭傳 上〉에 “인에 드러나며 용에 감추어져 만물을 고무하되 성인과 함께 근심하지 않으니, 성한 덕과 큰 사업이 지극하다.〔顯諸仁 藏諸用 鼓萬物 而不與聖人同憂 盛德大業至矣哉〕”라고 하였는데, ≪周易本義≫에 “用은 機緘(發動과 收束)의 妙를 이르니, 業의 근본이다.〔用 謂機緘之妙 業之本也〕”라고 하였다.

無臭[28)]之至矣라 是故로 漢之文景[29)]은 紀無可書之事로되 而爲西都[30)]之仁君하고 唐之房杜는 傳無可載之功이로되 而爲貞觀之賢相이라

呂祖謙이 말하였다.
"房玄齡과 杜如晦가 太宗을 보좌하여 貞觀의 치적을 이루었으나 후세에서 살펴보건대 찾을 만한 자취가 없으니, 이것은 소리도 없고 냄새도 없는 지극함에 가깝다. 이 때문에 漢나라의 文帝와 景帝는 本紀에 기록할 만한 일이 없지만 西都의 어진 임금이 되었고, 당나라의 방현령과 두여회는 列傳에 기록할 만한 공이 없지만 정관 연간의 어진 재상이 되었다."

唐氏仲友曰 太宗與房杜로 君臣之契深矣니 謂之明良[31)]相遇可矣나 而古之王者는 必有師臣하니 湯之於伊尹[32)]과 武王之於尙父[33)]가 是也라 是故로 能以道正君하여 格其非心[34)]하여 以登堯舜之盛이라 故曰成王畏相[35)]이라 房杜之於太宗에 可以爲名相矣나 未可以爲畏相也라

唐仲友가 말하였다.
"太宗이 房玄齡·杜如晦와 군신의 교분이 깊었으니, 명철한 군주와 어진 신하가 서로 만난 것이라 할 수 있다. 그러나 옛날의 王者는 반드시 스승으로 섬기는 신하가

---

28) 無聲無臭 : 소리도 없고 냄새도 없다는 뜻으로, 道의 현묘함을 말한다. 《詩經》 〈大雅 文王〉에 "저 하늘이 하시는 일은 소리도 없고 냄새도 없다.〔上天之載 無聲無臭〕"라고 하였다.

29) 文景 : 漢나라 文帝와 그의 아들 景帝를 말한다. 이 시대에 죄수가 없어 감옥이 텅 비는 등 천하가 안정되었으므로, 이 시대 정치를 文景之治라고 칭송한다.

30) 西都 : 長安을 말한다. 東都 洛陽에 상대하여 한 말이다.

31) 明良 : 賢明한 君主와 忠良한 신하이다. 《書經》 〈虞書 益稷〉에 "임금이 명철하면 신하가 어질다.〔元首明哉 股肱良哉〕"라고 하였다.

32) 伊尹 : 商나라 시조인 湯임금을 도와 포악한 桀王을 물리치고 왕도 정치를 이룩한 어진 재상이다.

33) 尙父 : 周나라의 개국공신인 太公望 呂尙이다. 武王을 도와 殷나라 紂王을 멸망시키고 천하를 평정하였다.

34) 格其非心 : 《書經》 〈周書 冏命〉에 "나 한 사람이 어질지 못하여 실로 좌우전후의 지위에 있는 선비들에 힘입어 나의 부족한 점을 도우며, 나의 허물을 바로잡고 잘못을 바르게 하며, 나의 나쁜 마음을 바로잡아 先祖의 功烈을 계승하고자 하노라.〔惟予一人 無良 實賴左右前後有位之士 匡其不及 繩愆糾謬 格其非心 克紹先烈〕"라고 하였다.

35) 成王畏相 : 《書經》 〈周書 酒誥〉에 "成湯으로부터 모두 帝乙에 이르기까지 王의 德을 이루고 輔相을 공경하였다.〔自成湯咸至于帝乙 成王畏相〕"라고 하였다.

있었으니, 湯王이 伊尹에 대해서와 武王이 尙父에 대해서가 이와 같은 관계였다. 이 때문에 道로 군주를 바르게 하여 그의 그릇된 마음을 바로잡아 堯임금·舜임금의 성대한 경지에 오르게 한 것이다. 그러므로 '왕의 덕을 이루고 재상을 공경하였다.'라고 한 것이다. 방현령과 두여회가 태종에 대해서 名相이라 할 수는 있으나 畏相(공경을 받은 재상)이라고 할 수는 없다."

愚按 蘇文忠公[36]이 有言 唐之房杜는 傳無可載之功이라하다 今以史傳攷之하니 則褚遂良嘗謂玄齡自義旗之始에 翼贊聖功으로 武德之季히 冒死決策[37]하고 貞觀之初에 選賢立政하니 人臣之勤에 玄齡爲最라하나 高祖謂玄齡은 論事千里外라도 猶對面이라하고 長孫后[38]謂玄齡은 奇謀秘計를 未嘗宣泄이라하니 是玄齡之功을 猶可得而知也라 至於如晦之爲人하여는 則世稱玄齡善謀하고 如晦善斷하여 每有大事에 玄齡輒曰 非如晦면 不能斷이라하고 及如晦至하여는 卒用玄齡之策이라하니 是如晦之斷은 初不能出於玄齡之謀也라 故로 如晦之功을 不可得而知也라 然世豈以如晦爲不及玄齡哉아 嗚呼라 後之大臣이 幸而與賢者同列하여 恥己之短하고 而求加於人者는 眞如晦之罪人也哉인저

내가 살펴보건대 蘇文忠公(蘇軾)이 말하기를 "唐나라의 房玄齡과 杜如晦는 列傳에 기록할 만한 공이 없다."라고 하였다.

지금 史傳을 고찰해보니, 褚遂良이 일찍이 이르기를 "방현령은 의로운 깃발을 든 唐나라 초창기에 聖上의 공을 도움으로부터 武德(618~626) 말년에 이르기까지 죽음을 무릅쓰고 계책을 결단하였다. 貞觀 초기에는 賢者를 선발하여 政事를 확립하였으니, 부지런히 노력한 신하로는 방현령이 가장 으뜸이다."라고 하였다. 高祖가 말하기를 "방현령은 천리 밖에서 일을 논하더라도 얼굴을 마주하고 있는 것 같다."라고 하였고, 長孫后는 말하기를 "방현령은 기이한 모의와 비밀스런 계책을 발설한 적이 없다."라고 하였으니, 여기에서 방현령의 공을 오히려 알 수가 있다.

두여회의 인물됨에 대하여는 세상에서 칭하기를 "방현령은 모의를 잘하고, 두여회는 결단을 잘하여, 늘 큰일이 있을 적에 방현령이 그때마다 말하기를 '두여회가 아니

36) 蘇文忠公 : 1037~1101. 宋나라 학자 蘇軾이다. 자는 子瞻, 호는 東坡居士, 시호는 文忠이다. 당송팔대가의 한 사람이다.

37) 武德之季 冒死決策 : 唐 高祖 말기에 李建成·李元吉을 제거한 玄武門의 變을 계책한 것을 말한다.

38) 長孫后 : 太宗의 황후로 시호는 文德이고, 성은 長孫이다. 高宗을 낳았다.

면 결단을 내릴 수가 없다.'라고 하였으며, 두여회가 오고 나서는 결국 방현령의 계책을 썼다."라고 하였으니, 두여회의 결단은 애초에 방현령의 도모에서 나올 수가 없는 것이다. 그러므로 두여회의 공을 알 수가 없는 것이다.

그런데 세상에서는 어찌 두여회가 방현령에게 미치지 못한다고 하는 것인가. 아, 후세의 대신 중에 요행으로 어진 사람과 같은 대열에 있으면서 자기의 모자란 점을 부끄러워하고 남보다 위에 있기를 원하는 사람은 참으로 두여회에게 죄를 짓는 사람일 것이다.

### 3-3-1

**魏徵**①은 **鉅鹿人也**②니 **近徙家相州之內黃**③이라 **武德末**에 **爲太子洗**(선)**馬**④라 **見太宗與隱太子陰相傾奪**하고 **每勸建成早爲之謀**라 **太宗旣誅隱太子**하고 **召徵責之曰 汝離間我兄弟**는 **何也**⑤오하니 **衆皆爲之危懼**어늘 **徵慷慨自若**하여 **從容對曰**⑥ **皇太子若從臣言**이면 **必無今日之禍**니이다하니 **太宗爲之斂容**하고 **厚加禮異**라 **擢拜諫議大夫**하여 **數**(삭)**引之臥內**⑦하여 **訪以政術**이라

① 魏徵：字玄成. 孤貧落拓, 有大志, 不事生業, 出家爲道士, 好讀書, 尤屬意縱橫之說[39]. 大業末, 李密見徵所爲文, 召之. 徵進十策, 密奇之, 而不能用. 後竇建德攻陷黎陽, 獲徵, 署爲起居舍人. 及竇建德就擒, 與裵矩西入關. 隱太子聞其名, 引直洗馬, 甚禮之. 餘見下文.
〈魏徵은〉 字가 玄成이다. 어려서 가난하고 불우하였으나 큰 뜻을 품고서 생업에 종사하지 않고 出家하여 道士가 되었으며, 독서를 좋아하였고 縱橫家의 說에 더욱 뜻을 두었다. 大業(605~616) 말년에 李密이 위징이 지은 글을 보고 불렀다. 위징이 열 가지 계책을 올리자, 이밀이 기특하게 여겼으나 등용하지 못했다. 그 후에 竇建德이 黎陽을 공격해 함락시키고 위징을 얻어 起居舍人의 벼슬에 임명하였다. 두건덕이 사로잡히고 나서는 裵矩와 함께 서쪽으로 가서 函谷關으로 들어갔다. 隱太子가 그 명성을 듣고는 데려다 洗馬로 임명하고 몹시 예우하였다. 나머지는 아래에 보인다.

② 鉅鹿人也：鉅鹿, 郡名, 今順德路, 鉅鹿縣, 隷河東.
鉅鹿은 郡의 이름이니, 지금의 順德路이며, 鉅鹿縣은 河東에 속한다.

③ 近徙家相州之內黃：相, 去聲. 相州, 今彰德路, 隷腹裏. 內黃, 縣名, 今屬滑州.
相은 去聲이다. 相州는 지금의 彰德路이니, 腹裏[40]에 속한다. 內黃은 縣의 이름이니, 지

39) 縱橫之說：合從連橫에 관한 이론이다. 戰國시대에 蘇秦이 합종을 주장하여 6국이 秦나라에 대항하였고, 張儀가 연횡을 주장하여 6국이 秦나라를 섬기게 하였다.

40) 腹裏：山東・山西・河北을 말한다. 內地라는 말과 같다. ≪元史 地理志≫

금의 滑州에 속한다.

④ 太子洗馬 : 洗, 音跣. 洗馬[41], 漢有是職, 太子出則當直者前驅淸道. 唐制, 東宮左春坊司經局置洗馬, 掌經史子集四庫圖籍刊緝之事. 凡天下之圖書上東宮者, 皆受而藏之.

洗은 음이 跣이다. 洗馬는 漢나라 때 이 관직이 있었으니, 태자가 외출하면 당직자가 앞으로 달려가서 길을 깨끗이 하였다. 唐나라 제도에 의하면 東宮의 左春坊 司經局에 洗馬를 두었는데, 經史子集 四庫의 圖籍을 간행하고 엮는 일을 관장하였다. 천하의 도서 중에 동궁으로 진상되는 것을 모두 받아서 보관하였다.

⑤ 汝離間我兄弟何也 : 間, 去聲.

間(이간질하다)은 去聲이다.

⑥ 從容對曰 : 從, 即容切.

從(차분하다)은 即과 容의 반절이다.

⑦ 數(삭)引之臥內 : 數, 音朔.

數(자주)은 음이 朔이다.

魏徵은 鉅鹿사람으로, 근래 相州의 內黃으로 집을 이사하였다. 武德(618~626) 말기에 太子洗馬가 되었다. 太宗과 隱太子(李建成)가 서로 은밀히 겨루는 것을 보고, 늘 이건성에게 조기에 일을 도모하라고 권했다. 태종이 은태자를 주살하고 나서 위징을 불러 질책하기를 "네가 우리 형제를 이간질한 것은 무엇 때문인가?"라고 하니, 많은 사람들이 모두 그를 위하여 근심하고 두려워하

魏徵

41) 洗馬 : 洗馬는 태자가 행차할 때 앞에서 길을 인도하는 관원이다. 본래 '先馬'라고 썼고 뒤에 '洗馬'라고 하였는데 洗은 先과 통용으로 '앞선다'는 뜻이다. 그리하여 "洗은 蘇와 典의 반절이다. 洗이라는 말은 先이니 태자가 외출하면 앞서서 인도한다.〔洗 蘇典反 洗之言 先也 太子出則前導也〕"(≪小學 善行≫)라고 하였고, ≪增解≫에서는 "汲黯이 景帝 시기에 太子洗馬가 되었다.〔汲黯景帝時 爲太子洗馬〕"라고 설명되었다. 이에 의하면 洗은 '앞선다'는 뜻으로 음이 '선'이지만, 선조판·영조판 ≪小學諺解≫에는 모두 '셰'라고 하였고, 우리나라에서는 모두 언해를 따라 '셰'로 독음하고 있다.

였다. 그러나 위징은 강개하고 태연자약하여 침착하게 대답하기를 "황태자께서 만약 신의 말을 들었다면, 필시 오늘의 재앙은 없었을 것입니다."라고 하였다. 태종은 숙연한 태도로 경의를 표하고 특별히 예우하였다. 諫議大夫로 발탁하고서 자주 그를 내실로 불러 정치의 방법을 자문하였다.

3-3-2

**徵雅有經國之才**하고 **性又抗直**하여 **無所屈撓**하니 **太宗每與之言**에 **未嘗不悅**하고 **徵亦喜逢知己之主**하여 **竭其力用**이라 **又勞之曰**⑧ **卿所諫前後二百餘事**는 **皆稱朕意**⑨하니 **非卿忠誠奉國**이면 **何能若是**오하다 **三年**에 **累遷秘書監**하여 **參預朝政**하니 **深謀遠筭**하여 **多所弘益**이라 **太宗嘗謂曰 卿罪重於中鉤**나 **我任卿逾於管仲**⑩하니 **近代君臣相得**이 **寧有似我於卿者乎**아하다

⑧ 又勞之曰 : 勞, 去聲, 慰喩也.
勞는 去聲이니, 위로하다는 뜻이다.

⑨ 皆稱朕意 : 稱, 去聲.
稱(걸맞다)은 去聲이다.

⑩ 太宗嘗謂曰……我任卿逾於管仲 : 中, 去聲. 管仲, 名夷吾, 齊卿也. 初齊襄公被弑, 議立君, 高·國[42]先陰告公子小白於(筥)〔莒〕[43], 魯亦發兵, 送公子糾, 而使管仲別將兵遮魯道, 射中小白帶鉤. 糾至齊小, 白已立, 是爲桓公. 管仲請囚, 鮑叔牙[44]請公用之, 公以爲大夫, 後爲相, 遂霸天下.
中(맞히다)은 去聲이다. 管仲은 이름이 夷吾이니, 齊나라 卿이다. 처음에 齊나라 襄公이 시해되어 임금을 세우려 논할 적에 高氏와 國氏가 먼저 莒 땅에 있던 공자 小白에게 몰래 고하자, 魯나라 역시 군대를 동원하여 공자 糾를 전송하고 관중에게 따로 군사들을 거느리고 魯나라로 통하는 길목을 막도록 하였는데, 관중이 활을 쏘았으나 소백의 허리띠 쇠장식에 맞았다. 규가 齊나라에 도착하고 보니 소백이 이미 임금이 되어 있었는데, 이 사

---

42) 高國 : 高氏와 國氏로, 齊나라 대부이다.

43) (筥)〔莒〕 : 저본에는 '筥'로 되어 있으나, ≪史記≫ 권32 〈齊太公世家〉에 의거하여 '莒'로 바로잡았다.

44) 鮑叔牙 : 齊나라 대부로 管仲과 절친한 친구이다. 포숙아는 관중의 어짊을 잘 알아주었지만 관중은 워낙 빈곤했기 때문에 포숙아를 항상 속이곤 했다. 그러나 포숙아는 끝까지 그를 잘 대우해 주었으므로 관중이 말하기를 "나를 낳아주신 분은 부모요, 나를 알아준 이는 鮑子였다.〔生我者父母 知我者鮑子也〕"라고 하였다. ≪史記 권62 管仲列傳≫

람이 齊 桓公이다. 관중은 죄수가 되기를 청하였으나 鮑叔牙가 환공에게 그를 등용하도록 요청하니, 환공이 대부로 삼았고 그 후에 재상으로 삼아 결국 천하의 패자가 되었다.

魏徵은 평소 나라를 다스릴 만한 재능이 있었으며, 성격이 또 강직해서 굽히는 일이 없었다. 太宗이 그와 담소를 나눌 때마다 기뻐하지 않은 적이 없었고, 위징 역시 자기를 알아주는 군주를 만난 것을 기뻐해서 능력과 쓰임을 다하였다. 태종은 또 위징을 위로해 다음과 같이 말하였다.

"경이 전후로 간언한 200여 가지의 일은 모두 나의 생각에 들어맞는 것이었소. 경이 충성으로 나라에 보답하려는 마음이 없다면 어찌 이와 같이 할 수 있겠소."

貞觀 3년(629)에 여러 번 승진하여 秘書監이 되어 조정 정사에 참여하였는데, 그는 깊이 생각하고 원대하게 계획을 세워 많은 도움이 되었다. 태종은 일찍이 이런 말을 한 적이 있었다.

"경의 죄는 齊 桓公의 허리띠 쇠 장식을 쏜 管仲보다도 크지만, 내가 그대를 신임하고 중용한 것은 환공이 관중을 대우한 것보다 낫소. 近代에 군주와 신하 간에 마음이 맞는 것이 어찌 나와 경과 같은 경우가 있겠소."

### 3-3-3

六年에 太宗幸九成宮⑪하여 宴近臣하니 長孫無忌曰⑫ 王珪魏徵은 往事息隱하여 臣見之若讐어늘 不謂今者又同此宴이니이다하니 太宗曰 魏徵은 往者에 實我所讐나 但其盡心所事는 有足嘉者라 朕能擢而用之하니 何慙古烈이리오 徵每犯顔切諫하여 不許我爲非하니 我所以重之也라하다 徵再拜曰 陛下導臣使言하니 臣所以敢言이니이다 若陛下不受臣言이면 臣亦何敢犯龍鱗하여 觸忌諱也⑬리오하니 太宗大悅하여 各賜錢十五萬이라 七年에 代王珪爲侍中하고 累封鄭國公이라 尋以疾乞辭所職하여 請爲散官하니 太宗曰 朕拔卿於讐虜之中하여 任卿以樞要之職하니 見朕之非하고 未嘗不諫이라 公獨不見金之在鑛⑭가 何足貴哉오 良冶鍛而爲器⑮라야 便爲人所寶라 朕方自比於金하고 以卿爲良工이라 雖有疾이라도 未爲衰老하니 豈得便爾耶아하니 徵乃止라 後復固辭하니 聽解侍中하고 授以特進하여 仍知門下省事라

⑪ 九成宮 : 隋仁壽宮也.
隋나라 仁壽宮이다.

⑫ 長孫無忌曰 : 長, 音掌, 凡言長孫竝同. 長孫, 複姓. 無忌, 其名也. 字輔機, 文德皇后之兄. 從太宗征討有功, 累擢比部郎中. 貞觀初, 遷吏部尙書, 封齊國公, 復進策司空, 爲太子太傅. 高宗時, 以沮立武后, 削官爵, 置黔州, 卒.
長은 음이 掌이니, 長孫이라고 말한 곳은 모두 동일하다. 長孫은 複姓이며, 無忌는 이름이다. 字는 輔機이며 文德皇后의 오빠이다. 太宗을 따라 정벌에 공을 세워 여러 차례 比部郎中에 발탁되었다. 貞觀 초기에 吏部尙書에 임명되고 齊國公에 봉해졌으며, 다시 계책을 올려 司空이 되고, 太子太傅가 되었다. 高宗 때에 則天武后가 재위하는 것을 막다가 삭탈관직되고 黔州에 유배되어 죽었다.

⑬ 若陛下不受臣言……觸忌諱也 : 史記韓非傳曰 "諫說(세)之士, 不可不察. 夫龍可擾狎而(馴)〔騎〕[45]也, 然喉下有逆鱗徑寸, 嬰之必殺人, 人主亦有逆鱗, 說之者能無嬰人主逆鱗, 則幾矣."
≪史記≫ 〈韓非列傳〉에 이르기를 "간언하여 유세하는 인사들은 군주의 마음을 살피지 않으면 안 된다. 무릇 龍이란 동물은 길들여서 탈 수 있지만, 목 아래에 지름 한 치쯤 되는 逆鱗(거꾸로 난 비늘)이 있어 그것을 건드리면 반드시 사람을 죽인다. 임금 또한 역린이 있으니, 유세하는 자가 임금의 역린을 건드리지 않을 수 있다면, 유세의 도를 아는 데 가까울 것이다."라고 하였다.

⑭ 公獨不見金之在鑛 : 古猛切, 金璞也.
〈鑛은〉 古와 猛의 반절이니, 제련되지 않은 금덩이이다.

⑮ 良冶鍛而爲器 : 冶, 陶鑄匠也.
冶는 도기와 주물을 만드는 장인이다.

貞觀 6년(632)에 太宗이 九成宮으로 행차해 근신들에게 주연을 열었다. 그때 長孫無忌가 말하였다.

"王珪와 魏徵은 지난날 息隱王(이건성)을 섬겨 신은 그들 보기를 원수처럼 여겼는데, 오늘 이 연회에 또 함께 참석하게 될 줄은 생각지도 못했습니다."

태종이 말하였다.

"과거에 분명 위징은 나의 적이었소. 다만 그가 자신이 섬기는 사람에게 진심을 다한 것은 가상하게 여길 만한 점이 있어서 짐이 지금 그를 발탁하여 기용하였으니, 어찌 옛날의 烈士에게 부끄러움이 있겠소. 위징은 항상 나를 거스르면서까지 절실하게 간언하여, 내가 그릇된 일을 하는 것을 허락하지 않았으

---

45) (馴)〔騎〕 : 저본에는 '馴'으로 되어 있으나, ≪史記≫ 〈韓非列傳〉에 의거하여 '騎'로 바로잡았다.

니, 내가 이 때문에 그를 중히 여기는 것이오."

위징이 재배하고 말하였다.

"폐하께서 신을 인도하여 말을 할 수 있도록 해주셨기 때문에 신이 감히 말씀을 드린 것입니다. 만일 폐하께서 신의 의견을 듣지 않았다면, 신 또한 어찌 감히 용의 逆鱗을 범하여 폐하께서 꺼리는 부분을 건드릴 수 있겠습니까."

태종이 이 말을 듣고 매우 기뻐하여 각각 15만 전을 내렸다.

정관 7년(633)에 왕규의 후임으로 侍中이 되었고, 여러 차례 승진해서 鄭國公에 봉해졌다. 얼마 뒤에 질병으로 인해 사직하여 散官(일정한 직무가 없는 관직)이 되기를 청하자, 태종이 말하였다.

長孫無忌

"짐이 원수와 포로들 사이에서 경을 선발하여 요직에 임명했는데, 경은 짐의 잘못을 보고 간언하지 않은 적이 없었소. 공은 유독 광석 속의 금을 보지 못하였소. 광석 속의 금이 뭐가 귀할 것이 있겠소. 뛰어난 대장장이가 제련하여 기물로 만들어야만 바로 사람들이 보물로 여기게 되오. 짐은 나 자신을 금에 비유하고 경을 뛰어난 대장장이라 생각하오. 비록 질병이 있더라도 아직 노쇠하지 않았는데, 어찌 이처럼 갑자기 그만둘 수 있소."

위징이 이에 사직을 중지하였다. 후에 또 간곡히 사직하기를 청하니, 시중의 직무만 해임을 허락하고 特進으로 임명해서 그대로 門下省의 일을 맡게 하였다.

3-3-4

十二年에 太宗以誕皇孫으로 詔宴公卿한대 帝極歡하여 謂侍臣曰 貞觀以前에 從我平定天下하여 周旋艱險은 玄齡之功이 無所與讓이요 貞觀之後에 盡心於我하여 獻納忠讜하고 安國利人하여 成我今日功業하여 爲天下所稱者는 惟魏徵而已니 古之名臣이라도 何以加也리오하고 於是에 親解佩刀하여 以賜二人하다

貞觀 12년(638)에 太宗은 황손이 태어난 일로 인해 조서를 내려 공경들에게 연회를 열었다. 태종은 매우 기뻐하며 근신들에게 말하였다.

"貞觀 이전에 나를 따라 천하를 평정하여 어렵고 험난한 일을 두루 주선한 것은 房玄齡의 공이 가장 크고, 정관 이후에 나에게 충성을 다하여 충언을 바쳐 나라를 안정시키고 백성들을 이롭게 하여 내가 오늘의 업적을 이루어 천하 사람들에게 칭송을 듣게 한 것은 오직 魏徵뿐이오. 옛날의 명신이라 한들 어찌 이보다 낫겠소."

이에 태종이 직접 차고 있던 칼을 풀어 두 사람에게 주었다.

3-3-5

庶人承乾⑯在春宮하여 不修德業하고 魏王泰⑰寵愛日隆하니 內外庶寮가 咸有疑議라 太宗聞而惡之⑱하여 謂侍臣曰 當今朝臣에 忠謇無如魏徵하니 我遣傅皇太子하여 用絶天下之望하리라하다 十七年에 遂授太子太師⑲하여 知門下事如故라 徵自陳有疾하니 太宗謂曰 太子는 宗社之本이니 須有師傅라 故選中正하여 以爲輔弼이라 知公疹病하니 可臥護之하라 徵乃就職이라가 尋遇疾이라 徵宅內先無正堂이러니 太宗이 時欲營小殿이라가 乃輟하고 其材爲造⑳한대 五日而就어늘 遣中使㉑賜以布被素褥하여 遂其所尙이라 後數日에 薨하니 太宗親臨慟哭㉒하고 贈司空하며 諡曰文貞이라 太宗親爲製碑文하여 復自書於石하고 特賜其家食實封九百戶하다

⑯ 庶人承乾 : 太宗初立長子承乾爲太子, 後以罪廢爲庶人.
太宗 초년에 長子인 李承乾을 세워 태자로 삼았는데, 뒤에 죄로 인해 폐위되어 서인이 되었다.

⑰ 魏王泰 : 字惠褒, 太宗第四子. 封魏王, 好士善屬文. 後貶王濮. 諡曰恭.
〈魏王 李泰는〉 字가 惠褒이니, 太宗의 넷째 아들이다. 魏王에 봉해졌으며 선비를 좋아하

고 문장을 잘 지었다. 후에 濮王으로 강등되었다. 시호는 恭이다.

⑱ 太宗聞而惡之 : 烏, 去聲.

惡(미워하다)는 去聲이다.

⑲ 太子太師 : 唐制, 太子太師太傅太保, 爲三師, 掌以道德輔導皇太子.

唐나라 제도에 의하면 太子太師・太傅・太保를 三師라고 하니, 道德으로 황태자를 돕고 이끌어주는 일을 담당한다.

⑳ 乃輟其材爲造 : 爲, 去聲.

爲(위하다)는 去聲이다.

㉑ 遣中使 : 去聲.

〈使(사신)는〉 去聲이다

㉒ 親臨慟哭 : 臨, 去聲.

臨(조문하다)은 去聲이다.

庶人으로 강등된 李承建이 東宮에 있을 적에 덕행과 학문을 닦지 않았고, 威王 李泰에 대한 太宗의 총애가 나날이 더해가자 궁궐 안팎의 여러 관료들이 모두 의심하여 논의하였다. 태종이 그 이야기를 듣고 매우 싫어하여 근신들에게 말하였다.

魏徵을 위해 太宗이 殿閣을 짓지 않고 집을 짓다

"지금 조정의 대신들 가운데 충성스럽고 정직하기로는 魏徵만 한 사람이 없소. 나는 그를 보내 황태자의 스승으로 삼아 천하 사람들의 잘못된 바람을 없앨 것이오."

貞觀 17년(643)에 드디어 太子太師로 임명하여 이전처럼 門下省의 일을 맡게 하였다. 위징이 질병이 있다고 스스로 아뢰자, 태종이 말하였다.

"태자는 종묘사직의 근본이니, 반드시 師傅가 있어야 하오. 그런 까닭에 올바른 사람을 선발해 보필하게 하는 것이오. 그대가 질병이 있다는 것을 내가 알고 있으니, 누워서 가르쳐도 될 것이오."

위징이 마침내 太師의 직책을 맡았는데 얼마 뒤에 병에 걸렸다. 위징의 집에는 안에 원래 正堂이 없었다. 태종이 그때 작은 전각을 지으려고 하다가 그만두고 그 재목으로 위징을 위하여 집을 지어주었는데 닷새 만에 완공되니, 환관을 보내 무명 이불과 요를 내려서 위징이 숭상하는 것을 이루어주었다.

그 후 며칠이 지나 위징이 세상을 떠나자 태종이 친히 조문하여 통곡하였으며, 그를 司空으로 추증하고 시호를 文貞이라 하였다. 태종은 직접 위징을 위하여 비문을 지어 다시 돌에 썼고, 특별히 그의 집에 實封 900戶를 식읍으로 주었다.

### 3-3-6

**太宗後嘗謂侍臣曰 夫以銅爲鏡**하면 **可以正衣冠**하고 **以古爲鏡**하면 **可以知興替**하고 **以人爲鏡**하면 **可以明得失**이라 **朕常保此三鏡**하여 **以防己過**러니 **今魏徵殂逝**하여 **遂亡一鏡矣**라하다 **因泣下久之**라가 **乃詔曰 昔惟魏徵**이 **每顯予過**어늘 **自其逝也**에 **雖過**나 **莫彰**하니 **朕豈獨有非於往時**하고 **而皆是於茲日**이리오 **故亦庶僚苟順**하여 **難觸龍鱗者歟**인저 **所以虛己外求**하여 **披迷內省**[23]하니 **言而不用**은 **朕所甘心**이어니와 **用而不言**은 **誰之責也**오 **自斯已後**로 **各悉乃誠**하여 **若有是非**면 **直言無隱**[24]하라하다

㉓ 披迷內省 : 悉井切.
〈省(살피다)은〉 悉과 井의 반절이다.

㉔ 魏徵……直言無隱 : 按史傳46), 徵疾甚, 藥膳賜遺無筭, 上親問疾, 語終日. 後復與太子至, 徵

加朝服拖帶[47], 上悲懣拊之, 將以衡山公主降其子叔玉. 時公主從, 上曰 "公强視新婦." 徵不能謝. 及旦, 薨. 帝臨哭, 罷朝五日. 太子擧哀西華堂, 詔內外百官朝集皆赴喪, 晉王奉詔致祭, 陪葬昭陵. 上登苑西樓, 望哭盡哀.

史傳을 살펴보건대, 위징이 병이 심해지자 하사한 약물과 음식을 이루 셀 수가 없었고, 太宗이 직접 병문안을 가서 하루 종일 이야기를 나누었다. 그 후에 다시 태자와 함께 방문하자 위징이 조복을 몸에 덮고 옷 위에 띠를 얹어놓고 있었다. 太宗이 슬퍼 안타까워하면서 그를 어루만지며 衡山公主를 그의 아들 叔玉에게 시집보내겠다고 하였다. 그때 공주가 함께 갔는데, 태종이 "공은 억지로라도 신부를 보시오."라고 하니, 위징이 사양하지 못했다. 아침이 되어 세상을 떠났는데, 태종이 찾아가서 곡을 하고 5일 동안 조회를 열지 않았다. 太子는 西華堂에서 그의 죽음을 애도하고 내외의 모든 관리들에게 조서를 내려 조정에 모여 모두 상가에 조문을 가게 하였는데, 晉王(李治, 후일 高宗)이 조서를 받들고 가서 제사를 지내고, 昭陵에 陪葬(묘역에 딸려 장사 지냄)하였다. 태종이 苑西樓에 올라 바라보며 곡을 하고 몹시 슬퍼하였다.

太宗이 그 후에 늘 근신들에게 말하였다.

"구리로 거울을 만들면 의관을 단정하게 할 수 있고, 옛일을 거울로 삼으면 흥망성쇠를 알 수 있으며, 사람을 거울로 삼으면 자기의 득실을 명확히 할 수 있소. 짐은 평소 이 세 종류의 거울을 구비해 나의 과실을 예방하였는데, 지금 魏徵이 세상을 떠나 마침내 거울 하나를 잃었소."

이어서 오랫동안 눈물을 흘리다가 조서를 내려 다음과 같이 말했다.

"과거 위징만이 항상 나의 허물을 드러내었는데, 그가 죽은 이후로는 내게 잘못이 있어도 드러내는 사람이 없으니, 짐이 어찌 과거에만 잘못을 저지르고 오늘날에는 전부 옳은 행동만 할 리가 있겠소. 그 이유는 또한 많은 관료들이 구차히 순종하기만 하고 용의 逆鱗을 거스르는 것을 어려워하기 때문일 것이오. 그래서 자신을 비우고 외면에서 구하여 의혹을 떨쳐버리고 내면으로 반성하려는 것이오. 간언을 했는데도 쓰지 않는다면 나는 그 책임을 달게 받겠지만 쓰려고 해도 간언하지 않는다면 그것은 누구의 책임이겠소. 이 이후로 각자 그대들의 충성을 다하여 만일 옳고 그른 일이 있으면 직언하고 숨기지 마시오."

---

46) 史傳 : 《新唐書》 권97 〈魏徵列傳〉에 보인다.

47) 加朝服拖帶 : 임금이 병문안을 왔을 때 병든 신하 당사자의 옷차림새를 말한다. 《論語》 〈鄕黨〉에 "공자의 병에 임금이 와서 살펴보시거든 동쪽으로 머리를 두고, 조복을 몸에 덮고 그 위에 큰 띠를 얹었다.〔疾君視 東首 加朝服拖紳〕"고 하였다.

【集論】

劉氏昫曰 魏公與文皇討論政術에 往復應對가 凡數十萬言이니 其匡過弼違하고 能近取譬하며 博約達類는 皆前代爭臣所不至者라 其實身正而心勁하여 上不負時主하고 中不阿權倖하며 內不侈親族하고 外不爲朋黨하며 不以逢時改節하고 不以圖位賣忠은 前代爭臣에 一人而已라

劉昫가 말하였다.

"魏徵이 太宗과 政術을 토론함에 말을 주고받으며 응대한 것이 모두 수십만 마디인데, 임금의 과오를 바로잡고 가까운 데서 취하여 비유하며 널리 학문을 닦고 禮로써 요약하여 여러 부류에 통달한 것은 모두 이전 시대에 간언하는 신하들이 미치지 못한 점이다. 그 실제는 몸이 바르고 마음이 굳세어 위로는 당시의 군주를 저버리지 않고, 중간으로는 총애를 받는 權臣에게 아부하지 않으며, 안으로는 친족을 사치하게 하지 않고, 밖으로는 朋黨을 짓지 않으며, 때에 따라 절조를 바꾸지 않고, 지위를 탐내어 충성을 팔지 않은 것은 이전 시대에 간언하는 신하 중에 위징 한 사람뿐이다."

宋氏祁曰 君臣之際가 顧不難哉아 以徵之忠而太宗之睿로도 身沒未幾에 猜譖遽行[48]이라 始徵之諫에 至君子小人하여 未嘗不反覆言之나 以邪佞之亂忠也를 久猶不免이라 故曰 皓皓者는 易汚하고 嶢嶢者는 難全이라하니 自古所歎云이라

宋祁가 말하였다.

"임금과 신하의 관계는 어렵지 않은가. 위징 같은 충신과 太宗 같은 聖君 사이에도 죽은 지 얼마 되지 않아 의심과 참소가 갑자기 일어났다. 처음에 위징이 간언할 적에 군자와 소인에 대하여 되풀이하여 말을 하지 않은 적이 없었으나 사특하고 아첨하는 이들이 충신을 비방하는 일을 오래도록 오히려 벗어나지 못했다. 그러므로 '깨끗한 사람은 더럽혀지기 쉽고, 강직한 사람은 온전하기가 어렵다.'라고 하였으니, 옛날부터 탄식하던 말이다."

曾氏鞏曰 太宗이 屈己以從群臣之議하니 而魏公之徒가 喜遭其時하고 感知己之遇하여 事

48) 以徵之忠而太宗之睿……猜譖遽行 : 魏徵이 죽자 곧바로 참소가 일어났고, 太宗도 의심하여 衡山公主를 위징의 맏아들 叔玉과 약혼시켰던 것을 손수 조서를 써서 취소하는 등 박대하였다. ≪舊唐書 권71 魏徵列傳≫

之大小를 無不諫諍하니 雖其忠直所自至나 亦得君以然也라

曾鞏이 말하였다.
"太宗이 자신을 낮추어 여러 신하들의 논의를 따르자 위징의 무리는 좋은 때를 만난 것을 기뻐하고 자신을 알아주는 이를 만난 것에 감동하여 크고 작은 일을 간언하지 않은 것이 없었다. 비록 그들의 충성과 정직함이 저절로 오게 한 것이지만 또한 훌륭한 임금을 만나서 그렇게 된 것이다."

呂氏祖謙曰 或謂三代遺直者라하니 言其以至公爲心하고 而不以事形迹爲美하며 以後言爲戒하고 而不以卽應爲嫌하며 任强直之責하되 而不顧擅權之議하며 爲忠讜之論하되 而不畏誹謗之譏하니 此太宗貞觀之治를 獨歸於徵勸行仁義之效者는 其以此歟인저

呂祖謙이 말하였다.
"혹자는 말하기를 '三代의 곧은 遺風을 지닌 사람〔三代遺直〕'이라고 하였으니, 지극히 공정함을 마음속에 지니고 일의 자취를 아름답게 여기지 않으며, 뒷말하는 것을 경계하고 즉시 응대하는 것을 꺼리지 않으며, 강직하게 간언하는 책임을 맡되 정권을 좌지우지하는 자들의 의론을 돌아보지 않으며, 충성스럽고 곧은 논의를 펴되 남이 비방할까 두려워하지 않음을 말한다. 太宗의 貞觀之治를 다만 위징이 仁義를 실천하라고 권면한 효과로 귀결시키는 것은 아마도 이 때문일 것이다."

唐氏仲友曰 責難於君을 謂之恭이요 陳善閉邪를 謂之敬이요 吾君不能을 謂之賊이라하니 此孟子之諫爭이니 徵有之矣라

唐仲友가 말하였다.
"임금에게 하기 어려운 일을 하도록 요구하는 것을 공손하다고 하고, 善道를 개진하여 임금의 邪心을 막는 것을 공경한다고 하고, 우리 임금은 그렇게 할 능력이 없다고 말하는 것을 해친다고 한다고 하였으니, 이는 ≪孟子≫ 〈離婁 上〉에서 말한 간언의 방법인데, 魏徵이 이러한 점을 지니고 있었다."

眞氏德秀曰 魏公始終以規諫爲己任하여 唐史以爲前代爭臣에 一人而已라하니 豈不信哉아 然攷其學問淵源하면 殆不可見이라 文中子世家謂魏徵嘗從其學하여 受王佐之道라하니 先儒疑之나 觀其勸太宗行仁義면 則必有所本이라 然嘗論之컨대 有仁義之體하고 有仁義之

用하여 正其心하고 修其身하여 而達之於國家天下면 無往而非仁義니 此二帝三王之所行에 兼體用之全者也라 心未必正하고 身未必修하여 假仁義以行之면 而不免於利欲之雜이라 然其愛人利物之功과 禁暴止亂之政이 亦有補於世教하니 此齊桓晉文[49]之所行이라 依倣於仁義之用而體則未純이라 故其用亦未盡也라 太宗除隋之難하여 身致升平하니 可謂偉矣라 然由心而身하고 由身而家에 皆有慙德[50]이라 觀魏公之所論諫컨대 卽事而言者多나 卽心而論者少하며 正救於已形者多나 而變化於未形者少하니 君臣之間에 相與策勵者는 黽勉於仁義之用而已라 故貞觀之治가 雖有志於三王이나 迄未能大異於五伯(패)라 魏公正君之功이 雖秦漢以下所難及이나 而揆之伊傅周召[51]하면 則猶可憾焉이라 或以爲出於縱橫之學이나 則又有未然者라 蓋戰國策士는 多邪諂之言이나 而魏公所陳은 皆正大之論이니 是豈可同日語哉아 叔玠以王魏竝稱이나 考觀本末하면 蓋亦其流亞云이라

眞德秀가 말하였다.

"魏徵이 시종일관 規諫(바른말로 간언)하는 것을 자신의 임무로 삼아서, 唐史(≪舊唐書≫ 권71 〈魏徵列傳〉)에서 '이전 시대에 간언하는 신하 중에 한 사람뿐이다.'라고 하였으니, 어찌 사실이 아니겠는가. 그러나 그 학문의 연원을 고찰해보면 거의 찾을 수가 없다. ≪中說≫ 권10 〈文中子世家〉에 '위징이 일찍이 학문에 종사하여 王者를 보좌하는 도리를 배웠다.'라고 하였는데, 先儒들이 의심하였으나 太宗에게 仁義를 실천하라고 권면한 사실을 보면 반드시 학문에 근원이 있다.

그러나 일찍이 논하건대 仁義의 體가 있고 仁義의 用이 있어서 마음을 바로잡고 몸을 닦아 국가와 천하에 미치게 하면 무엇을 하든 仁義가 아님이 없을 것이니, 이는 二帝와 三王의 행동에 體用의 완전함까지 겸비한 것이다. 마음이 아직 반드시 바르지는 않고, 몸이 아직 반드시 닦이지는 않아서 仁義를 빌려 실천하면 이익과 욕심이 그 사이에 뒤섞이는 것을 면하지 못하나 사람을 사랑하고 사물을 유익하게 해주는 공로와 포악한 행동을 금지하고 난리를 그치게 하는 정치가 또한 世教에 보탬이 있으니, 이는 齊 桓公과 晉 文公이 행한 것이다. 이는 仁義의 쓰임을 흉내 내었지만 그 본체

49) 齊桓晉文 : 春秋시대 五霸에 들은 齊 桓公과 晉 文公을 말한다. 제 환공이 제후들을 모아 회맹하여 맹주가 되고, 그 뒤를 이어 진 문공이 맹주가 되었다.

50) 皆有慙德 : 앞의 〈郭思貞序〉의 '有愧於修齊'에서 설명한 唐 太宗의 신변과 집안에 있었던 남녀 관계, 骨肉相爭 등의 일을 말한다.

51) 伊傅周召 : 伊尹·傅說·周公·召公을 말한다. 伊尹과 傅說은 각각 商나라 湯王과 高宗 때의 재상으로 천하를 안정시켰고, 周公과 召公은 周 文王의 아들로 형인 武王을 도와 폭군인 紂王을 토벌하고 조카인 成王을 도와 周나라의 기틀을 다졌다.

는 순수하지 못하다. 그러므로 그 쓰임 또한 미진한 점이 있다.

태종은 隋나라의 혼란을 평정하여 몸소 태평성대를 이루었으니, 위대하다고 할 만하다. 그러나 마음에서 말미암아 몸에 이르고, 몸에서 말미암아 집안에 이르게 하는 데 있어서는 慙德(부끄러운 마음)이 있었다. 위징의 논의와 간언을 보건대 일에 대해 말한 것은 많으나 마음에 대해 논한 것은 적으며, 이미 드러난 데에서 바로잡은 것은 많으나 드러나기 전에 변화시킨 것은 적었으니, 군신 사이에 서로 함께 독려한 것은 仁義의 用을 힘써 권면한 것뿐이다. 그러므로 貞觀의 정치가 비록 三王에 뜻을 두기는 했지만 결국 五伯와 크게 다르지 못하였다.

위징이 임금을 바로잡은 공은 비록 秦·漢 이래로 미치기 어려운 것이지만 伊尹·傅說·周公·召公과 비교해보면 오히려 유감이 있다. 혹자는 縱橫家의 학문에서 나왔다고 하지만 또 그렇지 않은 점이 있다. 戰國시대 策士들은 사특하고 아첨하는 말들을 많이 했지만 위징이 간언한 것은 모두 正大한 논의이니, 어찌 동일시하여 말할 수 있겠는가. 叔玠(王珪의 자)가 王魏(王珪와 魏徵)로서 나란히 일컬어지지만 本末을 고찰해보면 또한 그 亞流이다."

愚按 魏鄭公之諫은 自兩漢以來로 一人而已라 史[52]稱爲三代遺直이라하니 豈不信哉아 然嘗聞之컨대 孟子曰 人不足與適也며 政不足與間也니 惟大人이라야 爲能格君心之非라하니 蓋更一弊政하면 是一弊政而已요 去一小人하면 是一小人而已니 非心存焉이면 吾恐不勝其去하고 不勝其更也라 今觀魏公之諫疏컨대 大概能裨益於政事나 而不能匡正於本原하고 能規諫於臨時나 而不能涵養於平昔하니 律以孟子之言하면 殆所謂過讁用人之非요 非間行政之失而已니 無乃於格心之道에 猶有所未至乎아 故程子謂其能正君이나 而不能養德[53]이라하고 眞氏謂其卽事而言者多나 卽心而論者少하고 正救於已形者多나 變化於未形者少라하니 其知言哉인저

내가 살펴보건대 魏鄭公처럼 간언을 한 사람은 兩漢 이래로 한 사람뿐이다. 史書에 칭하기를 '三代의 곧은 遺風을 지닌 사람〔三代遺直〕'이라고 하였으니 어찌 사실이 아니겠는가. 그러나 일찍이 듣건대 孟子가 말하기를 '등용한 인물에 대해 임금과 더불어

---

52) 史 : ≪新唐書≫ 권97 〈魏徵列傳〉에 보인다.

53) 正君 而不能養德 : ≪二程子抄釋≫ 권9 〈經筵箚子 第2〉에 "다스림을 구할 줄만 알고 임금을 바로잡을 줄은 모르고, 잘못을 규찰할 줄만 알고 덕을 기를 줄은 모른다.〔知求治而不知正君 知規過而不知養德〕"라고 하였다.

일일이 다 허물할 수 없으며, 잘못된 정사를 임금과 더불어 일일이 다 흠잡을 수 없으니, 오직 대인이라야 임금의 그릇된 마음을 바로잡을 수가 있다.'라고 하였다. 한 번 잘못된 정치를 바꾸면 이는 한 번 잘못된 정치일 뿐이며, 한 명의 소인을 제거하면 이는 한 명의 소인일 뿐이다. 그릇된 마음이 남아 있다면 나는 소인을 이루 다 제거하지 못하고 잘못된 정치를 이루 다 바꾸지 못할까 염려된다.

지금 魏徵의 간언과 상소를 보건대 대개 정치에 도움이 되고 유익하지만 本原을 바로잡지는 못하였고, 때에 맞춰 規諫했지만 평소에 함양하지는 못했으니, 맹자의 말로 단언해보자면 이른바 사람을 잘못 등용한 것을 일일이 허물하고 잘못된 정사를 일일이 흠잡는 것에 가까우니, 임금의 마음을 바로잡는 道에 오히려 미진한 점이 있지 않은가. 그러므로 程子(程頤)는 말하기를 '임금을 바로잡을 수는 있으나 덕을 함양하게 하지는 못한다.'라 하였고, 眞氏(眞德秀)는 말하기를 '일에 대해 말한 것은 많으나 마음에 대해 논한 것은 적고, 이미 드러난 뒤에 바로잡은 것은 많으나 드러나기 전에 변화시킨 것은 적다.'라고 하였으니, 아마도 말을 아는 사람일 것이다.

### 3-4-1

王珪①는 太原祁縣人也②라 武德中에 爲隱太子中允③하여 甚爲建成所禮러니 後以連其陰謀事하여 流于巂(수)州④라 建成誅後에 太宗卽位하여 召拜諫議大夫하니 每推誠盡節하여 多所獻納이라 珪嘗上封事切諫⑤하니 太宗謂曰 卿所論이 皆中朕之失⑥이라 自古로 人君莫不欲社稷永安이라 然而不得者는 秖爲不聞己過⑦요 或聞而不能改故也라 今朕有所失이어늘 卿能直言하니 朕復聞過能改면 何慮社稷之不安乎아하다 太宗又嘗謂珪曰 卿若常居諫官하면 朕必永無過失이리라하고 顧待益厚라 貞觀元年에 遷黃門侍郎하여 參預政事하고 兼太子右庶子하다 二年에 進拜侍中하다

① 王珪 : 字叔玠. 志量隱正, 能安於貧賤, 交不苟合. 開皇末, 爲奉禮郎, 季叔頍坐事被誅, 珪當從坐, 遂亡匿. 積十餘歲, 高祖入關, 相府司錄李綱薦珪貞諒有器識, 引爲世子府諮議參軍. 及東宮建, 除中舍人, 尋轉中允. 餘見下文.
〈王珪는〉 字가 叔玠이다. 포부와 국량이 중후하고 올곧았으며 빈천을 편안히 여겼고 교제하면서 구차히 영합하지 않았다. 開皇(581~600) 말기에 奉禮郎이 되었는데, 季叔인 王頍가 어떤 일에 연루되어 죽임을 당하자, 왕규는 從坐(連坐)에 해당하였으므로 마침내 도망쳐 숨었다. 10여 년이 지나 高祖가 函谷關으로 들어갔을 때, 相府의 司錄인 李綱이 王珪를 곧고 진실하며 국량과 식견이 있다고 추천하자 데려다 世子府 諮議參軍으로 삼았다.

太宗이 東宮이 되고 나서는 中舍人에 임명하였고, 얼마 뒤에 中允으로 전임되었다. 나머지는 아래에 보인다.

② 太原祁縣人也 : 太原, 郡名, 今冀寧路, 隷河東. 祁縣, 今仍舊.

太原은 郡의 이름으로 지금의 冀寧路이니, 河東에 속한다. 祁縣은 지금 옛 지명 그대로 쓴다.

③ 太子中允 : 唐制, 東宮官屬, 掌侍從贊相, 駮正啓奏, 總司經典膳藥.

唐나라 제도에 의하면 東宮의 官屬이니, 동궁을 따라 예를 돕고 啓奏를 논박해 바로잡으며 經典·膳藥(음식과 약)을 총괄하는 일을 관장한다.

④ 流於巂(수)州 : 巂, 音髓. 武德末, 高祖以太子與秦王有隙, 責珪等不能輔導, 皆被流貶. 巂州, 屬羅羅斯地, 今爲建昌路, 隷雲南.

巂는 음이 髓이다. 무덕(618~626) 말엽에 高祖는 太子(이건성)와 秦王(이세민)이 사이가 좋지 않자 王珪 등이 잘 보좌하여 인도하지 못했다고 여겨 모두 유배 보내고 좌천시켰다. 巂州는 羅羅斯 지역에 속하는데, 지금의 建昌路로, 雲南에 속한다.

⑤ 珪嘗上封事切諫 : 封事, 實封言事也.

封事는 言事를 밀봉한 奏章이다.

⑥ 皆中朕之失 : 中, 去聲.

中(들어맞다)은 去聲이다.

⑦ 秖爲不聞己過 : 爲, 去聲.

爲(위하다)는 去聲이다.

王珪는 太原 祁縣 사람이다. 武德(618~626) 연간에 隱太子의 中允이 되어 李建成에게 몹시 예우를 받았는데, 그 뒤에 음모 사건에 연루되어 巂州에 유배되었다. 이건성이 주살된 뒤에 太宗이 즉위하여 왕규를 불러서 諫議大夫에 임명하자, 늘 정성을 미루고 절의를 다하여 충심으로 간언한 것이 많았다. 왕규가 일찍이 밀봉한 상소를 올려 간절히 간언하니, 태종이 말하였다.

"경의 논의가 모두 짐의 과실을 정확히 지적하였소. 예부터 임금이 사직을 영원히 안정시키려 하지 않은 자가 없었으나, 그렇게 하지 못한 것은 다만 자기의 과실을 듣지 못했기 때문이며, 혹 들어도 고치지 못했기 때문이오. 지금 짐에게 과실이 있는데 경이 직언을 해주니, 짐이 다시 과실을 듣고 잘 고친다면 어찌 사직이 불안해질까 염려할 것이 있겠소."

태종이 또 일찍이 왕규에게 말하기를 "경이 만일 늘 간관으로 있다면 짐이 영원히 과실이 없을 것이오."라고 하고, 왕규를 더욱 예우하였다. 정관 원년(627)

에 黃門侍郞으로 승진하여 정사에 참여하고 太子右庶子를 겸직하였다. 정관 2년(628)에 승진하여 侍中에 임명되었다.

3-4-2

**時房玄齡魏徵李靖**⑧**溫彦博**⑨**戴胄**⑩가 **與珪**로 **同知國政**이라 **嘗因侍宴**하여 **太宗謂珪曰 卿**은 **識鑑精通**하고 **尤善談論**하니 **自玄齡等**으로 **咸宜品藻**⑪하라 **又可自量孰與諸子賢**⑫고하니 **對曰 孜孜奉國**하여 **知無不爲**는 **臣不如玄齡**이요 **每以諫諍爲心**하여 **恥君不及堯舜**은 **臣不如魏徵**이요 **才兼文武**하여 **出將入相**은 **臣不如李靖**⑬이요 **敷奏詳明**하여 **出納惟允**은 **臣不如溫彦博**이요 **處繁理劇**하여 **衆務必擧**는 **臣不如戴胄**⑭어니와 **至如激濁揚淸**하고 **嫉惡好善**⑮하여는 **臣於數子**에 **亦有一日之長**이니이다하니 **太宗**이 **深然其言**하고 **群公**이 **亦各以爲盡己所懷**하여 **謂之確論**⑯이라하다

⑧ 李靖 : 詳見下章.
〈李靖은〉 아래 장에 자세히 보인다.

⑨ 溫彦博 : 字大臨, 幷州人. 警悟而辯. 隋末, 幽州總管羅藝以州降, 彦博預謀, 召入爲郞. 戰突厥被執, 貞觀初, 始得還. 尋檢校吏部侍郞, 時譏其煩碎. 後遷尙書右僕射(야). 卒, 追贈特進, 謚曰恭.
〈溫彦博은〉 字가 大臨이니, 幷州 사람이다. 민첩하고 총명하며 말을 잘하였다. 隋나라 말엽에 幽州總管 羅藝가 幽州 지역을 들어서 항복할 때 온언박이 모의에 참여하였는데 온언박을 불러 郞으로 삼았다. 突厥과의 전쟁에서 포로로 잡혔다가 정관 초기에 비로소 돌아왔다. 얼마 후에 檢校吏部侍郞이 되었는데, 당시에 번잡하고 자질구레하다는 비난이 있었다. 그 뒤에 尙書右僕射로 자리를 옮겼다. 세상을 떠나자 特進을 추증하였으며, 시호는 恭이다.

⑩ 戴胄 : 字玄胤, 相州人. 性明正, 善簿最. 王世充謀簒, 胄以大義說(세)之. 秦王引爲府士曹參軍. 貞觀初, 遷大理少卿, 又遷尙書左丞, 號稱職. 拜諫議大夫. 杜如晦遺言, 請以選擧委胄, 遂檢校吏部尙書. 卒謚曰忠.
〈戴胄는〉 字가 玄胤이니, 相州 사람이다. 성품이 밝고 정직하였으며 재물의 출납 장부를 잘 관리했다. 王世充이 찬탈을 도모할 때, 대주가 대의를 들어 유세하였다. 秦王(太宗)이 데려다 秦王府의 士曹參軍으로 삼았다. 정관 초기에 大理少卿으로 승진하고, 다시 尙書左丞으로 승진하였는데, 직책에 걸맞는다는 말이 있었다. 諫議大夫에 임명되었다. 杜如晦의 유언에 인재의 선발과 등용을 대주에게 맡길 것을 청하여, 마침내 檢校吏部尙書가 되었다. 세상을 떠나자 시호를 忠이라고 하였다.

⑪ 品藻 : 定其差品文質也.
등급을 나누어 외형과 내용을 정하는 것이다.

⑫ 又可自量孰與諸子賢 : 量, 平聲.
量(헤아리다)은 平聲이다.

⑬ 出將入相 臣不如李靖 : 將相, 竝去聲.
將(장수)과 相(재상)은 모두 去聲이다.

⑭ 處繁理劇……臣不如戴胄 : 處, 上聲.
處(처리하다)는 上聲이다.

⑮ 嫉惡好善 : 好, 去聲.
好(좋아하다)는 去聲이다.

⑯ 王珪 : 按史傳[54], 珪後進爵郡公. 八年, 拜禮部尙書, 十一年, 正定五禮, 兼魏王師. 十三年, 卒, 上素服擧哀, 詔魏王泰率百官臨哭, 贈吏部尙書, 謚曰懿.
史傳을 살펴보건대, 王珪는 뒤에 승진하여 郡公의 작위를 받았다. 貞觀 8년(634)에 禮部尙書에 임명되었고, 정관 11년(637)에 五禮를 바로잡아 정하고, 魏王의 王師를 겸하였다. 정관 13년(639)에 세상을 떠나니, 太宗이 素服으로 애도를 표하고 魏王 李泰에게 명하여 백관들을 이끌고 가서 곡하게 하였다. 吏部尙書에 추증되었으며, 시호는 懿이다.

당시에 房玄齡・魏徵・李靖・溫彦博・戴胄가 王珪와 함께 국정을 맡았다. 일찍이 모시고 연회할 적에 太宗이 王珪에게 다음과 같이 말하였다.

“경은 감식안이 정통하고 담론을 더욱 잘하니, 방현령 등을 시작으로 모두를 품평해보시오. 또 스스로 생각하기에 여러 사람들과 비교할 때 누가 더 뛰어나다고 생각하오?”

왕규가 대답하였다.

“열심히 나라를 위해 봉직하여 아는 것을 행하지 않음이 없는 것은 신이 房玄齡만 못합니다. 늘 간쟁을 마음속에 두어 군주를 堯임금・舜임금처럼 되게 할 수 없는 것을 부끄러워하는 것은 신이 魏徵만 못합니다. 재주가 문무를 겸비하여 조정을 나가서는 장수가 되고 들어와서는 재상이 되는 것은 신이 李靖만 못합니다. 정사에 대해 상주하는 것이 상세하고 명확하여 출납을 진실하게 하는 것은 신이 溫彦博만 못합니다. 번거로운 것을 처리하고 어려운 것을 다스려서 모든 사무가 반드시 거행되게 하는 것은 신이 戴胄만 못합니다. 그러나

54) 史傳 : ≪舊唐書≫ 권70 〈王珪列傳〉에 보인다.

濁流(惡類)를 쳐내고 淸流(善類)를 옹호하며, 惡을 미워하고 善을 좋아함에 있어서는 신이 이 몇 사람에 비해 조금 낫습니다."

태종이 그 말을 깊이 수긍하였고 제공들 또한 각각 자신의 소회를 잘 말했다고 여겨 확실한 논평이라 평하였다.

【集論】

劉氏昫曰 王珪는 履正不回하고 忠讜無比하니 君臣時命이 胥會于玆라 易曰 自天祐之라 吉無不利라하니 叔玠有之矣로다

劉昫가 말하였다.

"王珪는 正道를 행하고 사특한 행동을 하지 않으며, 충성스러움과 정직함을 비할 데가 없으니, 임금과 신하의 時運이 서로 여기에서 만난 것이다. ≪周易≫ 大有卦 上九爻辭에 이르기를 '하늘에서 도우니 길하여 이롭지 않은 것이 없다.'라고 하였으니, 叔玠에게 이런 점이 있었다."

陳氏惇修曰 太宗이 嘗歷數諸臣之得失하여 以夸大於一已하고 而復使王珪로 商確人物이어늘 珪亦盍因是而進戒曰 知人之道는 堯以爲難하니 陛下不當以知人爲能이니이다 子貢方人이어늘 夫子謂不暇[55]라하시니 臣亦不敢以知人自負니이다 昔에 皐陶(요)陳謨에 分爲九德[56]하니 亦欲多方而參攷之하여 以示所難之意也니이다 今陛下安可輕問이며 而臣亦安可輕對니이다 惜乎라 珪不知此하고 且復一二而爲之商確하여 遂使太宗으로 謂吾之知人이 如此其易하고 而珪之品藻가 如此其當이로다 天下之賢否善惡은 皆不足辨하니 而邪佞之言이 所以乘間而入也라 然則太宗之爲君이 固有愧於帝堯요 而王珪之徒도 蓋亦有愧於皐陶者矣라

陳惇修가 말하였다.

"太宗이 일찍이 여러 신하들의 得失을 낱낱이 거론하여 자신의 능력을 과장한 적이

---

55) 子貢方人 夫子謂不暇 : ≪論語≫ 〈憲問〉에 "子貢이 인물을 비교하니, 孔子가 말하였다. '賜는 어진가보다. 나는 그럴 겨를이 없다.'〔子貢方人 子曰 賜也 賢乎哉 夫我則不暇〕"라고 하였다.

56) 九德 : 아홉 가지 덕이다. 그 조목은 관대하면서도 장엄하며〔寬而栗〕, 유순하면서도 뜻이 확립되며〔柔而立〕, 근실하면서도 공경스러우며〔愿而恭〕, 治才가 있으면서 경외하며〔亂而敬〕, 익숙하면서도 과단하며〔擾而毅〕, 곧으면서도 온화하며〔直而溫〕, 간이하면서도 절도가 있으며〔簡而廉〕, 굳세면서도 독실하며〔剛而塞〕, 彊勇하면서 의를 좋아하는 것〔彊而義〕을 말한다. ≪書經 虞書 皐陶謨≫

있었다. 그리고 다시 王珪에게 인물들을 논평해보라고 하였는데, 왕규는 어찌하여 이때를 틈타 다음과 같이 권고하지 않았던 것일까.

'인물을 알아보는 방법은 堯임금도 어렵게 여겼으니 폐하께서는 사람을 알아보는 것에 능하다고 생각해서는 안 됩니다. 子貢이 사람을 비교하자, 孔子께서 「〈나는〉 그럴 겨를이 없다.」고 하셨으니, 신 역시 감히 남을 알아보는 것으로 자부하지 않습니다. 옛날 皐陶가 계책을 진언할 때에 九德으로 나누었으니, 역시 많은 방법을 제시하여 이를 참고하게 해서, 어렵게 여긴 뜻을 보이려고 한 것입니다. 따라서 지금 폐하께서 어찌 쉽게 물으실 수 있겠으며 신 역시 어찌 쉽게 대답할 수 있겠습니까.'

애석하도다. 왕규가 이를 알지 못하고, 또 한두 가지 사실만으로 인물을 품평하여 마침내 태종이 '내가 사람을 알아보는 것이 이처럼 쉽고, 왕규가 사람을 논평하는 것이 이처럼 타당하다.'라고 생각하게 하고 말았다. 세상 인물의 현명함과 선악 여부는 모두 잘 분별해낼 수 없으니, 사악하고 망령된 말이 빈틈을 타고 끼어들기 때문이다. 그렇다면 태종이 임금 노릇 한 것은 참으로 요임금에게 부끄러운 점이 있고, 왕규 등도 고요에게 부끄러운 점이 있다."

愚按 太宗旣正位東宮에 首以魏徵으로 爲詹事主簿하고 珪爲諫議大夫하니 是珪爲諫官이 在徵之先也라 是時에 前宮齊府[57]之黨이 多懷反側하여 不安이어늘 珪首請太宗坦懷待之하여 以示無間하니 是珪之論諫이 在徵之先也라 厥後에 與徵上下其論이라가 卒得與徵齊名하니 豈偶然哉리오 然이나 嘗觀宋末眞氏論後世賢臣컨대 悉以四事律之하니 一曰正己요 二曰正君이요 三曰謀國이요 四曰用人이라 以唐初諸賢臣觀之컨대 則論謀國用人은 王魏不如房杜요 論正己正君은 房杜不如王魏라 四賢如耳目股肱하여 相資爲用하니 其致貞觀之治가 不亦宜乎아

내가 살펴보건대 太宗이 이미 정식으로 동궁의 지위에 올랐을 때 가장 먼저 魏徵을 詹事主簿로 삼고 王珪를 諫議大夫로 삼았으니, 이는 왕규가 위징보다 앞서 간관이 된 것이다. 당시에 前宮과 齊府의 무리들이 대부분 반역을 일으킬 마음을 품어 불안하였는데, 왕규가 먼저 태종에게 마음을 터놓고 그들을 대하여 다른 마음이 없음을 보이라고 청하였으니, 이는 왕규가 위징보다 앞서 간언한 것이다. 그 뒤에 위징과 서로 논의를 주고받다가 결국 위징과 명성을 나란히 했으니, 이것이 어찌 우연이겠는가.

57) 前宮齊府 : 前宮은 太子 李建成의 宮이며, 齊府는 齊王 李元吉의 官府이다.

그러나 宋나라 말기에 眞氏(眞德秀)가 후세의 賢臣들을 논한 것을 보면 모두 4가지 일로 기준을 삼았으니, 첫째 자신을 바로잡는 것〔正己〕, 둘째 임금을 바로잡는 것〔正君〕, 셋째 나라를 위해 계책을 내는 것〔謀國〕, 넷째 사람을 쓰는 것〔用人〕이다. 唐나라 초기의 여러 현신들을 보건대 謀國과 用人은 왕규·위징이 房玄齡·杜如晦만 못하고, 正己와 正君은 방현령·두여회가 왕규·위징만 못하다. 4명의 현신이 귀와 눈, 팔과 다리처럼 서로 도움이 되었으니, 貞觀의 치적을 이룬 것이 당연하지 않은가.

## 3-5-1

**李靖**①은 **京兆三原人也**②라 **大業末**에 **爲馬邑郡丞**③한대 **會高祖爲太原留守**라 **靖觀察高祖**하여 **知有四方之志**하고 **因自鎖上變**하여 **詣江都**④라가 **至長安**⑤하여 **道塞不通而止**라 **高祖克京城**하여 **執靖**하여 **將斬之**어늘 **靖大呼曰**⑥ **公起義兵**은 **除暴亂**이어늘 **不欲就大事**하고 **而以私怨斬壯士乎**아하고 **太宗亦加救靖**하니 **高祖遂捨之**라

① 李靖：字藥師. 姿貌魁奇, 少有文武材, 每曰"大丈夫若遇主逢時, 必當立事立功, 以取富貴." 其舅韓擒虎, 號名將, 每與論兵, 必曰"可與言孫吳者." 仕隋, 爲長安縣功曹, 歷駕部員外郎. 楊素牛弘皆器之. 餘見下文.

〈李靖은〉 字가 藥師이다. 용모가 훤칠하고 어려서부터 文武의 자질을 갖추었다. 언제나 말하기를 "대장부가 군주를 만나고 시대를 만나면 반드시 일을 이루고 공을 세워 부귀를 취해야 한다."라고 하였다. 그의 외숙 韓擒虎는 명장으로 불렸는데, 함께 병법을 논할 때마다 반드시 "함께 孫子와 吳起를 논할 만하다."라고 하였다. 隋나라에 벼슬하여 長安縣 功曹가 되었고, 駕部員外郎을 지냈다. 楊素와 牛弘이 모두 소중하게 생각하였다. 나머지는 아래에 보인다.

② 京兆三原人也：京兆, 見前註. 三原, 縣名, 今屬輝州路, 隷陝西.

京兆는 앞의 註에 보인다. 三原은 縣의 이름이니, 지금의 輝州路에 속하며 陝西 소속이다.

③ 大業末爲馬邑郡丞：大業, 隋煬帝年號. 馬邑郡, 今朔州路, 隷河東. 丞, 守之貳也.

大業은 隋나라 煬帝의 연호이다. 馬邑郡은 지금의 朔州路이니, 河東에 속한다. 丞은 守의 부관이다.

④ 江都：今揚州路江都縣, 隷淮東.

〈江都는〉 지금의 揚州路 江都縣이니 淮東에 속한다.

⑤ 長安：卽關中.

〈長安은〉 바로 關中이다.

⑥ 大呼曰：呼, 去聲.

呼(소리치다)는 去聲이다.

李靖은 京兆 三原 사람이다. 大業(605~617) 말엽에 馬邑郡의 丞이 되었는데, 마침 高祖가 太原留守로 있었다. 이정이 고조를 보고 천하를 차지하려는 뜻이 있음을 알고는 스스로 죄인이 되어 조정에 고변하기 위해 〈隋 煬帝가 있는〉 江都로 나아갔는데, 長安에서 길이 막혀 갈 수가 없어서 그만두었다. 고조가 京城(長安)을 함락하여 이정을 붙잡아 목을 베려고 하자, 이정이 큰 소리로 외쳤다.

李靖

"공이 의병을 일으킨 것은 흉포함과 혼란을 없애기 위함인데, 大事를 성취하려 하지는 않고 사사로운 원한 때문에 장사를 목 베려 하시오."

太宗 역시 이정을 구원하는데 힘을 실어주니 결국 고조가 이정을 풀어주었다.

### 3-5-2

**武德中**에 **以平蕭銑輔公**(祏)〔祐〕[58)]**功**⑦으로 **歷遷揚州大都督府長史**⑧하고 **太宗嗣位**에 **召拜刑部尙書**⑨라 **貞觀二年**에 **以本官**으로 **檢校中書令**하고 **三年**에 **轉兵部尙書**하고 **爲代州**〔**道**〕[59)]**行軍總管**⑩하여 **進擊突厥定襄城**하여 **破之**⑪하니 **突厥諸部落**이 **俱走磧北**⑫이라 **擒隋齊王暕**(간)**之子**⑬**楊政道及煬帝蕭后**하여 **送于長安**이라 **突利可汗**은 **來降**(항)⑭하고 **頡利可汗**⑮은 **僅以身遁**이라 **太宗謂曰 昔**에 **李陵**이 **提步卒五千**하여 **不免身降匈奴**⑯로되 **尙得名書竹帛**이어늘 **卿以三千輕騎**로 **深入虜庭**하여 **剋復定襄**하여 **威**

---

58) (祏)〔祐〕: 저본에는 '祏(탁)'으로 되어 있는 것을 ≪舊唐書≫ 권56 〈輔公祏傳〉에 의거하여 '祐(석)'으로 바로잡았다.

59) 〔道〕: 저본에는 없으나, 謝保成의 ≪貞觀政要集校≫에 의거하여 '道'를 보충하였다.

**振北狄**하니 **實古今未有**니 **足報往年渭水之役**[60]**矣**라하고 **以功進封代國公**이라

⑦ 以平蕭銑輔公(祏)〔祏〕功：銑，音跣．祏，音石．蕭，姓．銑，名．後梁宣帝曾孫也．隋末，起兵巴陵，自稱梁王．靖陳十策，高祖命副趙郡王孝恭討之，遂降．輔，姓．公祏，名．爲淮南道行臺僕射．武德中，據丹陽反叛，又詔靖副孝恭討之，擒獲，遂平．

銑은 음이 跣이며, 祏은 음이 石이다. 蕭는 성이며 銑은 이름이니, 後梁 宣帝의 증손이다. 隋나라 말엽에 巴陵에서 군사를 일으켜 스스로 梁王이라 칭하였다. 李靖이 열 가지 계책을 올리자, 高祖가 趙郡王 李孝恭의 副官으로 임명하여 蕭銑을 토벌하게 하니, 〈소선이〉 마침내 항복하였다.

輔는 성이며, 公祏은 이름이다. 淮南道行臺僕射가 되었다. 武德(618~626) 연간에 丹陽을 점거하여 반란을 일으켰는데, 또 조서를 내려 이정을 이효공의 부관으로 삼아 輔公祏을 토벌하게 하여, 결국 사로잡아 평정하였다.

⑧ 大都督府長史：長，音掌．揚州，見上註．唐制，總十州者爲大都督．長史，其上佐也．

長(우두머리)은 음이 掌이다. 揚州는 위의 註에 보인다. 唐나라 제도에 의하면 10개의 州를 총괄하는 이가 大都督이다. 長史는 제일 높은 부관이다.

⑨ 刑部尙書：唐制，刑部掌律令刑法徒隸按覆讞禁，尙書其長也．

唐나라 제도에 의하면 刑部는 律令・刑法・徒隸・按覆(審理)・讞禁(심판하여 금지함)을 관장하고, 尙書는 그 수장이다.

⑩ 代州〔道〕行軍總管：代州，今仍舊，隸腹裏．唐制，武德初置行軍總管以統軍．

代州는 지금 옛 지명을 그대로 쓰니, 腹裏에 속한다. 唐나라 제도에 의하면 武德 초기에 行軍總管을 두어 군대를 통솔하였다.

⑪ 進擊突厥定襄城破之：定襄，郡名．今忻州，隸腹裏．

定襄은 郡의 이름으로, 지금의 忻州니 腹裏에 속한다.

⑫ 俱走磧北：走，音奏．沙土曰磧．地在塞北．

走(향하다)는 음이 奏이다. 모래흙을 磧이라고 한다. 지역이 변방 북쪽에 있다.

⑬ 北擒隋齊王暕之子：暕，古限切．

暕은 古와 限의 반절이다.

⑭ 突利可汗來降(항)：汗，音韓，凡言可汗竝同．降，下江切，後同．可汗，蕃王之稱，猶漢時稱單于，中國稱天子也．突利可汗，始畢可汗之子，名什鉢苾．嘗自結於太宗，請入朝，太宗禮見良厚，拜右衛將軍．

汗은 음이 韓이다. 可汗이라고 말하는 경우는 모두 같다. 降은 下와 江의 반절이다. 뒤에

60) 渭水之役：626년 5월 東突厥의 頡利可汗이 玄武門의 변란을 틈타 10만 군사를 거느리고 長安의 渭水로 쳐들어왔는데, 唐 太宗이 겉으로는 군세를 자랑하였으나 실제로는 국고를 탕진하면서 힐리가한과 동맹을 맺은 사건을 말한다. '渭水의 치욕'이라고 한다. ≪冊府元龜 권133 褒功 第2≫

도 같다. 可汗은 蕃王의 칭호로, 漢나라 때 單于라 칭하던 것과 같으며, 중국에서는 天子라고 칭한다. 突利可汗은 始畢可汗의 아들이며 이름은 什鉢苾이다. 일찍이 太宗과 직접 동맹을 맺어 唐나라 조정에 입조하기를 청하였는데, 太宗이 후하게 예우하여 右衛將軍에 임명하였다.

⑮ 頡利可汗：處羅可汗之弟, 名莫賀咄設. 牙直五原北, 太宗因其地置伊西州.
處羅可汗의 아우이며 이름은 莫賀咄設이다. 五原의 북쪽에 牙直(將軍府)을 두자 太宗이 그 지역에 伊西州를 설치하였다.

⑯ 昔李陵……不免身降匈奴：李陵, 字少卿. 漢武帝時爲侍中, 將兵伐匈奴, 無救而敗, 遂降匈奴.
李陵은 字가 少卿이다. 漢나라 武帝 때 侍中이 되어서 병사를 거느리고 匈奴를 정벌했다가 구원병이 없어 패배하였고, 결국 흉노에 항복하였다.

武德(618~626) 연간에 李靖이 蕭銑과 輔公祏을 평정하는 데 세운 공로로 여러 번 승진하여 揚州大都督府 長史가 되었다. 太宗이 제위를 이어받은 뒤에 불러들여 刑部尙書에 임명하였다. 貞觀 2년(628)에 本官(형부상서)으로 檢校中書令이 되었고, 정관 3년(629)에 兵部尙書로 자리를 옮겼으며, 代州道行軍總管이 되어 突厥의 定襄城으로 진격하여 격파하니, 突厥의 여러 부락이 모두 磧北으로 달아났다. 隋나라 齊王 楊暕의 아들 楊政道와 煬帝의 蕭后를 사로잡아 長安으로 보냈다. 突利可汗은 와서 투항하였고, 頡利可汗은 겨우 몸만 피해 달아났다.

태종이 말하기를 "옛날 李陵이 보병 5천을 이끌고 싸우다 匈奴에게 투항했는데도 역사에 이름을 남겼거늘, 경은 3천의 경무장한 기병을 이끌고 오랑캐 조정이 있는 곳까지 깊숙이 들어가 定襄을 탈환하여 북방 夷狄에게 위엄을 떨쳤으니, 실로 고금에 없던 일이오. 이는 과거 渭水의 일을 보복한 것이라 하기에 충분하오."라 하고, 그 공로로 代國公으로 높여서 책봉하였다.

### 3-5-3

此後에 頡利可汗이 大懼하여 四年에 退保鐵山⑰하여 遣使入朝謝罪⑱하고 請擧國內附라 又以靖爲定襄道行軍總管하여 往迎頡利하니 頡利雖外請降이나 而心懷疑貳라 詔遣鴻臚卿⑲唐儉⑳과 攝戶部尙書㉑將軍安修仁㉒하여 慰諭之한대 靖謂副將㉓張公謹㉔曰 詔使到彼하면 虜必自寬하리니 乃選精騎하여 賚二十日糧하여 引兵自白道襲

之하라 公謹曰 旣許其降하고 詔使在彼하니 未宜討擊이니이다 靖曰 此는 兵機也니 時不可失이라하고 遂督軍疾進이라 行至陰山㉕하여 遇其斥候千餘帳하여 皆俘以隨軍이라 頡利見使者하고 甚悅하여 不虞官兵至也라 靖前鋒乘霧而行하여 去其牙帳七里하니 頡利始覺하여 列兵未及成陣하여 單馬輕走하니 虜衆因而潰散이라 斬萬餘級하고 殺其妻隋義成公主하고 俘男女十餘萬이라 斥土界自陰山으로 至于大漠㉖하고 遂滅其國이라 尋獲頡利可汗於別部落하니 餘衆悉降이라 太宗大悅하여 顧謂侍臣曰 朕聞主憂면 臣辱하고 主辱이면 臣死라하니 往者國家草創에 突厥强梁하여 太上皇以百姓之故로 稱臣於頡利하니 朕未嘗不痛心疾首하여 志滅匈奴하여 坐不安席하고 食不甘味라 今者에 暫動偏師[61]하여 無往不捷하여 單于稽顙㉗하니 恥其雪乎인저하니 群臣이 皆稱萬歲㉘라

⑰ 鐵山：西北之地.
〈鐵山은〉 서북 지역이다.

⑱ 遣使入朝謝罪：使, 去聲, 後同.
使(사신)는 去聲이다. 뒤에도 같다.

⑲ 鴻臚卿：秦官, 典客, 漢武時, 更名大鴻臚. 郊廟行禮, 讚道九賓, 鴻聲臚傳之也. 唐制, 掌賓客及凶儀之事.
〈鴻臚卿은〉 秦나라 때 관직으로, 賓客을 맞이하는 일을 담당하였으며, 漢나라 武帝 때 大鴻臚로 이름을 바꾸었다. 郊廟에서 예를 거행하고, 九賓을 도와 인도할 때 큰 소리로 임금의 명을 전했다. 唐나라 제도에 의하면 賓客 및 凶事와 관련한 의식에 대한 일을 관장하였다.

⑳ 唐儉：字, 茂系, 幷州人. 聞隋政日亂, 說秦王建大計, 爲天策長史.
〈唐儉은〉 字가 茂系이니, 幷州 사람이다. 隋나라의 정치가 날로 혼란해진다는 소식을 듣고 秦王(太宗)에게 큰 계책을 세우라고 유세하여 天策長史가 되었다.

㉑ 攝戶部尙書：唐制, 戶部掌天下土地人民錢穀之政, 貢賦之差, 尙書, 其長也. 詔除而非正命謂之攝.
唐나라 제도에 의하면 戶部는 천하의 토지와 백성, 돈과 곡식의 행정, 조공과 부세의 차등에 관한 일을 관장하니, 상서는 그 수장이다. 조서로 임명할 때 정식 관원이 아닌 것을 攝(署理)이라 한다.

㉒ 安修仁：安姓, 修仁名.
〈安修仁은〉 安이 성이며, 修仁이 이름이다.

㉓ 將：去聲.

---

61) 偏師 : 주력군 이외의 일부의 군대를 가리킨다.

〈將(장수)은〉 去聲이다.

㉔ 張公謹：字弘愼, 魏州人. 仕王世充, 爲洧州長史. 挈城歸高祖, 授檢校鄒州別駕. 李勣等啓秦王, 引入府. 貞觀初, 爲代州都督, 謀破頡利有功, 封鄒國公, 改封州都督, 以惠政聞, 七年卒.
〈張公謹은〉 字가 弘愼이니, 魏州 사람이다. 王世充에게 벼슬하여 洧州長史가 되었다. 城을 가지고 高祖에게 귀의하여 檢校鄒州別駕에 임명되었다. 李勣 등이 秦王에게 주청하여 秦王府로 데리고 왔다. 貞觀 초기에 代州都督이 되었는데, 頡利可汗을 격파하는 계책을 세우는 데 공을 세워 鄒國公에 책봉되고 다시 州都督에 책봉됐다. 은혜로운 정치를 베푼 것으로 소문이 났다. 정관 7년(633)에 세상을 떠났다.

㉕ 陰山：在西北之極, 綿亘數百里.
〈陰山은〉 서북쪽 극단에 있는데, 수백 리에 걸쳐 뻗어 있다.

㉖ 大漠：北邊廣漠之地.
〈大漠은〉 북쪽 변방의 황량한 땅이다.

㉗ 單于稽顙：單, 音蟬. 漢時蕃王之號, 猶可汗也.
單은 음이 蟬이다. 〈單于는〉 漢나라 때 蕃王의 칭호이니, 可汗과 같다.

㉘ 皆稱萬歲：漢武帝禮祭中嶽太室, 從官在山下, 聞若有言萬歲者三, 後世臣下稱萬歲者本此.
漢 武帝가 中嶽(嵩山)의 太室에서 제사를 올릴 때 따르던 관리가 산 아래에 있었는데, 만세를 세 번 부르는 듯한 소리를 들었다. 후세에 신하들이 만세를 부르는 것은 여기에서 유래하였다.

이후로 頡利可汗이 크게 두려워하여 貞觀 4년(630)에 퇴각하여 鐵山을 지키면서 조정으로 사자를 보내어 사죄하고, 나라 전체를 바쳐 속국이 되기를 청하였다. 또 李靖을 定襄道行軍總管으로 임명하여 힐리가한을 영접하게 하였는데, 힐리가한이 겉으로는 항복을 청하였으나 속으로는 다른 마음을 품고 있었다. 太宗이 조서를 내려 鴻臚卿 唐儉과 攝戶部尙書 장군 安修仁을 보내어 힐리가한을 위로하고 타이르게 하였다.

이정이 副將 張公謹에게 말하였다.

"조서를 받든 사자가 저곳에 도착하면 오랑캐들이 반드시 경계를 늦출 것이니, 정예 기병을 선발하여 20일 치 양식을 내주고 병사를 이끌고 白道에서 습격하도록 하라."

장공근이 말하였다.

"이미 저들의 항복을 허락하였고 조서를 받든 사자가 저곳에 있으니, 토벌하는 것은 마땅하지 않습니다."

이정이 말하였다.

"이는 병사를 쓰기에 좋은 기회이니, 때를 놓쳐서는 안 된다."

드디어 군사를 독려하여 급히 진격하게 하였다.

행군하여 陰山에 이르렀을 때 척후병 천여 帳을 만나 모두 포로로 잡고 군대를 따르게 하였다. 힐리가한이 사자를 보고 매우 기뻐하여 이정의 관병이 올 것이라고는 예상하지 못하였다. 이정의 선봉 부대가 안개가 낀 틈을 타고 행군하여 牙帳(本營)과 거의 7리까지 접근하였을 때에야 힐리가한이 비로소 깨닫고 군사를 정렬시켰지만 진지를 구축하지 못한 채 單騎로 급히 도망가니, 오랑캐 군사들이 그대로 흩어져 달아났다. 적군 1만여 명을 죽이고, 그의 처 隋나라 義成公主를 죽였으며 사로잡은 남녀가 10여만 명이나 되었다. 변방의 경계를 넓힌 것이 陰山에서부터 大漠까지였고, 결국 그 나라를 멸망시켰다. 마침내 힐리가한을 다른 부락에서 잡으니, 나머지 무리가 모두 항복하였다.

태종이 크게 기뻐하여 근신들을 돌아보며 말하였다.

"짐이 들은 바에 의하면, '군주가 근심하면 신하는 치욕으로 생각하고, 군주가 치욕을 당하면 신하는 죽음으로 씻는다.'고 하였소. 과거 국가의 초창기에 突厥이 매우 강성하여 太上皇(李淵)께서 백성들 때문에 힐리가한에게 臣을 칭하였으니, 짐은 일찍이 속이 아프고 골치를 앓지 않은 적이 없었소. 그리하여 匈奴(돌궐)를 멸망시킬 뜻을 품어 좌불안석하였고, 음식을 먹어도 맛있는 줄 몰랐소. 그런데 지금 잠시 이정이 일부의 군대를 출동하여 가는 곳마다 승리하여 單于(可汗)가 이마를 땅에 대고 항복하니, 이전에 당했던 수치를 씻어준 것이오."

여러 신하들이 모두 만세를 불렀다.

### 3-5-4

尋拜靖光祿大夫尙書右僕射하고 賜實封五百戶라 又爲西海道行軍大總管하여 征吐谷(욕)渾[29]하여 大破其國하니 改封衛國公이라 及靖(身)〔妻〕[62]亡하여 有詔許墳塋制

62) (身)〔妻〕: 저본에는 '身'으로 되어 있으나, 謝保成의 ≪貞觀政要集校≫에 의거하여 '妻'로 바

**度**를 **依漢衛霍故事**㉚하여 **築闕**[63]**象突厥內燕然山**㉛과 **吐谷渾內磧石二山**하여 **以旌殊績**㉜이라

㉙ 征吐谷渾：胡昆切. 吐谷渾, 西域國名, 本遼東鮮卑, 徒河涉歸長子之名, 其孫葉延遂以其名爲氏.

〈渾은〉 胡와 昆의 반절이다. 吐谷渾은 서역의 나라 이름인데, 본래는 요동의 鮮卑族이었다. 徒河涉歸의 큰 아들 이름인데, 그 손자 葉延이 드디어 그 이름을 족종의 명칭으로 삼았다.

㉚ 有詔許墳塋制度 依漢衛霍故事：衛青・霍去病, 皆漢武時爲大將軍, 討匈奴有大功. 去病尙公主, 及亡, 詔與主合葬, 起冢象廬山[64].

衛青과 霍去病은 모두 漢나라 武帝 때 大將軍으로, 匈奴를 토벌하는 데 큰 공을 세웠다. 곽거병이 공주에게 장가들었는데 죽은 뒤에 조서를 내려 합장하게 하여, 盧山의 모양처럼 무덤을 만들었다.

㉛ 燕然山：燕, 平聲.

燕(하북성 북부 지역)은 平聲이다.

㉜ 李靖……以旌殊績：按史傳[65], 十四年, 靖妻卒, 故[66]有墳塋之詔. 及靖身亡, 四字疑誤. 十八年, 上幸其第問疾. 上將伐遼東, 靖入閣賜坐, 謂曰 "公南平吳會, 北清沙漠, 西定慕容, 惟東有高麗未服. 公意如何." 對曰 "臣往者憑藉天威, 薄展微效, 今殘年朽骨, 唯擬此行. 陛下若不棄, 老臣病其瘳矣." 上愍其羸老, 不許. 二十三年, 薨, 贈司徒, 謚曰景武.

史傳을 살펴보면, 貞觀 14년(640)에 李靖의 처가 죽자 우선 무덤을 만들라는 조서를 내렸다. '及靖身亡(이정이 죽자)' 4자는 오류인 듯하다. 정관 18년(644)에 太宗이 그의 집에 행차하여 병문안을 하였다.

태종이 요동을 정벌하려 할 때 이정이 대궐에 들어오니 자리를 내주며 이르기를 "공은 남쪽으로 吳會를 평정하고, 북쪽으로 사막을 정리하였으며, 서쪽으로 慕容을 평정했는데, 오직 동쪽 高句麗만 아직까지 복종시키지 못했으니, 공의 생각은 어떻소?"라고 하였다.

이정이 대답하기를 "신은 이전에 聖上의 위엄에 의지하여 작은 공을 세웠습니다. 지금 여생이 얼마 남지 않은 늙은 몸으로 오직 이번 정벌을 하려고 합니다. 폐하께서 만약 버리지 않으신다면 노신의 병이 아마 나을 수 있을 것입니다."라고 하였다.

---

로잡았다.

63) 闕：무덤 앞에 세우는 문이다. 묻힌 이의 성명과 관작을 기록하였다.

64) 廬山：盧山이라고도 한다. 匈奴 지역의 산이라 하며, 單于의 南庭이 있었다고 한다. ≪資治通鑑 권21 漢紀 13 孝武皇帝 元封 5년≫, ≪同書 권34 漢紀 26 孝哀皇帝 建平 4년≫

65) 史傳：≪舊唐書≫ 권67 〈李靖列傳〉에 보인다.

66) 故：저본에는 '故'가 없으나, ≪舊唐書≫ 권67 〈李靖列傳〉에는 이 글자가 없다. 이에 의거하여 번역하였다.

황제는 그가 병들고 연로한 것을 가엾게 여겨 허락하지 않았다. 정관 23년(649)에 세상을 떠나자 司徒로 추증하였고, 시호를 景武라 하였다.

얼마 뒤에 李靖을 光祿大夫 尙書右僕射에 임명하고 實封 500호를 내려주었다. 또 西海道行軍大總管으로 삼아 吐谷渾을 정벌하여 그 나라를 크게 격파하자 봉호를 고쳐 衛國公에 책봉하였다. 이정의 아내가 죽자 조서를 내려 그 무덤의 제도를 漢나라 衛靑과 霍去病의 고사에 의거해 闕을 쌓되 돌궐 내의 燕然山과 吐谷渾 내의 磧石山 두 산을 본떠 만들도록 허락하여 이정의 큰 공적을 표창하였다.

【集論】

張氏九成曰 當隋氏喪鹿[67]之際하고 承唐祖騰龍之時하여 而能依乘風雲하여 勒功帝籍者는 豈有他哉아 特以根于忠智라 故功名若是其顯也라 觀其用兵컨대 善於料敵하고 速於應機라 故所嚮有功이라 南平吳하고 北破突厥하고 西走吐谷(욕)渾하여 功大寵盛이로대 乃能闔戶自守하여 以謝過從[68]하니 可謂能自全矣라 始能免俘戮하고 終能保厥躬하니 勝於韓信[69]遠矣로다

張九成이 말하였다.

"隋나라가 帝位를 잃을 때를 만나고 唐나라가 일어설 시기를 당하여 風雲의 기회를 타고 황제의 공신록에 공적이 기록된 것은 어찌 다른 이유가 있겠는가. 다만 충성과 지혜에 근본을 두었기 때문에 공명이 이처럼 드러난 것이다. 李靖의 용병술을 살펴보면 적을 간파하기를 잘하고 임기응변에 신속하였기 때문에 가는 곳마다 공을 세웠다. 남쪽으로 吳를 평정하고 북쪽으로 突厥을 격파하고, 서쪽으로 吐谷渾에 달려가 공로가 크고 총애가 융성했는데도, 문을 닫아걸고 스스로를 지켜 왕래하는 것을 사절하였으니, 스스로를 잘 보전하였다고 할 만하다. 처음에는 포로가 되어 죽임을 당면하였고, 나중에는 자신의 몸을 잘 지켜냈으니, 韓信보다도 더 낫다고

67) 喪鹿 : 鹿은 帝位를 말하니, 喪鹿은 제위를 잃는 것을 의미한다.

68) 闔戶自守 以謝過從 : ≪舊唐書≫ 〈李靖列傳〉에 "李靖은 반란했다는 모함을 받았는데, 풀려난 이후로는 문을 닫아걸고 자신을 지키면서 빈객들을 사절하여 비록 친척이라 하더라도 함부로 찾지 못하였다.〔闔門自守 杜絶賓客 雖親戚不得妄進〕"라고 하였다.

69) 韓信 : 劉邦을 도와 漢나라를 창업한 한 명장이다. 그러나 반란죄에 걸려 참형을 당하였다.

하겠다."

愚按 太宗은 天資英武하고 善戰無敵하여 一時群臣이 皆不足以仰望淸光이나 帝之所推服而師問者는 獨李靖一人而已라 蓋自孫武[70]以來로 能將法度之師者는 獨諸葛武侯與靖耳라 今世傳武經이 雖未必出靖之手나 要必有近似者라 其論霍邑之戰에 謂建成幾敗爲奇兵이요 太宗旁擊爲正兵[71]이라하니 大意謂唐之戰勝이 特暗合兵法耳니 亦猶韓信謂漢高天授非人力이 是也라 異時에 太宗이 伐遼無功而歸하여 謂靖曰 吾以天下之力으로 屈於小夷는 何也오하니 靖不答所問하고 顧曰 玆事는 道宗[72]知之리이다하니 蓋指駐蹕之戰[73]에 請分兵襲平壤之事也라 嗚呼라 卽其所至而論이면 靖可謂知兵之聖者歟인저 世以英衛[74]竝稱이나 要之컨대 李勣非靖之匹彙倫伍也라

내가 살펴보건대 太宗은 천부적 자질이 뛰어나고 용맹하며 전쟁을 잘하여 대적할 자가 없어서 당시의 여러 신하들이 모두 맑은 광채를 우러러볼 수가 없었으나, 태종이 존경하여 따르고 군사에 관해 물었던 사람은 유독 李靖 한 사람뿐이었다. 孫武 이래로 법도에 맞는 군대를 거느린 사람은 諸葛武侯(諸葛亮)와 이정뿐이다.

지금 세상에 전하는 武經(兵法書)이 비록 꼭 이정에 의해 쓰여진 것은 아니지만 요

70) 孫武 : 春秋시대의 병법가이다. 兵法을 논한 ≪孫子≫ 13편이 있다. 吳王 闔閭의 명에 따라 궁중의 미인들을 상대로 전법을 시범 보이면서, 명령을 듣지 않는 왕의 寵姬 두 명을 참수하여 軍律을 엄하게 확립했던 고사가 전한다. ≪史記 孫子列傳≫

71) 霍邑之戰……太宗旁擊爲正兵 : 이 내용은 ≪新唐書≫ 권2 〈太宗本紀〉에 보인다. 隋나라 장군 宋老生과 霍邑에서 전투를 할 때에 唐 高祖는 李建成을 인솔하여 동쪽에 있었고 太宗과 柴紹는 남쪽에 있었는데 송노생이 동쪽을 압박하여 이건성이 말에서 떨어지고 고조는 군대를 퇴각시켰다. 태종이 남쪽 언덕으로부터 비탈을 달려 내려가서 군대를 나누어 송노생의 군대를 끊어 둘로 가르고 적진의 배후로 출동하자 송노생의 군대가 패하여 도주하니 마침내 송노생을 참수하였다.

72) 道宗 : 李道宗(600~653)을 가리킨다. 자는 承范이며, 任城君, 江夏王으로 책봉되었다. 唐 高祖의 당질이다. 정관 19년(645), 예부상서로 있을 때 太宗이 고구려를 정벌하기 위하여 군대를 일으키자, 종군하여 장군 이적의 군대와 함께 蓋牟城을 공략하였으며 안시성을 공략할 때 토산을 쌓을 것을 진언하기도 하였다.

73) 駐蹕之戰 : 645년에 있었던 駐蹕山 전투를 말한다. 고구려와의 전쟁 중 唐 太宗이 지휘하는 唐나라의 대군과 이에 반격하는 고구려의 15만 대군이 안시성 부근 주필산에서 크게 전투를 벌였다.

74) 英衛 : 李勣과 李靖을 말한다. 이적은 英國公, 이정은 衛國公에 봉해졌기 때문에, 이렇게 말한 것이다.

컨대 반드시 근사한 점이 있다. 霍邑의 전투를 논하면서 "李建成이 거의 패배할 뻔한 것은 奇兵 때문이고, 太宗이 측면을 공격한 것은 正兵 때문이다."라고 하였는데, 대략적인 뜻은 唐나라가 전투에서 승리한 것은 다만 은연중에 병법에 부합한 점이 있었다는 것이니, 韓信이 漢 高祖를 두고 "하늘이 주신 것이지, 인력으로 된 것이 아니다."라고 한 것이 바로 그것이다.

그 뒤에 태종이 요동을 정벌했다가 성과 없이 돌아와서 이정에게 말하기를 "내가 천하를 제패한 힘으로 작은 오랑캐에게 패배한 것은 무엇 때문이오?"라고 하니, 이정은 묻는 말에 대답하지 않고 딴 곳을 돌아보며 말하기를 "이 일은 李道宗이 알 것입니다."라고 하였으니, 이는 駐蹕山 전투에서 병력을 나누어 平壤을 공격하자고 했던 일을 가리킨 것이다.

아, 그의 경지에 대해 논한다면 이정은 병법을 아는 성인이라 할 수 있을 것이다. 세상에서 '英衛'라 병칭하지만 요컨대 李勣은 이정과 같은 수준의 인물이 못된다.

### 3-6-1

**虞世南**①은 **會稽餘姚人也**②라 **貞觀初**에 **太宗引爲上客**하여 **因開文館**이라 **館中號爲多士**나 **咸推世南爲文學之宗**하니 **授以記室**하여 **與房玄齡對掌文翰**이라 **嘗命寫列女傳**③하여 **以裝屛風**한대 **于時無本**하여 **世南暗書之**나 **一無遺失**이라 **貞觀七年**에 **累遷秘書監**이라

① 虞世南 : 字, 伯施. 性沈靜寡欲, 篤意學問. 與兄世基仕隋, 俱有重名, 時人方晉二陸[75]. 累遷至秘書郎・起居舍人. 從宇文化及[76]至聊城, 又陷于竇建德, 僞授[77]黃門侍郎. 太宗後滅建德, 引爲秦府參軍. 餘見下文.

〈虞世南은〉 字가 伯施이다. 성품이 침착하고 욕심이 적으며, 독실한 자세로 학문에 임하였다. 형 虞世基와 함께 隋나라에 벼슬해 모두 높은 명성을 얻어 당시 사람들이 晉나라의 二陸에 견주었다. 여러 차례 승진하여 秘書郎, 起居舍人이 되었다. 宇文化及을 따라 聊城에 갔고, 또 竇建德에게 잡혀 黃門侍郎에 임명되었다. 太宗이 뒤에 두건덕을 멸망시키고 나서 불러들여 秦王府의 參軍으로 삼았다. 나머지는 아래에 보인다.

---

75) 二陸 : 晉나라 때의 문인 陸機, 陸雲 형제의 합칭이다. 모두 시문에 뛰어나 당시에 명성이 높았다.

76) 宇文化及 : 隋나라 말기의 무장으로, 左翊衛大將軍인 宇文述의 아들이다. 煬帝 때 右屯衛將軍을 지냈으며, 江都에서 정변을 일으켜 양제를 침소에서 교살했다.

77) 僞授 : 거짓 제수라는 뜻으로, 비정통 왕조에서 벼슬을 임명받는 것을 말한다.

② 會稽餘姚人也 : 會, 音檜. 稽, 音基. 會稽, 郡名, 今紹興路. 餘姚, 縣名, 今陞爲州, 隷浙東.
會는 음이 檜이며, 稽는 음이 基이다. 會稽는 郡의 이름이니, 지금의 紹興路이다. 餘姚는 縣의 이름으로, 지금은 승격되어 州가 되었고, 浙東에 속한다.

③ 列女傳 : 去聲.
〈傳(전기)은〉 去聲이다.

虞世南은 會稽郡 餘姚縣 사람이다. 貞觀 초기에 太宗이 데려다 上客으로 삼고 그로 인해 文學館을 개설했다. 문학관에 선비들이 많다고 일컬어졌으나 모두 우세남을 받들어 문학의 宗匠으로 여기니, 태종이 記室로 임명하여 房玄齡과 함께 文翰을 담당하도록 하였다. 태종이 일찍이 그에게 ≪列女傳≫을 써서 병풍을 만들도록 했는데, 당시에 ≪列女傳≫ 책이 없어서 우세남이 외우고 있는 것을 떠올려 그대로 썼으나 누락되거나 틀린 부분이 한 곳도 없었다. 정관 7년(633)에 여러 차례 승진하여 秘書監이 되었다.

虞世南

3-6-2

**太宗每機務之隙**에 **引之談論**하고 **共觀經史**라 **世南雖容貌懦弱**하여 **如不勝衣**④[78]나 **而志性抗烈**하고 **每論及古先帝王爲政得失**하여는 **必存規諷**하여 **多所補益**이라 **及高祖晏駕**⑤하여는 **太宗執喪過禮**⑥하여 **哀容毁顇**하여 **久替萬機**하니 **文武百寮**가 **計無所出**이어늘 **世南每入進諫**에 **太宗甚嘉納之**하고 **益所親禮**라 **嘗謂侍臣曰 朕因暇日**하여 **每與虞世南**으로 **商摧古今**한대 **朕有一言之善**이면 **世南未嘗不悅**하고 **有一言之失**이면 **未嘗**

78) 如不勝衣 : ≪禮記≫ 〈檀弓 下〉에 "文子는 그 몸이 겸손하여 마치 옷을 감당하지 못할 듯이 하였다.〔文子其中退然 如不勝衣〕"라고 하였다.

不悵恨이라 其懇誠若此하니 朕用嘉焉이라 群臣皆若世南이면 天下何憂不理리오하다 太宗이 嘗稱世南有五絶하니 一曰德行⑦이요 二曰忠直이요 三曰博學이요 四曰詞藻요 五曰書翰이라 及卒⑧에 太宗擧哀於別次[79]하여 哭之甚慟하고 喪事官給하며 仍賜以東園秘器⑨[80]하고 贈禮部尙書⑩하고 諡曰文懿라

④ 雖容貌懦弱 如不勝衣 : 懦, 乃亂切, 一音儒. 勝字, 平聲.
懦(약하다)는 乃와 亂의 반절이며, 다른 음은 儒이다. 勝(감당하다)은 平聲이다.

⑤ 及高祖晏駕 : 漢書曰 "宮車晏駕." 註謂 "天子當晨起早作, 而方崩殞, 故稱晏駕者. 臣子之心, 猶謂宮車晩出也." 按高祖以貞觀九年五月崩.
≪漢書≫ 권26 〈天文志〉에 이르기를 "천자 수레가 늦게 출발한다."라고 하였는데, 顔師古 註에 이르기를 "천자는 마땅히 새벽 일찍 일어나야 하는데, 붕어하였으므로 늦게 출발한다고 한 것이니, 신하의 마음에 오히려 천자의 수레가 늦게 출발하는 것이라고 생각함을 이른다."라고 하였다. 살펴보면 高祖는 貞觀 9년(635) 5월에 붕어하였다.

⑥ 執喪過禮 : 喪, 平聲, 後同.
喪(초상)은 平聲이다. 뒤에도 같다.

⑦ 德行 : 去聲.
〈行(행실)은〉 去聲이다.

⑧ 卒 : 子聿切.
〈卒은〉 子와 聿의 반절이다.

⑨ 東園秘器 : 葬具也.
〈東園秘器는〉 장례 도구이다.

⑩ 禮部尙書 : 唐制, 禮部掌禮儀·祭享·貢擧之政, 尙書其長也. 凡旣沒而加之以官曰贈.
唐나라 제도에 의하면 禮部는 禮儀·祭享·貢擧에 관한 일을 관장하고, 尙書는 그 수장이다. 일반적으로 죽고 난 뒤에 관직을 더 올려주는 것을 贈이라 한다.

太宗이 정무를 처리하고 나서 한가할 때마다 虞世南을 불러 담론을 하고, 함께 경서와 역사서를 보았다. 우세남이 겉모습은 허약해서 옷의 무게도 감당하지 못할 듯하였지만 의지와 품성은 매우 강직하였고, 옛 제왕이 베풀었던 정치의 득실을 논할 때마다 반드시 경계하고 諷諫하는 점이 있어 많은 도움이 되었다. 高祖가 세상을 떠난 뒤 태종이 상례를 치르기를 예법보다 지나치게 하여

79) 別次 : 별채이다. 본채 이외의 별도 집이다.

80) 東園秘器 : 東園은 秦漢시대에 관곽 등 장례와 무덤에 쓸 器物을 만들어 공급하던 관청이고, 거기서 만든 관곽을 東園秘器라 하였는데, 궁궐에서 사용하는 장례 물품을 말한다.

몸이 쇠약해지고 초췌해져 오랜 기간 정사를 돌보지 못하는 상황이 발생하자 문무백관들이 해결책을 찾지 못했는데, 우세남이 매번 들어가 간언을 올리면 태종이 몹시 기뻐하며 받아들이고 더욱 친애하고 예우하였다.

태종이 일찍이 근신들에게 말하였다.

"짐이 시간이 날 때마다 우세남과 고금의 정치를 논하는데, 짐이 한 마디 선한 말을 하면 우세남이 기뻐하지 않은 적이 없고, 한 마디 옳지 않은 말을 하면 한탄하지 않은 적이 없었소. 그의 간절한 정성이 이와 같기에 짐이 기뻐하는 것이오. 여러 신하들이 모두 우세남과 같다면 천하가 다스려지지 않음을 어찌 걱정하겠소."

태종이 일찍이 우세남을 칭찬하며 다섯 가지 뛰어난 점이 있다고 했으니, 첫째는 德行, 둘째는 忠直, 셋째는 博學, 넷째는 文章, 다섯째는 書簡이다. 우세남이 세상을 떠나자 태종이 別次에서 애도를 표하여 곡소리가 매우 애통해하였고, 장례 비용을 관청에서 마련해주었으며, 궁중의 장례 물품을 그대로 하사하였다. 禮部尙書로 추증하고 시호를 文懿라 했다.

### 3-6-3

**太宗手勅魏王泰曰 虞世南於我**에 **猶一體也**라 **拾遺補闕**하여 **無日暫忘**하니 **實當代名臣**이요 **人倫準的**이라 **吾有小善**이면 **必將順而成之**하고 **吾有小失**이면 **必犯顔而諫之**라 **今其云亡**하니 **石渠東觀之中**에 **無復人矣**[⑪]니 **痛惜**을 **豈可言耶**아하다 **未幾**[⑫]에 **太宗爲詩一篇**하여 **追思往古理亂之道**라가 **旣而嘆曰 鍾子期死**에 **伯牙不復鼓琴**[⑬]하니 **朕之此篇**을 **將何所示**오하다 **因令**[⑭]**起居**[⑮]**褚遂良**[⑯]으로 **詣其靈帳**하여 **讀訖焚之**하니 **其悲悼也若此**라 **又令與房玄齡長孫無忌杜如晦李靖等二十四人**으로 **圖形於凌煙閣**[⑰]하다

⑪ 石渠東觀之中 無復人矣 : 觀, 去聲. 漢置石渠閣東觀, 皆藏圖籍・秘書之所.
觀(누각)은 去聲이다. 漢나라 때 石渠閣과 東觀을 두었으니, 모두 圖籍과 秘書를 보관한 곳이다.

⑫ 幾 : 平聲.
〈幾(시기)는〉 平聲이다.

⑬ 鍾子期死 伯牙不復鼓琴 : 列子曰 "鍾子期與伯牙爲友, 伯牙鼓琴, 子期善聽. 子期死, 伯牙絶

絃, 以世無知音者."

≪列子≫ 〈湯問〉에 이르기를 "鍾子期와 伯牙는 벗인데, 백아가 거문고를 연주할 때 종자기가 잘 들어주었다. 종자기가 죽자 백아가 거문고 줄을 끊어버렸으니, 세상에서 자기의 연주 소리를 알아주는 사람이 없었기 때문이다."라고 하였다.

⑭ 令 : 平聲, 後同.

〈令(하여금)은〉 平聲이다. 뒤에도 같다.

⑮ 起居 : 官名. 唐制, 門下省置起居郎, 中書省置起居舍人, 掌錄天子之動作法度, 以修記事之史書, 以授之于國史焉.

〈起居는〉 관직명이다. 唐나라 제도에 의하면 門下省에는 起居郎을 두고, 中書省에는 起居舍人을 두어 천자의 행적과 법도를 기록하여 그 사실을 기록한 史書를 정리하고 이를 國史館에 전하는 일을 담당한다.

⑯ 褚遂良 : 字登善, 杭州人. 博涉經史, 工楷隸. 累遷起居郎. 十五年, 拜諫議大夫, 兼起居事[81]. 後授太子賓客. 高宗時, 拜僕射. 因沮立武后, 后立, 被貶卒.

〈褚遂良은〉 字가 登善이니, 杭州 사람이다. 經史를 두루 섭렵하고, 楷書와 隸書에 뛰어났다. 여러 차례 승진하여 起居郎이 되었다. 貞觀 15년(641)에 諫議大夫 兼起居事에 임명되고 뒤에 太子賓客이 되었다. 高宗 때에 僕射에 임명되었는데, 武昭儀(則天武后)가 황후에 즉위하는 것을 막은 일로 인해, 武后가 즉위하고 나서 좌천되어 세상을 떠났다.

⑰ 虞世南……圖形於凌煙閣 : 按史傳[82], 十七年, 詔趙國公長孫無忌・河間元王孝恭・萊國成公杜如晦・鄭國文貞公魏徵・梁國公房玄齡・鄂國公尉遲敬德・衛國公李靖・宋國公蕭瑀・褒忠壯公段志玄・夔國公劉弘基・蔣忠公屈突通・鄖節公殷開山・譙襄公柴紹・邳襄公長孫順德・鄖國公張亮・陳國公侯君集・郯襄公張公謹・盧國公程知節・永興文懿公虞世南・渝襄公劉政會・莒國公唐儉・英國公李勣・胡壯公秦叔寶二十四人, 可竝圖畫於凌煙閣.

史傳을 살펴보면, 貞觀 17년(643)에 조칙을 내려 趙國公 長孫無忌, 河間元王 李孝恭, 萊國 成公 杜如晦, 鄭國 文貞公 魏徵, 梁國公 房玄齡, 鄂國公 尉遲敬德, 衛國公 李靖, 宋國公 蕭瑀, 褒忠壯公 段志玄, 夔國公 劉弘基, 蔣忠公 屈突通, 鄖節公 殷開山, 譙襄公 柴紹, 邳襄公 長孫順德, 鄖國公 張亮, 陳國公 侯君集, 郯襄公 張公謹, 盧國公 程知節, 永興 文懿公 虞世南, 渝襄公 劉政會, 莒國公 唐儉, 英國公 李勣, 胡壯公 秦叔寶 24인의 그림을 그려 凌煙閣에 안치하게 하였다.

太宗이 직접 조서를 써서 魏王 李泰에게 말하였다.

"虞世南은 나에게 있어 한 몸과 같은 존재이다. 내가 빠트린 것을 채워주고 잘못을 보완하여 날마다 잠시도 잊는 일이 없었으니, 실로 시대의 명신이고 인

---

81) 兼起居事 : ≪舊唐書≫ 권80 〈褚遂良傳〉에는 '兼知起居事'로 되어 있다.

82) 史傳 : ≪舊唐書≫ 권3 〈太宗本紀〉에 보인다.

륜의 표준이다. 내게 조그만 선행이 있으면 반드시 잘 유도해 이루게 하고, 내게 작은 허물이 있으면 반드시 엄정한 자세로 직간을 하였다. 지금 그가 세상을 떠난 뒤, 石渠閣과 東觀에 다시 그런 인물이 없으니 그 애통함을 어찌 설명할 수 있으랴."

얼마 뒤에 태종이 시 한 수를 지어 지나간 치세와 난세의 이치를 追念하다가 마침내 탄식하였다.

"鍾子期가 죽자 伯牙가 다시 거문고를 연주하지 않았으니, 짐의 이 시를 누구에게 보여준단 말인가."

褚遂良

그리고 起居郎 褚遂良에게 우세남의 영전에 가서 시를 읽은 후 태워버리라고 하였으니, 태종의 슬픔이 이와 같았다. 또 우세남을 房玄齡・長孫無忌・杜如晦・李靖 등 24인과 함께 모습을 그려 凌煙閣에 안치하게 하였다.

【集論】

張氏九成曰 世南始以文翰馳譽陳隋間하니 兄弟長安方之二陸이라 在唐以五絕見稱하고 而論議規諷하여 固多忠稱하고 補過弼違하되 有犯無隱[83)]하여 上贊明聖之德하고 下植生民之利라 宜其眷眷勤密而見於夢想[84)]하니 君臣之情이 何其厚哉아

---

83) 有犯無隱 : 임금을 섬기는 도리의 한 가지이다. ≪禮記≫ 〈檀弓 上〉에 "임금을 섬길 때 바른말로 간언함은 있으나 은미하게 간언함은 없다. 좌우로 나아가 봉양할 때 일정한 장소가 있으며, 힘든 일을 맡아 하되 죽음에 이르도록 하며, 方喪(부모상에 비유되는 거상)을 3년 한다.〔事君有犯而無隱 左右就養有方 服勤至死 方喪三年〕"라고 하였다.

84) 宜其眷眷勤密而見於夢想 : 우세남이 죽고 몇 년 뒤에 太宗이 꿈을 꾸고 내린 制書에서 "어제 꿈에서 우세남을 보았는데 바른말을 아울러 올리는 것이 평소 때와 같았다. 남겨준 아름다움을 떠올리니 참으로 비탄이 깊다.〔昨因夜夢 忽覩其人 兼進讜言 有如平生之日 追懷遺美 良增悲歎〕"라고 하였다. ≪舊唐書 권72 虞世南列傳≫

張九成이 말하였다.

"虞世南이 처음에 문장으로 陳나라와 隋나라 무렵에 명성을 드날리니, 장안에서 그 형제를 二陸(陸機·陸雲)에 견주었다. 唐나라 때에는 다섯 가지 뛰어난 점으로 칭송을 받았고, 논의를 펼칠 때 바른 도리로 간언하여 충성스럽다는 칭송이 본디 많았으며, 임금의 잘못을 바로잡아 구제하되 바른말로 간함은 있고 은미하게 간함은 없어서 위로는 명철한 군주의 덕을 돕고, 아래로는 백성들의 이익을 배양하였다. 그리워하여 꿈속에 나타난 것이 당연하니, 군신의 정이 어찌 그토록 두터운가."

**愚按 世南**은 **信爲德行忠直文章之士**니 **唐興之儒臣也**라 **終身以正事君**하여 **將順匡救**가 **其弘多矣**라 **雖君臣相得之深**이나 **而未臻大用**하고 **太宗止嘆息以石渠東觀之中**에 **無復人**이라하니 **亦可惜也夫**로다

내가 살펴보건대, 虞世南은 참으로 덕행과 충직함과 문장을 갖춘 인물이니, 唐나라를 융성하게 한 儒臣이다. 일생 동안 올바른 도리로 임금을 섬겨 임금의 좋은 점을 받들어 따르고 나쁜 점을 바로잡아 구제한 것이 매우 많았다. 비록 임금과 신하가 마음이 잘 맞았으나 크게 중용되는 데에는 미치지 못하고, 太宗이 石渠閣과 東觀에 더 이상 인물이 없다고 탄식하는 데 그치고 말았으니, 또한 애석하다 하겠다.

### 3-7-1

**李勣**[①]은 **曹州離狐人也**[②]니 **本姓**은 **徐**라 **初仕李密**하여 **爲左武侯大將軍**[③]이라 **密後爲王世充所破**[④]하여 **擁衆歸國**이로대 **勣猶據密舊境十郡之地**[⑤]라

① 李勣 : 本名世勣, 字茂功. 永徽中, 以犯太宗諱, 單名勣焉. 餘見下文.
〈李勣은〉 本名은 世勣이며, 字는 茂功이다. 永徽(650~655) 연간에 太宗(李世民)의 이름과 '世'자가 겹친 탓에 이름을 勣 한 글자로 고쳤다. 나머지는 아래에 보인다.

② 曹州離狐人也 : 曹州, 今仍舊, 隷腹裏. 離狐, 縣名, 後改南華, 今廢.
曹州는 지금 옛 지명 그대로 쓰니, 腹裏에 속한다. 離狐는 縣의 이름이니, 뒤에 南華로 고쳤다. 지금은 廢縣되었다.

③ 初仕李密 爲左武侯大將軍 : 李密, 字元邃. 其先遼東人. 大業末, 韋城人翟讓聚衆爲盜, 勣往從之. 密初從楊玄感起兵謀事, 及玄感敗, 亡命雍丘. 勣說讓, 奉密爲主, 號魏公. 密後殺讓, 而人心始離. 武德初, 入關見高祖, 拜光祿卿, 復以反誅.
李密은 字가 元邃이다. 그 조상은 遼東 사람이다. 大業(605~618) 말년에 韋城 사람 翟讓

이 무리들을 모아 도적이 되었는데, 이적이 가서 그를 따랐다. 이밀이 처음에 楊玄感을 따라 거병하여 일을 도모했는데, 양현감이 패하자 雍丘 지역으로 망명하였다. 이적이 적양에게 유세하여 이밀을 추대하여 주군으로 삼고 魏公이라 불렀다. 뒤에 이밀이 적양을 죽이자 인심이 떠났다. 武德(618~626) 초기에 함곡관으로 들어가 고조를 알현하여 光祿卿에 임명되었으나, 다시 배반하여 주살되었다.

④ 密後爲王世充所破：王世充, 字行滿. 本西域人, 姓支, 幼從母嫁王氏, 因冒其姓. 仕隋, 爲民部侍郎, 陰結豪傑, 自爲太尉. 矯隋主侗策禪位, 殺侗自立. 武德初, 破李密, 高祖詔秦王攻之, 擒歸長安, 族徙于蜀.

王世充은 字가 行滿이다. 본래 西域 사람으로 姓이 支인데, 어릴 때 王氏에게 시집간 어머니를 따라가서 그대로 그 성씨를 썼다. 隋나라에 벼슬하여 民部侍郎이 되었고, 은밀히 호걸들과 결탁하여 스스로 太尉가 되었다. 隋王 楊侗(恭帝)의 策書를 위조하여 禪位를 받은 뒤에 양동을 시해하고 스스로 황제가 되었다. 武德(618~626) 초년에 왕세충이 李密을 격파하자 高祖가 秦王에게 조서를 내려 왕세충을 공격하도록 하였는데, 왕세충은 사로잡혀 장안으로 압송되었고, 가족들은 蜀으로 이주시켰다.

⑤ 勣猶據密舊境十郡之地：密舊境, 東至于海, 南至于江, 西至汝州, 北至魏郡, 時未有所附, 勣竝據之.

李密의 옛 영토는 동쪽으로 바다에 이르고, 남쪽으로 장강에 이르고, 서쪽으로 汝州에 이르고, 북쪽으로 魏郡에 이르렀다. 당시에는 아직 唐나라에 귀속되지 않았고 李勣이 이를 모두 점거했다.

李勣은 曹州 離狐縣 사람이다. 본래 성은 徐이다. 처음에 李密에게 벼슬하여 左武侯大將軍이 되었다. 이밀이 뒤에 王世充에게 격파당하여 무리들을 이끌고 唐나라로 귀의했으나 이적은 여전히 이밀의 옛 영토 10개 군을 차지하고 있었다.

李勣

3-7-2

**武德二年**에 **謂長史郭孝恪曰**⑥ **魏公**이 **旣歸大唐**이나 **今此人衆土地**는 **魏公所有也**라

吾若上表獻之면 則是利主之敗하여 自爲己功하여 以邀富貴니 是吾所恥라 今宜具錄州縣及軍人戶口하여 總啓魏公하여 聽公自獻이면 此則魏公之功也니 不亦可乎아하고 乃遣使啓密⑦이라 使人初至에 高祖聞無表하고 惟有啓與密하고 甚怪之러니 使者以勣意聞奏하니 高祖方大喜曰 徐勣이 感德推功하니 實純臣也라하다 拜黎州總管⑧하고 賜姓李氏하여 附屬籍于宗正⑨하고 封其父蓋爲濟陰王⑩한대 固辭王爵이어늘 乃封舒國公하고 授散騎常侍⑪라 尋加勣右武侯大將軍⑫이라 及李密反叛伏誅하여는 勣發喪行服⑬하여 備君臣之禮하고 表請收葬하니 高祖遂歸其屍라 於是에 大具威儀하여 三軍縞素⑭하여 葬於黎陽山⑮하고 禮成에 釋服而散하니 朝野義之라 尋爲竇建德所攻하여 陷於建德한대 又自拔歸京師⑯하여 從太宗하여 征王世充竇建德하여 平之라

⑥ 謂長史郭孝恪曰：長, 音掌. 郭孝恪, 許州人. 初附密爲長史. 後謁秦王, 上策擒竇建德, 拜上柱國. 後遷大總管, 破龜玆國, 爲流矢所中而卒.
長(어른)은 음이 掌이다. 郭孝恪은 許州 사람이다. 처음에 李密에게 귀의하여 長史가 되었다가 뒤에 秦王을 알현하고 뛰어난 계책으로 竇建德을 사로잡아 그 공로로 上柱國에 임명되었다. 뒤에 大總管으로 승진하여 龜玆國을 토벌하다가 날아오는 화살에 맞아 죽었다.

⑦ 乃遣使啓密：使, 去聲, 後同.
使(사신)는 去聲이다. 뒤에도 같다.

⑧ 拜黎州總管：黎州, 今濬州, 隸腹裏.
黎州는 지금의 濬州이니, 腹裏에 속한다.

⑨ 宗正：唐制, 宗正府掌親屬以別昭穆, 宗室居之.
唐나라 제도에 의하면 宗正府는 황제의 親屬에 관한 일을 관장하여 昭穆의 차례를 구별하니, 宗室이 맡는다.

⑩ 濟陰王：濟, 上聲, 瀆名.
濟(물 이름)는 上聲이니, 강의 명칭이다.

⑪ 散騎常侍：唐制, 掌規諷過失・侍從顧問之職.
〈散騎常侍는〉 唐나라 제도에 의하면 과실을 바로잡아 간언하며 侍從과 顧問의 직책을 담당한다.

⑫ 右武侯大將軍：唐制, 武衛之職.
〈右武侯大將軍은〉 唐나라 제도에 의하면 무력으로 호위하는 직책이다.

⑬ 發喪行服：喪, 平聲.
喪(초상)은 平聲이다.

⑭ 三軍縞素：三軍, 上軍・中軍・下軍也.
三軍은 上軍・中軍・下軍이다.

⑮ 黎陽山：在今濬州.

〈黎陽山은〉 지금의 濬州에 있다.

⑯ 尋爲竇建德所攻……又自拔歸京師：竇建德, 貝州人. 世爲農, 材力絶人. 大業中, 募兵伐遼, 補隊長. 後據渤海, 自立爲夏王, 建元置官屬. 武德初, 擒化及於魏縣, 進兵攻勣, 力屈降之, 收勣父爲質, 令勣復收黎陽. 三年, 勣自拔歸京師. 四年, 從太宗平建德, 於是獲而斬之.

竇建德은 貝州 사람이다. 대대로 농사를 지었고, 재주와 힘이 남보다 뛰어났다. 大業(605~616) 연간에 병력을 모집하여 遼東을 정벌할 때 隊長에 보임되었다. 뒤에 渤海를 점거 스스로 夏王이 되어 年號를 정하고 관속을 두었다. 武德(618~626) 초기에 魏縣에서 宇文化及을 사로잡고, 군대를 보내 李勣을 공격하여 위세로 굴복시킨 뒤 이적의 부친을 잡아 볼모로 삼아 이적에게 黎陽을 수복하게 하였다. 무덕 3년(620)에 이적이 스스로 탈출하여 서울로 돌아왔다. 무덕 4년(621)에 太宗을 따라 두건덕을 진압하였는데, 이때 두건덕을 사로잡아 목을 베었다.

武德 2년(619)에 長史 郭孝恪에게 이르기를 "魏公(李密)이 이미 唐나라로 귀의했지만 지금 이 백성들과 토지는 위공의 소유이다. 내가 만일 表文을 올려 이것을 바친다면 이는 주군의 패배를 이용하여 자신의 공으로 삼아 부귀를 구하는 것이니, 내가 부끄럽게 생각한다. 지금 주현과 군인과 호구를 모두 기록해 위공에게 모두 보고하여 위공이 스스로 바치게 하면 이는 위공의 공로가 되니 옳지 않겠는가."라고 하고, 사신을 보내 이밀에게 보고했다.

사신이 처음 이르렀을 때 표문은 없고 이밀에게 보고하는 글만 있다는 말을 듣고 高祖가 몹시 이상하게 생각했으나 사신이 李勣의 생각을 아뢰자 고조가 크게 기뻐하며 말하기를 "徐勣이 덕에 감화되어 공을 주군에게 미루니 참으로 순수한 신하이다."라고 하였다. 黎州總管에 임명하고 李氏 姓을 하사하여 본적을 宗正에 예속시키고 그의 부친 蓋를 濟陰王에 책봉하였는데, 왕의 작위를 굳이 사양하자 舒國公에 책봉하고 散騎常侍에 임명하였다. 얼마 뒤 이적에게 右武侯大將軍을 더해주었다.

이밀이 반란을 일으켜 죽임을 당하자 이적이 發喪을 하여 상복을 입은 채 군신의 예를 갖추고 표문을 올려 시신을 거두어 장례 지낼 것을 청하니, 고조가 결국 시신을 돌려주었다. 이에 크게 예의를 갖추어 三軍이 상복 차림으로 黎陽山에서 장사를 지내고, 장례를 마친 뒤에 상복을 벗고 해산하니 조정과 민간에서 의롭게 여겼다. 이적은 얼마 뒤 竇建德에게 공격을 받아 패하였는데, 스스로 탈출하여 서울(장안)로 돌아와 太宗을 따라 王世充과 竇建德을 정벌, 평정하였다.

3-7-3

**貞觀元年**에 **拜幷州都督**[17]하여 **令行禁止**하니 **號爲稱職**[18]하고 **突厥甚加畏憚**이라 **太宗謂侍臣曰 隋煬帝**는 **不解精選賢良**[19]하여 **鎭撫邊境**하고 **惟遠築長城**하고 **廣屯將士**[20]하여 **以備突厥**[21]하니 **而情識之惑**이 **一至於此**아 **朕今委任李勣於幷州**한대 **遂得突厥畏威遠遁**하여 **塞垣安靜**하니 **豈不勝數千里長城耶**아하다 **其後**에 **幷州改置大都督府**하고 **又以勣爲長史**[22]하고 **累封英國公**이라 **在幷州凡十六年**이요 **召拜兵部尙書**하여 **兼知政事**라

⑰ 幷州都督：幷州，卽太原．唐制，武德七年，改總管曰都督，立府置佐．
幷州는 바로 太原이다. 唐나라 제도에 의하면 武德 7년(624)에 총관을 도독으로 개칭하였으며, 府를 세우고 副官을 두었다.

⑱ 號爲稱職：稱，去聲．
稱(걸맞다)은 去聲이다.

⑲ 不解精選賢良：解，音懈．
解(게으르다)는 음이 懈이다.

⑳ 廣屯將士：將，去聲．
將(장수)은 去聲이다.

㉑ 以備突厥：隋大業三年，詔發丁男百餘萬築長城，西距楡林，東至紫河，旬而畢工．
隋나라 大業 3년(607)에 조서를 내려 장정 백여만 명을 징발해 장성을 축조하게 했는데 서쪽으로 楡林에서부터 동쪽으로 紫河까지였으며, 10일 만에 공사를 마쳤다.

㉒ 長史：長，音掌．
長(우두머리)은 음이 掌이다.

貞觀 원년(627)에 幷州都督에 임명되어 명령하면 시행되고 금지하면 멈추니, 직책에 걸맞다고 일컬어졌다. 突厥이 매우 두려워하고 꺼렸다.

太宗이 근신들에게 말하였다.

"隋나라 煬帝는 어진 인재를 가려 뽑아 변방을 안정시킬 방안을 강구하지 못하고 오직 멀리까지 장성을 쌓고 많은 병사들을 널리 주둔시켜 돌궐을 방비하려 했으니, 그 감각과 식견의 혼미함이 이 지경에까지 이른단 말이오. 짐이 지금 幷州를 李勣에게 위임하자, 결국 그 위세를 두려워한 돌궐이 멀리 달아나

변방이 안정되었으니, 어찌 수천 리 장성보다 나은 것이 아니겠소."

그 뒤 병주에 새로 大都督府를 설치하고 이적을 長史로 임명하였으며, 여러 번 승진시켜 英國公에 책봉하였다. 병주에 재임한 기간이 총 16년이었으며, 그 뒤 조정에 불러들여 兵部尙書 兼知政事에 임명하였다.

勣이 時遇暴疾하여 驗方云 鬚灰可以療之라하니 太宗이 自剪鬚爲其和藥㉓이어늘 勣이 頓首見血하고 泣以陳謝한대 太宗曰 吾爲社稷計耳니 不煩深謝라하다 十七年에 高宗居春宮할새 轉太子詹事㉔하고 加特進하여 仍知政事라 太宗又嘗宴에 顧勣曰 朕將屬(촉)以孤幼㉕ 하노니 思之에 無越卿者라 公往不遺於李密이어든 今豈負於朕哉아하니 勣이 雪涕致辭하고 因噬指流血이라 俄沈醉한대 御服覆之㉖하니 其見委信이 如此라 勣每行軍에 用師籌筭하고 臨敵應變하여 動合事機라 自貞觀以來로 討擊突厥頡利及薛延陀㉗高麗等하여 竝大破之라 太宗嘗曰 李靖李勣二人을 古之韓白㉘衛霍㉙이 豈能及也㉚리오하다

㉓ 自剪鬚爲其和藥：爲·和, 竝去聲, 後同.
爲(위하다)와 和(섞다)는 모두 去聲이다. 뒤에도 같다.

㉔ 太子詹事：唐制, 東宮官, 掌統三寺·十率府之政.
唐나라 제도에 의하면 〈太子詹事는〉 東宮의 관원이니, 三寺와 十率府의 정무를 총괄하는 일을 관장한다.

㉕ 朕將屬(촉)以孤幼：屬, 音囑.
屬(맡기다)은 음이 囑이다.

㉖ 御服覆之：覆, 音副.
覆(덮다)는 음이 副이다.

㉗ 薛延陀：北狄國名. 本延陀部與薛種雜居, 號薛延陀. 貞觀中, 拔灼立, 勣滅其國, 置爲州縣.
〈薛延陀는〉 北狄의 國名이다. 본래 延陀部와 薛種이 섞여 살아서 薛延陀라 불렀다. 貞觀 연간에 拔灼이 즉위하자 李勣이 그 나라를 멸망시키고 州縣을 설치하였다.

㉘ 韓白：漢將韓信秦將白起也.
〈韓白은〉 漢나라 장군 韓信과 秦나라 장군 白起이다.

㉙ 衛霍：見前註.
〈衛霍은〉 앞의 註에 보인다.

㉚ 李勣……豈能及也：按史傳[85], 二十三年, 帝疾, 謂太子曰 "李勣才智有餘, 然汝與之無恩, 恐不能懷服. 我今黜之, 若其卽行, 俟我死, 汝用爲僕射, 親任之, 若徘徊顧望, 當殺之." 乃授疊

州都督, 受詔, 不至家而去. 高宗立, 召進僕射. 後欲立武昭儀爲后, 畏大臣異議, 未決. 帝密訪勣, 勣曰 "此陛下家事, 無須問外人." 帝意遂定, 詔勣奉冊立武氏. 總章二年, 卒, 贈太尉, 諡曰貞武.

史傳을 살펴보면, 貞觀 23년(649)에 太宗이 병이 나자 태자(高宗)에게 이르기를 "李勣이 재주와 지혜가 충분하나 네가 그와 은혜 관계가 없으니, 내가 그를 심복시키지 못할까 우려된다. 내가 지금 그를 내칠 터이니, 그가 곧장 떠나면 내가 죽은 뒤에 네가 그를 등용하여 僕射(복야)로 삼아 가까이하고 신임할 것이요, 만약 주저하고 관망하면 마땅히 죽여야 할 것이다."라 하고, 疊州都督에 임명하였는데, 조서를 받고는 집에 들르지도 않고 떠났다. 고종이 제위에 오른 뒤 그를 불러서 복야로 승진시켰다.

그 뒤(永徽 6년, 655)에 武昭儀(則天武后)를 황후로 삼으려고 하였는데, 대신들이 반대의 의견을 낼까 두려워 결정을 하지 못하였다. 고종이 은밀히 이적에게 묻자, 이적이 말하기를 "이는 폐하의 집안일이니 외부 사람들에게 물을 필요가 없습니다."라고 하니, 고종이 결국 생각을 굳히고 이적에게 조서를 내려 冊書를 받들어 武氏를 황후로 冊位하였다. 總章 2년(669)에 세상을 떠나니, 太尉에 추증하고 시호를 貞武라 하였다.

李勣이 이때 갑자기 병이 났는데, 의원의 처방전에 수염을 태운 재가 있어야 치료할 수 있다고 했다. 太宗이 직접 수염을 잘라 그를 위해 약에 섞으니, 이적이 피가 나도록 머리를 바닥에 부딪고 울면서 사례를 하였다.

태종이 말하였다.

"나는 사직을 위한 계책을 따른 것일 뿐이니 번거롭게 깊이 사례할 것 없소."

貞觀 17년(643)에 高宗이 春宮(태자)에 있을 때 太子詹事로 전임되었고, 特進이 더해져서 그대로 정사를 담당하였다.

태종이 또 일찍이 연회에서 이적을 돌아보며 말하였다.

"짐이 어린 태자를 부탁할 사람을 찾는데 아무리 생각해도 경만 한 사람이 없소. 공이 지난날 이밀을 버리지 않았는데 지금 어찌 짐을 저버리겠소."

이적이 눈물을 닦으며 감사의 말을 올리고 이어서 손가락을 피가 나도록 깨물었다. 어느덧 술에 취해 떨어지자 태종이 자기 옷을 벗어 덮어주었으니, 그가 위임과 신뢰를 받은 것이 이와 같았다.

이적이 군사를 운용할 때에는 정확한 계책에 맞춰 병사들을 움직였고, 적과 싸울 때에는 임기응변하여 움직일 때마다 事機에 부합하였다. 정관 연간 이후

---

85) 史傳 : ≪資治通鑑≫ 권199 唐紀 15 太宗 貞觀 23년에 보인다.

로 돌궐의 頡利可汗과 薛延陀, 高句麗 등의 정벌에 나서 모두 크게 격파했다.
태종이 일찍이 말하였다.
"李靖과 李勣 두 사람을 옛날 韓信과 白起, 衛青과 霍去病이 어찌 미칠 수 있겠는가."

**【集論】**

范氏祖禹曰 太宗이 以勣爲何如人哉오 以爲愚也면 則不可託幼孤而寄天下矣요 以爲賢也면 當任而弗疑어늘 何乃憂後嗣之不能懷服하여 先黜之而後用之아 是以犬馬畜(휵)之也니 豈堯舜親賢之道乎아 利祿之士는 可得而使也라

范祖禹가 말하였다.
"太宗이 李勣을 어떤 인물이라고 생각했는가. 어리석다고 생각했다면 어린 태자를 부탁하고 천하를 맡겨서는 안 되며, 현명하다고 생각했다면 맡기고 의심해서는 안 되는데, 어찌하여 태자가 그를 심복시키지 못할까 염려하여 우선 내친 다음 다시 등용하게 하였는가. 이는 그를 개와 말처럼 대우한 것이니, 어찌 堯임금・舜임금이 어진 이를 친히 대하는 도리이겠는가. 이익과 녹봉만을 추구하는 선비 정도는 부릴 수 있을 것이다."

又曰 高宗欲廢立이나 而猶難於顧命大臣[86)]하고 取決於勣之一言하니 勣若以爲不可면 則武氏必不立矣라 勣이 非惟不諫이요 又勸成之하니 孽后之立에 無忌遂良之死와 唐室中絶[87)]은 皆勣之由니 其禍豈不博哉아 太宗이 以勣爲忠이라 故託以幼孤나 而其大節如此하니 知人은 帝其難之[88)]가 信矣로다

范祖禹가 또 말하였다.
"唐 高宗이 황후를 폐하고 새로 세우려고 하면서 오히려 고명대신을 어렵게 여기고

86) 顧命大臣 : 임금의 유언으로 후사를 부탁받은 대신으로, 여기서는 則天武后의 황후 책봉에 반대한 長孫無忌・褚遂良을 말한다.

87) 唐室中絶 : 則天武后가 제위에 올라 나라 이름을 周로 바꾸면서 唐이라는 국호가 없어진 것을 말한다.

88) 知人帝其難之 : 사람을 알아보기 어렵다는 말이다. ≪書經≫ 〈虞書 皐陶謨〉에 "아, 모두 이와 같이 하는 것은 堯帝도 어렵게 여긴 바이니, 사람을 알아본다면 명철한 것입니다.〔吁 咸若時 惟帝其難之 知人則哲〕"라고 하였다.

이적의 말 한마디에 생각을 결정하였으니, 이적이 만약 안 된다고 했다면 武氏는 분명 황후가 되지 못했을 것이다. 그런데 이적이 간언하지 않았을 뿐만 아니라 권장하여 이루도록 했으니, 妃嬪이 皇后에 오른 뒤 長孫無忌와 褚遂良이 죽고 唐나라 황실이 중간에 끊어진 것은 모두 이적에게서 연유된 것이니, 그 재앙이 어찌 크지 않은가. 太宗이 이적을 충신이라 생각하였으므로 어린 태자를 부탁하였으나 그의 큰 절개라는 것이 이러했으니, '사람을 알아보는 것은 堯帝도 어렵게 여겼다.'고 한 말이 믿을 만하다.

胡氏寅曰 古者에 不盟하고 結言而退하니 蓋人不愛其情하여 相命而信喩矣라 逮德下衰하여 疑阻猜貳하여 至于刑牲歃血이라도 曾未旋踵하여 又已背之라 是故로 孔子於春秋에 不貴盟誓하고 而善胥命[89]하니 取荀息[90]欲人之惇信하여 而不食言也라 若李勣齧指出血하여 以受太宗之託은 若不爲負義者나 而於王武[91]廢興之際에 以一言喪邦[92]이어든 則不必待如里克[93]然後에 爲隳(휴)大節也라 夫以言許人者도 猶恐非其本心이어늘 勣受託而無一言하고 徒齧指出血而已니 使當堯舜之智라도 豈得遁乎아

胡寅이 말하였다.

"옛날에는 맹약을 하지 않고 말로만 약속하고 물러났으니, 이는 사람이 그 감정을

89) 胥命 : 諸侯들이 서로 만나 말로만 약속하고 별도로 맹서 의식을 갖지 않는 것을 말한다.

90) 荀息 : 춘추시대 晉나라의 대부이다. 獻公이 병이 위독할 때 순식을 불러 奚齊를 임금으로 세울 수 있느냐고 묻자, 순식이 목숨을 걸고 보증하면서 임금의 명을 저버리지 않겠다고 약속하였다. 헌공이 죽은 뒤 해제가 里克에게 살해되자 순식이 따라 죽으려 했으나, 해제의 아우인 卓子를 세워 보좌하는 것이 옳다는 말을 듣고 탁자를 임금으로 세웠다. 그러나 탁자가 다시 조정에서 이극에게 살해당하자 순식도 결국 목숨을 버렸다. ≪史記 권39 晉世家≫

91) 王武 : 王은 高宗의 廢后 王氏를 가리키고, 武는 則天武后를 가리킨다.

92) 一言喪邦 : 말 한 마디가 나라를 망하게 할 수도 있다는 뜻으로, ≪論語≫ 〈子路〉에 "孔子가 대답했다. '……만일 임금의 말이 善한데 아무도 어기는 자가 없다면 또한 좋지 않겠습니까. 하지만 임금의 말이 善하지 못한데도 어기는 자가 없다면 한 마디 말로 나라를 잃게 되는 것에 가깝지 않겠습니까.'〔孔子對曰……如其善而莫之違也 不亦善乎 如不善而莫之違也 不幾乎一言而喪邦乎〕"라고 하였다.

93) 里克 : 春秋시대 晉나라의 대부이다. 자신이 모시던 公子 奚齊와 卓子를 시해하였다. 이 일로 晉 惠公 夷吾가 사신을 시켜 이극에게 "그대가 아니었으면 내가 임금이 되지 못했을 것이오. 그렇지만 그대는 두 임금과 한 대부를 죽였으니〔子弑二君與一大夫〕 그대의 임금이 되기에 어렵지 않겠는가."라고 하자, 이극이 자결하였다. ≪春秋左氏傳 僖公 9년, 10년≫

아끼지 않아 서로 말로만 약속해도 믿은 것이다. 덕이 후대로 갈수록 쇠퇴하여 의심과 시기와 배신이 난무하여, 희생을 잡아 피를 마시며 맹약을 하고도 발길을 채 돌리기도 전에 금세 배반을 하였다. 이 때문에 孔子가 ≪春秋≫에서 맹세하는 것을 귀하게 여기지 않고 胥命을 훌륭하게 여겼으니, 荀息이 사람들에게 신의를 독실히 지켜 말한 것을 저버리지 않게 하고자 한 점을 높이 산 것이다.

그러나 예를 들어 李勣이 손가락을 피가 나도록 깨물고 太宗의 부탁을 받아들인 것은 의리를 저버리지 않을 듯하였지만 王氏를 폐위하고 武氏를 황후로 세울 때에 말 한 마디로 나라를 망하게 하였으니, 굳이 里克과 같은 자를 기다린 뒤에야 큰 절의를 무너뜨리게 되는 것은 아니다. 말로 남에게 허락하는 사람도 오히려 그 본심이 아닐까 염려하는데, 이적은 太宗의 부탁을 받고 한 마디 말도 하지 않고, 그저 피가 나도록 손가락만 깨물었을 뿐이니, 설령 堯임금・舜임금의 지혜에 필적하더라도 어찌 피할 수 있었겠는가."

呂氏祖謙曰 太宗이 以勣守邊은 可謂善用人矣나 至其任以託孤之寄하여는 則非其所能也라 按吳起與田文論功할새 起曰 將三軍하여 使士卒樂死하여 敵國不敢謀는 子孰與起오하니 文曰 不如라하고 治百官하고 親萬民하며 實府庫는 子孰與起오하니 文曰不如라하다 此三者[94]가 皆出吾下로되 而位加吾上은 何也오하니 文曰 主少國疑하여 大臣未附하고 百姓不信하니 方是之時하여 屬(촉)之子乎아 屬之我乎아하니 起默然良久曰 屬之子矣라하다 蓋勣之賢於長城이나 是亦吳起之所長이어늘 而太宗以之處田文之任하니 宜其敗也로다

呂祖謙이 말하였다.

"太宗이 李勣에게 변방을 지키도록 한 것은 인물을 잘 쓴 것이라 할 수 있으나, 태자를 부탁하는 일을 맡긴 것은 이적이 할 수 있는 일이 아니다.

살펴보건대 吳起가 田文과 공을 논할 때, 오기가 '三軍을 거느리고서 병사들이 목숨을 걸고 기꺼이 싸우게 하여 적이 감히 침략하지 못하게 하는 점에 있어서는 그대와 나 가운데 누가 더 낫소?'라고 하니, 전문이 '그대만 못하오.'라고 하였고, '百官을 다스리고 온 백성을 사랑하며 창고를 꽉 채우는 일에 있어서는 그대와 나 가운데 누

94) 此三者 : 吳起가 田文과 공을 논한 세 가지 중에 위의 본문에는 두 가지만 제시하고, 세 번째 조목인 "오기가 말하기를 '西河를 지키면 秦나라 군대가 감히 동쪽을 향해 오지 못하고 韓나라와 趙나라가 복종하게 함은 그대와 나 가운데 누가 더 낫소?'라고 하니, 전문이 '그대만 못하오.'라고 하였다.〔起曰 守西河而秦兵不敢東鄕 韓趙賓從 子孰與起 文曰 不如子〕"는 생략되었다. ≪史記 권65 吳起列傳≫

가 더 낫소?'라고 하니, 전문이 '그대만 못하오.'라고 하였다. '이 세 가지가 다 나보다 못한데 지위가 나보다 높은 것은 무엇 때문이오?'라고 하니, 전문이 말하기를 '군주는 어리고 나라는 혼란하여 대신들이 따르지 않고 백성들이 믿지 않는데, 이러한 때에 國政을 그대에게 맡기겠소? 나에게 맡기겠소?'라고 하니, 오기가 한동안 잠자코 있다가 '그대에게 맡길 것이오.'라고 하였다.

이적이 만리장성보다 나은 점이 있다고 해도 이 역시 오기의 장점일 뿐인데, 태종이 전문에게 맡겨야 할 임무를 그에게 맡겼으니, 실패를 한 것이 당연하다."

葉氏適曰 勣은 本無甚所長이요 只是不負人이라 夫不負人은 固可任以事요 至於關朝廷之重하여는 則非不負者能之라 如立武氏之說은 彼豈有意於負太宗者며 奈何利害所在리오 彼其不學하여 誠不識此라 噫라 以周勃[95]之少文으로 幾陷呂氏之禍하고 以霍子孟[96]之重厚로 猶有所不免하니 皆不學無術所以致也라 況勣以一言之失로 豈知他日之禍如此哉아

葉適이 말하였다.

"李勣은 본래 그다지 큰 장점은 없고 다만 남을 배신하지 않는 정도일 뿐이다. 남을 배신하지 않는 사람에게는 참으로 일을 맡길 수 있지만 조정의 중요한 일과 관련된 경우에는 남을 배신하지 않는 사람이 해낼 수 있는 일이 아니다. 예컨대 武氏를 황후로 세우는 설의 경우에는 이적이 어찌 太宗을 배반할 마음으로 그런 것이겠으며, 또 무슨 이해관계가 걸려있어 그런 것이겠는가. 이적이 배움이 없어 이를 전혀 몰랐던 것이다.

아, 식견이 부족했던 周勃이 呂氏의 재앙에 걸려들 뻔하였고, 중후했던 霍子孟도 화를 면치 못하였으니, 모두 배움이 없고 계책이 없어서 야기된 일들이다. 하물며 이적의 한 마디 말의 잘못 때문에 후일의 재앙이 이러할 줄을 어찌 알았겠는가."

---

95) 周勃 : 漢 高祖의 개국공신이다. 한 고조가 죽고 나서 呂太后가 조정을 장악하고 呂祿·呂産 등 呂氏들이 정권을 장악하자, 右丞相 陳平과 太尉 周勃이 서로 화합하여 여씨를 견제하였다. 여태후가 죽은 뒤 여씨들이 난을 일으키려 하자, 태위 주발이 北軍을 지휘하여 여씨들을 모두 주살하였다. ≪史記 권57 絳侯周勃世家≫

96) 霍子孟 : 漢나라의 명신 霍光으로, 子孟은 그의 字이다. 武帝 때 奉車都尉가 되어 20년 동안 궁궐에 출입했는데 근신하여 허물이 없었다. 昭帝가 8세의 나이에 즉위했는데 유지를 받들어 그를 잘 보필했고, 뒤에 博陵侯가 되었다. 소제가 죽자 昌邑王을 옹립했으나 음란하다는 이유로 27일 만에 폐위시키고 宣帝를 세웠다. 곽광이 20여 년 동안 정권을 잡으며 친척들을 많이 기용하였는데, 그가 죽고 선제가 친정을 하게 되었을 때 霍氏들이 모반을 꾀했다가 결국 멸족을 당했다. ≪漢書 권68 霍光列傳≫

愚按 太宗이 英武將略은 優於漢高나 至於知人料事하여는 不及漢高遠矣니 其間章章較著者는 李勣之事가 是也라 自今觀之컨대 勣之爲人이 外若純愨이나 內任術數하여 非特太宗不能知요 至今人不能知하니 何也오 勣이 始事翟讓에 讓爲李密所誅어늘 勣不能死하고 後爲竇建德所敗하여 屈伏請降하고 復不能死라 勣始與單雄信으로 誓同死生이로대 雄信誅어늘 又不能死하니 其名節이 如此라 獨於李密之敗에 生則推功하고 死則收葬이라 太宗이 信其區區之小節하여 遂謂可以託孤라하니 過矣라 太宗之將終也에 黜勣爲疊州都督하고 謂太子曰 勣若卽行이면 汝用爲相하고 若不卽行이면 汝必殺之라하니 勣聞命不辭家而去라 夫太宗之術數가 可謂精矣나 孰知勣之術數가 又高出於其上哉아 厥後에 武氏之立에 竟以勣一言而定하여 而唐之子孫이 幾盡於武氏之手하니 蓋太宗이 以術數待勣이라 故勣이 亦以術數報之요 固不暇爲唐社稷計也라 勣之將死에 告其弟曰 我見房杜辛勤起家나 皆爲不肖子所敗[97]라 吾後子孫有交遊非類者면 汝必殺之라한대 異時에 敬業[98]擧兵覆宗이라가 至毁冢而暴骨이라 嗚呼라 勣所任之術數가 至是而無所施其巧矣라 是以로 君子惡任智而大居正也라

내가 살펴보건대, 太宗이 무예와 장수의 도량은 漢나라 高祖보다 낫지만 사람을 알아보고 일을 예측하는 것은 한 고조에게 훨씬 미치지 못하니, 비교적 분명히 드러난 예 중 하나가 李勣에 관한 것이다.

지금 살펴보면, 이적의 인물됨이 겉으로는 순진하고 성실한 듯하지만 속으로는 술수를 부려 태종이 알 수 없었을 뿐만 아니라, 지금 사람들도 알 수가 없으니 그것은 어째서인가. 이적이 처음에 翟讓을 섬겼을 때, 적양은 이밀에게 죽임을 당하였으나 자신은 죽지 않았고, 나중에 두건덕에게 패하였을 때 굴복하여 항복을 청하고 또 죽지 않았다. 이적이 애초에 單雄信과 생사를 함께하기로 맹약을 맺었을 때 단웅신은

97) 房杜辛勤起家 皆爲不肖子所敗 : 房玄齡의 둘째 아들 房遺愛가 太宗의 딸 高陽公主와 결혼한 뒤 공주와 함께 모반을 일으켰다가 방유애는 주살되고 공주는 自盡하였으며 여타 아들들은 嶺表로 귀양을 갔다. 큰 아들 房遺直은 아버지의 공로로 특별히 용서받아 除名되어 庶人이 되었고 방현령의 太宗 廟庭 配享은 정지되었다. 杜如晦의 둘째 아들 杜荷가 太宗의 딸 城陽公主와 혼인하였으나 성질이 포악하여 법도를 따르지 않고 李承乾을 추종하여 모반에 가담하였다가 주살되었다. 첫째 아들 杜構는 연좌되어 嶺表로 귀양을 가 죽었다. ≪舊唐書 권66 房玄齡列傳≫, ≪新唐書 권96 杜如晦列傳≫

98) 敬業 : 李勣의 손자이다. 則天武后가 稱制하자 그 죄를 성토하고 廬陵王(中宗)의 복위를 도모하여 군대를 일으켰다가 魏元忠에게 패하였다. 이 일로 인해 그의 할아버지 이적의 관작이 삭탈되고 무덤이 파헤쳐져 관이 쪼개지고 姓이 徐氏로 되돌려졌다. ≪資治通鑑 권203 唐紀 19 則天 光宅 元年≫

죽임을 당하였으나 그는 또 죽지 않았으니, 그 명성과 절의가 이와 같았다. 다만 이밀이 패망했을 때만은 절의를 지켜서 이밀이 살아 있을 때는 그에게 공을 미루고 이밀이 죽었을 때는 시신을 거두어 장례를 치러주었다. 태종이 그의 미미한 작은 절의를 믿고, 결국 태자를 맡길 만하다고 하였으니, 지나친 것이다.

태종이 죽음에 임박하여 이적을 내쳐 疊州都督으로 삼은 뒤 태자에게 이르기를 "이적이 곧장 떠나면 네가 등용하여 재상으로 삼을 것이요, 곧장 떠나지 않으면 네가 반드시 죽여야 할 것이다."라고 하였는데, 이적이 명령을 듣자마자 집에 작별 인사도 하지 않고 떠났다. 태종의 술수가 뛰어나다고 할 만하나 이적의 술수가 그보다 더 뛰어났을지 누가 알았겠는가. 그 뒤에 武氏가 황후에 오를 즈음 결국 이적의 한 마디 말로 결정되어 唐나라 황실의 자손이 무씨의 손에 거의 다 죽었으니, 이는 태종이 술수로 이적을 대했기 때문에 이적 역시 술수로 갚아준 것이요, 진실로 唐나라 사직을 위해 계책을 낼 겨를이 없었던 것이다.

이적이 죽음에 임박해 그 아우에게 말하기를 "나는 房玄齡과 杜如晦가 고생을 하며 집안을 일으켰으나 모두 불초한 자손들에 의해 망하는 것을 보았다. 내가 죽은 뒤에 자손들 중에 옳지 않은 무리와 교유하는 자가 있으면 네가 반드시 그를 죽여라."라고 하였는데, 후일 손자 李敬業이 군사를 일으켜 종실을 무너뜨리려 하다가 이적의 무덤이 훼손되고 유골이 드러나는 지경에 이르고 말았다. 아, 이적이 믿었던 술수가 이 지경에 이르러서는 그 교묘함을 펼칠 수 없었다. 이 때문에 군자는 지혜만 믿는 것을 싫어하고 정상적인 법도를 준수하는 것을 크게 여긴다.

### 3-8-1

**馬周**①는 **博州茌**(치)**平人也**②라 **貞觀五年**에 **至京師**하여 **舍於中郎將**③**常何之家**④라 **時**에 **太宗令百官**으로 **上書言得失**⑤하니 **周爲何**하여 **陳便宜二十餘事**⑥하여 **令奏之**하니 **事皆合旨**라 **太宗怪其能**하여 **問何**하니 **何對曰 此**는 **非臣所發意**요 **乃臣家客馬周也**라하니 **太宗卽日召之**호대 **未至**하여 **間凡四度遣使催促**⑦이라 **及謁見**에 **與語甚悅**하여 **令直門下省**하고 **授監察御史**⑧하며 **累除中書舍人**⑨이라

① 馬周：字賓王. 家貧嗜學, 資志曠遠. 武德中, 補州助教, 不治事而去. 密州趙仁本高其才, 厚贈使入關. 留汴, 爲浚儀令崔賢所辱, 遂感激而西. 舍新豐逆旅, 主人不之顧, 周命酒一斗八升, 悠然獨酌, 衆異之. 餘見下文.
〈馬周는〉 字가 賓王이다. 집이 가난했으나 배우기를 좋아하였고 자질과 포부가 크고 원대

하였다. 武德(618~626) 연간에 州의 助敎로 보임되었는데, 직책을 수행하지 않고 떠났다. 密州의 趙仁本이 그의 재주를 높이 사 재물을 넉넉히 주어 函谷關으로 들어가게 하였다. 汴州에 머무를 때 浚儀令 崔賢에게 모욕을 당하자 결국 분격해 서쪽으로 갔다. 新豐의 여관에 머물렀을 때 주인이 거들떠보지 않았지만, 마주는 술 1말 8되를 달라고 해 혼자 유유자적하며 마시자 사람들이 기이하게 여겼다. 나머지는 아래에 보인다.

② 博州茌(치)平人也 : 茌, 士疑切. 博州, 今東昌路. 茌平, 縣名, 今仍舊, 隸山東.
茌는 士와 疑의 반절이다. 博州는 지금의 東昌路이다. 茌平은 縣의 이름이니 지금 옛 지명 그대로 쓰이며, 山東에 속한다.

③ 中郎將 : 去聲. 唐制, 中郎將, 太子府屬, 掌校尉・旅帥及親勳・翊衛之屬.
〈將(장수)은〉 去聲이다. 唐나라 제도에 의하면 中郎將은 太子府 소속이며, 校尉・旅帥 및 親勳・翊衛의 부류들을 관장한다.

④ 常何之家 : 常姓, 何名. 史無傳.
常은 성이며 何는 이름이다. 史書에 전해지는 것이 없다.

⑤ 太宗令百官 上書言得失 : 令, 平聲, 後同.
令(하여금)은 平聲이다. 뒤에도 같다.

⑥ 周爲何 陳便宜二十餘事 : 爲, 去聲.
爲(위하다)는 去聲이다.

⑦ 間凡四度遣使催促 : 使, 去聲.
使(사신)는 去聲이다.

⑧ 監察御史 : 唐制, 掌分察百寮, 巡按州郡, 獄訟・軍戎・祭祀・營作・太府出納, 皆隸焉.
〈監察御史는〉 唐나라 제도에 의하면 백관을 나누어 살피고 州郡을 순찰하는 일을 관장하며, 獄訟, 軍戎, 祭祀, 營作, 太府의 출납이 모두 그 관할에 속한다.

⑨ 中書舍人 : 唐制, 掌侍〔奉〕[99]・進奏・參議・表章.
〈中書舍人은〉 唐나라 제도에 의하면 侍奉과 진언과 논의와 表章에 관한 일을 관장한다.

馬周는 博州 茌平縣 사람이다. 貞觀 5년(631)에 長安으로 와 中郎將 常何의 집에 기거하였다. 당시 太宗이 백관들에게 정치의 득실을 글로 써서 올리라고 하자, 마주가 상하를 위하여 국가에 편리하고 時宜에 적합한 일 20여 가지 항목을 지어주며 아뢰도록 하였는데, 내용이 모두 태종의 뜻에 맞았다. 태종이 상하의 유능함을 이상하게 여겨 상하에게 물으니, 상하가 대답하였다.

"이것은 신의 생각에서 나온 것이 아니라 신의 집에 식객으로 있는 마주의 생각입니다."

---

99) 〔奉〕 : 저본에는 '奉'이 없으나, ≪舊唐書≫ 권43 〈職官志〉에 의거하여 보충하였다.

태종이 그날로 마주를 불렀는데, 채 도착하기도 전에 네 번이나 사람을 보내 재촉하였다. 마주가 알현하자 그와 이야기를 나누고 나서 몹시 기뻐하여 門下省에 배치하도록 하고 監察御史에 임명하였으며, 여러 번 자리를 옮겨 中書舍人이 되었다.

### 3-8-2

**周有機辯**하여 **能敷奏**하고 **深識事端**이라 **故動無不中**⑩이라 **太宗嘗曰 我於馬周**에 **暫時不見**이면 **則便思之**라하다 **十八年**에 **歷遷中書令**⑪**兼太子左庶子**라 **周既職兼兩宮**할새 **處事平允**⑫하여 **甚獲當時之譽**라 **又以本官**으로 **攝吏部尙書**라 **太宗嘗謂侍臣曰 周見事敏速**하고 **性甚愼至**⑬하며 **至於論量人物**⑭하여는 **直道而言**이라 **朕比任使之**⑮한대 **多稱朕意**⑯라 **既寫忠誠**하고 **親附於朕**하니 **實藉此人**하여 **共康時政也**⑰라하다

⑩ 中 : 去聲.
〈中(들어맞다)은〉 去聲이다.

⑪ 令 : 如字.
〈令(명령하다)은〉 본래 音義대로 독해한다.

⑫ 處事平允 : 處, 上聲.
處(대처하다)는 上聲이다.

⑬ 愼至 : 一作貞正.
〈愼至는〉 어떤 본에는 '貞正'으로 되어 있다.

⑭ 至於論量人物 : 量, 平聲.
量(헤아리다)은 平聲이다.

⑮ 朕比任使之 : 比, 音鼻.
比(근래)는 음이 鼻이다.

⑯ 多稱朕意 : 稱, 去聲.
稱(걸맞다)은 去聲이다.

⑰ 馬周……共康時政也 : 按史傳[100] "帝嘗以飛白書[101]賜周曰 '鸞鳳沖霄, 必假羽翼. 股肱之寄, 要在忠力.' 周疾甚, 詔使視護, 躬爲調藥. 周以所上章奏悉焚之曰 '管・晏[102]暴君之過, 取身

100) 史傳 : ≪新唐書≫ 권98 〈馬周列傳〉에 보인다.

101) 飛白書 : 서체의 일종이다. 필획이 나는 듯하고 붓 자국이 비로 쓴 자리처럼 보인다 해서 붙여진 이름이다.

102) 管晏 : 春秋시대 齊나라의 명신인 管仲과 晏嬰이다. 관중은 桓公을 섬겨 霸業을 완성했고,

後名, 吾不爲也.' 二十二年, 卒." 按此章曰"貞觀五年, 周爲何陳便宜." 與舊史同. 通鑑考異曰"五年, (周)〔不〕[103]見有詔令百官上封事." 唐曆曰"三年六月, 詔文武官言得失, 馬周代常何陳事." 舊史或本於政要, 而吳氏所紀是也.

史傳을 살펴보면 "太宗이 일찍이 飛白書를 馬周에게 하사하여 이르기를 '난새와 봉황이 하늘 높이 나는 것은 반드시 날개의 힘을 빌려서이며, 股肱之臣에게 후사를 맡기는 것은 그 요점이 충성을 바치는 힘에 있다.'라고 하였다. 마주가 병이 깊어지자 조칙을 내려 사람을 보내 간호하게 하고 몸소 약을 조제하였다. 마주가 황제에게 상소했던 글들을 모두 태우며 말하기를 '管仲과 晏嬰이 그 군주의 과오를 드러내 죽은 뒤에 명예를 취한 것과 같은 일을 나는 하지 않겠다.'라고 하였다. 貞觀 22년(648)에 세상을 떠났다."라고 하였다.

이 章을 살펴보면 "정관 5년(631)에 마주가 常何를 위하여 국가에 편리하고 시의에 적합한 내용을 진언했다."라고 하였으니, 舊史와 동일하다. ≪資治通鑑考異≫에 "정관 5년(631)에 조서를 내려 백관들에게 封事를 올리도록 한 내용이 보이지 않는다."라 하고, ≪唐曆≫에 "정관 3년(629) 6월에 문무백관들에게 조서를 내려 정치의 득실을 말하라고 하였는데, 마주가 상하를 대신하여 그 내용을 진언하였다."라고 하였다. 舊史는 ≪貞觀政要≫에 근거하고 있는바, 吳兢이 기록한 것이 옳다.

馬周는 기지와 말재주가 있어 進言을 잘하고 일의 기미를 잘 살폈으므로, 행동이 알맞지 않는 경우가 없었다.

太宗이 일찍이 말하였다.

"내가 마주를 잠시라도 보지 않으면 바로 생각이 난다."

貞觀 18년(644)에 여러 번 승진하여 中書令 兼太子左庶子가 되었다. 마주가 中書省과 太子府 兩宮의 관직을 겸임할 때 일 처리가 공정하여 당시 사람들로부터 좋은 평판을 들었다. 또 본래의 관직을 지닌 채 吏部尙書를 겸임하였다.

태종이 일찍이 근신들에게 말하였다.

"마주는 일을 파악하는 것이 민첩하고 성품이 신중하고 바르며, 인물을 논할 땐 정당하게 말하오. 짐이 근래 그에게 일을 맡겼는데 대부분 짐의 뜻에 부응하오. 마주가 충성과 정성을 다하며 짐을 친근히 따르니, 실로 이 사람에게 의지하여 안정된 정치를 구가하고 있소."

---

안영은 靈公, 莊公, 景公을 차례로 섬겨 節儉과 力行으로 국력을 배양하였다.

103) (周)〔不〕: 저본에는 '周'로 되어 있으나, ≪資治通鑑考異≫에 의거하여 '不'로 바로잡았다.

【集論】

宋氏祁曰 周之遇太宗이 顧不異哉아 由一介草茅로 言天下事를 若素宦于朝하여 明習憲章者하니 其自視가 與築巖釣渭[104)]로 亦何以異迹이리오 夫帝銳于立事어늘 而周所建이 皆切一時하여 君宰間不膠漆而固하니 恨相得晩이 宜矣라 然周才不逮傅說呂望하여 使後世未有述焉하니 惜哉로다

宋祁가 말하였다.

"馬周가 太宗을 만난 것이 기이하지 않은가. 한낱 초개와 같은 신분으로 마치 조정에서 벼슬하여 법과 제도를 훤히 꿰고 있는 신하처럼 천하의 일을 말하였으니, 자신의 자취가 傅巖에서 담을 쌓았던 傅說이나 渭水에서 낚시를 했던 呂望과 어찌 다르다고 생각했겠는가. 태종이 일을 성취하는 것을 예의 주시하였는데, 마주가 건의한 것이 모두 당시에 절실한 내용이어서, 임금과 재상 사이가 아교와 옻칠로 붙이지 않아도 견고하였으니, 서로 늦게 만난 것을 안타까워한 것이 당연하다. 그러나 마주의 재능이 부열과 여망에 미치지 못하여 후세에 기술할 만한 것이 없으니, 애석하다."

唐氏仲友曰 觀太宗待遇馬周하면 過於房杜王魏라 如四使催趣와 飛白之賜는 皆異寵也어늘 惜周不及四子하여 功業止此라 史氏謂君宰不膠漆而固[105)]가 信矣나 然周之才가 豈獨不及說望而已哉리오

唐仲友가 말하였다.

"太宗이 馬周를 대우한 것을 보면 房玄齡·杜如晦·王珪·魏徵보다 앞선다. 네 번이나 사람을 보내 오라고 재촉한 일과 飛白書를 하사한 것은 모두 남다른 총애인데, 마주가 네 사람에게 미치지 못하여 공로가 여기에 그친 것은 애석하다. 史臣(宋祁)이 '임금과 재상 사이가 아교와 옻칠로 붙이지 않아도 견고하다.'고 한 말은 사실일 것이나, 마주의 재능이 어찌 부열과 여망에 미치지 못할 뿐이겠는가."

---

104) 築巖釣渭 : 傅巖에서 담을 쌓았던 傅說과 渭水에서 낚시를 했던 呂望을 말한다. 부열은 殷나라 高宗 때의 명신이다. 고종이 훌륭한 신하를 얻는 꿈을 꾸고서 꿈속에서 본 모습을 그려 천하에 찾게 하였는데, 부암에서 제방을 쌓던 부열의 모습과 같았다. 그를 등용하여 재상으로 삼아 중흥의 업적을 이룩하였다. 여망은 周나라 文王의 스승 姜太公으로, 위수 가에서 숨어 낚시를 하였다. 문왕이 사냥을 나갔다가 만나보고 등용하였는데, 武王을 보좌하여 천하를 평정했다. ≪書經 商書 說命 上≫, ≪史記 권32 齊太公世家≫

105) 君宰不膠漆而固 : ≪新唐書≫ 권98 〈馬周列傳 贊〉에 보인다.

林氏之奇曰 魏無知[106]之在漢과 常何之在唐에 其才能技業이 初無大過於人이나 而無知以擧陳平而獲賞하고 常何以擧馬周而受賜라 故無知之名은 託於陳平하고 常何之名은 託於馬周하여 以爲萬世不朽之傳하니 由此觀之컨대 人之有善이 豈必盡出於己哉아

林之奇가 말하였다.

"漢나라 때의 魏無知와 唐나라 때의 常何가 재능과 업적에 있어 애초에 남보다 크게 뛰어난 것이 없지만 위무지는 陳平을 천거하여 상을 받았고, 상하는 馬周를 추천하여 하사품을 받았다. 그러므로 위무지의 명성은 진평에게 의탁하고 상하의 명성은 마주에게 의탁하여 만세에 영원히 전하는 것이다. 이를 통해 보면 사람의 훌륭한 점이 어찌 반드시 자신에게서 모두 나오는 것이겠는가."

愚按 自耕莘飯牛[107]築巖釣渭로 由匹夫而陞朝著하여 君臣相得하여 建事立功者는 不多見于後世矣라 太宗覽常何之奏하여 而知其非何所爲하고 何又能以實告하여 遂以布衣起新豐逆旅[108]하여 濟濟淸要하여 卒如覽奏之所見이라 若馬周는 固偉矣나 太宗之知人이 得不尤偉矣乎아 周固未可以竝驅先哲이나 而太宗則可謂有古先哲王之遺風焉이라

내가 살펴보건대, 莘에서 농사지었던 伊尹, 남의 소를 먹였던 甯戚, 傅巖에서 담을 쌓던 傅說, 渭水에서 낚시를 했던 呂望으로부터 匹夫의 신분이었다가 조정에 들어가 임금과 신하가 서로 뜻이 맞아 일을 이루고 공을 세운 예는 후세에 많이 보이지 않는다. 太宗이 常何가 올린 글을 보고 상하가 쓴 것이 아니라는 것을 알았으며, 상하도 사실대로 고하여 드디어 일개 평민의 신분으로 新豐의 여관에서 떨쳐 일어나 청요직에 올라, 마침내 올린 글에서 본 소견과 같았다. 마주와 같은 사람은 진실로 대단하지만 태종의 사람을 알아보는 안목이 더욱더 대단하지 않은가. 마주가 옛 선현들과 어깨를 나란히 할 수는 없지만, 태종만큼은 옛 현군의 유풍을 지녔다고 할 만하다.

---

106) 魏無知 : 漢나라 사람이다. 漢王(劉邦)에게 陳平을 천거하여 후한 상을 받았다. ≪漢書 권40 陳平列傳≫

107) 耕莘飯牛 : 湯임금을 보필했던 伊尹과 齊 桓公의 정승이었던 甯戚을 말한다. 이윤은 탕임금에게 기용되기 전에 莘 땅의 들판에서 농사를 지었고, 영척은 제 환공에게 등용되기 전에 齊나라에서 남의 소를 먹였다.

108) 遂以布衣起新豐逆旅 : ≪舊唐書≫ 권74 〈馬周列傳〉에 보인다.

## 제4편 論求諫 간언을 구하는 것을 논하다

이 편은 太宗이 諫言을 구하는 것에 대해 논의하였다. 태종은 신하들에게 자주 간언을 요구하였는데, 간언을 국가 유지의 관건으로 여겼기 때문이다. 특히 隋煬帝가 멸망한 것은 신하들의 입을 다물게 하여 그 과오를 듣지 못한 것에 있다고 여기고 백성들을 이롭게 하지 않은 일을 보면 반드시 극구 간언하라고 하였다. 그리고 태종은 재상이 국가의 계책을 논할 때면 간관이 따라 들어오게 해서 정책에 참여하여 듣도록 하였고, 간관이 재상에게 의견을 피력하면 반드시 재상은 마음을 비우고 받아들이도록 하였다. 또한 간관의 올곧은 말이 비위를 거슬렀다고 해서 바로 꾸짖거나 노여워하지 않겠다고 공언하였으며, 마음을 열고 간언을 받아들여 신하들은 두려움에 떨며 할 말을 다하지 못하는 일이 없도록 하였다.

凡十一章.
모두 11章이다.

### 4-1-1

**太宗**은 **威容儼肅**하여 **百僚進見**(현)**者**①가 **皆失其擧措**어늘 **太宗知其若此**하고 **每見人奏事**하면 **必假顏色**하여 **冀聞諫諍**하여 **知政教得失**이라

① 百僚進見(현)者 : 見, 音現.
見(뵙다)은 음이 現이다.

太宗은 용모가 엄숙하여 알현하러 온 신료들이 모두 어찌할 바를 몰라 했다. 태종이 이 같은 사실을 알고 매번 상주하러 오는 사람을 보면 반드시 안색을 너그럽게 꾸며서 간언을 들어 정치 교화의 잘잘못을 알게 되기를 바랐다.

### 4-1-2

**貞觀初**에 **嘗謂公卿曰 人欲自照**면 **必須明鏡**하고 **主欲知過**면 **必藉忠臣**이니 **主若自**

**賢**하고 **臣不匡正**이면 **欲不危敗**나 **豈可得乎**아 **故君失其國**이면 **臣亦不能獨全其家**라 **至於隋煬帝暴虐**하여는 **臣下鉗口**②하여 **卒令不聞其過**③하여 **遂至滅亡**하고 **虞世基等**도 **尋亦誅死**라 **前事不遠**하니 **公等**은 **每看事有不利於人**이어든 **必須極言規諫**하라하다

② 臣下鉗口 : 鉗, 巨淹切.
鉗(다물게 하다)은 巨와 淹의 반절이다.
③ 卒令不聞其過 : 卒, 子聿切. 令, 平聲.
卒(마침내)은 子와 聿의 반절이다. 令(하여금)은 平聲이다.

貞觀 초기(626)에 일찍이 공경들에게 말하였다.
"사람이 자신을 비추려면 반드시 밝은 거울을 필요로 하고, 군주가 과오를 알려면 반드시 충신에게 의지해야 하오. 군주가 만약 스스로 잘난 체하고 신하가 바로잡아주지 않는다면 위태롭고 실패하지 않으려 해도 어찌 가능하겠소. 그래서 군주가 국가를 잃으면 신하 또한 혼자 자신의 집안을 보전할 수 없소. 隋나라 煬帝가 포학할 때에는 신하들이 입을 다물어서 결국 자신의 과오를 듣지 못하게 되어 마침내 멸망에 이르렀고 虞世基 등도 곧이어 죽임을 당했소. 지난 일이 오래되지 않았으니 공들은 늘 백성들에게 이롭지 않은 일을 볼 때마다 반드시 극구 간언하시오."

**【集論】**

愚按 太宗之求諫이 可謂切矣요 而其納諫도 亦可以爲難矣라 非惟能容人之諫이라 又導人而使之諫이요 非惟不怒人之諫이라 又賞人而使之諫이라 故一時之臣이 非特大臣能諫이라 小臣如皇甫德參[1]도 無不諫也요 非特內臣能諫이라 外臣如李大亮[2]도 無不諫也며 非特文臣能諫이라 武臣如尉遲敬德[3]도 亦無不諫也며 非特廷臣能諫이라 宮妾如充容[4]徐惠[5]도

---

1) 皇甫德參 : 貞觀 초기에 中牟縣丞을 역임한 말단 관리이다. 唐 太宗이 洛陽宮을 건립하기 위해 수만 명을 동원하려 하자, 이를 적극 만류하는 상소를 올렸다. 이 일로 太宗으로부터 미움을 받아 처벌의 위기에 몰렸으나 정직한 신하의 간언이라는 魏徵의 건의를 받아들여 풀려났다. ≪新唐書 魏徵列傳≫
2) 李大亮 : 586~644. 京兆 涇陽 출신이다. 唐나라의 개국공신으로, 唐나라 초기에 정국을 안정시키는 데 지대한 공헌을 했다. 唐 太宗이 고구려를 정벌할 땐 長安에 주둔하여 房玄齡을 돕도록 했으며, 그가 세상을 떠나자 당 태종이 통곡해 마지않았다. ≪舊唐書 李大亮列傳≫
3) 尉遲敬德 : 585~658. 이름은 恭, 敬德은 字이다. 唐나라의 명장으로 右武候大將軍을 역임하

亦無不諫也라 賢臣而能諫은 固也나 佞臣如裴矩[6]도 亦諫焉하고 中國之臣이 能諫은 固也나 夷狄之臣如契苾何力[7]도 亦諫焉하니 蓋自三代而下로 求諫之誠과 納諫之美가 未能或之先也라 觀其貞觀之初하면 自以威容儼肅이라 故嘗假人以顏色하고 深鑑煬帝滅亡이라 故嘗求人使諫諍하다 夫能鑑隋之亡하니 則內有樂諫之實하고 假人以色하니 則外無拒諫之容이라 故能化及一時하여 大小咸諫하니 雖古昔謗木諫旌[8]之盛도 無以加焉이니 蓋由初年二者가 實有以感召之也라 史臣이 置此於求諫之首는 其有深意哉인저

내가 살펴보건대, 太宗이 간언을 구하는 태도는 절실하다고 할 수 있고 간언을 받아들이는 태도 또한 어려운 것이라 할 수 있다. 사람들의 간언을 받아들일 뿐만 아니라 또 그들을 유도해서 간언하도록 하고, 사람들의 간언에 노여워하지 않을 뿐만 아니라 또 그들에게 상을 주어 간언하도록 하였다.

그래서 당시 신하들은 대신만 간언을 할 뿐만 아니라 皇甫德參 같은 小臣도 모두 간언을 하고, 내직의 신하만 간언을 할 뿐만 아니라 李大亮 같은 외직의 신하도 모두 간언을 하고, 문신만 간언을 할 뿐만 아니라 尉遲敬德 같은 무신도 모두 간언을 하고, 조정의 신하만 간언을 할 뿐만 아니라 充容 徐惠 같은 후궁도 모두 간언을 하였다. 어진 신하가 간언을 하는 것은 당연하지만 裴矩 같이 아첨하는 신하도 간언을 하였고, 중국의 신하가 간언을 하는 것은 당연하지만 契苾何力 같은 오랑캐 신하도 간언을 했으니, 三代 이후로 간언을 구하는 정성과 간언을 받아들이는 미덕이 아마 이

---

고 鄂國公에 책봉됐다. 凌煙閣 24공신 가운데 한 사람이다.

4) 充容 : 唐宋시대 후궁의 명칭이다. 제12의 지위로 재상과 동급이며 九嬪에 속한다. 九嬪은 順儀・順容・順華・修儀・修容・修華・充儀・充容・充華이다.

5) 徐惠 : 627~650. 唐 太宗의 妃嬪이다. 貞觀 말기에 당 태종이 곧잘 정벌에 나서고 궁궐 확장에 힘을 쏟는 것을 보고 그 폐해를 지적하자 태종에게 바른말을 한다는 호평과 함께 후한 상을 받았다. 태종이 죽자 식음을 전폐한 채 24세의 나이로 세상을 떠났다. ≪新唐書 后妃列傳 上≫

6) 裴矩 : 547~627. 字는 弘大이며 河東(山西) 聞喜 출신이다. 隋나라와 唐나라에서 모두 신임을 받아 높은 관직을 역임한 사람으로, 뛰어난 정치가이자 전략가이다. ≪舊唐書 裴矩列傳≫

7) 契苾何力 : ?~677. 본래 鐵勒族 契苾部 출신인데 뒤에 唐나라에 귀의하여 고구려 정벌에도 참여하는 등 명장으로 이름을 떨쳤다. ≪新唐書 契苾何力列傳≫

8) 謗木諫旌 : 誹謗木과 進善旌이다. 堯舜 시대에 정사의 잘잘못을 비판하기 위해 세운 나무와 기이다. ≪大戴禮記≫ 〈保傅〉에 "進善旍과 誹謗木이 있었다.〔有進善之旍 有誹謗之木〕"라고 하였고, 盧辯의 注에 "진선정은 堯임금이 설치하여 선행을 진어하려는 자를 그 기 아래에 서게 하였고, 비방목은 요임금이 설치하여 정무의 잘못을 기록하게 하였다.〔旍堯置之 令進善者立於旍下也 木堯置之 使書政之愆失也〕"라고 하였다.

보다 앞선 경우는 없을 것이다.

貞觀 초기의 모습을 살펴보면, 스스로 위용이 엄숙하다고 여겼기 때문에 일찍이 사람들에게 너그러운 얼굴로 대하고, 隋 煬帝의 멸망을 크게 거울로 삼았기 때문에 일찍이 사람들에게 간쟁하기를 구했다. 隋나라의 멸망을 거울로 삼았으니 마음속에 간언을 즐거워하는 진실이 있고, 사람들에게 너그러운 얼굴로 대하였으니 겉모습에 간언을 거부하는 태도가 없었다. 그리하여 교화가 그 시대에 미쳐서 크고 작은 신하들이 모두 간언을 했으니, 비록 옛날 誹謗木과 進善旌을 세우는 성대함도 이보다 더할 수 없을 것이다. 이는 初年의 두 가지(求諫과 納諫)가 실로 하늘을 감동시킨 결과일 것이다. 史臣이 이를 〈論求諫〉의 맨 앞에 배치한 것은 아마 깊은 뜻이 담겨 있을 것이다.

### 4-2-1

**貞觀元年**에 **太宗謂侍臣曰 正主任邪臣**이면 **不能致理**하고 **正臣事邪主**면 **亦不能致理**니 **惟君臣相遇**가 **有同魚水**라야 **則海內可安**하리니 **朕雖不明**이나 **幸諸公**이 **數**(삭)**相匡救**①하여 **冀憑直言鯁議**②하여 **致天下太平**하노라 **諫議大夫王珪對曰 臣聞 木從繩則正**이요 **后從諫則聖**③이라하니 **是故**로 **古者**에 **聖主必有爭臣七人**하여 **言而不用**이면 **則相繼以死**④니이다 **陛下開聖慮**하사 **納芻蕘**[9]하시면 **愚臣**이 **處不諱之朝**⑤하여 **實願罄其狂瞽**리이다 **太宗稱善**하고 **詔令自是宰相入內**⑥하여 **平章國計**어든 **必使諫官**⑦**隨入**하여 **預聞政事**하고 **有所開說**이면 **必虛己納之**⑧하다

① 數(삭)相匡救 : 數, 音朔.
數(자주)은 음이 朔이다.

② 冀憑直言鯁議 : 鯁, 音梗, 刺在喉也.
鯁은 음이 梗이니 목구멍에 가시가 걸린 것이다.

③ 木從繩則正 后從諫則聖 : 商書傅說告高宗之辭. 明諫之不可不受.
≪尙書≫ 〈商書 說命〉은 傅說이 高宗에게 아뢴 말이니, 간언을 받아들이지 않아서는 안 된다는 것을 밝혔다.

④ 必有爭臣七人……則相繼以死 : 爭, 讀曰諍. 孝經曰 "天子有爭臣七人, 雖無道, 不失其天下."
爭은 諍(간언하다)으로 읽는다. ≪孝經≫ 〈諫諍〉에서 "천자가 간언하는 신하 일곱 사람을

9) 芻蕘 : 섶을 채취하는 사람으로, 신분이 낮은 사람을 가리킨다.

두면 비록 無道해도 천하를 잃지는 않는다."라고 하였다.

⑤ 處不諱之朝 : 處, 上聲.

處(머무르다)는 上聲이다.

⑥ 詔令自是宰相入內 : 令, 平聲. 相, 去聲.

令(하여금)은 平聲이고, 相(재상)은 去聲이다.

⑦ 諫官 : 唐制, 諫官左・右散騎常侍四人, 掌規諷過失, 侍從顧問, 左・右諫議大夫八人, 掌諫諭得失, 侍從贊相, 左・右補闕十二人, 掌供奉諷諫, 大事廷議, 小事則上封事, 左・右拾遺十二人, 掌同補闕.

唐나라 제도에 의하면 간관인 左・右散騎常侍 4인은 잘못을 살펴 바로잡고 侍從하며 자문하는 일을 맡고, 左・右諫議大夫 8인은 잘잘못을 논하고 侍從하며 보좌하는 일을 맡고, 左・右補闕 12인은 간언을 받들어 올려 큰일은 조정에서 논하고 작은 일은 封事(봉한 上奏文)를 올리는 일을 맡고, 左・右拾遺 12인은 補闕과 같은 일을 맡는다.

⑧ 必虛已納之 : 按通鑑[10]日 "詔諫官隨中書門下同三品官[11]入閤[12]."

살펴보건대 ≪資治通鑑≫에 "조칙을 내리기를 '간관은 中書門下同三品官을 따라 入閤하라.'라고 했다." 하였다.

貞觀 원년(627)에 太宗이 근신에게 말하였다.

"바른 군주가 간사한 신하를 임용하면 잘 다스릴 수 없고, 바른 신하가 간사한 군주를 섬기면 역시 잘 다스릴 수 없으니, 임금과 신하가 서로 뜻이 맞는 것이 물고기가 물을 만난 것과 같아야 세상이 편안할 수 있소. 짐이 비록 현명하진 못하지만 부디 諸公들이 자주 바로잡아주고 구제해서 바른말과 강직한 논의에 의지하여 세상이 평안할 수 있도록 해주기를 바라오."

諫議大夫 王珪가 대답하였다.

"신이 들으니 '나무가 먹줄을 따르면 바르고, 군주가 간언을 따르면 성스럽다.'고 했습니다. 그래서 옛날 성스러운 군주는 반드시 간언하는 신하 일곱 사람을 두었는데, 간언을 해도 받아들여지지 않으면 연이어 목숨을 바쳤습니다. 폐하께서 마음을 여시어 낮은 이들의 간언까지 받아들이신다면, 우매한 신이 기탄없이 말할 수 있는 조정에 머물러서 실로 거침없고 몽매한 저의 정성을 다

---

10) 通鑑 : ≪資治通鑑≫ 권211 唐紀 27 玄宗 開元 2년에 보인다.

11) 中書門下同三品官 : 唐나라 초기에 제정한 관직명으로, 中書令, 侍中, 尙書左・右僕射를 가리킨다.

12) 入閤 : 唐나라 때 皇帝가 朔望日에 便殿에서 신하들을 접견하는 것을 이른다.

바치겠습니다."

태종이 훌륭하다고 칭찬하고, 조칙을 내려 지금부터 재상이 대궐에 들어와서 국가의 계책을 논할 때면 반드시 간관이 따라 들어와서 정책에 참여하여 듣도록 하고, 의견을 피력하면 반드시 마음을 비우고 받아들였다.

**【集論】**

孔氏甫曰 太宗之任諫官은 眞得其道라 夫天下之務는 至廣也요 軍國之機는 至要也니 雖明主聽斷하고 賢相謀議라도 思慮之失을 亦不能免이라 當君相論事之際에 使諫官預聞하여 得以開說하고 或有缺失에 從而正之하면 豈不美乎아 然大臣論事에 規正於人君之前하면 安有不從之議리오 玆亦制馭大臣하여 使之無過之術耳라 若以諫官小臣으로 不可預聞國謀하고 必衆知缺失이라야 方許諫正하면 事或已行而不可救하고 過或已彰而不可言이라 故剛直之臣이 有激訐不顧以爭之者하여 君從之면 猶掩其過어니와 或不從하면 則君之過와 大臣之罪가 愈大矣니 太宗任諫官은 可謂眞得其道라

孔甫가 말하였다.

"太宗이 간관을 임명한 일은 참으로 그 방법을 잘 터득한 것이다. 세상의 일은 너무나 광범위하고 軍國의 機務는 지극히 중요하니, 아무리 현명한 군주가 결단을 내리고 훌륭한 재상이 대책을 세운다 해도 생각의 실수를 또한 면할 수가 없다. 군주와 정승이 국사를 논할 때 간관이 참여하여 듣고서 의견을 개진하게 하고 혹은 흠결이 있을 때 이를 따라 바로잡도록 한다면 어찌 아름답지 않겠는가. 하지만 대신이 정사를 논할 때 임금 앞에서 바로잡는다면 어찌 따르지 않을 논의가 있겠는가. 이것은 또한 대신을 제어하여 과실이 없도록 하는 방법이다.

만일 간관을 小臣이라 하여 국사의 논의에 참여하지 못하게 하고, 반드시 많은 사람들이 흠결을 알고 나서야 비로소 간언을 통해 바로잡기를 허락한다면, 일이 이미 시행되어 구제할 수 없고 과실이 이미 드러나서 거론할 수 없게 된다. 그러므로 강직한 신하 중에 격렬하게 잘못을 들추어 눈치 보지 않고 간쟁을 하는 자가 있어 군주가 이를 따른다면 그나마 그 과오를 덮을 수 있지만, 혹 따르지 않는다면 군주의 과오와 대신의 죄가 더욱 크게 될 것이다. 태종이 간관을 임명한 것은 참으로 그 방법을 잘 터득한 것이라 할 만하다."

胡氏寅曰 有失에 輒許諫官諫止는 貞觀致治之本이라 凡有天下者가 皆可行이니 是爲王者師也라 雖然이나 諫官이 盡如魏徵褚遂良王珪之徒면 則上不慴人君威嚴하고 下不承大臣風旨하여 而言可聽矣어니와 苟徒有聽諫之名하고 而不擇忠直識治之士하면 則或訐或比하여 陰行其私하되 而人主不之覺하여 其弊有甚於不置諫官者라 故耳目之任[13]은 以得人爲要也라

胡寅이 말하였다.

"과실이 있을 때 항상 간관에게 간언하여 말리도록 허락한 것은 貞觀의 정치를 이룬 근본이다. 천하를 소유한 자가 모두 실행할 것이니, 이는 王者의 스승이 되는 것이다. 하지만 간관이 모두 魏徵·褚遂良·王珪 등과 같다면 위로는 군주의 위엄을 두려워하지 않고 아래로는 대신의 기풍에 아랑곳하지 않아 간언이 받아들여질 수 있겠지만 만일 그저 간언을 받아들인다는 허울만 있고, 정치를 아는 충직한 인물을 선택하지 않는다면 남의 잘못이나 들추고 패거리나 지어 사적인 일을 몰래 행하더라도 임금은 알아차리지 못해 그 폐해가 간관을 두지 않는 것보다도 심할 것이다. 따라서 간관의 직임은 인물을 얻는 것이 중요하다."

尹氏起莘曰 夫官以諫爲名은 所言必本於公이나 而宰相制天下事에 豈必盡能無失이리오 誠使諫官이 得隨事言之하면 則不待命令已行而後에 救之於末流矣라 雖然이나 諫官入閤은 或非大臣之所樂也니 必有英明之君이 體而行之라야 則貞觀之治를 可復見矣라

尹起莘이 말하였다.

"관직의 이름을 諫官이라 한 것은 그가 말한 것이 반드시 공정함에 근본을 두기 때문이다. 그러나 재상이 세상의 일을 다룸에 있어 어찌 전혀 실수가 없을 수 있겠는가. 가령 간관이 사항마다 의견을 낼 수 있다면 잘못된 명령이 시행되고 나서 막판에 시정되는 일이 발생하지 않을 것이다. 하지만 간관이 閤門으로 들어오는 것은 혹은 대신들이 반가워하는 일이 아니니, 반드시 영특하고 현명한 임금이 직접 체득해서 실천해야만 貞觀의 치적을 다시 볼 수 있을 것이다."

愚按 唐制入閤儀는 最爲後世美稱이니 蓋天子旣御紫宸殿[14]이라가 復移仗御便殿하고 百官

---

13) 耳目之任 : 임금의 귀와 눈 역할을 하는 신하를 이르는 말로, 간관을 가리킨다.

14) 紫宸殿 : 唐나라 궁전 이름이니, 천자가 거처하는 곳이다. 大明宮 안에 있어 여러 신하들과

隨入을 曰入閤이라 太宗用王珪言하여 詔諫官隨中書門下同三品入閤하니 夫君相一體는 固也나 而宰相入內에 必使諫官隨之하면 則君臣擧無過矣니 玆太宗所以致治之美歟인저 愚有望後世之君人也하노라

내가 살펴보건대, 唐나라 제도에서 入閤의 의식은 후세로부터 가장 큰 호평을 받는 것이니, 천자가 紫宸殿에 갔다가 다시 의장을 옮겨 便殿으로 가고 百官이 따라 들어오는 것을 入閤이라 한다. 太宗이 王珪의 건의를 받아들여 간관이 中書門下同三品을 따라 入閤하도록 조칙을 내렸으니, 임금과 재상이 한 몸이 되는 것은 당연한 것이지만, 재상이 大內에 들어올 때 반드시 간관을 뒤따르게 한다면 임금과 신하가 모두 과오를 범하는 일이 없을 것이니, 이것은 태종이 훌륭한 정치를 이룩한 미덕일 것이다. 내가 후세의 군주에게 바라는 것이다.

### 4-3-1

貞觀二年에 太宗謂侍臣曰 明主는 思短而益善하고 暗主는 護短而永愚라 隋煬帝가 好自矜誇①하고 護短拒諫하여 誠亦實難犯忤니 虞世基不敢直言은 或恐未爲深罪라 昔箕子佯狂自全이나 孔子亦稱其仁②이라 及煬帝被殺에 世基合同死否아

① 好自矜誇：好, 去聲.
好(좋아하다)는 去聲이다.

② 昔箕子佯狂自全 孔子亦稱其仁：箕, 國名. 子, 爵也. 紂之諸父. 見紂無道, 諫之, 紂囚之爲奴, 箕子因佯狂而受. 孔子曰"殷有三仁焉." 謂微子去之, 箕子爲之奴, 比干諫而死也.[15)]
箕는 나라 이름이고 子는 爵號이니, 紂王의 諸父(백부·숙부 항렬의 통칭)이다. 紂王의 무도한 짓을 보고 간언을 하자 주왕이 가두어 종으로 삼으니, 箕子가 그 때문에 거짓으로 미친 체하고 이를 받아들였다. 孔子가 "殷나라에 세 仁者가 있다."라고 했으니, 微子는 떠나가고 箕子는 종이 되고 比干은 간언하다 죽은 것을 말한다.

貞觀 2년(628)에 太宗이 근신에게 말하였다.
"현명한 군주는 자신의 단점을 인지하여 더욱 훌륭해지고, 어리석은 군주는 자신의 단점을 비호하여 영원히 우매해지오. 隋 煬帝는 스스로 과시하기를 좋아하며 자신의 단점을 비호하고 간언을 거부해서, 실로 대들며 저촉하

---

외국 사신을 접견하고 朝見과 慶賀를 하는 內朝 正殿이다.
15) 孔子曰……比干諫而死也：≪論語≫ 〈微子〉에 보인다.

기가 어려웠으니, 虞世基가 감히 직언을 못 한 것은 큰 죄가 되지 않을 듯하오. 옛날 箕子가 거짓으로 미친 척하여 스스로 몸을 온전하게 했지만 孔子가 또한 어질다고 평했소. 수 양제가 살해를 당했을 때 우세기도 함께 죽어야 했소?"

4-3-2

**杜如晦對曰 天子有諍臣**하면 **雖無道**나 **不失其天下**니이다 **仲尼稱 直哉**라 **史魚**여 **邦有道**에 **如矢**하고 **邦無道**에 **如矢**③라하니 **世基**가 **豈得以煬帝無道**하여 **不納諫諍**으로 **遂杜口無言**이리잇가 **偸安重位**하고 **又不能辭職請退**하니 **則與箕子佯狂而去**[16]로 **事理不同**이니이다 **昔晉惠帝**④와 **賈后**⑤가 **將廢愍懷太子**⑥할새 **司空張華**⑦가 **竟不能苦爭**하고 **阿意苟免**이러니 **及趙王倫**⑧[17]이 **擧兵廢后**하고 **遣使收華**⑨한대 **華曰 將廢太子日**에 **非是無言**이라 **當不被納用**⑩이라하니 **其使曰 公爲三公**하여 **太子無罪被廢**에 **言旣不從**하면 **何不引身而退**오하니 **華無辭以答**이요 **遂斬之**하여 **夷其三族**이니이다 **古人有云 危而不持**하고 **顚而不扶**면 **則將焉用彼相**⑪[18]이리오하니 **故君子**는 **臨大節而不可奪也**⑫[19]니이다 **張華**가 **旣抗直不能成節**하고 **遜言不足全身**하니 **王臣之節**이 **固已墜矣**요 **虞世基**가 **位居宰輔**하여 **在得言之地**로되 **竟無一言諫諍**하니 **誠亦合死**니이다

③ 仲尼稱……邦無道如矢 : 仲尼, 孔子字. 史, 官名. 魚, 衛大夫, 名鰌(추). 如矢, 言直也. 史魚自以不能進賢退不肖, 旣死, 猶以尸諫[20]. 事見家語.

---

16) 箕子佯狂而去 : 기자는 殷나라가 망해갈 때 머리를 풀어헤치고 거짓으로 미친 체하고 떠나갔다. ≪史記 宋世家≫

17) 趙王倫 : 趙王은 封號이고 倫은 이름이고 성은 司馬이다.

18) 危而不持……則將焉用彼相 : ≪論語≫ 〈季氏〉에 보인다.

19) 臨大節而不可奪也 : ≪論語≫ 〈泰伯〉에 "6尺의 어린 임금을 맡길 만하고, 100里 정도의 諸侯國의 命을 부탁할 만하며, 大節에 임해서 그 절개를 빼앗을 수 없다면, 君子다운 사람인가, 君子다운 사람이다.〔可以託六尺之孤 可以寄百里之命 臨大節而不可奪也 君子人與 君子人也〕"라고 하였다.

20) 尸諫 : ≪韓詩外傳≫ 권7에 다음과 같은 내용이 보인다. "衛나라 대부 史魚가 병이 들어 죽게 됐을 때 그 아들에게 '내가 곧잘 蘧伯玉은 훌륭한 사람이라 했으나 등용시키지 못했고 彌子瑕는 좋은 사람이 아니라고 했으나 퇴출시키지 못했다. 신하가 되어 살아 있을 때 현자를 등용했고 그렇지 못한 자를 물리치지 못했으니, 죽어서 正堂에서 상례를 거행하는 것은

仲尼는 孔子의 字이다. 史는 관직 이름이고 魚는 衛나라 大夫로 이름이 鰌이다. 如矢는 올곧은 것을 말한다. 史魚는 자신이 현자를 등용시키고 불초한 자를 물리치지 못했다고 하여 죽고 나서도 자신의 시신으로 간언을 표했다. ≪孔子家語≫ 〈困誓〉에 관련 내용이 보인다.

④ 晉惠帝：姓司馬, 名衷, 武帝次子也. 西晉昏庸之主.

〈晉 惠帝는〉 姓이 司馬이고 이름이 衷이니, 武帝의 둘째 아들이다. 西晉의 혼매하고 보잘것 없는 임금이다.

⑤ 賈后：惠帝之后, 後爲趙王倫所廢, 矯詔賜死.

〈賈后는〉 晉나라 惠帝의 황후이니 뒤에 趙王 司馬倫에게 폐위되고 거짓 조칙으로 賜死되었다.

⑥ 愍懷太子：名遹, 惠帝太子, 爲賈后所殺. 趙王倫後諡曰愍懷.

〈愍懷太子는〉 이름이 遹이고 惠帝의 태자였으나 賈后에게 살해당했다. 趙王 司馬倫이 뒤에 愍懷라는 시호를 지어주었다.

⑦ 司空張華：司空, 三公之官. 張華, 字茂先, 范陽人也. 惠帝時爲丞相.

司空은 三公에 해당하는 관직이다. 張華는 字가 茂先이고 范陽 사람이다. 惠帝 때의 승상이다.

⑧ 趙王倫：字子彝, 晉宣帝第九子. 後以簒逆誅死.

〈趙王 倫은〉 字가 子彝이고 晉나라 宣帝의 아홉째 아들이다. 뒤에 찬탈과 반역으로 죽임을 당했다.

⑨ 遣使收華：使, 去聲, 後同.

使(사신)는 去聲이다. 뒤에도 같다.

⑩ 當不被納用：當, 去聲, 後同.

當(당하다)은 去聲이다. 뒤에도 같다.

⑪ 則將焉用彼相：焉, 於虔切. 相, 去聲.

焉(어찌)은 於와 虔의 반절이다. 相(보조자)은 去聲이다.

⑫ 危而不持……臨大節而不可奪也：皆論語之辭.

이는 모두 ≪論語≫의 내용이다.

杜如晦가 대답하였다.

"천자가 간쟁하는 신하를 두면 비록 無道해도 천하를 잃지는 않습니다. 仲尼가 '올곧도다, 史魚여! 나라에 道가 있을 때도 화살처럼 곧고 나라에 도가 없

---

합당하지 않으므로, 室에 빈소를 마련하는 것만으로 충분하다.'라고 했다. 衛나라 임금이 그 까닭을 물었고, 그 아들이 아버지 말을 전하자, 衛나라 임금이 바로 거백옥을 불러들여 귀하게 대접하고 미자하를 퇴출시킨 뒤, 正堂에 빈소를 마련하고 정상적인 상례를 거행하여 떠나보냈다."

을 때도 화살처럼 곧다.'라고 했으니, 虞世基는 어찌 隋 煬帝가 무도하여 간언을 받아들이지 않는다고 해서 마침내 입을 다문 채 아무 말이 없어서야 되겠습니까. 안일을 탐내고 지위를 굳건히 하며 또 직책을 사양하여 물러날 것을 청하지도 않았으니, 箕子가 거짓으로 미친 체 하고 떠난 것과는 그 事理가 다릅니다.

옛날 晉나라 惠帝와 賈后가 愍懷太子를 폐위시키려 할 때 司空 張華가 끝내 애써 간쟁하지 않고 굽실거리며 구차스럽게 모면하였습니다. 趙王 司馬倫이 군사를 일으켜 가후를 폐위시키고 사람을 보내 장화를 잡아오도록 하였는데, 장화가 '태자를 폐위시키려 할 때 하고 싶은 말이 없었던 것이 아니라 그때는 받아들여지지 않을 상황이었다.'라고 변명하자, 그를 잡으러 간 사람이 '공이 三公의 신분으로서 태자가 죄 없이 폐위를 당할 때 간언이 받아들여지지 않을 상황이었다면 왜 몸을 이끌고 물러나지 않았습니까.'라고 하니, 장화가 대꾸할 말이 없었고, 결국 참수되어 삼족이 죽임을 당했습니다.

옛사람이 말하기를 '위태로운데 잡아주지 않고 엎어지는데 부축해주지 않는다면 저 보조자를 어디에 쓰겠는가.'라고 했습니다. 그래서 군자는 큰일에 임해서 그의 절개를 빼앗을 수 없는 것입니다. 장화는 올곧게 대항하여 절의를 완성하지도 못하고, 고분고분하게 말하여 몸을 온전히 하지도 못했으니, 실로 신하로서의 절의가 이미 실추된 것입니다. 우세기가 재상의 자리를 차지하여 말을 할 수 있는 처지에 있으면서도 끝내 한 마디도 간쟁함이 없었으니 참으로 죽어 마땅합니다."

4-3-3

太宗曰 公言이 是也로다 人君은 必須忠良輔弼이라야 乃得身安國寧이어늘 煬帝는 豈不以下無忠臣하여 身不聞過하여 惡積禍盈하여 滅亡斯及가 若人主所行不當이로되 臣下又無匡諫하고 苟在阿順하여 事皆稱美하면 則君爲暗主하고 臣爲諛臣하리니 君暗臣諛면 危亡不遠이라 朕은 今志在君臣上下가 各盡至公하여 共相切磋하여 以成理道하니 公等은 各宜務盡忠讜하여 匡救朕惡하라 終不以直言忤意로 輒相責怒하리라

太宗이 말하였다.

"공의 말이 옳소. 임금은 반드시 충직하고 현명한 신하의 보필이 있어야만 자신이 편안하고 국가가 편안할 수 있소.

그런데 隋 煬帝는 어찌 아래에 충신이 없어 자신의 과실을 지적하는 말을 듣지 못하였기 때문에 악이 쌓이고 재앙이 넘쳐 멸망이 바로 닥친 것이 아니겠소. 만일 임금이 행하는 것이 합당하지 않은데 신하 또한 이를 바로잡지는 않고 구차하게 비위를 맞추고 순종하여 하는 일마다 훌륭하다고만 치켜세우면, 임금은 어두운 임금이 되고 신하는 아첨하는 신하가 될 것이니, 임금은 어둡고 신하는 아첨하면 위기와 멸망이 멀지 않을 것이오.

지금 짐의 뜻은 임금과 신하, 위와 아래가 각자 지극히 공평한 마음을 힘껏 발휘하여 서로 절차탁마해서 다스리는 도리를 완성하는 데에 있으니, 공들은 각자 최선을 다해 충직한 말로 짐의 잘못을 바로잡도록 하시오. 나는 결코 올곧은 말이 나의 비위에 거슬린다고 해서 바로 꾸짖거나 노여워하지 않을 것이오."

【集論】

愚按 太宗之問은 歸咎於君하고 如晦之對는 歸罪於臣하니 可謂兩得其道矣라 蓋君知所以歸咎於君이면 則爲君也에 必能盡君之道하고 臣知所以歸咎於臣하면 則爲臣也에 必能盡臣之道矣니 太宗이 君臣辭令之間에 豈非兩得其道哉아 然太宗이 因是而求言於臣하여 謂終不以直言忤意로 輒相責怒라하니 可謂尤賢也已로다 況斯時也에 正年穀豐熟하여 百姓樂生하고 邇安內肅하여 上恬下熙라 太宗이 方以行帝王道有旣效之語[21)]하니 固宜望侍臣以匡救之益也라 制治于未亂하고 保邦于未危는 此古先哲王處治安之大猷也니 太宗有焉이라

내가 살펴보건대, 太宗의 물음은 임금에게 그 책임을 돌렸고 杜如晦의 대답은 신하

21) 太宗 方以行帝王道有旣效之語 : 唐 太宗이 처음 나라를 다스릴 계책을 세울 때에 여러 신하와 의논하였는데, 魏徵은 仁義로, 封德彝는 刑法으로 다스리기를 주장하였다. 태종이 위징의 말대로 인의로써 정치를 하여 천하가 태평하게 되었는데, 봉덕이는 이미 죽고 없었다. 이에 태종은 말하기를 "이는 위징이 일찍이 나에게 인의를 행하라고 권하여 이미 효과가 나타난 것이다. 봉덕이가 이미 죽어서 그로 하여금 이것을 보게 하지 못하는 것이 애석하도다."라고 하였다. ≪新唐書 권97 魏徵列傳≫

에게 책임을 돌렸으니, 둘 다 그 도리를 얻었다 할 만하다. 임금이 임금에게 책임을 돌릴 줄을 안다면 임금 노릇을 할 때 반드시 임금의 도리를 다하게 되고, 신하가 신하에게 책임을 돌릴 줄을 안다면 신하 노릇을 할 때 반드시 신하의 도리를 다하게 되니, 태종은 임금과 신하가 말을 주고받는 즈음에 둘 다 그 도리를 얻은 것이 아니겠는가. 그런데 태종이 이를 통해 신하에게 간언을 요구하여 '끝내 올곧은 말이 나의 비위에 거슬린다고 해서 바로 꾸짖거나 노여워하지 않겠다.'고 했으니, 더욱더 훌륭하다 하겠다.

더구나 이때에 마침 풍년이 들어 백성이 삶을 즐기고 가까운 지역 사람들이 편안하고 경내가 다스려져 윗사람은 안정되고 아랫사람은 윤택했다. 태종이 바야흐로 제왕의 도를 시행하여 이미 효험을 봤다는 말을 하였으니 참으로 근신에게 자신의 잘못을 바로잡아주는 유익함을 기대한 것이 마땅하다. 혼란이 오기 전에 다스림을 정비하고, 위기가 오기 전에 나라를 보전하는 것은 옛 훌륭한 왕들이 국가의 안녕을 정착시키는 큰 계책인데, 태종에게 이러한 점이 있었다.

### 4-4-1

**貞觀三年**에 **太宗謂司空裴寂**①**曰 比有**②**上書奏事**가 **條數甚多**하여 **朕總黏之屋壁**하고 **出入觀省**③하니 **所以孜孜不倦者**는 **欲盡臣下之情**이라 **每一思政理**에 **或三更方寢**④하니 **亦望公輩用心不倦**하여 **以副朕懷也**로다

① 裴寂 : 字玄眞, 蒲州人. 仕隋爲晉陽宮副監. 秦王方建大計, 未敢白高祖, 以寂最善, 遂以情告之, 寂乃以宮人私侍高祖脅從之. 武德初, 拜僕射, 呼裴監, 不名. 貞觀初, 進拜司空, 後坐罪放靜州. 會羌反, 或言寂爲主, 旣而寂率家僮破羌. 帝念寂, 詔入朝會. 卒, 封河東公.
〈裴寂〉은 字가 玄眞이고 蒲州 사람이다. 隋나라에 벼슬하여 晉陽宮副監을 역임했다. 秦王(李世民)이 큰 계책을 세우려 할 때 高祖(李淵)에게 감히 아뢰지 못하고 배적이 고조와 가장 친하다는 이유로 사실을 이야기하자, 배적이 晉陽宮人에게 사적으로 고조를 모시게 하고 이것으로 고조를 위협하여 진왕의 계책을 따르게 했다. 武德(418~626) 초기에 僕射에 임명됐는데 裴監이라 호칭하고 이름을 부르지 않았다. 貞觀 초기에 司空에 승진 임명되었는데, 뒤에 범죄에 연루되어 靜州로 추방되었다. 그때 羌이 반란을 일으켜 배적이 주도했다는 말이 돌았는데, 얼마 뒤에 배적이 집안에 딸린 무리들을 이끌고 羌을 격파했다. 太宗이 배적을 생각하여 조칙을 내려 조회에 들어오도록 했다. 세상을 떠난 뒤 河東公에 봉해졌다.

② 比有 : 比, 音鼻.

比(근래)는 음이 鼻이다.

③ 出入觀省 : 省, 悉井切.

省(살피다)은 悉과 井의 반절이다.

④ 或三更方寢 : 更, 平聲.

更(밤 시각)은 平聲이다.

貞觀 3년(629)에 太宗이 司空 裴寂에게 말하였다.

太宗이 上書를 벽에 붙이고 드나들며 살피다

"근래 국사를 논하는 上書에 조항들이 매우 많아서 짐이 벽에다 모두 붙여놓고 드나들 때마다 살펴보니, 이처럼 게으름 피우지 않고 열심히 하는 이유는 신하들의 마음을 남김없이 알기를 원해서요. 한번 정사에 대해서 생각할 때마다 3更이 되어서야 잠자리에 들기도 하니, 이 또한 공들이 마음을 쓰기를 게을리하지 않아서 짐의 마음에 부응해주기를 바라서요."

【集論】

愚按 成湯之聖은 昧爽丕顯하여 坐以待旦[22]하고 周公之聖은 思兼三王하여 夜以繼日[23]하니

---

22) 昧爽丕顯 坐以待旦 : ≪書經≫ 〈商書 太甲 上〉에 "先王께선 새벽에 크게 德을 밝히시어 앉아서 아침을 기다리시며, 빼어난 인물과 훌륭한 선비들을 사방에 구하여 후인들을 啓導하셨으니, 그 命을 무너뜨려 스스로 전복하지 마소서.〔先王昧爽丕顯 坐以待旦 旁求俊彦 啓迪後人 無越厥命以自覆〕"라고 하였다.

23) 思兼三王 夜以繼日 : ≪孟子≫ 〈離婁 下〉에 "周公은 세 王의 덕을 겸비하여 그들이 행한 네 가지 일을 시행할 것을 생각하시되, 부합하지 않는 것이 있으면, 우러러 생각하여 밤부터 낮까지 계속하였고, 다행히 터득하시면 그대로 앉아 날이 새기를 기다리셨다.〔周公思兼三王

**經綸萬化**가 **皆是心也**라 **聖哲猶爾**어든 **況賢王乎**아 **太宗**이 **每思政理**에 **或至三更**하여 **猶望群臣同心不倦**하니 **是心也**는 **坐以待旦之心乎**며 **夜以繼日之心乎**인저

내가 살펴보건대, 成湯 같은 聖人은 동이 트면 크게 덕을 밝혀 앉아서 아침을 기다렸고, 周公 같은 성인은 三王이 했던 것을 모두 겸하기를 생각하여 밤과 낮을 이어 쉬지 않았으니, 국가의 수많은 일을 경륜하는 것이 모두 이런 마음이었다. 성스럽고 명철하신 왕도 이러했거늘 현명한 제왕이야 말할 나위가 있겠는가. 太宗이 정사에 대해 생각을 할 때에 혹은 3경까지도 잠을 자지 않아 여러 신하들이 이에 동감을 하여 게으름 피우지 않기를 바랐으니, 이 마음은 〈속히 시행하고 싶어〉 앉아서 아침을 기다리는 마음이며, 〈하늘을 우러러 생각하기를〉 밤낮없이 하는 마음일 것이다.

4-5-1

**貞觀五年**에 **太宗謂房玄齡等曰 自古帝王**이 **多任情喜怒**하여 **喜則濫賞無功**하고 **怒則濫殺無罪**라 **是以**로 **天下喪亂**이 **莫不由此**라 **朕**이 **今夙夜未嘗不以此爲心**하여 **恒欲公等**이 **盡情極諫**하니 **公等**도 **亦須受人諫語**하라 **豈得以人言不同己意**로 **便卽護短不納**이리오 **若不能受諫**이면 **安能諫人**이리오

貞觀 5년(631)에 太宗이 房玄齡 등에게 말하였다.

"예로부터 제왕들이 자기감정에 따라 기뻐하거나 노여워한 경우가 많아서 기쁠 때는 공이 없는 사람에게도 함부로 상을 내리고, 노여울 때는 죄가 없는 사람도 함부로 죽였소. 따라서 천하가 쇠퇴하고 혼란스러워진 것이 여기에서 비롯되지 않은 적이 없소. 짐이 지금 이른 아침부터 밤늦게까지 여기에 마음을 두지 않은 적이 없어, 언제나 공들이 마음을 다해 간언하기를 바라니, 공들 또한 다른 사람의 간언을 받아들이도록 하시오. 어찌 다른 사람의 말이 자신의 의견과 다르다고 하여 바로 자신의 단점을 비호하고 받아들이지 않아서야 되겠소. 만일 다른 사람의 간언을 받아들이지 않는다면 어떻게 다른 사람에게 간언을 할 수 있겠소."

---

以施四事 其有不合者 仰而思之 夜以繼日 幸而得之 坐以待旦)"라고 하였다.

【集論】

胡氏寅曰 太宗이 俾大臣受諫은 蓋欲大臣知諫之難受와 欲之難違하여 以明己之不易라 然其言則善矣니 非惟責其臣以諫君이라 又訓其臣以正己니 切磋之義也라 三代人君은 必有師友나 後世엔 師難其人하니 得端良正直之士하여 使講論經訓하고 規箴闕失을 如三益之友[24]하면 則亦可以成德而寡過라 太宗이 勉此不怠하니 其致昇平之治가 宜哉라

胡寅이 말하였다.

"太宗이 대신들에게 다른 사람의 간언을 받아들이라고 한 것은 대신들이 간언을 받아들이기 어렵다는 것과 하고 싶은 것을 거부하기 어렵다는 사실을 알아 자신이 간언을 받아들이는 것이 쉽지 않다는 것을 밝히려 한 것이다. 하지만 그 말은 훌륭하니, 임금에게 간언하도록 신하에게 요구한 것일 뿐만 아니라 또 자기 자신을 바로잡도록 신하에게 가르친 것이니, 절차탁마의 의의가 있다.

三代의 임금은 반드시 스승과 벗이 있었는데, 후세에는 제대로 된 스승을 만나기가 어려우니, 단정하고 진실하고 정직한 인물을 얻어 그에게 경전의 가르침을 강론하도록 하고 잘못을 바로잡아주는 것을 세 가지 유익한 벗처럼 한다면 또한 덕을 완성하고 과오를 줄일 수 있을 것이다. 태종은 이에 힘쓰고 게을리하지 않았으니, 태평한 정치를 이룩한 것이 당연하다."

愚按 太宗之納諫은 眞三代以下之所無有也라 己能納諫도 可以爲賢矣어늘 而又勸其臣하여 使受人之諫하니 可不謂尤賢乎哉아 且其言曰 不能受諫이면 安能諫人이리오하니 至哉라 言乎여 蓋必己能遷善而後에 能告其君以善하고 己能改過而後에 能正其君之過라 是故로 曹參이 成淸靜之治는 資蓋(합)公之一言[25]이요 仁傑이 成中興之功은 賴行沖之藥石[26]이라 傳

---

24) 三益之友 : 유익한 세 가지 유형의 친구를 말한다. ≪論語≫ 〈季氏〉에 "유익한 친구가 셋이니……정직한 친구, 성실한 친구, 견문이 넓은 친구이다.〔友直 友諒 友多聞〕"라고 하였다.

25) 資蓋(합)公之一言 : ≪漢書≫ 〈曹參列傳〉에 "曹參이 膠西에 黃老學을 하는 蓋公이 있다는 말을 듣고 후한 예물을 보내 초대했다. 초대에 응한 합공이 '정치하는 방도는 淸靜하여 백성들이 저절로 안정되는 것을 중시한다.'라고 하며 관련된 이야기를 들려주자, 조참은 正堂을 비워 합공을 모셨다. 조참이 황로의 방식을 잘 활용하여 齊나라의 재상이 된 지 9년 만에 齊나라가 매우 안정되었고 훌륭한 재상이라는 큰 호평을 들었다."라고 하였다.

26) 賴行沖之藥石 : ≪新唐書≫ 〈儒學傳 下 元行沖〉에 다음과 같이 말하였다. 元行沖이 狄仁傑에게 "아랫사람이 윗사람을 섬기는 것은 비유하자면 부잣집에 온갖 먹을 것을 비축하여 음식을 공급하고, 온갖 약초를 마련하여 질병을 막는 것과 같습니다. 문하에게는 맛있는 음식이

曰 惟善人이라야 能受直言이라하니 己不能受人之直言하고 而望其直言於主면 不亦難乎아

내가 살펴보건대, 太宗이 간언을 받아들인 것은 참으로 三代(夏·殷·周) 이후에 볼 수 없던 것이다. 자신이 간언을 받아들인 것만으로도 훌륭하다고 할 수 있는데, 또 신하에게 다른 사람들의 간언을 받아들이라고 권유하였으니, 더욱 훌륭하다고 하지 않을 수 있겠는가. 또 태종이 "간언을 받아들이지 않으면 어떻게 남에게 간언을 할 수 있는가."라고 했으니, 그 말이 훌륭하다. 반드시 자신이 선으로 돌아가고 나서 그 임금에게 선을 고할 수 있으며, 자신이 과오를 고치고 나서 그 임금의 과오를 바로잡을 수 있는 것이다. 이 때문에 曹參이 淸靜의 정치를 완성한 것은 蓋公(합공)의 한 마디 말에 힘입은 것이고, 狄仁傑이 중흥의 공을 이룩한 것은 元行沖의 藥石 같은 말에 힘입은 것이다. 傳에 "선한 사람이라야 바른말을 받아들일 수 있다."고 했으니, 자신은 다른 사람의 직언을 받아들이지 않으면서 군주에게 직언하는 것을 바란다면 또한 어렵지 않겠는가.

4-6-1

貞觀六年에 太宗이 以御史大夫①韋挺②과 中書侍郞③杜正倫④[27]과 秘書少監⑤虞世南과 著作郞⑥姚思廉⑦等이 上封事稱旨⑧로 召而謂曰 朕이 歷觀自古人臣立忠之事하니 若値明主하면 便宜盡誠規諫이나 至如龍逄(방)比干⑨하여는 不免孥戮⑩하니 爲君不易(이)⑪요 爲臣極難[28]이로다 朕이 又聞 龍可擾而馴⑫이나 然喉下有逆鱗이라하니 卿等은 遂不避犯觸하여 各進封事를 常能如此하니 朕이 豈慮宗社之傾敗리오 每思卿

---

가득하니, 소인이 하나의 藥石이 되기를 원합니다." 하니, 적인걸이 "자네는 바로 내 藥籠 안의 물건이니, 하루도 없어서는 안 된다."라고 하였다. 藥籠은 약을 담아두는 조롱으로, 인재를 비축해두는 곳을 뜻한다.

27) 杜正倫 : 당시 太子 李承乾이 발에 난 병으로 조회에 참여하지 않고 하찮은 사람들과 어울렸다. 太宗이 杜正倫에게 "내 아이가 병이 든 것은 그럴 수 있소. 하지만 훌륭하다는 명성이 들리지 않고 사적으로 어울리는 무리들은 대부분 소인들이니 경이 잘 살피도록 하시오. 잘 인도하는데도 듣지 않으면 반드시 내게 보고하도록 하시오."라고 하였다. 두정륜이 태자에게 자주 간언을 했으나 듣지 않자 태종의 말을 그대로 전했다. 이승건이 항의의 表文을 통해 이 사실을 上奏하자, 태종이 두정륜을 불러 "왜 내 말을 누설했소?"라고 하니, 두정륜이 "개도해도 듣지 않아 폐하의 말씀으로 겁을 주려 했습니다."라고 하니, 태종이 노하여 同州刺史로 내보냈다. 뒤에 中書令이 되었다. ≪舊唐書 杜正倫列傳≫

28) 爲君不易 爲臣極難 : ≪論語≫ 〈子路〉에 "임금 노릇 하기 어려우며 신하 노릇 하기 쉽지 않다.〔爲君難 爲臣不易〕"라고 하였다.

**等此意**하여 **不能暫忘**이라 **故設宴爲樂**(락)⑬이라하고 **仍賜絹有差**하다

① 御史大夫 : 唐制, 以掌刑法典章, 糾正百官之罪惡, 御史臺之長也.
〈御史大夫는〉 唐나라 제도에 의하면 刑法과 典章으로 百官의 잘못을 바로잡는 일을 관장한다. 御史臺의 長이다.

② 韋挺 : 京兆人. 少與隱太子善, 後爲太子宮臣. 武德七年, 或言太子與宮臣謀逆, 帝專責宮臣, 遂流嶲(수)州. 貞觀初, 王珪數薦之, 拜御史大夫, 俄兼魏王府事, 復改太常卿. 帝討遼東, 命挺主餉料運, 渠塞不通, 挺以待凍泮, 帝怒, 廢爲民.
〈韋挺은〉 京兆 사람이다. 젊어 隱太子(李建成)와 가까워 뒤에 太子宮의 신하가 되었다. 武德 7년(624)에 태자가 태자궁의 신하들과 역모를 꾸민다는 이야기가 돌자 高祖가 오로지 태자궁의 신하들을 문책하여 마침내 嶲州로 유배되었다. 貞觀 초기에 王珪가 몇 차례에 걸쳐 추천하여 御史大夫에 임명되고 그 뒤에 魏王府事를 겸하였다가 다시 太常卿으로 바뀌었다. 太宗이 遼東을 정벌할 때 위정에게 군량의 운반을 맡게 했는데, 물길이 막혀 통행할 수가 없어서 위정이 얼음이 풀리기를 기다리니, 태종이 노하여 그를 폐위시켜 평민으로 만들었다.

③ 中書侍郎 : 唐制, 貳令之職也, 朝廷大政參議焉. 臨軒[29]冊命, 則爲使以授之, 四夷來朝, 則受其表疏而奏之, 獻贄幣, 則受以付有司.
〈中書侍郎은〉 唐나라 제도에 의하면 中書令의 副官職이며 조정의 큰 정사에 참여하여 의논했다. 임금이 臨軒하여 冊名을 내릴 때면 전달자가 되어 전해주었고, 사방의 이민족이 찾아와 조회할 때면 상소문을 받아 상주하였고, 예물을 올릴 때면 이를 받아 담당자에게 주었다.

④ 杜正倫 : 相州人, 隋世擧秀才. 貞觀初, 魏徵薦之, 擢兵部員外郎, 遷知起居注, 累進中書侍郎. 後行左庶子漏泄, 帝怒, 太子廢坐流驩州. 顯慶初, 遷中書令, 出爲橫州刺史, 卒.
〈杜正倫은〉 相州 사람이며 隋나라 때 秀才로 천거되었다. 貞觀 초기에 魏徵이 추천하여 兵部員外郎에 발탁되고 옮겨서 起居注를 맡았으며 여러 번 승진하여 中書侍郎이 되었다. 뒤에 左庶子를 겸직하였다. 〈太子 李承乾이 덕망을 잃자, 太宗이 조용히 두정륜에게 "내 아들이 어진 이를 멀리하고 소인을 가까이하니, 경이 잘 살펴보라."라고 당부하였다. 두정륜이 누차 간하여도 태자가 듣지 않자, 태종이 했던 말을 그대로 태자에게 고해주었다. 태자가 곧 항의하는 表文을 올리니, 두정륜이〉 기밀을 누설했다 하여 태종이 노하여 태자는 폐위되고 두정륜은 金帶를 받는 것에 연좌되어 驩州로 유배되었다. 顯慶(656~660) 초기에 中書令으로 옮기고 橫州刺史로 나갔다가 그곳에서 세상을 떠났다.

⑤ 秘書少監 : 少, 去聲. 唐制, 秘書監之貳職也.
少(낮다)는 去聲이다. 〈秘書少監은〉 唐나라 제도에 의하면 秘書監의 副官이다.

⑥ 著作郎 : 唐制, 秘書省屬官也. 掌修撰碑志・祝文・祭文, 與佐郎分判局事.

---

29) 臨軒 : 皇帝가 正殿에 앉아 있지 않고 殿閣 앞부분의 난간에 있는 것을 말한다.

〈著作郞은〉 唐나라 제도에 의하면 秘書省에 소속된 관직이다. 碑志·祝文·祭文을 짓고 佐郎과 비서성의 일을 나누어 맡는 일을 관장한다.

⑦ 姚思廉 : 名簡, 以字行, 京兆人. 仕隋爲河間郡司法, 遷代王侍郎. 高祖定京師, 府僚皆奔, 獨思廉侍王, 帝義之, 授秦王府文學. 王卽位, 改弘文館學士, 遷著作郎.

〈姚思廉은〉 이름이 簡인데 字로 통용되며 京兆 사람이다. 隋나라에 벼슬하여 河間郡司法이 되었다가 代王 侍郎으로 옮겼다. 高祖가 서울을 평정할 때 관청의 관료들이 모두 달아났으나 요사렴만 홀로 代王을 모시고 있자, 고조가 정의롭다고 하여 秦王府文學에 임명했다. 秦王(唐 太宗)이 즉위하여 弘文館學士로 바꾸고 著作郎으로 옮겼다.

⑧ 上封事稱旨 : 稱, 去聲.

稱(알맞다)은 去聲이다.

⑨ 龍逄(방)比干 : 龍逄, 桀之賢臣. 比干, 紂之賢臣. 皆以忠諫見殺.

龍逄은 桀王의 賢臣이고 比干은 紂王의 현신인데, 모두 충직한 간언으로 죽임을 당하였다.

⑩ 孥戮 : 一作仇戮. 孥, 子也. 戮, 殺也. 謂倂妻子而戮之也.

어떤 본에는 '仇戮'으로 되어 있다. 孥는 자식이고 戮은 죽임이니, 처자를 함께 죽이는 것을 말한다.

⑪ 爲君不易(이) : 以豉切.

〈易(쉽다)는〉 以와 豉의 반절이다.

⑫ 又聞龍可擾而馴 : 音循.

〈馴(길들이다)은〉 음이 循이다.

⑬ 故設宴爲樂(락) : 音洛.

〈樂(즐겁다)은〉 음이 洛이다.

貞觀 6년(632)에 太宗이 御史大夫 韋挺, 中書侍郎 杜正倫, 秘書少監 虞世南, 著作郎 姚思廉 등이 올린 封事가 자신의 뜻에 부합한다고 하여 그들을 불러 말하였다.

"짐이 예로부터 신하들이 忠節을 세운 일을 일일이 살펴보았소. 현명한 군주를 만나면 이내 정성을 다해 간언하여 잘못을 바로잡았으나 龍逄과 比干의 경우는 처자가 함께 죽임을 당하는 것을 면하지 못했으니, 임금 노릇 하는 것이 쉽지 않고 신하 노릇 하는 것이 참으로 어렵소. 짐이 들으니 용은 조종해서 길들일 수 있지만 목구멍 아래에 逆鱗이 있다고 했소. 그런데 경들이 마침내 대들며 저촉하는 것을 회피하지 않고 언제나 이와 같이 각각 봉사를 올리니, 짐이 어찌 宗廟社稷이 기울고 망할까 염려하겠소. 경들의 이런 마음을 생각할 때마다 잠시도 잊을 수가 없으므로 연회를 베풀어 즐기려 하오."

이어서 차등을 두어 비단을 하사했다.

**【集論】**

唐氏仲友曰 此는 太宗見諫者悅而從之之一事也라 有功見知猶悅이어늘 況諫諍而見知乎아 設宴賜帛은 謂思至意라 故擧酒相樂에 具有鹿鳴[30]燕忠臣嘉賓之意하니 亦太宗行王道之一端也라

唐仲友가 말하였다.

"이것은 太宗이 간언한 자를 보고 기뻐하여 따랐던 일 중에 하나이다. 공을 세웠을 때 알아주는 것만으로도 기쁜 일인데 하물며 간언을 했을 때 알아주는 경우야 말할 나위가 있겠는가. 잔치를 열고 비단을 하사한 것은 극진한 뜻이 담겨 있다고 할 것이다. 그래서 술자리를 열어 서로 기쁨을 나눈 데에는 ≪詩經≫ 〈鹿鳴〉의 충성하는 신하와 훌륭한 손님에게 연회를 베푼 뜻이 담겨 있으니, 또한 태종이 王道를 실행한 한 가지 일이다."

愚按 太宗以廷臣上封事稱旨로 設宴賜帛은 所以獎進激勸之道가 可謂至矣요 而且以觸鱗爲喩하여 使臣下知觸忤之必無罪하니 則將犯顔而進諫也라 且龍逄比干之誅는 事無道之君而然也니 以太宗之聰明英睿로 夫豈有是哉리오 而能以無道之君戮諫臣以爲戒하니 亦聖王兢懼之意歟인저

내가 살펴보건대, 太宗이 조정의 신하가 올린 封事가 자신의 뜻에 부합한다고 하여 연회를 열고 비단을 하사한 것은 장려하고 격려하는 방도가 극진하다 할 수 있으며, 또 逆鱗을 저촉한 것을 비유하여 신하들에게 저촉하고 거역해도 반드시 죄를 묻지 않는다는 사실을 알게 했으니, 장차 면전에서 대들며 간언을 올렸을 것이다. 그리고 龍逄과 比干이 죽임을 당한 것은 무도한 임금을 섬긴 데에 기인한 것이니, 총명과 예지가 있는 太宗이야 어찌 이러한 일이 있었겠는가. 무도한 임금이 간언한 신하를 죽인 것을 경계로 삼았으니, 또한 훌륭한 임금의 삼가는 마음이 담겨 있는 것이다.

30) 鹿鳴 : ≪詩經≫ 〈小雅〉의 편명으로, 임금이 신하를 위해 연회를 베풀 때 연주한 樂歌이다.

## 4-7-1

太常卿①韋挺이 嘗上疏陳得失한대 太宗賜書曰 所上意見은 極是讜言이요 辭理可觀하여 甚以爲慰라 昔齊境之難②에 夷吾有射(석)鉤之罪[31]하고 蒲城之役에 勃鞮爲斬袂之仇[32]로되 而小白不以爲疑하고 重耳待之若舊③하니 豈非各吠非主④요 志在無二아 卿之深誠을 見於斯矣니 若能克全此節이면 則永保令名이어니와 如其怠之면 可不惜也아 勉勵終始하여 垂範將來하여 當使後之視今을 亦猶今之視古하면 不亦美乎아 朕이 比不聞其過⑤하여 未覩其闕이러니 賴竭忠懇하여 數(삭)進嘉言⑥하여 用沃朕懷[33]하니 一何可道⑦아

① 太常卿：唐制, 掌禮樂·郊廟·社稷之事.
〈太常卿은〉 唐나라 제도에 의하면 禮樂, 郊廟, 社稷의 일을 관장하였다.

② 昔齊境之難：去聲.
〈難(혼란)은〉 去聲이다.

③ 蒲城之役……待之若舊：重, 平聲. 夷吾射鉤事, 見任賢篇注. 勃鞮, 晉寺(시)人披也. 重耳, 晉文公名. 晉獻公使勃鞮殺重耳, 重耳踰垣, 勃鞮遂斬其衣袪, 重耳奔狄. 後重耳歸晉, 卽位爲晉君. 懷公之黨欲弑之, 勃鞮欲以告, 求見解前罪, 文公使人讓之. 勃鞮曰 "臣不能以二心事君, 故得罪, 君已反國, 其無蒲·狄乎." 於是見之.
重(거듭)은 平聲이다. 管夷吾(管仲)가 화살로 帶鉤를 맞힌 일은 본서의 〈論任賢〉편 주석에 보인다. 勃鞮는 晉나라 寺人(환관) 披이다. 重耳는 晉 文公의 이름이다. 晉 獻公이 발제에게 重耳를 살해토록 했는데, 중이가 담장을 넘을 때 발제가 중이의 옷소매를 베었고 중이

---

31) 齊境之難 夷吾有射(석)鉤之罪：春秋시대에 齊나라 襄公이 昏亂에 빠지자 아우인 糾는 魯나라로 달아나서 管仲과 召忽을 스승으로 삼았고, 다른 아우인 小白은 莒로 달아나 鮑叔을 스승으로 삼았다. 제 양공이 죽자 규와 소백이 서둘러 齊나라로 돌아가고자 하였다. 이에 관중은 병사를 이끌고 가 莒의 도로를 차단하게 했는데, 이때 관중이 소백에게 활을 쏘았고 공교롭게 그의 帶鉤(허리띠 쇠)를 맞췄다. 거짓으로 죽은 체 한 소백은 결국 규보다 앞서 齊나라로 들어가 임금이 되었다. 《史記 齊太公世家》

32) 蒲城之役 勃鞮爲斬袂之仇：晉 獻公이 寺人 勃鞮(披라고도 함)를 시켜 公子 重耳(후일의 晉나라 文公)가 망명해 있는 蒲城을 치게 하였는데, 중이가 말하기를 "군부의 명령에 대항해서는 안 된다."라고 하고, 대중 앞에 선언하기를 "군부의 명령에 대항하는 자는 나의 원수이다."라고 하고는, 담장을 넘어서 도망칠 때 발제가 칼을 휘둘러 중이의 옷소매를 끊었고〔踰垣而走 披斬其袪〕, 중이는 그 길로 狄 땅으로 도망갔다. 그 뒤 중이가 본국 晉나라로 돌아와서는 발제를 죽이지 않고 도리어 그를 기용하였다. 《春秋左氏傳 僖公 24년》

33) 沃朕懷：啓는 연다는 뜻이고, 沃은 물을 대다는 뜻이다. 《書經》 〈商書 說命 上〉에 高宗이 傅說에게 명하며 "네 마음을 열어 내 마음에 퍼부어라.〔啓乃心 沃朕心〕"라고 하였다.

는 狄으로 도망갔다. 뒤에 중이가 晉나라로 돌아와 즉위하여 晉나라 임금이 되자, 懷公의 무리들이 그를 시해하고자 했다. 발제가 이 사실을 알리고 만나서 지난날의 잘못을 용서받고자 하였는데, 문공이 사람을 시켜 그를 꾸짖으니, 발제가 "신은 감히 두 가지 태도로 임금을 섬기지 않아 죄를 얻은 것입니다. 임금께서 이미 귀국하셨지만 蒲邑과 狄國에서처럼 고초를 겪을 일이 더 이상 없겠습니까."라고 하자, 결국 그를 만나주었다.

④ 豈非各吠非主 : 漢書 "桀犬吠堯, 堯非不仁, 特吠非其主耳."
≪漢書≫ 〈鄒陽列傳〉에 의하면 "桀王의 개가 堯임금을 보고 짖는 것은 요임금이 어질지 못해서가 아니라 단지 주인이 아닌 자를 보고 짖을 뿐이다."라고 했다.

⑤ 比不聞其過 : 比, 音鼻.
比(근래)는 음이 鼻이다.

⑥ 數(삭)進嘉言 : 數, 音朔.
數(자주)은 음이 朔이다.

⑦ 一何可道 : 舊本, 此與上章通爲一章, 今按不同, 分爲二章.
舊本에는 이 글이 윗장과 한 장으로 되어 있지만, 지금 살펴보니 내용이 같지 않아 두 장으로 나누었다.

太常卿 韋挺이 일찍이 疏를 올려 잘잘못에 대해 논하였는데, 太宗이 詔書를 내렸다.

"건의한 意見은 매우 올바른 말이고 논리가 훌륭해서 매우 위안이 되오. 옛날 齊나라 경내에서 난이 발생했을 때 夷吾(管仲)가 小白(齊 桓公)의 帶鉤(허리띠 쇠고리)를 맞히는 잘못을 범하였고, 蒲城의 싸움에 勃鞮가 重耳(晉 文公)의 옷소매를 벤 원수였음에도, 소백은 이오를 의심하지 않고 중이는 발제를 예전처럼 대우했으니, 이 어찌 주인이 아닌 자를 보고 개가 제각기 짖는 격이고, 두 임금을 섬기지 않는 데에 뜻을 둔 것이 아니겠소.

경의 깊은 정성을 여기에서 볼 수 있으니, 만일 이러한 절의를 온전히 한다면 훌륭한 명성을 영원히 보존할 것이지만, 만일 태만히 한다면 애석하지 않겠소. 시종일관 권면하여 후세에 모범을 보여, 후대에서 지금을 보기를 지금에서 옛날을 보는 것처럼 한다면 또한 아름답지 않겠소. 짐이 근래 짐의 과실을 듣지 못하여 짐의 흠을 발견하지 못하고 있었소. 간곡한 충심을 다하는 것에 힘입어 아름다운 말을 자주 올려 짐의 마음을 깨우쳐주니, 이 이상 무슨 말을 더 하겠소."

**【集論】**

愚按 太宗賜書韋挺은 示至公用人之道하여 而擧齊之管仲晉之勃鞮爲喩라 夫齊晉二伯(패)主가 置射鉤斬袪하여 而用二子하고 二子도 亦能盡忠於其君矣라 然嘗觀之컨대 懷公入國에 狐突之子毛及偃이 從重耳어늘 懷公命突召其子하니 狐突曰 子之能仕에 父教之忠하니 策名委質(지)어늘 貳하면 乃辟也니이다하고 狐突寧死로되 而毛偃事文公不二[34]하니 若以狐突之言律之하면 則管仲勃鞮가 又若之何而可哉리오

내가 살펴보건대, 太宗이 韋挺에게 내린 조칙은 아주 공평하게 사람을 등용하는 원칙을 보여주면서 齊나라의 管仲과 晉나라의 勃鞮를 예로 들었다. 齊나라와 晉나라의 두 霸主는 帶鉤를 맞힌 일과 옷소매를 자른 일을 불문에 부치고 두 사람을 등용했고, 두 사람 역시 그 임금에게 충성을 다했다.

하지만 일찍이 살펴보건대, 晉 懷公이 입국할 때 狐突의 아들 狐毛와 狐偃이 重耳(文公)를 추종하여 秦나라에 있었는데, 진 회공이 호돌에게 명하여 그의 아들을 불러오게 하자, 호돌이 "아들이 벼슬할 때가 되면 아버지는 충성을 하도록 가르쳐야 하니, 이름을 신하 명단에 올리고 몸을 바쳤는데 두 마음을 가지면 죄입니다."라 하고, 호돌은 차라리 죽을지언정 호모와 호언이 文公을 섬김에 두 마음을 품게 하지 않았다. 만일 호돌의 말로 기준을 삼는다면 관중과 발제가 어찌 옳다 할 수 있겠는가.

### 4-8-1

貞觀八年에 太宗謂侍臣曰 朕이 每閒居靜坐하면 則自內省①하여 恒恐上不稱天心②하고 下爲百姓所怨하되 但思正人匡諫하여 欲令③耳目外通하여 下無怨滯라 又比見④人來奏事者하니 多有怖慴(접)⑤하여 言語致失次第라 尋常奏事도 情猶如此어든 況欲諫諍에 必當畏犯逆鱗가 所以每有諫者어든 縱不合朕心이라도 朕亦不以爲忤리니 若卽嗔責이면 深恐人懷戰懼하니 豈肯更言이리오

① 則自內省：悉井切.
〈省(살피다)은〉 悉과 井의 반절이다.
② 恒恐上不稱天心：稱, 去聲.

34) 懷公入國……而毛偃事文公不二：≪春秋左氏傳≫ 僖公 23년에 보인다.

稱(알맞다)은 去聲이다.

③ 欲令 : 平聲.

〈令(하여금)은〉 平聲이다.

④ 又比見 : 比, 音鼻.

比(근래)는 음이 鼻이다.

⑤ 多有怖慴(첩) : 音輒, 懼也.

〈慴은〉 음은 輒이니, 두렵다는 뜻이다.

貞觀 8년(634)에 太宗이 근신에게 말하였다.

"짐이 한가롭게 가만히 앉아 있을 때마다 스스로 성찰하여 늘 위로는 하늘의 뜻에 맞지 않고 아래로는 백성들에게 원망을 살까 걱정하되, 올바른 사람이 바르게 간언하여 나의 눈과 귀가 밖으로 소통해서 아랫사람들에게 원망이 쌓이는 일이 없게 할 것을 생각하오.

또 근래 上奏하기 위해 찾아온 사람을 보니 대부분 두려워하여 말에 두서가 없었소. 평상시에 상주하는 것도 그 실상이 이러한데, 더구나 간쟁하려 할 때 반드시 逆鱗을 건드릴까 두려워하는 것이야 말할 나위가 있겠소. 따라서 매번 간언을 하는 자가 있으면 비록 짐의 마음에 들지 않더라도 짐은 거북하게 생각하지 않겠소. 만약 곧장 성을 내고 꾸짖는다면 사람들이 두려운 마음을 갖게 될까 심히 우려되니, 그러면 어찌 다시 말하려 들겠소."

**【集論】**

愚按 昔漢賈山[35]曰 人主之威는 非特雷霆也요 勢重은 非特萬鈞也라 開導而求諫하고 和顔色而受之라도 人猶恐懼不敢自盡이어늘 況震之以威怒乎[36]아하니 太宗이 每以上不厭天心하고 下爲百姓所怨으로 以自省하니 固宜開導人言하고 和顔聽納也라 爲人君者가 思賈山之言하고 充太宗之量하면 何慮人臣之不忠諫哉리오

내가 살펴보건대, 옛날 漢나라 賈山이 말하기를 "임금의 위엄은 우레나 번개에 견줄 뿐만이 아니고 임금의 위세는 무겁기가 만근일 뿐만이 아니다. 마음을 열어 유도

35) 賈山 : 漢나라 潁川 출신으로 漢 文帝 때 활동했다. 문제에게 秦나라를 비유로 들어 治亂에 대해 설명한 〈至言〉이란 글을 남겼다. ≪漢書 賈鄒枚路列傳≫

36) 人主之威……況震之以威怒乎 : ≪漢書≫ 〈賈鄒枚路傳〉에 보인다.

해서 간언을 구하고 환한 얼굴로 받아들인다 하더라도 사람들은 여전히 두려워서 감히 할 말을 다하지 못하는데, 하물며 위엄과 노여움으로 억누른다면 더 말할 나위가 있겠는가."라고 했다.

太宗이 언제나 위로는 하늘의 뜻에 만족하지 못하는지 아래로는 백성에게 원망을 듣는지 하는 문제로 자신을 성찰하였으니, 참으로 사람들의 말을 잘 끌어내고 부드러운 얼굴로 받아들인 것이다. 임금들이 가산의 말을 생각하고 태종의 도량을 갖춘다면, 어찌 신하가 충성스럽게 간언하지 않을 것을 걱정하랴.

### 4-9-1

**貞觀十五年**에 **太宗問魏徵曰 比來**①에 **朝臣都不論事**하니 **何也**오 **徵對曰 陛下虛心採納**하시면 **誠宜有言者**리이다 **然古人云 未信而諫**이면 **則以爲謗已**요 **信而不諫**이면 **則謂之尸祿**②이니이다 **但人之才器**가 **各有不同**하여 **懦弱之人**은 **懷忠直而不能言**하고 **疎遠之人**은 **恐不信而不得言**하고 **懷祿之人**은 **慮不便身而不敢言**이라 **所以相與緘默**하여 **俛仰過日**[37]이니이다 **太宗曰 誠如卿言**이로다 **朕每思之**하니 **人臣欲諫**할새 **輒懼死亡之禍**가 **與夫**③**赴鼎鑊**④[38]**冒白刃**으로 **亦何異哉**리오 **故忠貞之臣**은 **非不欲竭誠**이나 **竭誠者乃是極難**이니 **所以禹拜昌言**⑤이 **豈不爲此也**⑥리오 **朕**이 **今開懷抱納諫諍**하리니 **卿等**은 **無勞怖懼**하여 **遂不極言**하라

① 比來 : 比, 音鼻.
比(요즘)는 음이 鼻이다.

② 未信而諫……則謂之尸祿 : 論語子夏曰 "信而後諫, 未信則以爲謗己也." 尸祿, 謂尸位而竊祿.
≪論語≫ 〈子張〉에 子夏가 말하기를 "믿음이 형성된 뒤에 간언해야 하니, 믿음이 형성되어 있지 않으면 자신을 비방한다고 여긴다."라고 하였다. 尸祿은 자리만 차지하고 녹봉을 축내는 것을 말한다.

③ 與夫 : 音扶.
〈夫(발어사)는〉 음이 扶이다.

④ 赴鼎鑊 : 音霍.
〈鑊(가마솥)은〉 음이 霍이다.

⑤ 禹拜昌言 : 語見虞書益稷謨.

---

37) 俛仰 : 뜻에 맞춰 응대하는 것으로, 俯仰과 같다.
38) 鼎鑊 : 솥으로 물을 끓여 물에 삶아 죽이는 사형 도구이다.

〈禹임금이 훌륭한 말을 들으면 절한 것은〉 내용이 《書經》 〈虞書 益稷謨〉에 보인다.

⑥ 豈不爲此也 : 爲, 去聲.

爲(위하다)는 去聲이다.

**貞觀** 15년(641)에 太宗이 魏徵에게 물었다.

"근래 조정 신하들이 도무지 정사에 대해 논하지 않으니 무엇 때문이오?"

위징이 대답했다.

"폐하께서 마음을 비우고 받아들이신다면 진실로 말하는 자가 있을 것입니다. 하지만 옛사람이 말하기를 '믿음을 얻지 못한 상태에서 간언하면 자신을 비방한다고 여기고, 믿음을 얻고서도 간언하지 않으면 尸祿이라 한다.'라고 하였습니다. 그런데 사람의 재능과 器局이 각기 달라, 나약한 사람은 가슴에 충직한 생각을 갖고 있어도 말로 드러내지 못하고, 소원한 사람은 믿어주지 않을까 우려하여 말을 하지 못하며, 녹봉만 생각하는 사람은 자신에게 불편함이 생길까 염려하여 감히 말하지 못합니다. 그러므로 서로가 침묵하며 적당히 날짜만 보내는 것입니다."

태종이 말하였다.

"정말 경의 말대로요. 짐이 매번 생각해보니, 신하가 간언하려 할 때 이내 죽음의 재앙을 두려워하는 것이 끓는 솥으로 들어가고 서릿발 칼날을 무릅쓰는 것과 무엇이 다르겠소. 그래서 충직하고 올곧은 신하가 정성을 다하고 싶지 않은 것은 아니지만 정성을 다하기가 바로 매우 어려운 것이니, 禹임금이 훌륭한 말에 절을 한 것이 어찌 이러한 이유 때문이 아니겠소. 짐이 이제부터 마음을 열고 간언을 받아들일 터이니 경들은 두려움에 떨어 할 말을 다하지 못하는 일이 없도록 하시오."

**【集論】**

朱氏黼曰 言路通塞은 關君德之盛衰니 人主가 因言者之多寡하여 固可自察其身之得失也라 諫者多는 必吾之能聽이요 諫者直은 必吾之能容이요 犯顔而不憚은 必吾無拒人之色이요 苦口而無隱은 必吾無好佞之心이라 一或反是면 則是吾德之不進이요 吾心之不大며 吾之好佞而惡(오)直이요 樂諛而畏忠也라 太宗卽位之初에 虛心訪納이라 故論諫者가 步隨袂接하여

表疏之進이 笥溢几盈하여 一日萬機라 在今猶昔이로되 而論事之誠이 頓爾銷減하니 帝而內省하면 當必有以致此者라 始導諫하고 中悅從하고 終勉强을 徵屢論矣라 今猶此問에 徵以愛身畏罪爲告는 蓋欲使帝自悟耳어늘 帝以赴鼎冒刃으로 爲開說之比하고 終不能深自克責하여 復爲敷求也라

朱黼가 말하였다.

"언로가 소통하느냐 막히느냐는 임금이 지닌 덕의 성쇠와 관계되니, 임금은 참으로 간언하는 자가 많으냐 적으냐에 따라 스스로 자신의 잘잘못을 살필 수 있다. 간언하는 자가 많은 것은 반드시 내가 잘 듣기 때문이고, 간언하는 자가 올곧은 것은 반드시 내가 잘 수용하기 때문이며, 면전에서 대들어 거리낌 없는 것은 반드시 내가 남을 거부하는 안색이 없기 때문이고, 숨김없이 쓴소리를 하는 것은 반드시 내가 말재주 부리는 자를 좋아하는 마음이 없기 때문이다. 조금이라도 이와 상반된다면 이는 나의 덕이 발전하지 못하고 나의 마음이 크지 못하며, 내가 말재주 부리는 자를 좋아하고 올곧은 자를 싫어하며, 아첨하는 자를 좋아하고 충성하는 자를 두려워하기 때문이다.

太宗이 즉위한 초기에 마음을 비우고 받아들였으므로 간언하는 자들이 발걸음이 따라오고 소매가 연이어져서 表와 疏가 올라와 상자에 넘치고 책상에 가득하여 하루에도 수많은 일을 검토했다. 지금도 이전과 다름없는데, 일을 논하는 정성이 갑자기 줄어들었으니, 태종이 마음으로 성찰한다면 반드시 이를 이룩할 수 있을 것이다. 처음에는 간언을 유도하고 중간에는 이를 기쁘게 따르고 마지막에는 힘써 노력할 것을 魏徵이 누차 논했다. 지금 이러한 물음에 대해 위징이 자신을 아끼고 죄를 두려워한다고 고한 것은 태종이 스스로 깨우치기를 바란 것인데, 태종은 끓는 솥으로 들어가고 칼날을 무릅쓰는 것으로 설명의 비유만 들었을 뿐 끝내 깊이 자신을 꾸짖어 더 널리 구하지 못하였다."

愚按 貞觀十五年에 魏徵謂陛下欲善之志가 不及於昔時하고 聞過必改가 少虧於曩日이라하고 十三年에 又謂陛下志業이 比貞觀初하여 漸不克終者가 凡十事[39]라하니 則君德亦少貶矣나 尙幸勉强欲善之意하여 猶能自克이라 故能開導聽納이라 至謂群臣近來都不論事하니 則又在魏徵이 儆戒不克終之後에 得無或如徵之言乎아 後之人君은 所宜愼始而敬終也라

39) 陛下志業……凡十條 : 《唐鑑》 권4 貞觀 13년에 보인다.

내가 살펴보건대, 貞觀 15년(641)에 魏徵이 "폐하께서 잘하고 싶은 의지가 지난날에 미치지 못하고, 잘못을 들으면 반드시 고치는 것이 지난날보다 조금 부족합니다."라 하였고, 정관 13년(639)에 또 "폐하의 의지와 사업이 정관 초기에 견주어 점차 마무리를 잘하지 못한 것이 모두 열 가지입니다."라고 하였으니, 임금의 덕이 조금은 손상된 것이다. 그래도 다행히 잘하고 싶은 생각을 힘써 발휘하여 스스로 극복했으므로 신하들이 간언하도록 유도하고 자신은 그들의 간언을 받아들일 수 있었다.

그런데 "뭇 신하들이 근래 도무지 일을 논하지 않는다."고 말하는 데 이르렀으니, 위징이 마무리를 잘하지 못한다고 경계한 뒤에 혹여 위징의 말처럼 된 것이 아니겠는가. 후대의 임금은 의당 처음을 신중히 하고 마무리에 유의해야 할 것이다.

## 4-10-1

**貞觀十六年**에 **太宗謂房玄齡等曰 自知者明**은 **信爲難矣**라 **如屬文之士**①와 **伎巧之徒**가 **皆自謂己長**을 **他人不及**이나 **若名工文匠**이 **商略詆訶**면 **蕪詞拙跡**이 **於是乃見**이라 **由是言之**컨대 **人君**은 **須得匡諫之臣**하여 **擧其僁**(건)**過**②라 **一日萬機**를 **一人聽斷**하니 **雖復憂勞**나 **安能盡善**이리오 **常念魏徵隨事諫正**하여 **多中朕失**③하니 **如明鏡鑑形**에 **美惡必見**이라하고 **因擧觴賜玄齡等數人**하여 **勗**(욱)**之**④하다

① 如屬文之士 : 屬, 音囑.
屬(짓다)은 음이 囑이다.
② 擧其僁(건)過 : 僁, 與愆同.
僁(허물)은 愆과 같다.
③ 多中朕失 : 中, 去聲.
中(맞추다)은 去聲이다.
④ 勗(욱)之 : 勗, 吁玉切, 勉也.
勗은 吁와 玉의 반절이니, 권면한다는 뜻이다.

貞觀 16년(642)에 太宗이 房玄齡 등에게 말하였다.

"자신을 아는 자가 명철하다고 하는 말은 참으로 어려운 일이오. 예컨대 글 따위나 엮는 文士와 기교나 부리는 무리들이 모두 자신의 우월함을 다른 사람들이 따라올 수 없다고 스스로 말하지만, 훌륭한 장인과 문장의 대가가 따져서

비판을 하면 보잘것없는 문필과 졸렬한 행태가 바로 드러나는 것과 같소.

이로 말미암아 말해보자면, 임금은 반드시 바르게 간언하는 신하를 얻어서 그 잘못을 들추어내게 해야 하오. 하루에 수많은 일을 임금 한 사람이 듣고 처리해야 하니, 비록 걱정하며 수고롭더라도 어찌 모두 잘할 수 있겠소. 언제나 魏徵이 일마다 간언해 바로잡아주어 짐의 잘못을 정확히 짚어준 것이 많으니, 마치 밝은 거울에 모습을 비추면 좋고 나쁜 것을 반드시 나타나는 것처럼 했던 일이 생각나오."

이어서 술잔을 들어 房玄齡 등 몇 사람에게 내려서 노력해줄 것을 당부했다.

**【集論】**

愚按 魏徵이 以貞觀十七年春正月卒커늘 太宗謂玄齡하되 嘗念魏徵隨事諫正이 如鏡照形에 美惡必見이라하고 擧觴賜玄齡等數人하여 以勗之하니 蓋欲群臣이 亦如徵之極言無隱也라 然此言은 恐在徵卒之後요 未必在十六年也라

내가 살펴보건대, 魏徵은 貞觀 17년(643) 봄 정월에 세상을 떠났다. 太宗이 房玄齡에게 "언제나 위징이 일마다 간언해 바로잡아준 것이 밝은 거울에 모습을 비추면 좋고 나쁜 것이 반드시 나타나는 것처럼 했던 일이 생각난다."라 하고, 술잔을 들어 방현령 등 몇 사람에게 하사하여 노력할 것을 당부하였으니, 신하들이 위징처럼 숨김없이 말을 다해줄 것을 바란 것이다. 하지만 이 말은 아마 위징이 세상을 떠난 뒤에 했던 것이지, 반드시 정관 16년(642)에 한 것은 아니었을 것이다.

### 4-11-1

**貞觀十七年**에 **太宗問諫議大夫褚遂良曰 昔**에 **舜造漆器**①하고 **禹雕其俎**②[40]어늘 **當時諫者**가 **十有餘人**이니 **食器之間**에 **何須苦諫**이리오 **遂良對曰 雕琢**은 **害農事**하고 **纂組**는 **傷女工**③[41]이니 **首創奢淫**은 **危亡之漸**이니이다 **漆器不已**면 **必金爲之**요 **金器不已**면

40) 舜造漆器 禹雕其俎 : 《韓非子》 〈十過〉에 "堯임금이 천하를 물려주자 虞舜이 받았고 食器를 만들되 산의 나무를 잘라 재료로 삼아 도끼나 톱자국을 다듬고서 검은 옻칠을 그 위에 발랐다.……舜임금이 천하를 물려주어 禹에게 전하니 禹임금이 祭器를 만들고……술동이와 도마에 장식을 하여 이에 더욱 사치스러웠다.〔堯禪天下 虞舜受之 作爲食器 斬山木而財之 削鋸修之跡 流漆墨其上……舜禪天下 而傳之於禹 禹作爲祭器……樽俎有飾 此彌侈矣〕"라고 하였다.

**必玉爲之**라 **所以諍臣**이 **必諫其漸**이니 **及其滿盈**이면 **無所復諫**④이니이다 **太宗曰 卿言**이 **是矣**로다 **朕所爲事**가 **若有不當**⑤하여 **或在其漸**이어나 **或已將終**이면 **皆宜進諫**이라 **比見前史**⑥하니 **或有人臣諫事**어든 **遂答云 業已爲之**커나 **或道業已許之**라하여 **竟不爲停改**⑦하니 **此則危亡之禍**를 **可反手**[42]**而待也**⑧로다

① 舜造漆器 : 漆, 木名, 可以髹(휴)物. 世傳造漆器自舜始.
漆은 나무 이름이니, 기물에 칠을 할 수 있다. 칠기를 만든 것은 舜임금 때부터 시작된 것이라고 세상에 전해진다.

② 禹雕其俎 : 俎, 薦肉之器. 雕, 鏤飾也.
俎는 고기를 올려놓는 그릇이다. 雕는 새겨 꾸미는 것이다.

③ 纂組傷女工 : 組, 音祖, 綉作也.
組는 음이 祖이니, 수를 놓아 만드는 것이다.

④ 無所復諫 : 復, 音缶.
復(다시)는 음이 缶이다.

⑤ 若有不當 : 去聲.
〈當(합당하다)은〉 去聲이다.

⑥ 比見前史 : 比, 音鼻.
比(근래)는 음이 鼻이다.

⑦ 竟不爲停改 : 爲, 去聲.
爲(위하다)는 去聲이다.

⑧ 貞觀十七年……可反手而待也 : 舊本, 此與前章通爲一章, 今按不同, 分爲二章, 仍按通鑑[43], 標年於此章之首.
舊本에는 이 장이 앞 장과 통틀어 한 장으로 되어 있으나, 지금 살펴보니 내용이 달라서 두 장으로 나누고 이어서 ≪資治通鑑≫에 의거하여 장 앞에 연도를 표시했다.

貞觀 17년(642)에 太宗이 諫議大夫 褚遂良에게 물었다.

"옛날 舜임금이 漆器를 만들고, 禹임금이 도마에 무늬를 조각하자, 당시에 간언하는 사람이 10여 명이었으니, 식기 따위에 대해 어찌 이토록 애써 간언

---

41) **雕琢害農事 纂組傷女工** : ≪漢書≫ 〈景帝紀〉에 "무늬를 놓는 것과 조각하는 것은 농사를 해치는 것이고, 비단과 붉게 수놓아 짜는 것은 여인의 일을 해치는 것이다.〔雕文刻鏤 傷農事者也 錦繡纂組 害女紅者也〕"라고 하였다.

42) **反手** : 손을 뒤집는다는 뜻으로, 아주 쉽다는 말이다.

43) **通鑑** : ≪資治通鑑≫ 권196 唐紀 12 太宗 17년의 내용으로 앞 장은 貞觀 16년에 있어서 내용이 연결되지 않는다.

할 필요가 있겠소?"

저수량이 대답했다.

"식기를 조각하고 다듬는 것은 농사에 해를 끼치고, 수놓아 짜는 것은 女工(부녀자들이 하는 길쌈)을 해치는 것이니, 사치와 질탕을 앞장서서 일삼는 것은 위기와 패망의 조짐이 됩니다. 칠기에서 그치지 않으면 반드시 황금 기물을 만들게 되고, 황금 기물에서 그치지 않으면 반드시 옥 기물을 만들게 됩니다. 따라서 간언하는 신하가 반드시 그 폐해의 조짐을 지적한 것이니, 그 욕망이 가득 차고 나면 그때 가서는 더 이상 간언할 길이 없기 때문입니다."

태종이 말하였다.

"경의 말이 옳소. 짐이 하는 일에 만약 부당함이 있어 혹은 조짐을 보이거나 혹은 끝을 향하고 있으면 모두 간언을 올리도록 하시오. 근래 지난 역사를 살펴보니, 혹은 신하가 일을 간언하면 마침내 '이미 행했다.'라고 하거나 '이미 허락했다.'라고 답하여 끝내 그것을 멈추거나 바꾸지 않았으니, 이렇게 한다면 위기와 패망의 재앙이 손바닥 뒤집듯이 금방 닥치게 될 것이오."

**【集論】**

范氏祖禹曰 所貴乎賢者는 爲其能止亂於未然하고 閑邪於未形也라 若其已然이면 則衆人之所能知也니 何賴於賢乎리오 危亡之言은 惟明主能信하고 闇主忽焉이라 是以自古無事之時에 常患乎諫之難入也라 故聖主能從諫於未然하고 賢主能改過於已然이라 諫而不聽이면 斯爲下矣라 忠臣之事上君也에 亦諫其未然하고 事中君也에 多諫其已然하고 事闇君也에 救其橫流라 故有以諫殺身者矣라 唐虞之時에 群聖聚於朝하여 無過擧矣나 憂其所當憂하고 戒其所當戒라 故常有儆懼之言하니 其慮患豫防也라 至於後世令王하여는 其賢臣多諫其已然하여 而防其未然하니 太宗求諫於群臣도 其有意於防未然者乎인저

范祖禹가 말하였다.

"현자를 중시하는 것은 미연에 혼란을 방지하고 드러나기 전에 악행을 막을 수 있기 때문이다. 만일 이미 드러나고 나면 뭇사람들도 다 알 수 있으니, 어찌 현자가 필요하겠는가. 위기와 패망에 대한 말은 현명한 군주만이 잘 믿고, 혼미한 군주는 소홀히 한다. 이 때문에 예로부터 무사할 때에 간언이 받아들여지기 어려운 것을 언제나

걱정했다. 그래서 성스러운 임금은 미연에 간언을 따르고, 현명한 군주는 이미 일이 벌어지고 나서 잘못을 고친다. 간언을 해도 받아들이지 않는다면, 이는 하등이 된다. 충성스러운 신하가 상등의 군주를 모실 때는 미연에 간언을 하고, 중등의 군주를 모실 때는 대부분 일이 이미 드러나고 나서 간언을 하고, 혼미한 군주를 모실 때는 혼란을 바로잡아야 하므로 간언하다가 자신이 죽는 경우도 있다.

唐虞(堯舜)시대에는 뭇 성자들이 조정에 모여 잘못 조치한 것이 없지만 마땅히 걱정해야 할 것을 걱정하고 마땅히 경계해야 할 것을 경계했으므로 언제나 경계하고 조심하는 말을 남겼으니, 환난을 우려하여 예방한 것이다. 후세의 훌륭한 왕의 경우에는 현명한 신하들이 대부분 이미 드러난 것에 대해 간언하여 그 사태를 미연에 방지했으니, 太宗이 뭇 신하들에게 간언을 구한 것도 미연에 방지하려는 뜻이 담겨 있을 것이다."

唐氏仲友曰 遂良之對가 是矣나 抑猶有說하니 舜禹大聖이 纖過必箴은 與太保旅獒(오)[44] 同意라 荀卿謂事聖君에 有聽從하고 無諫爭[45]이면 豈知言哉리오하니라

唐仲友가 말하였다.

"褚遂良의 대답이 옳지만 하고 싶은 말이 더 있다. 舜임금과 禹임금 같은 위대한 성인이 작은 과오도 반드시 경계한 것은 太保가 경계한 〈旅獒〉와 그 의미가 같다. 荀卿(荀子)이 '성스러운 임금을 섬길 때 받아들여 따르는 것만 있고 간언하는 것이 없으면 어찌 知言이라 하겠는가.'라고 하였다."

愚按 昔商紂始爲象箸어늘 箕子嘆曰 彼爲象箸하니 必不盛以土簋하고 將爲犀玉之杯요 玉杯象箸어든 必不羹菽藿衣短褐하여 而舍於茅茨之下하리니 則錦衣九重高臺廣室하여 稱此以求면 天下不足矣라 遠方珍怪之物과 輿馬宮室之漸이 自此而始라 故吾畏其卒也[46]라하나 遂良之言은 其意가 蓋亦若此也라 然所謂滿盈無所復諫은 則似非忠臣愛(臣)〔君〕[47]之語니

44) 太保旅獒(오) : 周나라 초기 西戎에 속한 旅國에서 獒(개의 일종)라는 명견을 바치자 太保 召公 奭이 〈旅獒〉라는 글을 지어 武王에게 즐기는 일에 탐닉하지 말 것을 경계했다. ≪書經 周書 旅獒≫

45) 事聖君……無諫爭 : ≪荀子≫ 〈臣道〉에 보인다.

46) 昔商紂始爲象箸……故吾畏其卒也 : ≪資治通鑑外紀≫ 권2에 관련 내용이 보인다.

47) (臣)〔君〕 : 저본에는 '臣'으로 되어 있으나, ≪貞觀政要≫(宏業書局, 1999)에 의거하여 '君'으로 바로잡았다.

幸太宗之言이 有足以救斯言之失也라

내가 살펴보건대, 옛날에 商나라 紂王이 처음 상아 젓가락을 만들자 箕子가 탄식하기를 "그가 상아 젓가락을 만들었으니 반드시 질그릇에 음식을 담지 않고 코뿔소 뿔과 옥으로 술잔을 만들 것이고, 옥 술잔과 상아 젓가락을 갖게 되면 반드시 콩과 콩잎 따위로 국을 끓이고 짧은 칡베 옷을 입으며 띳집 아래서 살려고 하지 않을 것이다. 그렇게 되면 아홉 겹의 비단 옷을 입고 높은 누대와 넓은 방에서 살려고 할 것이니, 그에 걸맞게 구해나가게 되면 온 세상도 부족할 것이다. 먼 곳의 진귀한 사물과 수레와 말과 궁궐을 갖게 될 조짐이 이로부터 시작될 것이기에 나는 그 끝이 염려된다."라고 했으니, 褚遂良의 말은 그 내용이 또한 이와 같다.

하지만 이른바 '가득 차면 더 이상 간언할 길이 없다.'는 말은 임금을 사랑하는 충신의 말이 아닌 듯하니, 다행히도 太宗의 말이 이 말의 잘못을 충분히 바로잡았다.

## 제5편 論納諫 간언을 받아들이는 것을 논하다

이 편은 太宗이 간언을 잘 받아들인 일화를 다루었다. 王珪의 간언으로 美人을 친족에게 돌려보낸 일, 張玄素가 근검절약, 세금 경감, 징발 자제, 사치 금지, 洛陽 행차 중지를 건의한 일, 궁중의 말이 죽어 태종이 말 사육 담당자를 죽이려 하자 皇后의 간언을 듣고서 죽이지 않은 일 등이 보이는데, 貞觀 시대에는 宰相이나 諫官뿐만 아니라 하급 관리, 지방관, 황후까지 간언을 하였으며 태종은 이들의 말에 귀를 기울였음을 보여준다.

그리고 이 편에 부록된 〈直諫〉에서는 魏徵이 직간한 사례를 다루었다. 隋 煬帝가 천하를 잃은 이유는 한두 가지가 아니지만 간언을 거부한 것보다 더 큰 잘못은 없고, 唐 太宗이 천하를 얻은 이유가 한두 가지가 아니지만 간언을 받아들인 것보다 더 중요한 것은 없다는 戈直의 평이 貞觀의 치적이 바로 간언에서 나왔음을 보여주고 있다.

凡十章. 直諫另爲一類, 附此篇之後.

모두 10章이다. 〈直諫〉은 별도로 한 종류가 되어 이 편의 뒤에 붙였다.

### 5-1-1

**貞觀初**에 **太宗與黃門侍郎王珪宴語**①할새 **時有美人侍側**②한대 **本廬江王瑗之姬也**③나 **瑗敗**에 **籍沒入宮**이라 **太宗指示珪曰 廬江不道**하여 **賊殺其夫而納其室**이라 **暴虐之甚**하니 **何有不亡者乎**아 **珪避席**[1]**曰 陛下以廬江取之**를 **爲是邪**잇가 **爲非邪**잇가 **太宗曰 安有殺人而取其妻**어늘 **卿乃問朕是非**는 **何也**오 **珪對曰 臣聞**호니 **於管子曰**④ **齊桓公**이 **之郭國**⑤하여 **問其父老曰 郭何故亡**가 **父老曰 以其善善而惡**(오)**惡也**⑥니이다 **桓公曰 若子之言**이면 **乃賢君也**어늘 **何至於亡**가 **父老曰 不然**하니이다 **郭君**이 **善善而不能用**하고 **惡惡而不能去**라 **所以亡也**⑦[2]라하니이다 **今此婦人**이 **尙在左右**는 **臣竊以**

1) 避席 : 앉은 자리를 피해 일어나서 공경을 표시하는 것을 말한다.

**爲聖心是之**시니 **陛下若以爲非**하시면 **所謂知惡而不去也**니이다 **太宗大悅**하여 **稱爲至善**하고 **遽令以美人還其親族**⑧하다

① 與黃門侍郎王珪宴語：通鑑[3]作貞觀二年十二月，以黃門侍郎王珪爲守侍中，上嘗閒居與珪語.
《資治通鑑》에 "貞觀 2년(628) 12월에 黃門侍郎 王珪를 守侍中으로 삼고, 太宗이 한가할 때 왕규와 이야기를 나눴다."라고 하였다.

② 時有美人侍側：美人，女官九員，充世婦之數.
美人은 女官으로 인원이 아홉이고 世婦(宮中 女官)의 수에 포함된다.

③ 本廬江王瑗之姬也：廬江王，名瑗. 太祖生蔚，蔚生哲，哲生瑗. 武德末，爲幽州都督右領軍，王君廓誘瑗反. 後瑗傳首至京師.
廬江王은 이름이 瑗이다. 太祖(李虎, 高祖 李淵의 祖父)가 李蔚를 낳고, 이위가 李哲을 낳고 이철이 李瑗을 낳았다. 武德(618~626) 말엽에 幽州都督右領軍이 되었는데 王君廓이 이원을 꾀어 반란하도록 하였다. 훗날 이원의 머리가 京師(서울)에 전해졌다.

④ 臣聞於管子曰：管仲著書十八篇，曰管子.
管仲이 18편을 저술했는데, 이를 《管子》라 한다.

⑤ 齊桓公之郭國：齊桓公，名小白. 郭，小國，齊滅之. 之，猶往也.
齊 桓公은 이름이 小白이다. 郭은 작은 국가인데, 齊나라가 멸망시켰다. 之는 往(가다)과 같다.

⑥ 以其善善而惡(오)惡也：惡惡，上烏去聲，下如字，後同.
惡惡은, 위 글자는 烏의 去聲(미워하다)이고, 아래 글자는 본래 音義대로 독해한다. 뒤에도 같다.

⑦ 惡惡而不能去 所以亡也：去，上聲，後同. 已上王珪述管子之言以爲喩也.
去(버리다)는 上聲이다. 뒤에도 같다. 이상의 내용은 王珪가 管子의 말을 서술하며 비유로 든 것이다.

⑧ 遽令以美人還其親族：令，平聲. 按新・舊史[4]，皆云"帝雖不出此美人，而甚重其言." 與此異. 通鑑考異[5]曰"太宗賢主. 旣重珪言，何得反棄而不用乎. 且美人，汎(待)〔侍〕[6]左右，又非嬖寵著名之人，太宗何愛而留之. 此章爲是也."
令(하여금)은 平聲이다. 《新唐書》와 《舊唐書》를 살펴보면, 모두 "太宗이 비록 이 美人을 내보내지는 않았지만 王珪의 말을 매우 중시했다."라고 하여, 이 내용과 다르다. 《資

2) 齊桓公之郭……所以亡也：《春秋集義》 권15 莊公 24년에 관련 내용이 보인다.
3) 通鑑：《資治通鑑》 권193 唐紀 9 太宗에 보인다.
4) 新舊史：《新唐書》 〈王珪列傳〉과 《舊唐書》 〈王珪列傳〉에 보인다.
5) 通鑑考異：《資治通鑑考異》 권10 唐紀 2 太宗 貞觀 원년에 보인다.
6) (待)〔侍〕：저본에는 '待'로 되어 있으나, 《資治通鑑考異》에 의거하여 '侍'로 바로잡았다.

治通鑑考異≫에 "태종은 현명한 임금이니, 왕규의 말을 중시했으면서 어찌 도리어 버리고 쓰지 않을 리가 있겠는가. 그리고 美人은 좌우에서 시중드는 사람이고, 또 총애받거나 명성이 있는 사람도 아닌데 태종이 어찌하여 그를 사랑하여 남겨두었겠는가. 이 장의 내용이 옳다."라고 하였다.

貞觀 초기에 太宗이 黃門侍郎 王珪와 함께 한가롭게 이야기를 나눌 때 美人이 옆에서 모시고 있었는데, 그녀는 원래 廬江王 李瑗의 姬妾이었으나 이원이 패망하면서 籍沒되어 궁중으로 들어왔다.

태종이 그녀를 왕규에게 가리켜 보이며 말하였다.

"여강왕이 무도하여 그녀의 남편을 해치고 그녀를 첩실로 들였소. 포학함이 심하였으니, 어떻게 망하지 않을 수 있었겠소."

왕규가 앉은 자리를 피해 일어나 말하였다.

"폐하께서는 여강왕이 첩실을 취한 것을 옳다고 보십니까, 그르다고 보십니까?"

태종이 말하였다.

"어찌 사람을 살해하고 그 아내를 취하는 일이 있을 수 있겠소. 그런데도 卿이 짐에게 옳고 그름을 묻는 것은 어째서요?"

왕규가 대답하였다.

"臣이 들으니 ≪管子≫에 이르기를 '齊나라 桓公이 郭나라로 가서 그 원로에게 「郭나라가 왜 망한 것인가?」라고 묻자, 원로가 「善한 사람을 좋아하고 惡한 사람을 미워했기 때문입니다.」라고 하였다.

환공이 「그대의 말대로라면 훌륭한 임금인데, 왜 멸망에 이른 것인가?」라고 하자, 원로가 「그렇지 않습니다. 郭나라 임금이 선한 사람을 좋아하면서도 등용하지 못하고 악한 사람을 미워하면서도 버리지 못했기 때문에 멸망한 것입니다」라고 했다.'라고 했습니다.

지금 이 부인이 아직도 폐하의 좌우에 있는 것은 제가 추측해보건대 폐하께서 마음속으로 여강왕의 행동을 옳다고 여기고 계신 것이니, 폐하께서 만일 옳지 않다고 여기신다면 이른바 악을 알고도 제거하지 않는다는 것입니다."

태종이 크게 기뻐하여 아주 훌륭하다고 칭찬하고 바로 미인을 그 친족에게 돌려보내게 하였다.

【集論】

唐氏仲友曰 王珪納諫은 皆人主情慾之際에 人所難言이니 可謂無慙於魏徵矣라

唐仲友가 말하였다.
"王珪가 올린 간언은 모두 임금의 情慾과 관련된 것이어서 사람들이 말하기 어려운 것이었으니 魏徵에 견주어도 손색이 없다고 할 만하다."

愚按 春秋傳曰 人誰無過리오마는 過而能改면 善莫大焉이라하니 王珪之直言無諱는 言人之所難言이요 太宗之改過不吝은 改人之所難改라 王珪進諫之誠과 太宗納諫之美는 方之古昔이라도 何以尙玆리오

내가 살펴보건대 ≪春秋左氏傳≫ 宣公 2년에 이르기를 "어느 누군들 과오가 없겠는가마는 과오를 범하고 바로잡으면 이보다 더 善한 것이 없다."라고 하였다. 王珪가 회피하지 않고 直言한 것은 남들이 말하기 어려운 것을 말한 것이고, 太宗이 주저하지 않고 과오를 바로잡은 것은 사람들이 바로잡기 어려운 것을 바로잡은 것이다. 왕규가 간언한 정성과 태종이 간언을 받아들인 미덕은 옛 역사에 견주어 보더라도 어찌 이보다 더하겠는가.

5-2-1

**貞觀四年**에 **詔發卒修洛陽之乾元殿**①하여 **以備巡狩**②한대 **給事中**③**張玄素**④가 **上書諫曰 陛下智周萬物**하고 **囊括四海**하사 **令之所行**에 **何往不應**이며 **志之所欲**에 **何事不從**이리잇가 **微臣竊思**호니 **秦始皇之爲君也**에 **藉周室之餘**하고 **因六國之盛**하여 **將貽之萬葉**이나 **及其子而亡**⑤은 **諒由逞嗜奔慾**하여 **逆天害人者也**니 **是知天下**는 **不可以力勝**이요 **神祇**는 **不可以親恃**니이다 **惟當弘儉約**하고 **薄賦斂**⑥하고 **愼終始**라야 **可以永固**니이다

① 詔發卒修洛陽之乾元殿 : 洛陽, 古成周之地, 今河南路. 乾元殿, 隋所建.
洛陽은 옛 成周의 땅이니, 지금의 河南路이다. 乾元殿은 隋나라 때 세운 것이다.

② 以備巡狩 : 孟子曰 "天子適諸侯曰巡狩, 巡狩者, 巡所守也."[7)]
孟子가 말하기를 "天子가 諸侯에게 찾아가는 것을 巡狩라고 하니, 순수는 관리하고 있는

곳을 巡視하는 것이다."라고 하였다.

③ 給事中 : 唐制, 掌侍左右分判省事之官, 察弘文館繕寫校讐之課. 大事覆奏, 小事署而行之.
〈給事中은〉 唐나라 제도에 의하면, 황제의 左右에서 시중하며 門下省의 업무를 분별하여 판단하는 일을 맡은 관직으로, 弘文館의 도서를 베껴 쓰며 교정하는 업무를 살펴서 큰 사건은 覆奏(다른 관아에서 보내온 문서를 검토하여 상주함)하고 작은 사건은 서명하여 실행하였다.

④ 張玄素 : 蒲州人, 仕隋爲景城縣戶曹. 竇建德陷景城, 將殺之, 邑人號泣曰 "此淸吏, 殺之是無天也." 遂釋之. 貞觀初, 召問以政道, 歷太子詹事, 遷左庶子. 會東宮廢, 坐罪爲民. 頃之, 召授刺史. 麟德初卒.
〈張玄素는〉 蒲州 사람이니, 隋나라에 벼슬하여 景城縣戶曹를 지냈다. 竇建德이 景城縣을 함락하고 장현소를 죽이려 하자, 그 고을 사람들이 울며 호소하기를 "이분은 청백리인데 죽인다면 이는 天理가 없는 것이다."라고 하자, 결국 풀어주었다. 貞觀 초기에 임금이 그를 불러 정치에 대해서 물었고, 太子詹事를 역임한 뒤 左庶子로 자리를 옮겼다. 마침 동궁이 폐위당할 때 연좌되어 평민이 되었으나, 얼마 뒤 임금의 부름을 받고 刺史에 임명되었다. 麟德(664~665) 초기에 세상을 떠났다.

⑤ 秦始皇之爲君也……及其子而亡 : 周之季世, 天下大亂, 秦幷呑之. 六國, 齊·楚·燕·韓·趙·魏也. 始皇曰 "朕爲始皇帝, 後世以數計, 二世·三世至于萬世, 傳之無窮[8]." 始皇歿, 二世立, 而趙高弑之. 子嬰立, 而遂降于漢.
周나라 말기에 天下가 큰 혼란에 빠졌을 때 秦나라가 모두 차지했다. 六國은 齊·楚·燕·韓·趙·魏이다. 秦 始皇이 "짐이 始皇帝(첫 황제)가 된다. 후세에는 군주들이 숫자로 계산하여 2世, 3世로 萬世까지 끝없이 전하라."라고 하였다. 진 시황이 세상을 떠난 뒤 二世가 제위에 올랐으나 趙高가 시해하였고, 二世의 아들 子嬰이 제위에 올랐으나 마침내 漢나라에 항복하였다.

⑥ 薄賦斂 : 去聲.
〈斂(부세)은〉 去聲이다.

貞觀 4년(630)에 조칙을 내려 군졸을 징발하여 洛陽의 乾元殿을 수리하여 巡狩에 대비토록 하자, 給事中 張玄素가 글을 올려 간언하였다.

"폐하께서는 지혜가 만물을 두루 아우르고 사해를 모두 감싸 안아서, 명령이 시행되는 곳이라면 어디를 간들 호응하지 않겠으며 의지가 바라는 곳이라면 어떤 일이든 순종하지 않겠습니까. 미천한 臣이 생각해보니 秦 始皇이 임금이 됐을 때 周나라 왕실이 남긴 것을 의지하고 六國(戰國)의 성대함을 이용하여

7) 孟子曰……巡所守也 : ≪孟子≫ 〈告子 下〉에 보인다.
8) 朕爲始皇帝……傳之無窮 : ≪史記≫ 권6 〈秦始皇本紀〉에 보인다.

자손만대까지 전하리라 생각했으나, 아들 대에 가서 멸망한 것은 참으로 제멋대로 욕심을 부리며 하늘을 거역하고 사람을 해쳤기 때문입니다. 이것으로 天下는 힘으로 이길 수 없고 神靈은 가깝다고 하여 믿을 수 없다는 것을 알 수 있습니다. 오직 근검과 절약을 중시하고 세금을 적게 걷고 처음과 끝을 신중히 해야만 영원히 견고할 수 있을 것입니다.

5-2-2

方今承百王之末하여 屬凋弊之餘하니 必欲節之以禮制인댄 陛下가 宜以身爲先이니이다 東都未有幸期어늘 卽令補葺⑦하고 諸王이 今竝出藩이어늘 又須營構하여 興發數多하니 豈疲人之所望이리잇가 其不可一也니이다 陛下初平東都之始에 層樓廣殿을 皆令撤毁어늘 天下翕然하여 同心欣仰하니 豈有初則惡(오)其侈靡⑧라가 今乃襲其雕麗리잇가 其不可二也니이다 每承音旨나 未卽巡幸하시니 此乃事不急之務하여 成虛費之勞니이다 國無兼年之積이어늘 何用兩都之好⑨리잇가 勞役過度하면 怨讟將起리니 其不可三也니이다 百姓이 承亂離之後하여 財力凋盡이어늘 天恩含育하여 粗見存立⑩이나 饑寒猶切하고 生計未安하여 三五年間에 未能復舊하니 奈何營未幸之都하여 而奪疲人之力이리잇가 其不可四也니이다 昔에 漢高祖가 將都洛陽이라가 婁敬一言에 卽日西駕⑪[9]하니 豈不知地惟土中이며 貢賦所均[10]이리오마는 但以形勝不如關內[11]也니이다 伏惟陛下가 化凋弊之人하고 革澆漓之俗하되 爲日尙淺하여 未甚淳和하니 斟酌事宜컨대 詎可東幸이리잇가 其不可五也니이다

⑦ 卽令補葺 : 令, 平聲.

---

9) 漢高祖將都洛陽……卽日西駕 : ≪史記≫ 권99 〈劉敬列傳〉과 ≪漢書≫ 권1 下 〈高帝紀〉에 보인다.

10) 土中 貢賦所均 : 土中은 사방의 중심지라는 뜻으로 洛陽을 말한다. 따라서 세금 내는 길의 원근이 균등하다. ≪書經≫ 〈周書 召誥〉 "自服于土中"에 대한 蔡沈의 注에 "洛邑은 天地의 중앙이므로 土中이라고 한다.……사방의 朝聘과 貢賦에 길의 거리가 균일하므로 土中이라고 한다.〔洛邑 天地之中 故謂之土中……四方朝聘貢賦 道里均焉 故謂之土中〕"라고 하였다.

11) 關內 : 지역 이름으로, 關中을 가리킨다. 지금의 陝西省이다. 그곳에서 볼 때 동쪽엔 函谷關, 서쪽엔 散關, 남쪽엔 武關, 북쪽엔 蕭關이 있어 사방 關門의 안에 있으므로 關內라고 한다. 특히 函谷關 안이라는 뜻으로, 關外와 상대하여 함곡관 서쪽을 가리킨다.

令(하여금)은 平聲이다.

⑧ 豈有初則惡(오)其侈靡 : 惡, 烏去聲.

惡(싫어하다)는 烏의 去聲이다.

⑨ 何用兩都之好 : 兩都, 東都洛陽·西都長安也.

兩都는 東都 洛陽과 西都 長安이다.

⑩ 粗見存立 : 粗, 平聲.

粗(대략)는 平聲이다.

⑪ 漢高祖將都洛陽……卽日西駕 : 漢高祖, 姓劉, 名邦, 沛人. 伐秦得天下, 國號漢. 婁敬, 齊人. 高祖在洛陽, 敬說(세)曰 "陛下取天下與周異, 宜入關而都, 按秦之故." 上未決, 張良言入關便, 卽日駕西都長安, 賜敬姓劉氏, 拜郎中.

漢 高祖는 姓이 劉이고, 이름이 邦이며 沛縣 사람이다. 秦나라를 정벌하여 천하를 얻은 뒤 국호를 漢이라 했다. 婁敬은 齊나라 사람인데, 한 고조가 洛陽에 있을 때 누경이 유세하기를 "폐하께서 천하를 취하신 것은 周나라와 다르니, 마땅히 關(函谷關) 안으로 들어가 도읍지를 정하여 秦나라의 옛 영토를 점거해야 합니다."라고 하였다. 그러나 한 고조가 결단을 내리지 못하자, 張良이 "關으로 들어가는 것이 편합니다."라고 하니, 즉시 서쪽으로 가서 長安에 도읍지를 정하도록 하고, 누경에게는 劉氏 성을 하사한 뒤 郎中에 임명했다.

지금은 백 대 제왕의 끝을 계승하여 시들고 피폐해진 뒤에 이었으니 반드시 禮義 制度로 절제하려 한다면 陛下께서 이를 솔선수범하셔야 합니다.

東都(洛陽)에는 아직 행차할 예정도 없으신데 지금 보수하게 하고, 諸王들이 지금 모두 변방을 나가 있는데 또 토목공사를 하여 징발을 잦게 하시니, 어찌 지친 사람들이 바라는 것이겠습니까. 이것이 첫 번째로 불가한 이유입니다.

폐하께서 처음 東都를 평정했을 때 층층의 누대와 넓은 궁전을 모두 철거토록 하자 온 세상이 흡족해하여 한마음으로 기뻐했습니다. 그런데 어찌 처음에는 사치스런 것을 싫어했다가 지금은 그 美麗함을 답습하려 하십니까. 이것이 두 번째로 불가한 이유입니다.

매번 聖旨를 받았으나 바로 巡幸하지는 않으셨으니 이것은 시급하지도 않은 일을 하여 헛수고만 하는 것입니다. 나라에 두 해를 버틸 수 있는 축적도 없는데 어찌 두 도읍을 웅장하게 갖춰두려고 하십니까. 노역이 정도를 지나치면 원망의 말이 일어날 것이니, 이것이 세 번째로 불가한 이유입니다.

백성이 난리를 겪고 나서 재력이 소진되었는데 폐하의 돌봄을 받아 그럭저럭 존립해 있긴 하지만 아직도 굶주림과 추위가 여전히 절박하고 생계가 안정되지 못해서 3년이나 5년 안에는 원래의 모습을 회복할 수가 없습니다. 그런데 어찌 행차하지도 않을 도읍을 경영하여 지친 사람들의 힘을 빼앗는단 말입니까. 이것이 네 번째로 불가한 이유입니다.

옛날 漢 高祖가 洛陽에 도읍을 정하려 하다가 婁敬의 한마디 말을 듣고 즉시 서쪽(長安)으로 발길을 옮겼으니, 어찌 낙양 지역이 중앙에 속하고 세금을 실어 나르는 거리가 균등하다는 것을 몰랐겠습니까만 형세의 우세함이 關內(關中)만 못했기 때문입니다. 삼가 생각하건대 폐하께서 피폐한 사람들을 교화하고 야박한 풍습을 개혁하였으나 그 시일이 아직 짧아서 크게 순화시키지는 못한 상황이니, 일의 타당함을 짐작할 때 어찌 동쪽(낙양)으로 행차해서야 되겠습니까. 이것이 다섯 번째로 불가한 이유입니다.

5-2-3

**臣**이 **嘗見隋室初造此殿**할새 **楹棟宏壯**이어늘 **大木**은 **非近道所有**라 **多自豫章采來**⑫하니 **二千人**이 **拽一柱**할새 **其下施轂**하되 **皆以生鐵爲之**하니 **中間**에 **若用木輪**하면 **動即火出**하니이다 **略計一柱**컨대 **已用數十萬**이니 **則餘費**가 **又過倍於此**[12)]니이다 **臣聞 阿房成**⑬에 **秦人散**하고 **章華就**에 **楚衆離**⑭하고 **乾元畢工**에 **隋人解體**라하니이다 **且以陛下今時功力**이 **何如隋日**이니잇가 **承凋殘之後**하여 **役瘡痍之人**하고 **費億萬之功**하여 **襲百王之弊**하시니 **以此言之**컨대 **恐甚於煬帝遠矣**니이다 **深願陛下思之**하사 **無爲由余所笑**⑮하시면 **則天下幸甚矣**니이다

⑫ 多自豫章采來 : 豫章, 郡名, 今龍興路, 隷江西.
豫章은 郡의 이름이니, 지금의 龍興路로 江西에 속한다.

⑬ 聞阿房成 : 房, 音旁, 見政體篇註.
房은 음이 旁이니, 〈論政體〉의 註에 해당 설명이 보인다.

⑭ 章華就 楚衆離 : 楚靈王, 爲章華之臺, 納亡人以實之.
楚 靈王이 章華臺를 지은 뒤, 망명자들을 받아들여 채웠다.

---

12) 見隋室初造此殿……則餘費又過倍於此 : 《資治通鑑》 권193 唐紀 9 太宗 貞觀 4년에 보인다.

⑮ 無爲由余所笑 : 由余, 西戎人. 戎王使由余觀秦, 繆公示以宮室積聚, 由余曰 "鬼爲之, 則勞神矣, 人爲之, 亦苦民矣." 公怪之, 問曰 "中國以詩書・禮樂・法度爲政, 然尙時亂, 今戎夷無此, 何以爲治." 由余笑曰 "此乃中國所以亂也, 云云." 出史記.
由余는 西戎 사람이다. 戎王이 유여에게 秦나라를 관찰하게 했는데, 秦나라 繆公이 궁궐과 가득 쌓아놓은 재물들을 보여주자, 유여가 말하기를 "귀신이 했다면 神을 힘들게 했을 테고, 사람이 했다면 또한 백성을 힘들게 했을 것입니다."라고 하였다. 목공이 이상하게 여기며 묻기를 "中國은 詩書와 禮樂과 法度로 정치를 하는데도 여전히 혼란스러운데, 지금 戎夷는 이러한 것이 없으니 어떻게 정치를 하겠소?"라고 하니, 유여가 빙긋이 웃으며 "이것이 바로 中國이 혼란한 까닭입니다.……"라고 했다. ≪史記≫ 〈秦本紀〉에 관련 내용이 보인다.

臣이 일찍이 살펴보건대, 隋나라 황실에서 처음 이 궁전을 지을 때 기둥이 웅장했는데 큰 나무는 가까운 곳에 있는 것이 아니어서 대부분 豫章郡에서 채취해 왔습니다. 2천 명이 기둥 하나를 끌고 올 때 그 아래에 바퀴를 설치했는데 모두 生鐵로 만들었으니, 중간에 나무 바퀴를 사용하게 되면 바로 불이 나고 말았습니다. 대략 기둥 하나를 옮기는 데에 드는 비용을 계산할 때 수십만 전이 들었을 것이니 나머지 비용은 이보다 갑절은 더 됐을 것입니다.

신이 들으니 阿房宮이 완성되자 秦나라 사람들이 떠났고, 章華臺가 완성되자 楚나라 군중들이 떠났고, 乾元殿이 완공되자 隋나라 사람들이 흩어졌다고 하였습니다.

그리고 폐하께서는 현재의 역량이 隋나라 때와 견주어 어느 정도라고 생각하십니까? 쇠잔한 뒤를 이어 상처받은 사람들을 부리고 억만의 비용을 들여 수많은 제왕들의 폐해를 계승하려 하시니, 이 상태로 논한다면 아마 隋 煬帝보다도 훨씬 심할 것입니다. 간절히 바라옵건대 폐하께서 이를 생각하시어 由余의 웃음거리가 되지 않으신다면 천하에 매우 다행일 것입니다."

5-2-4

**太宗謂玄素曰 卿**이 **以我不如煬帝**하니 **何如桀紂**아 **對曰 若此殿卒興**[16]하시면 **所謂同歸於亂**이니이다 **太宗嘆曰 我不思量**[17]하여 **遂至於此**라하고 **顧謂房玄齡曰 今玄素上表**하니 **洛陽實亦未宜修造**라 **後必事理須行**이니 **露坐**가 **亦復何苦**리오 **所有作役**을 **宜**

**卽停之**하라 **然以卑**(于)〔干〕[13]**尊**은 **古來不易**⑱니 **非其忠直**이면 **安能如此**리오 **且衆人之唯唯**⑲는 **不如一士之諤諤**[14]이니 **可賜絹五百匹**하라하다 **魏徵嘆曰 張公**이 **遂有回天**[15]**之力**이라 **可謂仁人之言**이니 **其利博哉**⑳로다

⑯ 若此殿卒興 : 卒, 子聿切.
卒(마침내)은 子와 聿의 반절이다.

⑰ 我不思量 : 平聲.
〈量(헤아리다)은〉 平聲이다.

⑱ 古來不易 : 以豉切.
〈易(쉽다)는〉 以와 豉의 반절이다.

⑲ 且衆人之唯唯 : 竝音葦.
〈唯唯(수긍을 나타내는 대답)는〉 모두 음이 葦이다.

⑳ 貞觀四年……其利博哉 : 按史傳[16], 此疏有曰 "臣聞東都始平, 太上皇詔宮室過度者焚之. 陛下謂瓦木可用, 請賜貧人, 事雖不從, 天下稱爲盛德. 今復度而營之, 是隋役又興, 不五六年間, 一捨一取, 天下將謂何." 帝顧玄齡曰 "洛陽朝貢天下中, 朕營之, 意欲便四方百姓. 今玄素言如此, 使後必往, 雖露坐. 庸何苦." 卽詔罷役.
살펴보건대, 史傳에는 이 疏章에 아뢰기를 "신이 들으니 東都(洛陽)가 처음 평정될 때 太上皇(高祖 李淵)께서 조서를 내려 도에 지나치게 화려한 궁궐은 불에 태우라고 명하자, 폐하(太宗)께서는 쓸 만한 기와나 나무는 가난한 사람들에게 하사할 수 있는지 물으셨는데 그 일이 비록 시행되지는 않았지만 세상 사람들이 모두 훌륭한 덕을 갖추셨다고 칭찬했습니다. 그런데 지금 이를 다시 경영하면, 이는 隋나라의 공사를 다시 일으켜 5, 6년이 안 되어 버렸다가 취하기를 반복하게 되니, 세상 사람들이 장차 무어라 하겠습니까?" 하였다.
太宗이 房玄齡을 돌아보며 말하기를 "洛陽은 朝貢에 편리한 천하의 중심지이니 짐이 경영하려는 것은 뜻이 사방의 백성들을 편리하게 하는 데 있소. 지금 張玄素가 이와 같이 말하니, 후에 반드시 가서 맨땅에 앉는다고 해도 무슨 괴로움이 있겠소."라 하고, 즉시 조칙을 내려 공사를 그만두라고 했다.

太宗이 張玄素에게 말하였다.

---

13) (于)〔干〕: 저본에는 '于'로 되어 있으나, ≪舊唐書≫ 권75 〈張玄素列傳〉에 의거하여 '干'으로 바로잡았다.

14) 且衆人之唯唯 不如一士之諤諤 : ≪史記≫ 〈商君列傳〉에 "천 명의 신하가 예예 하는 것은 한 명 선비의 올곧은 간언만 못하다.〔千人之諾諾 不如一士之諤諤〕"라고 하였다.

15) 回天 : 간언을 통해 皇帝의 마음을 되돌리는 것이다. 天은 皇帝를 뜻한다.

16) 史傳 : ≪新唐書≫ 권103 〈張玄素列傳〉에 보인다.

"卿이 나를 隋 煬帝만 못하다고 했는데 桀王·紂王과 비교하면 어떠하오?"

장현소가 대답하였다.

"만일 이 궁전을 결국 세우신다면 이른바 똑같이 혼란으로 귀결된다는 것입니다."

태종이 탄식하며 말하였다.

"내가 깊이 생각하지 못하여 결국 여기에 이른 것이오."

그리고 房玄齡을 돌아보며 말하였다.

"지금 장현소가 올린 표문을 보니 洛陽에 실로 건물을 수리 개조하는 것은 온당치 않소. 뒤에 반드시 事理에 맞게 실행하면 될 터이니, 그냥 맨땅 위에 앉는다 해도 다시 무슨 괴로움이 있겠소. 하던 공사를 즉시 중지하도록 하시오. 하지만 지위가 낮은 사람이 지위가 높은 사람을 저촉하는 것은 예로부터 쉽지 않으니 忠直한 사람이 아니면 어떻게 이렇게 할 수 있겠소. 또 뭇사람들이 '예예' 하고 순종하는 것은 한 선비가 바르게 간언하는 것만 못하니 비단 500匹을 하사하시오."

魏徵이 탄식하며 말하였다.

"張公(張玄素)은 마침내 황제의 뜻을 되돌린 힘이 있다. 仁人의 말이라 할 만하니 그 이로움이 크도다."

**【集論】**

范氏祖禹曰 上之所好者는 下之所競也라 太宗이 虛己以求直言이라 故群臣爭救其失하여 惟恐其言之不切하니 太宗이 不惟悅而從之라 又賞以勸之하니 此人君之所難能也라 夫如是면 何患於有過乎리오

范禹祖가 말하였다.

"윗사람이 좋아하는 것은 아랫사람이 경쟁적으로 하려 한다. 太宗이 자신을 비우고 直言을 구하였으므로 뭇 신하들이 앞다퉈 그 잘못을 구제하려 하여 자신들의 말이 절실하지 않을까 걱정했다. 태종은 이를 기뻐하며 따랐을 뿐만 아니라 더욱이 상을 주며 권장했으니, 이는 임금이 잘하기 어려운 점이다. 이와 같이 한다면 어찌 과오가 있을까 걱정하겠는가."

張氏九成曰 古人이 以片言干知己하고 以疏賤投至貴할새 非至誠切直이면 豈足以遇合이리오 始玄素가 以小吏在擾攘間이라가 蒙天子訪問隋唐興替之由하여 遂獲寵遇하고 洛陽之役에 懇切疏諫하여 遂有回天之力이라 惜乎라 匪人淫慢하고 厭疾忠誨하여 功無成而遷播之禍至하니 此는 忠良이 所以於(오)悒而痛哭也

張九成이 말하였다.

"옛사람이 한마디 말로 자기를 알아주기를 구하며, 소원하고 천한 사람이 지위가 높은 사람에게 投身할 적에 지성스럽고 아주 정직한 사람이 아니면 어찌 서로 뜻이 맞을 수 있겠는가. 애초에 張玄素가 하찮은 관리로서 별 볼 일 없이 지내다가 天子가 隋나라가 망하고 唐나라가 흥한 이유를 묻는 기회를 만나서 결국 총애와 知遇를 얻게 되었고, 洛陽의 공사에 대해 간절하게 상소로 간언하여 마침내 황제의 뜻을 되돌리는 힘을 발휘하게 되었다. 애석하다, 바르지 못한 사람은 방종하고 태만하며 충성스러운 말을 질시하여 공은 이루지도 못한 채 좌천되는 재앙이 따르니, 이것이 충성스럽고 어진 신하가 억울해하며 통곡하는 이유이다."

呂氏祖謙曰 堯舜은 天下之至善也라 故人情莫不欲爲之하고 桀紂는 天下之至惡也라 故人情莫不恥言之라 世之爲人君者가 未嘗不是堯舜이로되 而未必爲堯舜之所爲하고 亦未嘗不非桀紂로되 而未必不爲桀紂之所爲하니 如是면 則雖知以堯舜自名이라도 而未必不爲桀紂之歸也라 惟聖明之君은 知所以爲堯舜者가 在於力行이요 而不在於空言이라 苟其行之未善이면 人雖被以桀紂之名이라도 而不怒하니 夫然後에 可以進於堯舜이니 則漢高祖와 唐太宗이 其人也라 高祖問周昌曰 我何如主오 對曰桀紂之主라하고 太宗謂玄素曰 我何如桀紂오 對曰 此役不息이면 同歸于亂이라하니 夫二君은 三代而下之英主也라 雖其臣이 比之桀紂라도 而二君受之하니 雖不能盡如堯舜이나 而亦堯舜之徒耳라 此無他라 知以桀紂自儆이라 故不敢爲桀紂之歸也라

呂祖謙이 말하였다.

"堯임금·舜임금은 천하의 최고 善人이므로 사람들의 마음에 모두 그렇게 되고 싶어 하였고, 桀王·紂王은 천하의 최고 惡人이므로 사람들 마음에 모두 그들에 대해 말하는 것을 수치스러워하였다. 세상의 임금들이 요임금·순임금을 옳다고 여기지 않은 적이 없지만 반드시 요임금·순임금이 행한 것을 행하지는 못하였고, 또 걸왕·주왕을 그르다고 하지 않은 적이 없지만 반드시 걸왕·주왕이 행한 것을 행하지

않지는 못하였다. 이와 같다면 비록 스스로는 요임금·순임금으로 명명할 줄 안다 하더라도 반드시 걸왕·주왕으로 귀결되지 않음이 없다. 오직 성스럽고 현명한 임금만이 요임금·순임금이 되는 것은 힘써 실행하는 데 달려 있고 공허한 말에 달려 있지 않다는 것을 안다. 참으로 그 행동이 선하지 못하면 사람들이 비록 걸왕·주왕이라고 명명해도 그에 대해 노하지 않아야 한다. 그래야만 요임금·순임금에 나아갈 수 있으니 漢 高祖와 唐 太宗이 그에 해당하는 사람이다.

한 고조가 周昌에게 묻기를 '나는 어떠한 군주인가?'라고 하자, 대답하기를 '걸왕·주왕과 같은 군주입니다.'라고 하였고, 당 태종이 張玄素에게 묻기를 '내가 걸왕·주왕과 견주어 어떠한가?'라고 하자, 대답하기를 '이 공사를 멈추지 않으면 똑같이 혼란으로 귀결될 것입니다.'라고 하였다. 두 임금은 三代 이후의 훌륭한 군주이다. 비록 신하가 걸왕·주왕에 견주었어도 두 임금이 이를 받아들였으니, 비록 완전히 요임금·순임금과 같지는 못하다고 해도 또한 요임금·순임금의 무리에 속한다. 이는 다름이 아니라 걸왕·주왕을 스스로 경계해야 할 줄 알았으므로 감히 걸왕·주왕으로 귀결되지 않은 것이다."

愚按 洛邑은 爲土中하여 以四方貢賦道里均也라 周之都鎬京也에도 洛爲東都하여 於此而朝諸侯焉하고 漢之都長安也에도 洛有南宮하여 於此而臨幸焉하니 唐都長安하고 視洛陽을 與周漢同하여 天下旣平에 修治洛邑이 若未甚害也라 然洛陽은 多隋宮室하고 制度過侈하여 非所宜修니 太宗納玄素之諫하여 遽令罷役은 善矣라 他日에 飛山翠微玉華之役은 又非洛陽陪京之事나 勢能追思玄素之言이면 則尤善矣라

내가 살펴보건대, 洛邑(洛陽)은 사방의 중앙이 되어 四方에서 공물과 세금을 운송하는 길의 거리가 균등하다. 周나라가 鎬京에 도읍하고도 낙읍을 東都로 삼아 이곳에서 諸侯에게 조회 받았고, 漢나라가 長安에 도읍하고도 낙읍에 南宮을 두어 이곳에 행차했으니, 唐나라가 장안에 도읍하고서 낙양을 周나라와 漢나라처럼 간주하여 세상이 평안해지고 나서 낙양을 수리하는 것은 큰 피해가 되지 않을 듯하다. 하지만 낙양에는 隋나라의 궁궐이 많고 그 제도가 지나치게 화려하여 수리하기에 온당치 않은 것들이었으니, 太宗이 張玄素의 간언을 받아들여 바로 공사를 멈추도록 한 것은 훌륭하다. 그런데 훗날 飛山宮·翠微宮·玉華宮의 공사는 또 陪京(제2의 도읍지)인 낙양과 관련된 것이 아니었으나 형세상 장현소의 말을 미루어 생각할 수 있었다면 더욱더 훌륭했을 것이다.

5-3-1

太宗有一駿馬하여 特愛之하여 恒於宮中養飼러니 無病而暴死어늘 太宗怒하여 養馬宮人을 將殺之한대 皇后①諫曰 昔에 齊景公이 以馬死殺人②커늘 晏子가 請數其罪云③ 爾養馬而死하니 爾罪一也요 使公以馬殺人을 百姓聞之하면 必怨吾君하리니 爾罪二也요 諸侯聞之하면 必輕吾國하리니 爾罪三也라하니 公乃釋罪[17]니이다 陛下嘗讀書見此事어늘 豈忘之邪잇가 太宗이 意乃解하고 又謂房玄齡曰 皇后가 庶事相啓沃하여 極有利益爾라하다

① 皇后 : 長孫氏.
〈皇后는〉 長孫氏이다.

② 齊景公 以馬死殺人 : 齊景公, 名杵臼.
齊 景公은 이름이 杵臼이다.

③ 晏子請數其罪云 : 數, 上聲. 晏子, 名嬰, 字平仲, 齊大夫.
數(죄를 세어가며 꾸짖다)는 上聲이다. 晏子는 이름이 嬰이고 字가 平仲이며 齊나라 大夫이다.

太宗에게 한 필의 駿馬가 있어서 특별히 사랑한 나머지 언제나 궁궐 안에서 먹여 길렀는데도 병이 없이 갑자기 죽자, 태종이 노하여 말을 기르는 宮人을 죽이려 하였다.

皇后가 간언하였다.

"옛날 齊나라 景公이 말 때문에 사람을 죽이려 하자, 晏子가 말을 기른 사람의 罪를 나열하여 꾸짖기를 '네가 말을 기르다 죽게 하였으니 너의 죄가 하나이고, 임금이 말 때문에 사람을 죽였다는 것을 백성들이 듣게 되면 반드시 우리 임금을 원망할 터이니 너의 죄가 둘이고, 제후들이 이 소식을 들으면 반드시 우리나라를 경시할 터이니 너의 죄가 셋이다.'라고 하자, 경공이 바로 풀어주었습니다. 폐하께서 일찍이 글을 읽으시며 이 내용을 보셨을 터인데 어찌 잊으셨겠습니까."

태종이 이내 노여움을 풀고 나서 房玄齡에게 말하였다.

"황후가 많은 일들에 대해 마음을 열어 바로잡아주어 매우 보탬이 된다."

---

17) 齊景公……公乃釋罪 : ≪晏子春秋≫ 권2 〈內篇 諫下〉에 보인다.

【集論】

愚按 晏子諫齊景公에 有三罪之說은 其意가 美矣라 今觀太宗欲殺宮人之事하면 蓋亦有三失焉하니 何也오 不寶賢而寶駿馬는 則寶非其寶矣요 不任牧人而牧宮人은 則任非其任矣요 以馬死而欲殺人은 則刑非其刑矣니 向非文德皇后之諫이면 豈不爲盛德之累乎아 史稱太宗有壯馬하여 不能御어늘 則天이 時爲宮人하여 進而言曰 妾有三物하여 能御之하니 一曰鐵鞭이니 鞭其背요 二曰鐵檛니 檛其首요 三曰匕首니 斷其喉니이다한대 太宗壯之[18]하다 夫太宗使宮人養馬는 不過一時溺於嗜好而已어늘 孰知宮人之中에 有善御馬如則天者가 已潛擬於其後乎아 吁라 可畏哉인서

내가 살펴보건대, 晏子가 齊 景公에게 간언할 적에 세 가지 죄목의 말을 남긴 것은 그 뜻이 훌륭하다. 지금 太宗이 宮人을 죽이고자 한 내용을 살펴보면 또한 세 가지 잘못이 있으니, 무엇인가. 현자를 보물로 여기지 않고 駿馬를 보물로 여긴 것은 제대로 된 보물이 아니고, 말을 牧夫에게 맡기지 않고 宮人에게 기르게 한 것은 맡긴 것이 제대로 맡긴 것이 아니며, 말이 죽었는데 사람을 죽이려 한 것은 형벌하는 것이 제대로 된 형벌이 아니다. 만일 文德皇后의 간언이 아니었다면 어찌 성대한 德에 누가 되지 않았겠는가.

역사의 기록에 의하면, 태종에게 힘이 센 말이 있었는데 제어하지 못했다. 당시 宮人이었던 則天(則天武后)이 나서서 말하기를 "妾에게 세 가지 물건이 있어 능히 말을 제어할 수 있습니다. 하나는 鐵鞭(쇠 채찍)이니 그 등을 채찍질하는 것이고, 두 번째는 鐵檛(쇠 채찍의 일종)니 그 머리를 채찍질하는 것이고, 세 번째는 匕首니 그 목을 끊는 것입니다."라고 하자, 태종이 장하게 여겼다.

태종이 宮人에게 말을 기르도록 한 것은 한때 嗜好에 탐닉한 것에 지나지 않는데, 宮人 가운데 말을 잘 다룰 줄 아는 則天 같은 자가 이미 그 뒤에서 조용히 계획하고 있을 줄 누가 알았겠는가. 아, 두려운 일이다.

5-4-1

貞觀七年에 太宗將幸九成宮①[19]한대 散騎常侍姚思廉進諫曰 陛下高居紫極[20]하사

---

18) 太宗有名馬……太宗壯之 : ≪資治通鑑≫ 권206 唐紀 22 則天 久視 원년에 관련 내용이 보인다.

19) 九成宮 : 太宗이 九成宮에 피서를 하다가 물맛이 단 샘물을 찾아내고는 샘의 이름을 醴泉이

寧濟蒼生인댄 應須以欲從人②이요 不可以人從欲이니이다 然則離宮遊幸은 此秦皇漢武之事③라 故非堯舜禹湯之所爲也니이다하고 言甚切至어늘 太宗諭之曰 朕有氣疾하여 熱便頓劇이라 故非情好遊幸④이나 甚嘉卿意하노라하고 因賜帛五十段하다

① 九成宮：隋仁壽宮也.
〈九成宮은〉 隋나라 仁壽宮이다.
② 應須以欲從人：應, 平聲.
應(응당)은 平聲이다.
③ 此秦皇漢武之事：始皇, 姓嬴, 名政, 國號秦. 武帝, 姓劉, 名徹, 國號漢.
始皇은 姓이 嬴이고 이름이 政이니, 국호를 秦이라고 하였다. 武帝는 姓이 劉이고 이름이 徹이니, 國號를 漢이라고 하였다.
④ 故非情好遊幸：好, 去聲.
好(좋아하다)는 去聲이다.

貞觀 7년(633)에 太宗이 九成宮으로 행차하려 하자, 散騎常侍 姚思廉이 간언을 올렸다.

"폐하께서 궁중에 높이 앉아 편안히 백성을 구제하시려면 응당 자신의 욕심을 버리고 뭇사람들의 뜻을 따라야 하고, 뭇사람들의 뜻을 자신의 욕심에 따르게 해서는 안 될 것입니다. 그렇다면 황궁을 떠나 유람하시는 것은 秦 始皇과 漢 武帝의 일이므로, 堯帝・舜帝・禹王・湯王이 행한 것이 아닙니다."

그 말이 매우 절실하자, 다음과 같이 태종이 유시하였다.

"짐은 氣疾(호흡기와 관련된 병)이 있어서 날씨가 더우면 갑자기 심해지오. 그러므로 나의 본심이 놀기를 좋아해서 행차하는 것은 아니오. 하지만 卿의 생각을 매우 가상하게 여기오."

이어서 비단 50段을 하사하였다.

【集論】

愚按 漢元이 欲乘樓船이라가 以薛廣德之言而止[21]하고 則天이 欲觀舍利라가 以狄仁傑之言

---

라 붙이고 魏徵에게 명하여 銘을 짓게 하고 歐陽詢에게 명해 돌에 써서 새기게 하였다. 〈九成宮醴泉銘〉은 서예사의 중요 작품으로도 전한다.

20) 紫極：별 이름으로, 帝王의 宮殿을 비유한다.

而止[22]하니 夫漢元은 庸君이요 則天은 女主로되 尙能改過不吝이온 況如太宗之素號納諫者乎아 思廉九成之諫은 非不切也로되 太宗氣疾之喩는 亦近於飾非矣라 且旣不從其言하고 復多賜之帛하니 是人君之過가 可以賄賂而免이요 人臣之直諫이 可以賄賂而移也니 太宗之賜와 思廉之受는 胥失之矣라

내가 살펴보건대, 漢 元帝가 樓船을 타려 하다가 薛廣德의 간언 때문에 멈추었고, 則天武后가 舍利를 구경하려 하다가 狄仁傑의 간언 때문에 멈추었다. 한 원제는 용렬한 임금이고 측천무후는 여자 군주임에도 오히려 잘못을 바로잡는 데에 인색하지 않았는데, 하물며 평소 간언을 잘 받아들인다는 말을 듣는 太宗이야 말할 나위가 있겠는가. 姚思廉의 九成宮에 대한 간언은 절실하지 않은 것이 아니지만 태종의 氣疾 때문이라는 유시는 또한 잘못을 얼버무리려는 데에 가깝다. 그리고 그 말을 따르지 않고 다시 비단까지 많이 하사하였다. 이는 임금의 과오가 뇌물로 인해 모면될 수 있고 신하의 直諫이 뇌물로 인해 바뀔 수 있는 것이니, 태종이 하사한 것과 요사렴이 받은 것은 서로 잘못된 것이다.

### 5-5-1

貞觀三年에 李大亮①이 爲涼州都督②할새 嘗有臺使[23]至州境③하여 見有名鷹하고 諷大亮獻之러니 大亮密表曰 陛下久絶畋獵이어시늘 而使者求鷹하니 若是陛下之意인댄 深乖昔旨요 如其自擅인댄 便是使非其人이니이다

① 李大亮 : 京兆人, 有文武才. 高祖入關, 自歸, 授土門令, 擊盜皆降, 擢金州司馬. 貞觀初, 授太府卿, 復出爲涼州都督, 俄爲西北道安撫大使, 以綏諸部降者. 八年, 討吐谷(욕)渾有功, 進爵爲公, 拜右衛將軍. 臨終, 表請罷遼東役.
〈李大亮은〉 京兆 사람이니, 文武를 겸비하였다. 高祖가 關中으로 들어오자 스스로 귀순하여 土門令에 임명되었고, 도적들을 공격해 모두 항복시키자, 金州司馬로 발탁되었다. 貞觀 초기에 太府卿에 임명되었다가 다시 涼州都督으로 나가고, 얼마 뒤 西北道安撫大使가 되어 諸部에서 항복한 자들을 按撫하였다. 貞觀 8년(634)에 吐谷渾을 정벌하여 공을 세워 작호가 公으로 승진되고 右衛將軍에 임명되었다. 세상을 떠날 무렵에 表文을 올려 遼東

---

21) 漢元欲乘樓船 以薛廣德之言而止 : ≪漢書≫ 권71 〈薛廣德列傳〉에 관련 내용이 보인다.

22) 則天欲觀舍利 以狄仁傑之言而止 : ≪資治通鑑≫ 권206 唐紀 22 則天 久視 元年에 관련 내용이 보인다.

23) 臺使 : 唐나라 때의 관직명으로, 정식으로 命名하기 이전의 監察御史이다.

전쟁에서 철수할 것을 건의했다.

② 爲涼州都督 : 涼州, 今西涼州, 隸甘肅.
涼州는 지금의 西涼州이니, 甘肅에 속한다.

③ 嘗有臺使至州境 : 使, 去聲, 後同.
使(사신)는 去聲이다. 뒤에도 같다.

貞觀 3년(629)에 李大亮이 涼州都督으로 있었을 때, 일찍이 臺使가 涼州의 경내에 와서 유명한 매를 보고 이대량에게 임금께 헌상할 것을 넌지시 권유하자, 이대량이 비밀 表文을 올려 말하였다.

"폐하께서 오랫동안 사냥을 단절하셨는데 使者가 매를 요구하니, 이것이 만일 폐하의 뜻이라면 〈사냥을 하지 않으려는〉 원래의 뜻에 크게 위배된 것이며, 사자가 자기 마음대로 한 일이라면 이는 사자가 제대로 된 사람이 아닙니다."

### 5-5-2

**太宗下書曰 以卿兼資文武**하고 **志懷貞確**이라 **故委藩牧**④[24)]하여 **當玆重寄**러니 **比在州鎭**⑤하여 **聲績遠彰**하니 **念此忠勤**하면 **豈忘寤寐**리오 **使遣獻鷹**하되 **遂不曲順**하고 **論今引古**하여 **遠獻直言**하되 **披露腹心**하여 **非常懇到**하니 **覽用嘉歎**하여 **不能已已**로다 **有臣若此**하니 **朕復何憂**리오 **宜守此誠**하여 **終始若一**하라 **詩云 靖恭爾位**하여 **好是正直**하면 **神之聽之**하여 **介爾景福**⑥이라하고 **古人稱一言之重**이 **侔於千金**[25)]이라하니 **卿之所言**은 **深足貴矣**로다 **今賜卿金壺缾金椀各一枚**하노니 **雖無千鎰之重**⑦이나 **是朕自用之物**이라 **卿**이 **立志方直**하고 **竭節至公**하며 **處職當官**⑧하여 **每副所委**하니 **方大任使**⑨하여 **以申重寄**하고 **公事之閒**에 **宜觀典籍**하라 **兼賜卿荀悅漢紀一部**⑩하노니 **此書**가 **敍致簡要**하고 **論議深博**하여 **極爲政之體**하고 **盡君臣之義**라 **今以賜卿**하노니 **宜加尋閱**⑪하라

④ 故委藩牧 : 藩, 屛. 牧, 守也.
藩은 변방이고, 牧은 지킴이다.

---

24) 藩牧 : 지방 장관을 가리킨다.

25) 稱一言之重 侔於千金 : 漢나라 季布가 약속한 사항에 대해서는 기필코 신의를 지켰으므로 사람들이 "황금 100근을 얻기보다는 계포의 승낙 하나를 얻는 것이 훨씬 낫다.〔得黃金百斤不如得季布一諾〕"라고 하였다. ≪史記 권100 季布列傳≫

⑤ 比在州鎭 : 比, 音鼻.
比(근래)는 음이 鼻이다.
⑥ 詩云……介爾景福 : 好, 去聲. 詩, 小雅小(旻)〔明〕[26]篇之辭.
好(좋아하다)는 去聲이다. ≪詩經≫은 〈小旻 小明〉篇의 가사이다.
⑦ 雖無千鎰之重 : 鎰, 音益[27], 重二十四兩爲鎰.
鎰은 음이 溢이니, 무게 24냥이 1鎰이다.
⑧ 處職當官 : 處, 上聲.
處(처하다)는 上聲이다.
⑨ 方大任使 : 如字.
〈使(부리다)는〉 본래 音義대로 독해한다.
⑩ 兼賜卿荀悅漢紀一部 : 荀悅, 字仲豫, 潁川人. 後漢時, 爲秘書監, 撰漢紀三十卷.
荀悅은 字가 仲豫이니, 潁川 사람이다. 後漢시대에 秘書監을 역임했고 ≪漢紀≫ 30권을 지었다.
⑪ 貞觀三年……宜加尋閱 : 舊本, 此章之首曰"貞觀初." 今按通鑑[28]標年.
舊本에는 이 장의 책머리에 '貞觀初'라고 하였으나, 지금 ≪資治通鑑≫의 내용에 의거하여 연도를 표기했다.

太宗이 다음과 같은 답서를 내렸다.

"경은 文武의 자질을 겸비하였고 의지와 포부가 곧고 확실하므로 변방의 장관을 맡겨 중요한 임무를 담당하게 하였는데, 근래 州와 鎭에서 명성과 공로가 크게 빛나고 있으니, 이 충성과 근면을 생각하면 어찌 자나 깨나 잊을 수 있겠소. 사자가 매를 헌상하라고 해도 결국 굽혀 순응하지 않고 고금의 사례를 거론하며 멀리서 直言을 고하였는데 마음속에 있는 것을 모두 드러내어 매우 간절한 정성이 있으니, 그것을 보고는 가상하고 감탄한 마음을 이루 금할 수가 없소. 이와 같은 신하가 있으니 짐이 무엇을 더 걱정하겠소. 마땅히 이 정성을 지켜서 처음과 끝이 한결같도록 하시오.

≪詩經≫ 〈小雅 小明〉에 이르기를 '너의 자리를 공손히 지켜 정직함을 좋아하면, 神이 듣고서 네게 큰 복을 크게 내릴 것이다.'라고 하였고, 옛사람이 말하기를 '한 마디 말의 무게가 천금과 같다.'라고 했으니, 경이 한 말은 매우 고

26) (旻)〔明〕: 저본에는 '旻'으로 되어 있으나, ≪詩經≫에 의거하여 '明'으로 바로잡았다.
27) 益 : 溢의 古字이다.
28) 通鑑 : ≪資治通鑑≫ 권193 唐紀 9 太宗에 보인다.

귀한 것이오.

지금 경에게 황금 병과 황금 주발 각 1개를 하사하니 비록 1,000鎰의 값어치는 못 되지만 짐이 직접 쓰던 물건이오. 경은 立志가 반듯하고 節義를 다하여 지극히 공평하며 해당 관직을 맡음에 있어 언제나 내가 맡긴 뜻에 부응하였기에 장차 크게 부려서 중책을 맡긴 뜻을 펴게 할 것이니, 공무를 보는 틈틈이 典籍을 살펴보도록 하시오.

경에게 荀悅의 ≪漢紀≫ 1부를 곁들여 하사하니, 이 책은 서술이 간편하게 요약되어 있고 논의가 깊고 풍부하여 政事를 하는 요체를 다 드러내고 君臣의 의리를 다 드러내고 있소. 지금 경에게 이를 하사하니 잘 살펴보도록 하시오."

【集論】

張氏九成曰 事君必以忠하고 立忠必以才하고 行己必以誠이니 三者全備라야 可謂賢矣라 大亮이 文武才幹하고 而諫獻鷹은 近於忠이요 太宗이 親任之篤은 蓋才兼文武하고 而濟之以忠誠耳니 房喬[29]가 稱有陵勃之節[30]이 詎不信夫아

張九成이 말하였다.

"임금을 섬길 때는 반드시 충성으로 해야 하고 충성을 확립할 때는 반드시 재능으로 해야 하고 자신을 실천할 때는 반드시 정성으로 해야 하니, 이 세 가지를 완전히 구비해야만 현자라 할 수 있다. 李大亮이 文武의 재능을 갖추고서 매를 헌상하는 일에 대해 간언한 것은 충성에 가깝고, 太宗이 돈독히 친애하고 신임한 것은 문무의 재주를 겸했으면서도 충성으로 보완했기 때문이니, 房喬가 '王陵과 周勃의 절의가 있다.'고 칭한 것이 어찌 사실이 아니겠는가."

愚按 太宗之朝에 臺閣侍從之臣이 獻可替否어든 必開論亹亹를 不啻如飢渴之於飲食하니 是宜列在라 外服之臣도 亦不肯順旨曲從하여 敢踰位而言也라 若李大亮求鷹之諫을 太宗이 非惟悅從之라 又賞賚之하니 盛哉라 太宗之納諫也여 然廷臣進諫에 猶曰朝夕論思하고 日

---

29) 房喬 : 房玄齡을 말한다. 喬는 房玄齡의 字이다.

30) 稱有陵勃之節 : ≪舊唐書≫ 〈李大亮列傳〉에 관련 내용이 보인다. 陵勃은 王陵과 周勃의 합칭으로 漢나라 高祖의 공신이다.

月獻納也어니와 遠方藩臣이 不在君側이로되 寧咈旨而不顧身하니 若大亮者는 可謂忠臣也已니 此尤藩臣之所當則效也라

내가 살펴보건대 太宗의 시대에 臺閣(중앙 정부)의 侍從臣이 옳은 것을 간언하고 그른 것을 그만두도록 건의할 때면 반드시 부지런히 일깨우기를 마치 배고프고 목마른 자가 물과 밥을 대하듯이 할 뿐만이 아니었으니, 마땅히 나열되어야 할 것이다. 지방에 있는 신하들도 황제 뜻에 순응하여 굽혀 따르려고만 하지 않고 감히 자기 위치를 벗어나 말하였다. 매를 요구한 것에 대한 李大亮의 간언을 태종은 기쁘게 따랐을 뿐만 아니라 더하여 상을 내리기까지 했으니, 태종이 간언을 받아들임이 성대하구나.

그러나 조정의 신하들이 간언을 한 것에 대해서는 오히려 '아침저녁으로 論思하고 날마다 달마다 좋은 계책을 올렸다.'라고 할 수 있거니와 먼 곳에 있는 변방의 신하가 임금 옆에 있진 않지만 차라리 임금의 뜻을 어길지언정 자신을 돌보지 않았으니, 이대량 같은 사람은 충신이라 말할 만하다. 이는 변방의 신하들이 마땅히 본받아야 할 것이다.

### 5-6-1

貞觀八年에 陝縣丞①[31]皇甫德參②이 上書忤旨어늘 太宗以爲訕謗③한대 侍中魏徵이 進言曰 昔에 賈誼가 當漢文帝上書云云하되 可爲痛哭者一이요 可爲長歎息者六④이라하니이다 自古上書가 率多激切하니 若不激切이면 則不能起人主之心이니이다 激切이 卽似訕謗이니 惟陛下詳其可否하소서 太宗曰 非公이면 無能道此者라하고 令賜德參帛二十段⑤하다

① 陝縣丞：陝縣, 今仍舊, 屬陝州, 隷河南.
陝縣은 지금 예전대로 陝州에 포함되며 河南에 속한다.

② 皇甫德參：皇甫, 複姓, 德參, 名也.
皇甫는 複姓이고 德參은 이름이다.

③ 太宗以爲訕謗：訕, 所諫切.
訕(비방하다)은 所와 諫의 반절이다.

④ 賈誼當漢……可爲長歎息者六：漢文帝, 名恒, 高祖次子也. 賈誼, 洛陽人. 文帝召爲博士, 後爲梁懷王傅. 上書陳事, 多所匡建, 其略曰 "臣竊惟事勢, 可爲痛哭者一, 可爲流涕者二, 可爲

---

31) 縣丞：縣의 보좌관이다.

長太息者六."[32]

漢 文帝는 이름이 恒이며 高祖의 둘째 아들이다. 賈誼는 洛陽 사람인데 한 문제가 초빙하여 博士를 삼았고 뒤에 梁懷王의 師傅가 되었다. 상소를 올려 국사를 진술하여 바로잡거나 건의한 것이 많았다. 그 대략에 이르기를 "신이 사세를 살펴보니 통곡할 만한 것이 한 가지이고, 눈물을 흘릴 만한 것이 두 가지이고, 길게 탄식할 만한 것이 여섯 가지입니다."

⑤ 貞觀八年……令賜德參帛二十段 : 令, 平聲. 按通鑑[33] "中牟丞皇甫德參上言 '修洛陽宮, 勞人, 收地租, 厚斂, 俗好高髻, 蓋宮中所化.' 上怒, 謂房玄齡等曰 '德參欲國家不役一人, 不收斗租, 宮人皆無髮, 乃可其意耶.' 欲治訕謗之罪. 魏徵諫曰 '云云.' 上曰 '朕罪斯人, 則誰敢言.' 乃賜絹二十四匹. 他日, 徵奏言 '陛下近日不好直言, 雖勉强含容, 非曩時之豁如.' 上乃更加優賜, 拜監察御史." 與此章雖小異而詳, 故附見焉.

令(하여금)은 平聲이다. 살펴보면 《資治通鑑》에 "中牟丞 皇甫德參의 上言에 '洛陽宮을 수리하면 사람을 힘들게 하고 토지세를 후하게 걷어야 하며, 풍습에 높은 머리 쪽을 좋아하는 것은 궁중에 동화된 것입니다.'라고 하자, 太宗이 노하여 房玄齡 등에게 이르기를 '德參은 국가에서 한 사람도 부역시키지 않고 한 말의 세금도 걷지 않고 宮人들이 모두 머리털이 없어야 그의 마음에 적합하게 될 것이로다.'라 하고, 비방 죄로 다스리려 하자, 魏徵이 '……'라고 간언하니, 태종이 말하기를 '짐이 이 사람을 처벌하면 누가 감히 말하겠는가.'라 하고 바로 비단 24필을 하사했다. 훗날 위징이 상주하기를 '폐하께서 근래 直言을 좋아하지 않으셔서, 비록 애써 수용하지만 지난날처럼 도량이 넓지 않으십니다.'라고 하니, 태종이 바로 황보덕참에게 넉넉한 하사품을 내리고 監察御史에 임명했다."라고 하였으니, 이 장과 약간 차이가 있지만 내용이 보다 상세하므로 여기에 덧붙인다.

貞觀 8년(634)에 陝縣丞 皇甫德參이 올린 글이 임금의 뜻에 저촉되었는데, 太宗이 헐뜯은 것이라고 하자, 侍中 魏徵이 간언을 올려 말하였다.

"옛날 賈誼가 漢나라 文帝에게 올린 글에 '통곡할 만한 것이 한 가지이고 길게 탄식할 만한 것이 여섯 가지입니다.'라고 했습니다. 예로부터 上書는 대부분 격렬하고 절실했으니, 격렬하고 절실하지 않으면 임금의 마음을 움직일 수가 없기 때문입니다. 격렬하고 절실한 것은 비방과 유사하니, 폐하께서는 옳은지 그른지를 상세히 살피소서."

태종이 말하였다.

"公이 아니면 이를 말할 자가 없소."

---

32) 臣竊惟事勢……可爲長太息者六 : 《漢書》 권48 〈賈誼列傳〉에 보인다.

33) 通鑑 : 《資治通鑑》 권194 唐紀 10 太宗 貞觀 8년에 보인다.

그러고는 황보덕참에게 비단 20段을 하사하게 하였다.

**【集論】**

胡氏寅曰 無常者는 惟人心乎인저 太宗이 初下洛陽하여 毁隋宮室[34)]은 惡其侈也어늘 卽欲修建이라가 雖爲諫少輟이나 然意終不已하여 竟使成之라 最後에 并怒諫者하여 欲加之罪하니 何其一念之難回也오 太宗이 克己從諫하여 終自勉焉이나 其心術有蔽하여 不能自祛猶如此어든 況不能克己從諫者는 宜如何아 則亦觸情縱欲하여 猶蒹葭萑葦[35)]가 寧有旣耶아

胡寅이 말하였다.

"일정함이 없는 것은 사람의 마음일 것이다. 太宗이 처음 洛陽을 함락하였을 때 隋나라의 궁궐을 헐은 것은 사치스러움을 싫어해서였다. 그런데 곧바로 수리하려고 하다가 비록 간언 때문에 잠시 멈추긴 했지만 생각이 끝내 사라지지 않아 결국 완성시키도록 하였다. 마지막에는 간언한 자에게 노여워하여 벌을 가하려고까지 했으니, 어쩌면 한 번 먹은 생각을 되돌리기 어려웠던 것인가.

태종은 자신의 사욕을 극복하고 간언을 따라 끝까지 스스로 노력했음에도 그 마음에 엄폐된 것이 있어 이처럼 떨쳐내지 못하였는데, 더구나 자신의 사욕을 극복하고 간언을 따르지 못한 자의 경우는 어떠하겠는가. 감정이 가는 대로 욕심을 부려 〈蒹葭〉편의 갈대처럼 그리는 것이 어찌 끝이 있겠는가."

愚按 爲人上者가 甚矣라 虛心聽納之難也여 以太宗之始怒皇甫德參엔 而欲罪之라가 復從徵言하여 德參이 遂擢高官하고 膺厚賞이라 始也엔 怒人之言이라가 終也엔 從人之諫하니 不貴無過요 而貴改過[36)]는 太宗之謂矣라 然忤旨之怒는 其中心之發見耶아 抑一時磯激而然耶아 向非徵之忠鯁이면 其爲君德之累가 豈少哉아 德參은 區區一縣丞耳로되 乃能奮不自顧如此하니 尤可爲微臣之則效也라

---

34) 太宗初下洛陽 毁隋宮室 : ≪資治通鑑≫ 권193 唐紀 9 太宗 貞觀 4년에 보인다.

35) 蒹葭萑葦 : 〈蒹葭〉는 ≪詩經≫ 〈國風 秦風〉의 편명으로, 만나고 싶은 사람을 만나지 못함을 비유한 것이다. 그 가사에 "갈대가 푸르게 우거진 이때에 흰 이슬이 내리다가 서리로 변했네.〔蒹葭蒼蒼 白露爲霜〕"라고 하였는데, 葦의 어린 것은 蒹葭라 하고 다 큰 것은 萑葦라 한다.

36) 不貴無過 而貴改過 : ≪尙書詳解≫ 권17 〈說命 中〉에 보인다.

내가 살펴보건대 임금이 된 이가 마음을 비우고 간언을 받아들이기 어려움이 이토록 심하구나. 太宗이 처음엔 皇甫德參에게 노여워하여 벌을 주려 하다가 다시 魏徵의 건의를 받아들여 결국 황보덕참이 높은 관직에 발탁되고 후한 상까지 받았다. 처음에는 남의 말에 노여워하다가 결국 남의 간언을 따랐으니, 과오가 없는 것이 중요하지 않고 과오를 바로잡는 것이 중요하다는 것은 태종을 두고 한 말이다. 하지만 태종의 뜻을 저촉한 데 대한 노여움은 본디 마음속에서 나온 것인가, 아니면 한순간에 격분하여 그런 것인가. 만일 위징의 충성과 올곧음이 아니었다면 임금의 덕에 누가 됨이 어찌 적겠는가. 황보덕참은 하찮은 일개 縣丞에 불과하지만 이처럼 제 몸을 돌보지 않고 분발하였으니 더욱더 한미한 신하의 모범이 될 만하다.

5-7-1

**貞觀十五年**에 **遣使詣西域**①하여 **立葉**(섭)**護可汗**[37]한대 **未還**②에 **又令人多齎金帛**③하여 **歷諸國市馬**하니 **魏徵諫曰 今發使以立可汗爲名**이어늘 **可汗未定立**에 **卽詣諸國市馬**하시니 **彼必以爲意在市馬**요 **不爲專立可汗**④이리이다 **可汗得立**이라도 **則不甚懷恩**이요 **不得立**이면 **則生深怨**이며 **諸蕃聞之**하면 **且不重中國**이리이다 **但使彼國安寧**⑤이면 **則諸國之馬**가 **不求自至**리이다 **昔**에 **漢文帝有獻千里馬者**어늘 **曰 吾吉行日三十**⑥요 **凶行日五十**⑦이라 **鸞輿在前**⑧하고 **屬車在後**⑨하니 **吾獨乘千里馬**하여 **將安之乎**⑩아하고 **乃償其道里所費而返之**니이다 **又光武**⑪**有獻千里馬及寶劍者**어늘 **馬以駕鼓車**[38]하고 **劍以賜騎士**[39]니이다 **今陛下凡所施爲**⑫는 **皆邈過三王之上**⑬이어늘 **奈何至此欲爲孝文光武之下乎**잇가 **又魏文帝**⑭**求市西域大珠**어늘 **蘇則**⑮**曰 若陛下惠及四海**하면 **則不求自至**어니와 **求而得之**하면 **不足貴也**[40]라하니 **陛下縱不能慕漢文之高行**⑯이나 **可不畏蘇則之正言耶**잇가 **太宗**이 **遽令止之**⑰하다

① 遣使詣西域 : 使, 去聲, 後同. 西域, 西夷之國也.

---

37) 可汗 : 可罕으로도 쓴다. 鮮卑·柔然·突厥·回紇·蒙古 등에서 최고 통치자의 칭호로 쓰였다.

38) 鼓車 : 북을 실은 수레이다. 제왕이 외부에 나갈 때에 가지고 가는 儀仗의 하나이다.

39) 又光武有獻千里馬及寶劍者……劍以賜騎士 : ≪後漢書≫ 권106 〈循吏列傳〉에 관련 내용이 보인다.

40) 又魏文帝求市西域大珠……不足貴也 : ≪三國志≫ 〈魏志〉 권16 〈蘇則列傳〉에 보인다.

使(사신)는 去聲이다. 뒤에도 같다. 西域은 西夷의 국가이다.

② 立葉(섭)護可汗 未還：葉, 音攝. 葉護, 突厥大臣之號也, 本曰葉護統. 葉護嗣其兄射匱可汗, 乃號葉護可汗. 是年, 葉護數遣使入貢. 秋七月, 左領軍將軍張大師持節, 卽其所號, 立爲可汗, 賜以鼓纛(독)[41].

葉은 음이 攝이다. 葉護는 突厥 大臣의 호칭인데 원래는 葉護統이라 한다. 葉護가 그의 형 射匱可汗을 계승하여 葉護可汗이라 불렀다. 이해에 葉護가 몇 차례에 사신을 보내 공물을 보냈다. 가을 7월에 左領軍將軍 張大師가 부절을 가지고 가서 그의 호칭을 그대로 사용하여 可汗으로 책립한 뒤 鼓와 纛을 하사했다.

③ 又令人多齎金帛：令, 平聲, 後同.

令(하여금)은 平聲이다. 뒤에도 같다.

④ 不爲專立可汗：不爲之爲, 去聲.

不爲의 爲(위하다)는 去聲이다.

⑤ 但使彼國安寧：使, 如字.

使(하여금)는 본래 音義대로 독해한다.

⑥ 吾吉行日三十：吉行, 謂巡幸祭祀也.

吉行은 巡幸하며 제사 지내는 것을 말한다.

⑦ 凶行日五十：凶, 漢書作師. 凶行, 謂出兵行師也.

凶은 ≪漢書≫ 〈賈捐之列傳〉에 師로 되어 있다. 凶行은 싸우기 위해 出兵하는 것을 말한다.

⑧ 鸞輿在前：輿, 漢書作旗.

輿는 ≪漢書≫ 〈賈捐之列傳〉에 旗로 되어 있다.

⑨ 屬車在後：屬, 音囑. 漢因秦制, 大車八十一乘相屬也.

屬(잇다)은 음이 囑이다. 漢나라가 秦나라의 제도를 계승하여 大車 81乘을 뒤따르게 하였다.

⑩ 吾獨乘千里馬 將安之乎：乘, 平聲. 之, 猶往也.

乘(타다)은 平聲이다. 之(가다)는 往과 같다.

⑪ 光武：名, 秀, 漢中興之君.

光武는 이름이 秀이니, 漢나라 中興의 군주이다.

⑫ 今陛下凡所施爲：施, 平聲.

施(은혜를 베풀다)는 平聲이다.

⑬ 皆邈過三王之上：邈, 音莫.

邈(아득하다)은 음이 莫이다.

⑭ 魏文帝：姓曹, 名丕, 操之子也. 受漢禪, 國號魏.

〈魏 文帝는〉 姓이 曹이고 이름이 조이니, 曹操의 아들이다. 漢나라로부터 제위를 물려받

---

41) 鼓纛(독)：북과 기이다. 중국 황제가 少數民族의 우두머리를 책봉할 때 주는 증표이다.

아 國號를 魏라 하였다.

⑮ 蘇則 : 蘇姓, 則名, 字文師, 扶風人. 仕魏爲侍中.

蘇는 姓, 則은 이름이고, 字는 文師이니, 扶風 사람이다. 魏나라에 벼슬하여 侍中을 역임했다.

⑯ 高行 : 去聲.

〈行(행실)은〉 去聲이다.

⑰ 貞觀十五年……遽令止之 : 舊本, 此章之首曰貞觀中, 今按通鑑[42]標年.

舊本에는 이 장의 첫머리에 '貞觀中'이라고 했으나, 지금 ≪資治通鑑≫에 의거하여 연도를 표기했다.

貞觀 15년(641)에 사신을 西域에 보내 葉護를 可汗에 책립하게 했는데 채 돌아오기도 전에 또다시 사람을 보내 황금과 비단을 많이 준비하여 각국을 다니며 말을 사오게 하자, 魏徵이 간언하였다.

"지금 사신을 보낸 것은 가한을 책립하는 것으로 명분을 삼았는데 가한이 확정되기도 전에 바로 서역 각국에 사람을 보내 말을 사오도록 하시니, 저들은 반드시 서역에 사신을 보낸 목적이 말을 사려는 데 있고 가한을 책립하는 데에 있지 않다고 생각할 것입니다. 이런 상황에서 가한이 책립된다고 하더라도 그다지 은혜로 여기지 않을 것이고, 책립되지 않으면 큰 원망을 자아낼 것이며, 여러 異民族 나라들이 이 소문을 듣게 되면 장차 中國을 중시하지 않을 것입니다. 단지 저들 나라를 안정시키기만 한다면 저들 각국의 말은 구하려 하지 않아도 저절로 오게 될 것입니다.

옛날 漢 文帝 때에 千里馬를 헌상한 자가 있자, 한 문제가 이르기를 '나는 吉行일 때는 하루에 30리를 가고 凶行일 때는 하루에 50리를 간다. 鸞輿(천자 수레)가 앞에 있고 屬車(뒤따르는 수레)가 뒤에 있으니 내가 홀로 천리마를 타고 어디를 간단 말인가.'라 하고, 오는 길에 든 비용을 배상하여 돌려보냈습니다. 그리고 光武帝 때에 천리마와 寶劍을 헌상한 자가 있자 말은 鼓車를 끌게 하고 검은 騎士에게 하사했습니다.

지금 폐하께서 은혜를 베푸시는 일은 모두 三王 위에 저 멀리 앞서 있거늘, 어찌하여 이 점에 있어서는 孝文帝와 光武帝의 아래가 되려 하십니까. 그리고

42) 通鑑 : ≪資治通鑑≫ 권196 唐紀 12 太宗에 보인다.

魏 文帝가 西域의 大珠를 사오려 하자 蘇則이 말하기를 '만일 폐하께서 은혜가 천하에 미치면 구하지 않아도 저절로 오겠지만 일부러 구해서 얻게 되면 귀한 것이 되지 못할 것입니다.'라고 하였으니, 폐하께서 비록 한 문제의 숭고한 덕행을 우러러보지 못한다 해도 소칙의 바른말을 두려워하지 않아서야 되겠습니까."

태종이 바로 멈추게 하였다.

**【集論】**

唐氏仲友曰 魏徵之諫은 不使蠻夷窺中國也라 先王이 內中夏而外四夷하여 其待之固有其道矣나 後世不爲所亂이면 則爲所窺는 皆起於喜功貪利之故라 太宗은 聖明이로되 猶不免此하고 徵之所言은 切中其病이로되 而終唐之世토록 困於亂華하니 可不戒哉아

唐仲友가 말하였다. "魏徵의 간언은 蠻夷가 중국을 엿보지 못하도록 하려는 것이다. 先王이 中夏(中華)를 가깝게 여기고 四夷를 소원하게 여겨 그들을 대하는 것에 본디 원칙이 있었으나, 후세에 와서 四夷가 중국을 어지럽히지 않으면 四夷가 중국을 넘본 것은 모두 공을 세우기를 좋아하고 이익을 탐한 데에 기인한 것이다. 太宗은 성스럽고 현명한 임금임에도 여전히 이를 면치 못하였고 위징이 말한 것은 그 병폐를 정확히 지적한 것임에도 唐나라가 끝날 때까지 그들로부터 중화를 혼란에 빠뜨리는 곤란을 겪었으니 경계하지 않아서야 되겠는가."

愚按 禹貢曰 織皮는 崑崙析支渠搜를 西戎卽敍라하니 因其織皮之貢而卽敍之니 此는 大禹之撫四夷也라 漢武는 因名馬하여 通大宛하여 而致連年之師[43]하며 光武는 卻名馬하고 閉玉關하여 而絕西域之使[44]하니 二君之得失을 蓋可覩矣라 是宜魏徵之進諫이어늘 幸太宗克從之也라

내가 살펴보건대, ≪書經≫ 〈夏書 禹貢〉에서, "모직과 가죽은 崑崙山, 析支, 渠搜에서 공물로 바쳤으니, 이들 西戎에 禹임금의 공효가 미쳐갔다."라고 하였는데, 모직과

43) 漢武因名馬……而致連年之師 : 漢 武帝 때 大宛國과 외교하면서 말을 얻었으나 李廣利가 大宛國을 정벌하여 大宛王의 머리를 베고 汗血馬를 바치자 西極天馬歌를 지은 일이 있었다. ≪漢書 권6 武帝紀≫

44) 光武卻名馬……而絕西域之使 : '光武卻名馬'의 관련 내용은 ≪後漢書≫ 권106 〈循吏列傳〉에, '光武絕西域之國'의 관련 내용은 ≪後漢書≫ 권78 〈楊終列傳〉에 보인다.

가죽을 공물로 바침으로 인해 멀리 공효가 미쳐 나아갔으니 이것은 위대한 禹임금이 四夷를 감싸 안은 방법이다. 漢 武帝는 名馬를 이용하여 大宛과 통하였으나 해마다 군사를 동원하는 일을 야기했고, 光武帝는 명마를 물리치고 玉門關을 걸어 잠궈 西域의 사신을 끊었으니 두 임금의 잘잘못을 알 수 있다. 이것은 당연히 魏徵이 간언을 올렸어야 하는 것인데 다행히 太宗이 잘 받아들인 것이다.

5-8-1

**貞觀十七年**에 **太子右庶子高季輔**①가 **上疏陳得失**이어늘 **特賜鍾乳一劑**②하고 **謂曰 卿進藥石之言**③이라 **故以藥石相報**④로다하다

① 高季輔 : 名馮, 以字行, 德州人, 以孝聞. 貞觀初, 拜監察御史, 不避權要, 累轉中書舍人, 列上五事. 後除是職, 遷吏部侍郎. 及卒, 謚曰憲.
〈高季輔는〉 이름이 馮이지만 字로 통용됐고, 德州 사람이며 효자로 소문났다. 貞觀 초기에 監察御史에 임명되어 권력과 요로에 있는 사람을 회피하지 않았고, 여러 번 자리를 옮겨 中書舍人이 된 뒤, 다섯 가지 사항을 나열하여 건의했다. 뒤에 이 관직에 임명되고 吏部侍郎으로 자리를 옮겼다. 세상을 떠나자 謚號를 憲이라 했다.

② 特賜鍾乳一劑 : 鍾乳, 産於石, 食之, 使人通氣生胃.
鍾乳는 돌에서 생산되며, 복용하면 기운을 소통시키고 위장의 기능을 돕는다.

③ 藥石之言 : 謂其言有益於國, 猶藥石有益於病也.
〈藥石之言은〉 그의 말이 국가에 유익한 것이 마치 藥石이 병에 유익한 것과 같다는 말이다.

④ 按史傳[45] "季輔後爲吏部侍郎, 善銓敍人物, 帝賜金背鏡一, 以況其淸鑑焉."
史傳을 살펴보면 "高季輔가 뒤에 吏部侍郎이 되어 인물 선발을 잘하자, 太宗이 金背鏡 하나를 하사하여 그의 맑은 감식에 견주었다."라고 하였다.

貞觀 17년(643)에 太子右庶子 高季輔가 상소하여 잘잘못을 진언하자, 특별히 鍾乳石 1劑를 하사하고 이르기를 "경이 藥石 같은 말을 올렸기 때문에 약석으로 보답하는 것이오."라고 했다.

**【集論】**

唐氏仲友曰 書曰 德懋懋官이요 功懋懋賞이라하니 人主勉進臣下之功德하여 欲其不怠如此라

---

45) 史傳 : ≪新唐書≫ 권104 〈高馮列傳〉에 보인다.

太宗이 兩賜季輔는 得懋賞之意나 然以季輔文武正直으로도 不至宰輔는 未爲盡其才也라

唐仲友가 말하였다.
"≪書經≫ 〈商書 仲虺之誥〉에 이르기를 '德이 크면 관직을 크게 주어 권장하고, 공로가 크면 상을 크게 주어 권장한다.'고 했으니, 임금이 신하들의 공덕 쌓기를 권장하여 게을리하지 않기를 바라는 마음이 이러했던 것이다. 太宗이 高季輔에게 종유석과 金背鏡 두 가지를 하사한 것은 상을 크게 주어 권장하는 본지를 터득한 것이지만, 고계보가 文武와 正直한 자질을 갖췄음에도 재상에까지 이르지 못한 것은 그 재능을 다 활용하지 못한 것이다."

愚按 藥石은 所以愈膏肓之疾이요 金鏡은 可以別媸妍之形이라 太宗이 嘉人臣之進言하여 比之爲藥石하고 望人臣之淸鑑하여 比之於金鏡은 可爲君臣相與之盛事也라

내가 살펴보건대, 藥石은 膏肓의 병을 치유하는 것이고 金鏡은 잘생기고 못생긴 얼굴을 감별해주는 것이다. 太宗이 신하들의 진언을 가상히 여겨서 약석에 견주고 신하들이 분명하게 살펴줄 것을 기대하여 금경에 비유한 것은 임금과 신하가 잘 어울린 성대한 일이라 할 만하다.

5-9-1

**貞觀十八年**에 **太宗謂長孫無忌等曰 夫人臣之對帝王**①은 **多順從而不逆**하고 **甘言以取容**이나 **朕今發問**엔 **不得有隱**이니 **宜以次言朕過失**하라 **長孫無忌唐儉等**이 **皆曰 陛下聖化**는 **道致太平**하시니 **以臣觀之**컨대 **不見其失**이니이다 **黃門侍郎劉洎**②**對曰 陛下撥亂創業**은 **實功高萬古**시니 **誠如無忌等言**이니이다 **然頃有人上書**에 **辭理不稱者**③어든 **或對面窮詰**하사 **無不慙退**하니 **恐非獎進言者**니이다 **太宗曰 此言**이 **是也**니 **當爲卿改之**④하리라

① 夫人臣之對帝王 : 夫, 音扶.
夫(대저)는 음이 扶이다.
② 劉洎 : 字思道, 荊州人. 貞觀七年, 爲治書侍御史, 遷右丞, 號稱職. 十七年, 遞日直東宮, 遷侍中. 太宗征遼東, 詔輔太子監國, 洎曰 "願無憂. 大臣有罪, 當按法誅之."46) 帝怪其言. 及還,

46) 願無憂……當按法誅之 : ≪新唐書≫ 권99 〈劉洎列傳〉에 보인다.

遂賜死.

〈劉洎는〉 字가 思道이니, 荊州 사람이다. 貞觀 7년(633)에 治書侍御史가 되고 右丞으로 자리를 옮겼는데 직책을 잘 수행한다는 말을 들었다. 정관 17년(643)에 日直東宮으로 교체되고 侍中으로 옮겼다. 太宗이 遼東을 정벌할 때 조칙을 내려 太子가 監國하는 데에 보좌하게 하자, 유계가 아뢰기를 "걱정하지 마십시오. 大臣이 죄를 범하면 법에 따라 엄벌토록 하겠습니다."라고 하여, 태종이 그 말을 이상하게 여겼는데, 돌아오자 결국 죽음을 내렸다.

③ 辭理不稱者：稱, 去聲.

稱(알맞다)은 去聲이다.

④ 當爲卿改之：爲, 去聲. 按通鑑[47] "是年夏四月, 上至太平宮." 因有是問, 無唐儉名. 又載"馬周曰'陛下比來賞罰, 微以喜怒, 有所高下, 此外不見其失.' 上皆納之."

爲(위하다)는 去聲이다. ≪資治通鑑≫에 의하면 "이해(貞觀 18년) 여름 4월에 임금이 太平宮에 왔다."라 하고, 이어서 이 질문이 있었으나 唐儉의 이름은 나와 있지 않았다. 또 다음과 같은 내용이 실려 있다. "馬周가 말하기를 '폐하께서 근래 상과 벌을 내리실 때 약간 기쁨과 노여움의 감정에 따라 차이가 있을 뿐이고, 이밖에 다른 잘못은 보지 못하겠습니다.'라고 하자, 임금이 모두 받아들였다."

貞觀 18년(644)에 太宗이 長孫無忌 등에게 말하였다.

"신하가 제왕을 대할 때는 대부분 순종하며 거역하지 않고 달콤한 말로 환심을 사지만, 짐이 지금 자문을 구할 때는 숨김이 있어서는 안 되니 짐의 잘못을 차례대로 말하도록 해야 할 것이오."

長孫無忌와 唐儉 등이 모두 말하였다.

"폐하의 성스러운 교화는 태평을 이끄셨으니, 신들이 보건대 그 잘못을 발견하지 못하겠습니다."

黃門侍郎 劉洎가 대답하였다.

"폐하께서 혼란을 정돈하고 왕업을 일으키신 것은 실로 萬古의 드높은 공로시니 참으로 장손무기 등의 말과 같습니다. 하지만 요사이 누군가 상소하였을 때 말의 조리가 맞지 않으면 이따금 대놓고 추궁하고 힐난하여 부끄러워하며 물러나지 않은 경우가 없으니, 간언을 올리는 자를 장려하는 것이 아닌 듯합니다."

---

47) 通鑑：≪資治通鑑≫ 권109 唐紀 10 太宗 貞觀 18년에 보인다.

태종이 말하였다.
"그 말이 옳으니 卿을 위해 고치도록 하겠소."

【集論】

林氏之奇曰 仁人君子之事君에 當夫治安之世라도 而危敗禍亂之言을 未嘗一日而忘於口者는 蓋不如是면 不足以維持其治安而保養其聰明也라 舜襲堯之位하여 行堯之道하니 可謂治世矣라 然益曰 罔失法度라하고 禹曰 無若丹朱傲라하고 皐陶曰 元首叢脞哉라하니 夫舜이 豈有是哉리오마는 而禹益皐陶는 則不可以無是言也라 太宗之德은 固未能盡如堯舜이요 貞觀之治는 固未能盡如唐虞之時나 而欲自聞其過하니 則其心이 猶足爲堯舜之心也라 惜夫라 太宗이 有堯舜好問之心이로되 而長孫無忌之徒가 無禹益皐陶箴規之戒하니 可勝嘆哉아

林之奇가 말하였다.
"仁人과 君子가 임금을 섬길 때 다스려져 안정된 세상을 만나도 위험·패망·재앙·혼란에 대한 진언을 하루도 입에 올리는 것을 잊지 않는 것은 이와 같이 하지 않으면 그 안정을 유지하여 그 총명을 보존하고 함양하기에 부족하기 때문이다. 舜임금이 堯임금의 자리를 계승하여 요임금의 도를 실행하였으니 治世라고 이를 만하다. 하지만 益은 '법도를 잃어서는 안 된다.'라 하였고, 禹는 '丹朱처럼 오만해선 안 된다.'라 하였고, 皐陶는 '임금이 자질구레하게 다 챙기면…….'이라고 하였으니, 순임금에게 어찌 이런 문제가 있었겠는가마는 禹·益·皐陶가 이런 말을 하지 않을 수 없었던 것이다.
太宗의 덕은 본디 요임금·순임금과 완전히 같을 수 없고 貞觀의 치적은 본디 唐虞 시대와 완전히 같을 순 없지만, 스스로 그 과오를 듣고자 하였으니 그 마음은 요임금·순임금의 마음이 되기에 충분하다. 애석하도다. 태종은 요임금·순임금처럼 묻기를 좋아하는 마음을 가졌지만 장손무기 등은 우·익·고요처럼 귀감이 되는 경계의 말을 올림이 없었으니, 안타까움을 이루 다 견딜 수 있겠는가."

愚按 貞觀末年에 魏徵旣死하니 在廷群臣은 類多諛說之風이요 其間諛說之特甚者는 長孫無忌가 是也라 太宗이 欲群臣直言엔 無忌는 則曰陛下無失이라하고 太宗이 欲知其過엔 無忌는 則曰陛下武功文德을 臣等이 將順之不暇라하고 太宗이 欲問破高麗之計엔 無忌는 則曰諸將奉成筭而已라하니 嗚呼라 孔子所謂言而莫予違者가 其無忌之謂乎인저 向非劉洎輩面

折廷爭하여 庶幾魏徵之風이면 則貞觀之政이 難乎令終矣리라

내가 살펴보건대, 貞觀 말년에 魏徵이 죽고 나자 조정에 있는 신하들은 아첨하는 기풍을 가진 자들이 대부분이었고, 그 가운데 아첨이 특히 심한 자는 바로 長孫無忌였다. 太宗이 뭇 신하들에게 직언을 요구할 때 장손무기는 "폐하께서는 과실이 없습니다."라 하였고, 태종이 자신의 과오를 알고 싶어 할 때 장손무기는 "陛下의 武功과 文德을 신들이 받들어 따르기에도 여념이 없습니다."라 하였고, 태종이 고구려를 격파할 계책을 묻고자 했을 때 장손무기는 "여러 장군들은 짜놓으신 작전을 받들기만 할 뿐입니다."라고 했으니, 아, 孔子가 말한 "말을 하면 나를 거역함이 없다."라고 한 것은 바로 장손무기를 두고 한 말일 것이다. 만일 면전에서 대들고 조정에서 언쟁하여 위징의 기풍을 거의 갖춘 劉洎 등이 아니었다면 정관의 정치는 잘 마무리되기 어려웠을 것이다.

5-10-1

太宗이 嘗怒苑西監①穆裕②하여 命於朝堂斬之어늘 時高宗爲皇太子③하여 遽犯顔進諫하니 太宗이 意乃解라 司徒長孫無忌曰 自古太子之諫은 或乘間從容而言④이어늘 今陛下發天威之怒한대 太子申犯顔之諫하니 誠古今未有라한대 太宗曰 夫人久相與處⑤하면 自然染習이라 自朕御天下로 虛心正直하여 卽有魏徵朝夕進諫하고 自徵云亡으론 劉洎岑文本⑥馬周褚遂良等이 繼之하니 皇太子가 幼在朕膝前하여 每見朕心說諫者하고 因染以成性이라 故有今日之諫⑦이라하다

① 苑西監：掌宮苑之官.
〈苑西監은〉 宮苑을 관장하는 관직이다.

② 穆裕：穆姓, 裕名.
〈穆裕는〉 穆이 姓이고 裕가 이름이다.

③ 時高宗爲皇太子：高宗, 名治. 初封晉王, 十七年, 立爲皇太子.
高宗은 이름이 治이다. 처음엔 晉王에 책봉되었다가 貞觀 17년(643)에 皇太子가 되었다.

④ 或乘間從容而言：乘, 平聲, 間, 去聲. 從, 卽容切.
乘(틈타다)은 平聲이고, 間(빈틈)은 去聲이다. 從(조용히)은 卽과 容의 반절이다.

⑤ 夫人久相與處：夫, 音扶. 處, 上聲.
夫(대저)는 음이 扶이고, 處(처하다)는 上聲이다.

⑥ 岑文本：字景仁, 鄧州人. 貞觀初, 除秘書郎, 奏籍田頌, 擢中書舍人, 號善職, 遷侍郎. 十七

年, 文本不欲兼東宮官, 乃詔五日一參東宮. 後遷中書令, 卒.
〈岑文本은〉 字가 景仁이니, 鄧州 사람이다. 貞觀 초기에 秘書郎에 임명된 뒤 〈籍田頌〉을 상주하여 中書舍人에 발탁되었는데, 관직을 잘 수행한다고 이름이 났고, 뒤에 侍郎으로 자리를 옮겼다. 정관 17년(643)에 岑文本이 東宮의 관직을 겸하고 싶어하지 않자, 조칙을 내려 5일에 한 번 東宮에 참석하라고 했다. 뒤에 中書令으로 자리를 옮긴 뒤 세상을 떠났다.

⑦ 太宗……故有今日之諫 : 舊本, 此章與前章通爲一章, 今按不同, 分爲二章.
舊本에는 이 장이 앞 장과 통틀어 한 장으로 되어 있었으나, 지금 살펴보니 내용이 같지 않아 두 장으로 나눴다.

太宗이 일찍이 苑西監 穆裕에게 분노하여 朝堂(조정)에서 참수할 것을 명하였는데, 당시 皇太子로 있던 高宗이 별안간 면전에서 대들며 간언을 올리자, 태종의 마음이 그제야 누그러졌다.

司徒 長孫無忌가 말하였다.

"예로부터 太子는 이따금 빈틈을 타서 조용하게 간언하였는데 지금 폐하께서 천둥 벼락처럼 진노하셨는데 태자가 면전에서 대들며 간하였으니, 이는 참으로 고금에 없는 일입니다."

태종이 말하였다.

"사람이 오랫동안 함께 지내다 보면 저절로 젖어들게 마련이오. 짐이 천하를 다스리면서부터 마음을 비우고 정직한 자세를 보여 魏徵이 아침저녁으로 간언을 올렸고, 위징이 세상을 떠나고 나서는 劉洎·岑文本·馬周·褚遂良 등이 이를 계승했소. 황태자가 어려서부터 짐의 무릎 앞에서 짐이 간언한 자를 마음속으로 기뻐하는 것을 보았고 그것에 젖어들어 자신의 습성이 되었으므로 오늘과 같은 간언을 하게 된 것이오."

**【集論】**

愚按 高宗之處東宮也에 不惟己能納諫이라 又能諫於其父하니 何其賢哉아 及其在位既久하얀 艶后擅權하고 諫臣結舌한대 李善感一言에 至比之鳳鳴朝陽[48]하니 其不能納諫을 可

48) 李善感一言 至比之鳳鳴朝陽 : 李善感의 과감한 직언이 봉황이 울 듯 빛남을 말한다. 唐나라 韓瑗·褚遂良이 억울하게 죽었으나, 두려워서 아무도 말하는 이가 없었다. 그 후 高宗이 奉天宮으로 거둥하였을 때 이선감이 처음으로 상소하여 극언하니, 당시 사람들이 '봉황

知矣라 夫以一人之身으로 始則能諫이라가 終則拒諫하니 其故何哉오 蓋嘗以唐史觀之컨대 高宗以久不聞諫으로 問於李勣한대 勣對曰 陛下所爲盡善하사 無事可諫이니이다하니 嗚呼라 高宗이 始之能諫은 蓋由太宗之德이 有以化之나 終之拒諫은 豈非李勣輩實逢君之惡哉아

내가 살펴보건대, 高宗이 東宮에 있을 때 스스로 간언을 받아들였을 뿐만 아니라 또 그 부친에게도 간언을 했으니 이 얼마나 훌륭한가. 그런데 재위한 지 오래되자 艶后(則天武后)가 권력을 멋대로 부렸고, 간언하는 신하가 입을 닫자 李善感의 한 마디 말에 '봉황새가 朝陽해서 울었다.'는 비유가 있기에 이르렀으니, 간언이 받아들여지지 않았음을 알 수 있다. 똑같은 사람인데도 처음에는 간언을 잘하다가 나중에는 간언을 거부하였으니 그 까닭은 무엇인가.

일찍이 唐나라 역사를 살펴보니, 고종이 오랫동안 간언을 듣지 못한 것을 가지고 李勣에게 묻자, 이적이 대답하기를, "폐하께서 하시는 일마다 모두 훌륭하여 간언할 만한 일이 없습니다."라고 하였다. 아, 고종이 처음에 간언을 잘한 것은 太宗의 덕이 교화시킨 데에 따른 것이나, 나중에 간언을 거부한 것은 어찌 이적 등의 무리가 실로 임금의 악을 유도한 것이 아니겠는가.

## 直諫[49] 바르게 간언하다

附. 凡十章.

附錄한 것이다. 모두 10章이다.

### 5-11-1

貞觀二年에 隋通事舍人①鄭仁基女는 年十六七에 容色絶姝하여 當時莫及이라 文德皇后②가 訪求得之하여 請備嬪御[50]하니 太宗이 乃聘爲充華③라 詔書已出이나 策使未

이 조양에서 울었다.'라고 하였다. 조양은 봉황이 깃드는 곳을 가리킨다. ≪新唐書 권105 韓瑗列傳≫

49) 直諫 : 저본인 戈本은 吳兢이 玄宗에게 바친 再進本을 바탕으로 삼았는데 재진본에는 〈直諫〉이 없다. 오긍이 中宗에게 바친 初進本인 권4 〈輔弼〉편, 〈直言諫爭〉편에 의하여 戈直이 부록으로 편성한 것이다. ≪貞觀政要≫(原田種成, 明治書院, 1983) 184쪽 참조.

50) 嬪御 : 임금의 侍妾과 宮女이다.

發④이러니 魏徵이 聞其已許嫁陸氏하고 方遽進而言曰 陛下爲人父母⑤하시니 撫愛百姓하사 當憂其所憂하고 樂其所樂⑥이니이다 自古有道之主는 以百姓之心爲心이라 故君處臺榭⑦어든 則欲民有棟宇之安하고 食膏粱이어든 則欲民無飢寒之患하고 顧嬪御어든 則欲民有室家之歡이니 此人主之常道也니이다 今鄭氏之女가 久已許人이어늘 陛下取之不疑하시고 無所顧問하시니 播之四海하면 豈爲民父母之道乎⑧잇가 臣傳聞이 雖或未的이나 然恐虧損聖德하여 情不敢隱이니이다 君擧必書니 所願特留神慮니이다

① 隋通事舍人 : 隋制, 掌引納通奏.

〈通事舍人은〉 隋나라 제도에 의하면 引納(초치해 들임)과 通奏(통보함)를 관장한다.

② 文德皇后 : 長孫氏, 喜圖傳, 尙禮法, 性約素. 嘗著女則十篇, 又爲論斥漢馬后[51)]不能檢抑外家, 使與政事, 乃戒其車馬之侈, 此謂開本源, 恤末事.[52)] 臨終, 請帝納忠諫, 勿受讒, 省遊畋作役[53)].

〈文德皇后는〉 長孫氏이며, 圖傳(그림으로 된 기록)을 좋아하고 禮法을 존중하며 본성이 소박하고 검소하였다. 일찍이 ≪女則≫ 10篇을 저술하였다. 그리고 漢나라 馬后가 外家를 단속하고 억제하지 못하여 政事에 참여토록 한 사실을 논박하고, 수레와 말이 호사스러운 것을 경계하여, 이것은 재앙의 근본을 여는 것이니 末流를 걱정해야 한다고 했다. 세상을 떠날 때에 太宗에게 충성스런 간언을 받아들이고 비방하는 말을 받아들이지 말며 사냥 놀이와 부역을 일으키는 것을 줄여야 한다고 청했다.

③ 充華 : 唐制, 女官號, 九嬪之一.

〈充華는〉 唐나라 제도에 의하면 女官의 호칭이며 九嬪 가운데 하나이다.

④ 策使未發 : 使, 去聲, 後同.

使(사신)는 去聲이다. 뒤에도 같다.

⑤ 陛下爲人父母 : 書曰 "元后作民父母."

≪書經≫ 〈周書 泰誓 上〉에 이르기를 "임금은 백성의 부모이다."라고 했다.

⑥ 樂其所樂 : 樂, 竝音洛.

樂(즐겁다)은 모두 음이 洛이다.

⑦ 故君處臺榭 : 處, 上聲, 後同.

處(처하다)는 上聲이다. 뒤에도 같다.

---

51) 漢馬后 : ≪資治通鑑≫ 권194 唐紀 10 太宗 貞觀 10년에는 "漢明德馬后"라고 하여, 東漢 明帝의 皇后임을 밝혔다.

52) 此謂開本源 恤末事 : ≪資治通鑑≫ 권194 唐紀 10 太宗 貞觀 10년에는 "그 재앙과 패배의 근원을 열어 보여 그 말류를 예방하려 한 것이다.〔是開其禍敗之源 而防其末流也〕"라고 보충되어 있다.

53) 嘗著女則十篇……省遊畋作役 : ≪新唐書≫ 권76 〈太宗文德順聖皇后列傳〉에 보인다.

⑧ 豈爲民父母之道乎 : 道, 一作義.
道는 어떤 본에는 義로 되어 있다.

貞觀 2년(628)에 隋나라 通事舍人 鄭仁基의 딸은 나이가 16, 7세로 미모가 아주 뛰어나 당시에 따를 자가 없었다. 文德皇后가 그를 찾아가 얻고 나서 太宗에게 嬪御로 삼을 것을 요청하자 태종이 바로 맞아들여 充華로 삼도록 했다. 詔書가 이미 내렸으나 策使(使者)가 아직 출발하지 않았는데, 魏徵이 그녀가 이미 陸氏에게 시집가기로 허락하였다는 말을 듣고 서둘러 나서서 말하였다.

"폐하께서는 백성의 부모가 되시니 백성을 사랑하여 마땅히 그들이 걱정하는 것을 걱정하고 그들이 즐거워하는 것을 즐거워하셔야 할 것입니다. 예로부터 道가 있는 군주는 백성의 마음을 자신의 마음으로 삼았습니다. 그래서 임금이 臺榭에 머무를 때에는 백성들에게 주택의 편안함이 있기를 바랐고, 기름진 음식을 먹을 때는 백성들에게 굶주림과 추위에 떠는 걱정이 없기를 바랐고, 嬪御를 가까이할 때는 백성들에게 아내를 가진 기쁨이 있기를 바랐으니, 이것은 임금이 항상 지켜야 할 도리입니다.

지금 鄭氏의 딸이 오래전에 이미 다른 사람에게 시집가기로 되어 있는데 폐하께서 의심 없이 취하고 살펴 물어본 바도 없으시니, 이 사실이 세상에 널리 퍼지면 어찌 백성의 부모 된 도리라고 하겠습니까. 신이 들은 소문이 정확하지 않지만 성스러운 德을 훼손할까 염려하여 실정을 감히 숨기지 않는 것입니다. 임금의 거동은 반드시 기록하니, 바라건대 특별히 유념하십시오."

5-11-2

太宗이 聞之大驚하여 手詔答之하여 深自克責하고 遂停策使하고 乃令女還舊夫⑨하다 左僕射房玄齡과 中書令溫彦博과 禮部尙書王珪와 御史大夫韋挺等이 云 女適陸氏는 無顯然之狀이요 大禮旣行하니 不可中止니이다하고 又陸氏抗表云 某父康在日에 與鄭家往還하여 時相贈遺資財요 初無婚姻交涉이니이다하고 親戚竝云 外人不知하여 妄有此說이니이다하고 大臣又勸進하니 太宗이 於是에 頗以爲疑하여 問徵曰 群臣이 或

**順旨**하니 **陸氏**가 **何爲過爾分疎**아

⑨ 乃令女還舊夫 : 令, 平聲, 後同.
令(하여금)은 平聲이다. 뒤에도 같다.

太宗이 그 말을 듣고 매우 놀라며 손수 詔書를 써서 답을 하고 깊이 자신을 책망하고는 결국 策使를 멈추게 하고 그 딸을 원래 남편 될 사람에게 돌려보내도록 했다.

左僕射 房玄齡, 中書令 溫彦博, 禮部尙書 王珪, 御史大夫 韋挺 등이 말하였다.

"그 딸이 陸氏에게 시집간다는 것은 분명한 증거가 없고 大禮(혼례)가 이미 거행되었으니 멈출 수가 없습니다."

또 육씨가 抗表(황제께 올리는 표문)를 올려 말하였다.

"저의 부친 陸康이 살아 계실 때 鄭氏 집안과 왕래하며 수시로 서로 재물을 주고받았을 뿐 애초에 婚姻 이야기는 없었습니다."

친척들도 모두 말하였다.

"외부인들이 사실을 모르고 경망하게 이런 말을 만들어낸 것입니다."

대신들이 또다시 책봉할 것을 권유하자, 太宗이 이에 상당히 의심스러워하며 위징에게 물었다.

"신하들이 나의 뜻에 순응하기도 하오. 그런데 육씨는 왜 저토록 지나치게 사실을 밝히려 드는 것이오?"

5-11-3

**徵曰 以臣度**(탁)**之**[⑩]컨대 **其意可識**이니 **將以陛下同於太上皇**이니이다 **太宗曰 何也**오 **徵曰 太上皇**이 **初平京城**하실새 **得辛處儉婦**하여 **稍蒙寵遇**러니 **處儉**이 **時爲太子舍人**[⑪]이어늘 **太上皇**이 **聞之不悅**하여 **遂令出東宮**하여 **爲萬年縣**[⑫]하니 **每懷戰懼**하여 **常恐不全首領**이니이다 **陸爽**[⑬]은 **以爲陛下今雖容之**나 **恐後陰加譴謫**[⑭]이니 **所以反復自陳**은 **意在於此**라 **不足爲怪**니이다

⑩ 以臣度(탁)之 : 度, 待洛切.
度(헤아리다)은 待와 洛의 反切이다.

⑪ 太子舍人：唐制, 東宮右春坊置舍人, 掌行令・書・表・啓.
唐나라 제도에 의하면 東宮右春坊에 舍人을 두어, 行令과 書와 表와 啓를 관장케 하였다.

⑫ 爲萬年縣：見任賢篇註.
〈萬年縣은〉 본서 제3편 〈論任賢〉 주석에 보인다.

⑬ 陸爽：陸氏名.
〈爽은〉 陸氏의 이름이다.

⑭ 恐後陰加譴讁：音摘, 責也.
〈讁은〉 음이 摘이니, 꾸짖는다는 뜻이다.

魏徵이 말하였다.

"신이 생각건대 그 마음을 알 수 있으니, 장차 폐하를 太上皇과 동일시하려는 것입니다."

太宗이 말하였다.

"무슨 말이오?"

위징이 말하였다.

"태상황이 처음 京城(長安)을 평정하였을 때 辛處儉의 부인을 얻어 총애하였습니다. 당시 신처검이 太子舍人으로 있었는데, 태상황이 그 사실을 듣고 달갑게 여기지 않아 결국 東宮의 관직에서 내쫓아 萬年縣을 다스리게 하였습니다.

신처검은 언제나 두려움을 가슴에 품고 늘 자신의 목숨을 보전하지 못할까 겁냈습니다. 陸爽의 생각에 폐하께서 지금은 감싼다고 해도 뒤에 남몰래 견책을 가할까 두려워하는 것입니다. 반복해서 스스로 진술한 것은 본뜻이 여기에 있으니, 이상하게 여길 것이 못됩니다."

5-11-4

**太宗笑曰 外人意見**이 **或當如此**라 **然朕之所言**을 **未能使人必信**이로다 **乃出勅曰 今聞鄭氏之女**가 **先已受人禮聘**이요 **前出文書之日**에 **事不詳審**하니 **此乃朕之不是**요 **亦爲有司之過**니 **授充華者宜停**하라하니 **時莫不稱歎**하다

太宗이 웃으며 말하였다.

"외부인들의 생각은 그럴 수도 있을 것이오. 하지만 짐이 말한 것을 사람들

에게 반드시 믿게 할 수는 없을 것이오."

마침내 칙서를 내려 말하였다.

"지금 들으니 鄭氏의 딸이 앞서 이미 다른 사람의 聘禮(혼인례)을 받았다고 한다. 앞서 문서를 낼 때 그 사실을 상세히 살피지 못하였으니 이는 짐의 잘못이기도 하고 또한 有司의 과오이기도 하다. 充華를 임명하도록 한 일을 멈추도록 하라."

그러자 당시 칭찬하고 찬탄하지 않는 사람이 없었다.

**【集論】**

朱氏黼曰 人主는 以改過爲德하고 而以恥過作非爲戒하며 人臣은 以格非爲職하고 而以順非逢惡爲罪라 太宗嘗曰 前世帝王拒諫者가 多矣라 或曰業已爲之라하고 又曰業已許之라하고 終不爲改하니 如此하고 欲無危亡이면 得乎[54]아하니 是以終身導人使諫하고 從善如流하여 未嘗少有靳吝也라 聘陸氏已聘之女는 是誠不知而作也요 聞魏徵一言하고 遂罪已停冊은 可謂更也니 人皆仰之矣라 玄齡輩는 一時名臣이나 宜有以將順其美하고 正救其惡하여 有以格君心之非가 可也어늘 乃曰大禮旣行이라 不可中止라하니 雖妾婦所以愛主라도 不當如是어든 況大臣乎아 太宗은 有改過之德하되 而玄齡輩는 不免有逢惡之罪하니 若魏徵은 其賢矣哉인저

朱黼가 말하였다.

"임금은 잘못을 바로잡는 것을 德으로 삼고 허물을 부끄러워하여 잘못을 저지르는 것을 경계로 삼으며, 신하는 임금의 잘못을 바로잡는 것을 직분으로 삼고 잘못에 순응하여 악행에 영합하는 것을 죄로 삼는다.

太宗이 일찍이 말하기를 '지난 세대의 제왕들이 간언을 거부한 경우가 많아서 혹은 「이미 했다.」라고 하거나, 「이미 허락했다.」라 하고 끝내 잘못을 고치지 않았으니, 이렇게 하고도 위태롭고 망하지 않으려 한다면 가능하겠는가.'라고 하였다. 이 때문에 일생 동안 사람들에게 간언하도록 유도하고 善을 따르기를 물이 흐르듯이 하여 일찍이 조금도 아끼거나 인색해 한 적이 없었다.

이미 聘禮를 치른 陸氏의 딸을 맞이하려 한 것은 참으로 모르고 한 것이고, 魏徵의 한마디 말을 듣고 결국 자신을 꾸짖고 冊禮를 멈추도록 한 것은 고친 것이라 할 수

---

54) 前世帝王拒諫者……欲無危亡 得乎 : ≪資治通鑑≫ 권196 唐紀 12 太宗 貞觀 17년에 보인다.

있으니, 이 때문에 사람들이 모두 이를 우러러 본 것이다.

房玄齡 등은 한 시대의 명신들이었으나 의당 임금의 아름다운 점을 받들어 따르고 임금의 잘못된 점을 바로잡아 구제하여 임금의 잘못된 마음을 바로잡아야 옳은데도 '大禮가 이미 시행되었으니 멈출 수 없습니다.'라고 하였으니, 군주를 사랑하는 妾婦人도 이렇게 해서는 안 되는데 大臣이야 말할 나위가 있겠는가.

태종은 잘못을 바로잡는 德이 있었지만 방현령 등은 악에 영합하는 죄를 면하지 못했으니, 위징이야말로 훌륭한 인물일 것이다."

愚按 古者에 天子는 一后와 三夫人과 九嬪과 二十七世婦와 八十一御妻니 蓋天子所娶之國嫡爲正后하고 庶爲娣媵하여 正后旣終이면 則其娣媵攝行后職이라 故曰 天子諸侯는 不再娶[55]라하니라 大抵六宮之職이 一定이면 則不可改移요 不可增益也어늘 後世엔 正家之道가 不明하여 正后之立도 亦多以色而擧어늘 況妃嬪乎아 故姝麗之所在면 不遠千里求之하고 雖有夫之婦라도 有不暇恤하니 以太宗之爲君과 文德之爲后로도 亦不能免하고 魏徵之諫을 勉强從之而已라 厥後에 士彠(확)之女[56]가 亦以色選하니 孰知牝晨之禍[57]가 已兆於此乎리오 益之戒舜曰 罔淫於樂이라하고 仲虺(훼)之稱湯曰 不邇聲色이라하니 後之人君은 亦法乎此而已矣라

내가 살펴보건대, 옛날에 天子는 后 1인, 夫人 3인, 嬪 9인, 世婦 27인, 御妻 81인을 두었으니, 천자가 아내로 맞은 나라의 嫡女가 正后가 되고 庶女가 娣媵〔媵妾〕이 되어 정후가 세상을 떠나면 그 제잉이 정후의 職을 대행한다. 그래서 "천자와 諸侯는 두 번 장가들지 않는다."라고 했다. 무릇 六宮(皇后의 寢宮)의 직책은 한 번 정해지면 다시 바꿀 수 없고 늘릴 수도 없다.

후세엔 집안을 바르게 하는 道가 분명치 않아 正后의 冊立도 대부분 용모에 의해 거행되거늘 妃嬪이야 더 말할 나위 있겠는가. 그래서 아리따운 여인이 있는 곳이면 천리를 멀다 하지 않고 찾았으며, 비록 남편이 있는 부인이라도 아랑곳하지 않았다. 太宗 같은 임금과 文德皇后 같은 이도 이를 면치 못하고, 魏徵의 간언을 애써 따를 뿐이었다. 그 뒤에 武士彠의 딸이 또한 미모로 선발되었는데, 암탉이 새벽에 우는 재

55) 天子諸侯不再娶 : 天子不再娶는 ≪綱目續麟≫ 권8 延熙 元年에 보이고, 諸侯不再娶는 ≪春秋公羊傳≫ 莊公 18년에 보인다.

56) 士彠(확)之女 : 則天武后를 말한 것이다. 武后는 武士彠의 딸이다.

57) 牝晨之禍 : 암탉이 새벽에 운다는 뜻이다. 이는 여자가 바깥일을 간섭함을 비유한 것으로 상서롭지 못한 징조를 말한다.

앙이 이미 여기에서 싹틀 줄을 누가 알았으랴.

益이 舜임금에게 경계하기를 "쾌락에 탐닉하지 마소서."라 하였고, 仲虺가 湯임금에게 일컫기를 "여색을 가까이하지 마소서."라고 했으니, 훗날 임금들은 이를 본보기로 삼아야 할 것이다.

5-12-1

貞觀三年에 詔호대 關中은 免二年租稅하고 關東은 給復一年①이라가 尋有勅하되 已役已納은 並遣輸納하고 明年에 總爲準折②[58]이라하니 給事中魏徵이 上書曰 伏見八月九日詔書에 率土皆給復一年이라하니 老幼相歡하여 或歌且舞한대 又聞有勅하되 丁已配役은 卽令役滿하고 折造[59]餘物은 亦遣輸了하여 待明年總爲準折이라하여 道路之人이 咸失所望하니 此誠平分百姓[60]하여 均同七子[61]나 但下民難與圖始하고 日用不足하여 皆以國家追悔前言하여 二三其德이라하니이다 臣이 竊聞之호니 天之所輔者仁이요 人之所助者信[62]이라하니이다 今陛下初膺大寶③하사 億兆觀德이어늘 始發大號에 便有二言하여 生八表之疑心하고 失四時之大信하시니 縱國家有倒懸之急이라도 猶必不可어든 況以泰山之安으로 而輒行此事잇가 爲陛下爲此計者④는 於財利小益이나 於德義大損이니이다 臣誠智識淺短이나 竊爲陛下惜之니이다 伏願少覽臣言하사 詳擇利益하소서 冒昧之罪는 臣所甘心이니이다

① 關東給復一年：關東, 潼關以東也.
關東은 潼關 동쪽이다.
② 總爲準折：爲, 去聲, 後同.
爲(위하다)는 去聲이다. 뒤에도 같다.
③ 今陛下初膺大寶：易大傳曰 "聖人之大寶曰位."

58) 準折：일정한 물품 대신 다른 물품을 받을 때에 그 값에 따라 환산하여 받을 물품의 수량을 정한 것이다.

59) 折造：조세를 계산한 것이다.

60) 此誠平分百姓：《魏鄭公諫錄》 권1에는 '此誠非平分萬姓'이라고 하여 誠 아래에 非가 더 있다.

61) 七子：어떤 본에는 '己子'로 되어 있다. 번역은 이를 따랐다. 《新譯貞觀政要》 123쪽 참조.

62) 天之所輔者仁 人之所助者信：이는 《周易》 〈繫辭 上〉의 "하늘이 돕는 사람은 순하기 때문이고, 사람이 돕는 사람은 미덥기 때문이다.〔天之所助者順也 人之所助者信也〕"에서 유래한 것이다.

≪周易≫ 〈繫辭傳 下〉에서 "聖人의 大寶를 位라 한다."라고 하였다.

④ 爲陛下爲此計者：爲此之爲, 如字.

爲此의 爲(하다)는 본래 音義대로 독해한다.

貞觀 3년(629)에 조칙을 내려 關中은 2년의 租稅를 면제하고 關東은 1년의 부역을 면제시키라고 하였다가 곧이어 다음과 같이 조칙을 내렸다.

"이미 부역하고 이미 납부하게 한 것은 모두 완전히 납부하도록 하여 이듬해에 모두 함께 계산하겠다."

給事中 魏徵이 글을 올려 다음과 같이 말하였다.

"삼가 살펴보니 8월 9일에 내린 詔書에 '모든 지역에 1년의 부역을 면제한다.'라고 하니, 노인과 어린아이들까지도 서로 기쁨을 나누며 노래 부르고 춤을 추었습니다. 또 들으니 칙서를 내려 '이미 부역에 배정된 장정은 바로 부역의 만기를 채우도록 하고, 계산하고 난 나머지 세금도 완전히 납부토록 하여, 내년을 기준점으로 삼아 모두 함께 계산하겠다.'라고 하자, 길 가던 사람들도 모두 실망하였습니다. 이는 참으로 백성들을 평등하게 나누어 자기 자식과 똑같이 대한 것이지만, 다만 하층의 백성들은 함께 시작을 도모하기 어렵고 일상의 經用이 부족하여 모두들 국가에서 앞서 한 말을 후회하여 그 일을 이랬다저랬다 한다고 여깁니다.

신이 들으니 하늘이 돕는 사람은 어질기 때문이고 사람이 돕는 사람은 신의가 있기 때문이라 했습니다. 지금 폐하께서 처음 황제의 자리에 오르셔서 수많은 백성들이 폐하의 덕성을 지켜보고 있는데, 처음 큰 명령을 내시면서 이내 각기 다른 말씀을 하시어 팔방의 의심을 자아내고, 어김없이 찾아오는 사계절과 같은 큰 신의를 잃었습니다. 비록 국가에 거꾸로 매달린 것 같은 위급함이 있다 하더라도 반드시 그래서는 안 되는데 하물며 泰山처럼 편안한 상황에서 이러한 일을 이내 시행해서야 되겠습니까. 폐하를 위해 세운 이 계책은 재물과 이익에는 작은 보탬이 되겠지만 덕성과 의리에는 큰 손상이 될 것입니다. 신은 참으로 지혜와 식견이 얕고 짧지만 삼가 폐하를 위해 애석해합니다. 삼가 바라건대 신의 말을 조금이나마 살펴서 이익을 상세히 살펴 택하소서. 몽매함을 무릅쓴 죄는 신이 달게 받겠습니다."

5-12-2

簡點使⑤[63]右僕射封德彝等이 竝欲中男[64]十八已上을 簡點入軍하여 勅三四出하되 徵이 執奏以爲不可어늘 德彝重奏⑥하되 今見簡點者云하니 次男內大有壯者라한대 太宗이 怒하여 乃出勅하되 中男已上은 雖未十八이라도 身形壯大하면 亦取하라하되 徵又不從하고 不肯署勅하다 太宗이 召徵及王珪하여 作色而待之曰 中男若實小면 自不點入軍이요 若實大면 亦可簡取니 於君何嫌이완대 過作如此固執가 朕不解公意⑦라하니

⑤ 簡點使 : 使, 去聲, 後同.
使(사신)는 去聲이다. 뒤에도 같다.
⑥ 重奏 : 重, 平聲.
重(거듭)은 平聲이다.
⑦ 朕不解公意 : 解, 音懈.
解(게으르다)는 음이 懈이다.

簡點使 右僕射 封德彝 등이 中男 중에 18세 이상인 사람을 모두 선발하여 군에 입대시키고자 하여 그에 대한 勅書가 서너 번 나왔지만, 魏徵이 자신의 뜻을 굽히지 않으며 그렇게 해서는 안 된다고 아뢰었다.

봉덕이가 다시 아뢰었다.

"지금 선발되어 온 자의 말을 들어보니 次男(中男) 중에도 크게 장성한 자가 있습니다."

그러자 太宗이 노여움을 표하고 바로 다음과 같이 칙서를 내렸다.

"中男 이상은 18세가 안 되어도 신체가 장대하면 역시 선발하도록 하라."

위징이 또다시 따르지 않고 칙서에 서명하려 하지 않으니, 태종이 위징과 王珪를 불러 성난 기색으로 대하고 말하였다.

"중남이 실제로 작다면 저절로 입대하는데 뽑히지 않을 것이고, 실제로 크다면 역시 선발해 뽑아야 하니, 그대에게 무슨 혐의가 있기에 지나치게 이처럼 고집부리는 것이오? 짐은 公의 뜻을 이해하지 못하겠소."

---

63) 簡點使 : 선발하거나 군사를 징집하는 일을 맡은 使者이다.

64) 中男 : 미성년 남자이다. 唐나라 초기에는 16~20세 남자를 中男이라 하였다.

5-12-3

徵이 正色曰 臣은 聞竭澤取魚면 非不得魚나 明年無魚요 焚林而畋이면 非不獲獸나 明年無獸라하니 若次男已上을 盡點入軍하면 租賦雜徭를 將何取給이리잇가 且比年⑧ 國家衛士가 不堪攻戰은 豈爲其少리잇가 但爲禮遇失所하여 遂使⑨人無鬪心이니이다 若多點取人하여 還充雜使하면 其數雖衆이나 終是無用이어니와 若精簡壯健하여 遇之以禮하면 人百其勇⑩하리니 何必在多리잇가 陛下每云 我之爲君엔 以誠信待物하여 欲使官人百姓으로 竝無矯僞之心이라커시늘 自登極已來로 大事三數件이 皆是不信이니 復何以取信於人이리잇가 太宗愕然曰 所云不信은 是何等也아 徵曰 陛下初卽位에 詔書曰 逋(私)〔租〕[65]宿債와 欠負官物을 竝悉原免하라하고 卽令⑪所司로 列爲事條한대 秦府는 國司로되 亦非官物이니이다 陛下自秦王爲天子하시니 國司不爲官物이면 其餘物은 復何所有잇가 又關中은 免二年租調⑫하고 關外는 給復一年하니 百姓蒙恩하여 無不歡悅이라가 更有勑旨하되 今年白丁多已役訖이어늘 若從此放免하면 竝是虛荷國恩⑬이니 若已折已輸어든 令總納取了하고 所免者는 皆以來年爲始라하시니 散還之後에 方更徵收⑭하면 百姓之心이 不能無怪니이다 已徵得物하고 便點入軍이로되 來年爲始하시니 何以取信이리잇가 又共理所寄가 在於刺史⑮縣令⑯이라하여 常年(貌稅)〔檢閱〕[66]를 竝悉委之러시니 至於簡點하얀 卽疑其詐僞하시니 望下誠信이 不亦難乎잇가

⑧ 且比年 : 比, 音鼻.
比(근래)는 음이 鼻이다.

⑨ 遂使 : 如字, 後同.
〈使(하여금)는〉 본래 音義대로 독해한다. 뒤에도 같다.

⑩ 人百其勇 : 謂一人可當百夫也.
한 사람이 백 명을 감당할 만하다는 말이다.

⑪ 卽令 : 平聲.
〈令(하여금)은〉 平聲이다.

---

65) (私)〔租〕: 저본에는 '私'로 되어 있으나, ≪魏鄭公諫錄≫ 卷1 〈諫簡點中男入軍〉에 의거하여 '租'로 바로잡았다.

66) (貌稅)〔檢閱〕: 저본에는 '貌稅'로 되어 있으나, ≪魏鄭公諫錄≫ 권1 〈諫簡點中男入軍〉에 의거하여 '檢閱'로 바로잡았다.

⑫ 免二年租調 : 去聲.
〈調(구실)는〉 去聲이다.
⑬ 竝是虛荷國恩 : 荷, 去聲.
荷(입다)는 去聲이다.
⑭ 方更徵收 : 徵, 平聲, 後同.
徵(거두다)은 平聲이다. 뒤에도 같다.
⑮ 刺史 : 唐制, 武德初, 罷郡爲州, 改太守曰刺史, 掌宣德化・歲巡屬縣・觀風俗・錄囚・恤鰥寡.
唐나라 제도에 의하면 武德(618~626) 초기에 郡을 없애 州로 만들고 太守를 고쳐 刺史라 하고, 정책의 선포, 해마다 소속 縣의 巡視, 풍속 관찰, 죄수의 관리, 과부와 홀아비 등 곤궁한 자를 돌보는 일을 관장하였다.
⑯ 縣令 : 唐制, 縣置令, 掌導揚風化・撫字黎氓・敦民業・崇地利・養鰥寡・恤孤貧・審寃屈・親獄訟.
唐나라 제도에 의하면 縣에 슈을 두어, 풍속의 선도와 선양, 서민의 애호, 백성들의 생업 확대, 땅의 이익 중시, 홀아비와 과부 부양, 고아와 빈민자 돌봄, 억울한 사건의 심사, 獄訟을 직접 처리하는 일들을 관장하였다.

魏徵이 정색을 하며 말했다.

"신이 들으니, 연못의 물을 다 퍼내고서 물고기를 잡으면 물고기를 잡지 못할 것이 없지만 이듬해에 물고기가 없게 될 것이고, 숲을 불살라 사냥을 하면 짐승을 잡지 못할 것이 없지만 이듬해에 짐승이 없게 될 것이라 하였습니다.

만일 次男 이상을 모두 선발하여 입대시키면 조세와 기타 잡역들을 장차 어디에서 공급받겠습니까. 또 근래 국가의 병사들이 전쟁을 감당하지 못하는 것은 어찌 그 숫자가 적어서이겠습니까. 단지 제대로 禮遇하지 않아 그들에게 전투하고 싶은 마음이 들지 않게 하기 때문입니다. 만약 많이 선발하여 여러 가지 잡역에 충당한다면 그 수가 많다고 하더라도 결국 별 쓸모가 없게 될 것이지만, 만약 건장한 자들을 정밀하게 선발해서 그들을 예우한다면 저마다 백배의 용기를 내게 될 것이니, 어찌 반드시 많은 수가 필요하겠습니까.

폐하께서는 늘 말씀하시기를 '내가 임금 노릇을 할 때엔 성실과 믿음으로 사람을 대하여 관리와 백성들에게 모두 가식과 허위의 마음이 없게 하려 한다.' 라고 하셨는데, 등극한 이후로 행하신 두세 가지의 큰일들이 모두 신의를 보이지 못하셨으니, 다시 무엇으로 사람들에게 신의를 얻을 수 있겠습니까.”

太宗이 깜짝 놀라며 말하였다.

“신의를 보이지 못하였다는 것은 어떤 일들이오?”

위징이 말하였다.

“폐하께서 처음 즉위하실 때 내린 詔書에 ‘포탈한 조세와 묵은 빚과 납부하지 못한 관청의 물품을 모두 면제토록 하라.’ 하고, 바로 담당자에게 이들 물품을 조목별로 나열하라고 하셨는데, 秦王府는 국가 관서인데도 가지고 있는 물건을 관청 소유의 물건이 아니라고 하였습니다. 폐하께서는 秦王에서 시작하여 天子가 되셨는데 국가 관서의 물건이 관청 소유의 물건이 아니라면 그 나머지 물건은 다시 누구의 것이란 말입니까.

또 關中은 2년의 조세를 면제하고 關外는 1년의 부역을 면제하도록 하자, 백성들이 그 은혜를 입어 모두들 기뻐해 마지않았습니다. 그런데 다시 내린 칙서에서 ‘올해 임시로 징집한 장정들은 대부분 이미 부역을 마쳤는데, 만일 지금 시점에서 부역을 면제하면 이는 국가의 은혜를 헛되이 입은 셈이 될 것이다. 만일 이미 계산하고 이미 납부하게 했으면 모두 완납도록 하고, 면제받는 것은 모두 내년을 기점으로 새로 시작하겠다.’라고 하셨습니다. 돌려주고 나서 다시 거두어들인다면 백성들의 마음이 의아해하지 않을 수 없을 것입니다. 이미 징수하여 재물을 얻으셨고 선발된 자는 바로 입대하였는데 내년을 기점으로 새로 시작하겠다고 하시니 어떻게 신뢰를 보일 수 있겠습니까.

또 함께 다스리는 것이 刺史와 縣令에게 달려 있다 하여 매년 일상적인 점검을 모두 그들에게 맡기셨는데, 군사들을 간택하고 점검하는데 있어서는 그들이 속이는가 의심하시니, 이와 같이 하고서 아랫사람들에게 진실과 신뢰를 기대하는 것은 곤란하지 않겠습니까.”

5-12-4

**太宗曰 我見君固執不已**하고 **疑君蔽此事**러니 **今論國家不信**하면 **乃人情不通**이라하니 **我不尋思**가 **過亦深矣**라 **行事往往如此錯失**하면 **若爲致理**리오하고 **乃停中男**하고 **賜金**

**甕一口**하고 **賜珪絹五十匹**하다

太宗이 말하였다.

"나는 그대들이 고집하여 물러서지 않는 것을 보고 그대들이 이 일에 어둡다고 의심했는데, 지금 논하기를 '국가가 신뢰가 없으면 백성의 마음과 소통하지 못할 것이다.'라고 하였소. 내가 이를 세심히 생각하지 못했으니 과실이 또한 크오. 정무가 이따금 이처럼 잘못되면 어떻게 다스릴 수 있겠소."

이에 中男의 징발을 정지하고, 魏徵에게는 金甕 1口를 하사하고 王珪에게는 비단 50필을 하사했다.

**【集論】**

**愚按 孔子曰 去食去兵**이요 **無信不立**[67]이라하고 **湯之有天下也**에 **首曰彰信兆民**[68]이라하고 **武王之有天下也**에 **首曰惇信明義**[69]라하니 **三代之得天下**에 **未有不以信爲先者也**라 **太宗即位之初**에 **首欲以誠信待物**하니 **可謂能以湯武爲法者矣**라 **然徒知其爲信**하고 **不知其所以信**이라 **故魏徵歷陳其目**하여 **謂原免逋債**로되 **而秦府不與**는 **一不信也**요 **給散租調**라가 **已散復徵**은 **二不信也**요 **簡點丁男**을 **不任守令**은 **三不信也**라하니 **太宗**이 **欣然從徵之言**하니 **君臣魚水**[70]가 **實始于此**니 **終致貞觀之盛**은 **有以也哉**인저

내가 살펴보건대, 孔子가 말하기를 "먹을 것을 버리고 병력은 버려도, 백성에게 신뢰를 받지 못하면 存立하지 못한다."라고 하였고, 湯임금이 천하를 소유하고 나서 〈中虺가〉 가장 먼저 "덕이 드러나서 백성들에게 신뢰를 받아야 합니다."라고 말

---

67) 孔子曰……無信不立 : ≪論語≫ 〈顔淵〉에 "子貢이 정치를 묻자, 孔子가 '양식을 넉넉하게 갖추고 군대를 넉넉하게 갖추고 백성이 나라를 믿게 하는 것이다.'라고 하였다. 자공이 '부득이하여 버려야 한다면 세 가지 중에서 어느 것을 먼저 버려야 합니까.'라고 하자 '군대를 버려야 한다.'라고 하였다. 자공이 '부득이하여 버려야 한다면 두 가지 가운데 어느 것을 먼저 버려야 합니까?'라고 하자, 공자가 '양식을 버려야 한다. 예부터 사람은 다 죽지만 백성이 믿음이 없으면 存立할 수가 없다.'라고 하였다.〔子貢問政 子曰 足食 足兵 民信之矣 子貢曰 必不得已而去 於斯三者何先 曰 去兵 子貢曰 必不得已而去 於斯二者何先 曰 去食 自古皆有死 民無信不立〕"라고 하였다.

68) 彰信兆民 : ≪書經≫ 〈商書 中虺之誥〉에 보인다.

69) 惇信明義 : ≪書經≫ 〈周書 武成〉에 보인다.

70) 君臣魚水 : 劉備와 諸葛孔明의 관계처럼 君臣 간의 밀착을 비유한다.

하였고, 武王이 천하를 소유하고 나서 가장 먼저 "신의를 돈독히 하고 의리를 밝히겠다."라고 하였으니, 三代 시대에 천하를 얻을 때 신의를 우선으로 삼지 않음이 없었다.

太宗이 즉위 초기에 우선 진실과 신뢰로 사람을 대하려 하였으니, 湯王과 武王을 법으로 삼았다고 할 만하다. 하지만 그저 신뢰해야 한다는 것만 알고 신뢰해야 하는 이유는 몰랐다.

그래서 魏徵이 그 조항을 낱낱이 거론하여 "포탈한 세금과 빚을 면제했는데 秦王府는 포함되지 않은 것이 첫 번째 불신이고, 세금을 나누어주기로 하고 이미 나누어준 것을 다시 징수한 것이 두 번째 불신이고, 장정을 간택하고 점검하는 것을 守令에게 맡기지 않은 것이 세 번째 불신이다."라고 하자, 太宗이 위징의 말을 흔쾌히 따랐다.

임금과 신하가 물과 물고기처럼 떨어질 수 없는 것은 실로 여기에서 시작된 것이니, 결국 貞觀의 성대한 정치를 완성한 것은 그 이유가 있었던 것이다.

## 5-13-1

**貞觀五年**에 **持書侍御史**①**權萬紀**②와 **侍御史**③**李仁發**이 **俱以告訐譖毁**④로 **數**(삭)**蒙引見**⑤하고 **任心彈射**⑥하여 **肆其欺罔**하여 **令在上震怒**⑦하여 **臣下無以自安**하니 **內外**가 **知其不可**나 **而莫能論諍**이러라

① 持書侍御史 : 唐制, 擧劾官品. 本作治書, 避高宗諱. 故改曰持.
〈持書侍御史는〉 唐나라 제도에 의하면 관리들을 탄핵하는 일을 관장한다. 본래는 '治書'로 되어 있으나 唐 高宗의 諱를 피하여 '治'를 '持'로 고쳤다.

② 權萬紀 : 權姓, 萬紀名, 京兆人. 性悻直, 爲治書侍御史, 魏徵奏黜之, 後數年, 復是官.
權은 姓이고 萬紀는 이름이니, 京兆 사람이다. 성품이 괴팍하며 강직했는데, 治書侍御史가 되었을 때 魏徵의 上奏로 축출되었다가 몇 년 뒤에 다시 이 관직으로 복귀됐다.

③ 侍御史 : 唐制, 掌糾擧百寮及入閤承詔, 推彈雜事.
〈侍御史는〉 唐나라 제도에 의하면 관리들을 규찰하여 적발하는 일, 便殿에 들어와 詔勅을 받드는 일, 추고하여 탄핵하는 등 제반 사무를 관장한다.

④ 俱以告訐譖毁 : 訐, 居謁切.
訐(까발리다)은 居와 謁의 반절이다.

⑤ 數(삭)蒙引見 : 數, 音朔. 見, 音現.
數(자주)은 음이 朔이며, 見(알현하다)은 음이 現이다.

⑥ 任心彈射 : 彈, 平聲, 後同.

彈(쏘다)은 平聲이다. 뒤에도 같다.

⑦ 令在上震怒 : 令, 平聲.

令(하여금)은 平聲이다.

貞觀 5년(631)에 治書侍御史 權萬紀, 侍御史 李仁發이 모두 고자질하고 헐뜯는 것으로 자주 임금으로부터 부름을 받아 알현하였고, 제멋대로 사람들을 탄핵하고 기만하여 임금이 진노토록 하여, 신하들이 편안할 수가 없었다. 내외 신하들이 옳지 않음을 알았으나 논쟁할 수 있는 자가 없었다.

5-13-2

給事中魏徵이 正色而奏之曰 權萬紀와 李仁發은 竝是小人이요 不識大體하여 以譖毀爲是하고 告訐爲直하여 凡所彈射는 皆非有罪어늘 陛下掩其所短하고 收其一切하시니 乃騁其姦計하여 附下罔上하여 多行無禮하여 以取强直之名이니이다 誣房玄齡⑧하고 斥退張亮⑨하되 無所肅厲하여 徒損聖明하니 道路之人이 皆興謗議니이다 臣伏度(탁)聖心⑩컨대 必不以爲謀慮深長하여 可委以棟梁之任이요 將以其無所避忌로 欲以警厲群臣이니이다 若信狎回邪하면 猶不可以小謀大니 群臣素無矯僞어늘 空使臣下離心이니이다 以玄齡亮之徒로도 猶不可得伸其枉直이어늘 其餘疎賤은 孰能免其欺罔이리잇가 伏願陛下留意再思하사 自驅使二人以來로 有一弘益이면 臣卽甘心斧鉞하여 受不忠之罪하리이다 陛下縱未能擧善以崇德이나 豈可進姦而自損乎잇가

⑧ 誣房玄齡 : 玄齡嘗掌內外官考, 萬紀劾其不平.

房玄齡이 일찍이 내·외직의 관리들을 평가하는 일을 관장했는데, 權萬紀가 공평하지 않다고 탄핵했다.

⑨ 張亮 : 鄭州人. 初玄齡薦爲車騎將軍. 詳見公平篇註.

〈張亮은〉 鄭州 사람이다. 애초에 房玄齡이 車騎將軍에 추천했다. 제16편 〈論公平〉의 주석에 자세히 보인다.

⑩ 臣伏度(탁)聖心 : 度, 待洛切.

度(헤아리다)은 待와 洛의 반절이다.

給事中 魏徵이 정색을 하고 아뢰었다.

"權萬紀와 李仁發은 모두 小人이고 大體를 몰라 헐뜯는 것을 옳은 일로 여기

고 고자질하는 것을 정직으로 여깁니다. 무릇 그들이 탄핵한 것은 모두 죄 없는 자들인데 폐하께서는 그들의 단점을 덮어주고 그들의 말을 일체 받아주시니, 간악한 계책을 마음껏 부려 아랫사람과 결탁하고 윗사람을 속여 무례한 짓을 많이 행하여 强直하다는 명성을 얻었습니다. 房玄齡을 모함하고 張亮을 배척하되 엄정함이 없어 한낱 聖明만 손상시키고 있으니 길 가는 사람들도 모두 비난을 가하고 있습니다.

신이 삼가 성상의 마음을 헤아려보건대, 반드시 그들을 생각이 깊어 棟梁의 책임을 맡길 만하다고 여기신 것은 아니고 그들의 거리낌 없는 태도를 통해 뭇 신하들을 경계시키려 함일 것입니다. 만일 사악한 사람을 믿고 가까이하면 또한 작은 것으로 큰 것을 도모할 수 없으실 것이니, 뭇 신하들은 평소 허위가 없거늘 공연히 신하들의 마음만 흩어지게 할 뿐입니다. 방현령과 장량 같은 사람들도 오히려 그 曲直을 펼 수가 없거늘 나머지 소원하고 미천한 이들은 누가 그 속임수에서 벗어날 수 있겠습니까. 삼가 폐하께서 유의하여 거듭 생각해보소서. 두 사람을 부리고 난 이래로 큰 이익이 하나라도 있었다면 신은 즉시 斧鉞刑에 처해져 불충의 죄를 달게 받겠습니다. 폐하께서 비록 선한 자를 등용하여 덕이 있는 자를 떠받들지는 못한다 해도 어찌 간악한 자를 진출시켜 스스로 손상시켜서야 되겠습니까."

5-13-3

**太宗欣然納之**하고 **賜徵絹五百匹**하다 **其萬紀**는 **又姦狀漸露**하다 **仁發**은 **亦解黜**하고 **萬紀**는 **貶連州司馬**⑪하니 **朝廷**이 **咸相慶賀焉**이라

⑪ 貶連州司馬 : 連州, 今仍舊, 隷廣東. 司馬, 州僚佐也.
連州는 지금도 옛 이름을 그대로 쓰니, 廣東에 속한다. 司馬는 州의 보좌역이다.

太宗이 흔쾌히 건의를 받아들이고 魏徵에게 비단 500필을 하사했다. 權萬紀는 역시 간악한 형상이 점차 드러났다. 李仁發 역시 해임되어 축출되고 권만기는 連州司馬로 좌천되니, 朝廷의 신하들이 모두 서로 경하했다.

【集論】

愚按 中庸曰 敬大臣이면 則不眩이라하고 先儒曰 信任專하여 而小臣不得以間之라 故臨事而不眩也[71]라하니 自古英明之君에 若漢之武宣과 隋之高祖와 宋之孝宗은 既任委大臣하되 而復信小臣之言하니 其意는 蓋慮大臣之專權하여 而恃小臣之察以防之也라 太宗之於萬紀輩도 亦若是而已矣니 雖玄齡之親密이라도 猶得而間之어늘 況其餘乎아 夫天下之權이 初無定在하여 專在於大臣이면 固足以致亂이나 移於小臣은 尤非所以爲治也라 唯持敬이면 則足以增一己之聰明하고 窮理면 則足以察他人之邪正이니 人君은 亦勉於此而已라 徒恃小臣之察하여 欲廣己之耳目者는 何其惑之甚哉아

내가 살펴보건대, ≪中庸≫ 20장에 이르기를 "대신을 존중하면 현혹되지 않는다."라 하였고, 先儒가 이르기를 "신임이 전일하여 小臣들이 이간시킬 수 없으므로 일을 앞에 두고 현혹되지 않는 것이다."라고 하였다.

예로부터 英明한 임금 가운데 漢나라의 武帝와 宣帝, 隋나라의 高祖, 宋나라의 孝宗 같은 경우는 대신에게 위임을 하고서도 다시 소신의 말을 믿었으니 그 뜻은 대신이 권력을 전횡할까 염려하여 소신들이 살핀 것에 의지하여 예방하려 한 것이다. 太宗의 權萬紀 등에 대한 자세도 이와 같았을 뿐이다. 房玄齡같이 친밀한 사람도 이간시킬 수 있었거늘 그 이외 사람이야 말할 나위가 있겠는가.

무릇 천하의 권력이 애초에 정해지지 않아서 오롯이 대신에게 있게 되면 참으로 혼란을 일으킬 수 있으나, 그렇다고 소신에게 옮기는 것은 더욱이 다스리는 방법이 아니다. 오직 공경의 마음을 가지면 한 몸에 聰明을 증가시킬 수 있고 이치를 궁구하면 다른 사람의 옳고 그름을 살필 수 있으니, 임금은 또한 이것에 힘쓸 뿐이다. 한낱 소신이 살핀 것만 믿고서 자신의 안목을 넓히려 하는 자는 얼마나 현혹됨이 심한가.

## 5-14-1

貞觀六年[72]에 有人告尚書右丞魏徵하되 言其阿黨親戚이어늘 太宗이 使御史大夫溫

71) 先儒曰……故臨事而不眩也 : 先儒는 朱熹이다. 이 내용은 ≪中庸章句≫ 20章 '敬大臣則不眩'에 대한 朱熹의 ≪集註≫이다.

72) 貞觀六年 : 貞觀 元年의 誤字이니, '六'은 '元'과 字形이 비슷하여 잘못 쓴 것이다. 尚書右丞 魏徵과 御史大夫 溫彦博은 貞觀 6년의 관직이 아니다.(許道勳, ≪新譯貞觀政要≫ 2008, 129쪽)

彦博案驗其事하니 乃言者不直이라 彦博奏稱하되 徵旣爲人所道하니 雖在無私나 亦有可責이니이다하니 遂令彦博謂徵曰① 爾諫正我數百條어늘 豈以此小事便損衆美리오 自今已後로 不得不存形迹이라하다

① 遂令彦博謂徵曰 : 令, 平聲, 後同.
令(하여금)은 平聲이다. 뒤에도 같다.

貞觀 6년(632)에 누군가가 尙書右丞 魏徵에 대해 고발하기를 "친척에게 아첨한다."라고 하였는데, 太宗이 御史大夫 溫彦博을 시켜 사실을 확인하도록 하니 고발자의 말이 사실이 아니었다.

온언박이 상주하여 말하였다.

"위징이 이미 남에게 비난을 받았으니 비록 사적인 행위가 없었다고 해도 견책해야 할 점은 있는 것입니다."

마침내 온언박을 시켜 위징에게 말하게 하였다.

"그대가 내게 간언을 하여 바로잡은 것이 수백 조항에 이르는데 어떻게 이 하찮은 일로 많은 미덕을 손상시킬 수 있겠는가. 이제부터는 자신의 행적을 잘 살피지 않아서는 안 될 것이다."

5-14-2

居數日에 太宗問徵曰 昨來在外에 聞有何不是事아 徵曰 前日令彦博宣勅語臣云 何不存形迹고하시니 此言은 大不是니이다 臣은 聞君臣同氣라 義均一體요 未聞不存公道하고 惟事形迹이니이다 若君臣上下가 同遵此路하면 則邦國之興喪을 或未可知니이다 太宗矍然改容曰② 前發此語라가 尋已悔之하니 實大不是라 公亦不得遂懷隱避로다하니 徵이 乃拜而言曰 臣이 以身許國하니 直道而行이요 必不敢有所欺負니이다 但願陛下 使臣爲良臣이요 勿使臣爲忠臣니이다 太宗曰 忠良에 有異乎아 徵曰 良臣은 使身獲美名하고 君受顯號하여 子孫傳世하여 福祿無疆이요 忠臣은 身受誅夷하고 君陷大惡하여 家國竝喪하여 獨有其名이니이다 以此而言하면 相去遠矣니이다 太宗曰 君但莫違此言하라 我必不忘社稷之計하리라하고 乃賜絹二百匹③하다

② 太宗矍然改容曰 : 矍, 厥縛切, 驚悟貌.
矍은 厥과 縛의 반절이니, 깜짝 놀라며 깨닫는 모양이다.

③ 良臣……乃賜絹二百匹 : 按通鑑[73], 徵又曰 "稷・契・皐陶, 良臣也. 龍逄(방)・比干, 忠臣也."
살펴보건대 ≪資治通鑑≫ 貞觀 元年에 의하면, 魏徵이 또 말하기를 "稷・契・皐陶는 良臣이고, 龍逄・比干은 忠臣이다."라고 했다.

며칠 뒤에 太宗이 魏徵에게 물었다.

"엊그제 밖에서 무슨 잘못을 했다는 말을 듣지 못했소?"

위징이 말하였다.

"서번에 온언박을 시켜 勅語라 하며 신에게 말하기를 '왜 자신의 행직을 실피지 않는가?'라고 하셨는데, 이 말은 대단히 잘못된 것입니다. 신은 '임금과 신하는 氣가 같아서 의리가 한 몸을 이룬다.'라는 말은 들었어도 '공정한 도리를 갖추지 않고 오직 행적만을 일삼는다.'라는 말은 듣지 못했습니다. 만일 임금과 신하, 위와 아래가 함께 이러한 길을 따른다면 국가의 흥망을 예측할 수 없을 것입니다."

태종이 깜짝 놀라 용모를 가다듬으며 말하였다.

"지난번에 이 말을 하고는 바로 후회했으니 실로 대단히 잘못된 것이오. 公 또한 마침내 숨기거나 회피하려는 생각을 가져서는 안 될 것이오."

위징이 바로 절을 하고 말하였다.

"신은 몸을 국가에 맡겼으니 정직한 길을 따라 가고 반드시 감히 속이거나 저버리는 일이 없을 것입니다. 다만 폐하께서는 신을 良臣이 되게 하시고 신을 忠臣이 되게 하지 마소서."

태종이 말하였다.

"충신과 양신에 차이가 있소?"

위징이 말하였다.

"양신은 자신도 美名을 얻고 임금도 훌륭한 이름을 듣게 되어 자손이 대물려 복록이 끝없이 전해지는 것이고, 충신은 자신도 죽임을 당하고 임금도 큰 악을 범하는 데에 빠져 집안과 나라가 함께 망하여 그 이름만 홀로 남는 것입니다.

73) 通鑑 : ≪資治通鑑≫ 권194 唐紀 10 太宗에 보인다.

이것으로 말하면 두 가지의 거리가 멉니다."

태종이 말하였다.

"그대는 이 말을 어기지 마시오. 나도 반드시 社稷을 위한 계책을 잊지 않을 것이오."

이에 비단 200필을 하사했다.

【集論】

胡氏寅曰 忠良은 一道也니 未有優於忠而劣於良者하고 亦未有偏於(身)〔良〕[74]而短於忠者하니 魏公之言은 過爲分別이라 不若曰臣願爲稷契(설)皐陶(요)의 諫行言聽이요 不願如龍逄(방)比干의 身誅國亡이니 如此라야 自足以警帝意也라 夫稷契比干은 所謂易地則皆然[75]也라 後世事君者가 柔和獻納하고 不敢强諫하되 曰吾效稷契皐陶라하고 苟有犯顔苦口하고 面折廷爭者어든 則或非之曰 爾何以桀紂事吾君하여 而欲爲忠臣乎아하면 則魏公之說이 啓之矣라

胡寅이 말하였다.

"忠臣과 良臣은 같은 길이어서 忠에는 우월하고 良에는 열등한 경우는 없으며, 良에는 치우치고 忠에는 부족한 경우도 없으니, 魏公(魏徵)의 말은 지나치게 구분한 것이다. 차라리 '臣은 后稷·契·皐陶처럼 간언이 실행되며 건의가 받아들여지는 경우를 원하고, 龍逄·比干처럼 몸이 죽임을 당하며 나라도 망한 경우를 원치 않습니다.'라고 말하는 것이 나으니, 이렇게 해야만 임금의 마음을 일깨우기에 충분하다. 후직·설과 비간은 이른바 '처지를 바꾸면 모두 그러하였을 것이다.'라는 것이다. 후세에 임금을 섬기는 자들이 부드러우며 온화하게 건의를 드리고 감히 강하게 간언하지 못하면서도 '나는 후직·설·고요를 본받는다.'라 하고, 면전에서 대들며 쓴소리를 하고 면전에서 군주의 뜻을 꺾고 조정에서 간쟁하는 자가 있을 때는 비난하기를 '네가 어떻게 우리 임금을 桀·紂처럼 받들면서 충신이 되려 하는가.'라고 하는 것은 魏公의 말이 啓導한 것이다."

---

74) (身)〔良〕: 저본에는 '身'으로 되어 있으나, ≪貞觀政要≫(宏業書局, 1999)에 의거하여 '良'으로 바로잡았다.

75) 所謂易地則皆然: ≪孟子≫ 〈離婁 下〉에 "禹王과 后稷과 顔子가 처지를 바꾸면 다 그러하였을 것이다.〔禹稷顔子 易之則皆然〕"라고 보인다. 가령 우왕과 후직이 안자의 처지에 처했다면 또한 안자의 樂을 즐거워했을 것이요, 가령 안자가 우왕과 후직의 책임을 맡았다면 또한 우왕과 후직처럼 백성을 위해 걱정했을 것이라는 말이다.

林氏之奇曰 自古君明臣良이 猶腹心手足之一體하여 歡然無間而后에 朝廷之政이 無不擧니 豈拘拘形迹之末하여 以自爲疑外者리오 太宗之於魏公에 雖曰言必聽하고 諫必從이나 而責之以宜存形迹하니 則仆碑[76]之兆가 已見於此라

林之奇가 말하였다.

"예로부터 임금은 현명하고 신하는 현량한 것이 마치 복부와 심장, 손과 발이 한 몸에 있는 것과 같이 빈틈없이 잘 어울린 뒤에야 조정의 政事가 모두 거행될 수 있으니, 어찌 겉으로 드러난 지엽적인 행적에만 얽매여 스스로 의심하고 도외시할 것이 있겠는가. 太宗이 魏公에 대해 비록 말을 반드시 듣고 간언을 반드시 따르기는 했지만 의당 겉으로 드러난 행적을 잘 살펴야 한다고 꾸짖었으니, 비석을 쓰러뜨릴 조짐이 이미 여기에서 드러난 것이다."

呂氏祖謙曰 魏公之對는 誠足以警動太宗之心矣니 何則고 臣諫而君從之면 則可以爲稷契皐陶之良이요 不從이라도 則亦不失其爲龍逄比干之忠하니 則是忠之與良이 固未甚相遠也라 若乃君之聽諫從之면 則爲堯舜이요 不從之면 則爲桀紂니 其相去가 不啻霄壤이니 則太宗이 於此에 安得而不警乎리오

呂祖謙이 말하였다.

"魏公의 대답은 참으로 太宗의 마음을 놀라서 움직이게 할 만했으니, 어째서인가. 신하가 간언을 하고 임금이 따르면 后稷·契·皐陶 같은 良臣이 될 수 있고, 따르지 않는다고 하더라도 龍逄·比干 같은 忠臣이 됨을 잃지 않으니, 충신이 양신과 본디 그다지 간격이 멀지 않은 것이다. 임금이 간언을 듣고 따르면 堯임금·舜임금이 되고, 따르지 않으면 桀王·紂王이 된다. 그 거리가 천양지차일 뿐만이 아니니, 태종이 이에 대해 어찌 놀라지 않을 수 있겠는가."

愚按 魏徵忠良之論이 美矣나 然考之文義하면 則有不然者하니 何也오 文武之臣이 身獲美

76) 仆碑 : 魏徵의 비석을 太宗의 명으로 쓰러뜨린 일이다. 위징이 죽고 비방이 일어나자 태종은 위징과 약속했던 자녀들의 약혼을 파혼하고 자신이 손수 지어 세워준 비석을 쓰러뜨렸다.〔踣所撰碑〕 그러나 고구려 정벌에 실패하고 돌아올 때 위징을 생각하고 "위징이 살아 있었다면 짐에게 이 정벌을 못하게 했을 것이다.〔魏徵若在 不使朕有是行也〕"라 하고 위징의 묘에 제사를 올리고 비석을 다시 세우게 하였다. ≪歷代通鑑輯覽 권51 唐太宗文武皇帝 貞觀 17~19년≫

名하고 君受顯號를 專謂之良臣이 可也나 而冏(경)命엔 則曰咸懷忠良이라하고 商紂之臣이 身受誅夷하고 君陷大惡을 專謂之忠臣이 可也나 而武王은 則曰焚炙忠良이라하니 此는 猶渾而言之也라 子文이 仕爲令尹하여 身得令終하니 可以爲良臣矣나 夫子는 則稱之爲忠[77)]하고 奄息殺身殉葬하여 以從其君하니 可以爲忠臣矣나 詩人은 則稱之爲良[78)]이라 然則徵之言을 豈得爲定論哉아 先儒有言하되 忠良一道也니 未有優於忠而劣於良者요 亦未有偏於良而短於忠者라하니 斯言이 不可易矣라

내가 살펴보건대 魏徵의 忠臣과 良臣에 대한 논평이 훌륭하기는 하나, 문장의 본의를 들여다보면 그렇지 않은 점이 있으니 어째서인가.

文王과 武王의 신하들이 美名을 획득하고 임금도 훌륭하다는 이름을 듣게 한 것을 오로지 良臣이라고 말하는 것은 옳겠지만 ≪書經≫ 〈周書 冏命〉에는 "모두 忠良을 생각한다."라고 했고, 商나라 紂王의 신하들이 자신은 죽임을 당하고 임금은 큰 惡을 범하는 데 빠지게 된 것을 오로지 충신이라고 말하는 것은 옳겠지만 武王은 "紂가 忠良한 사람을 태워 죽였다."라고 했으니, 이는 忠臣과 良臣을 뒤섞어서 말한 것이다.

子文이 벼슬에 나아가 令尹이 되어 일생을 잘 마쳤으니 양신이라고 할 만하지만 孔子는 忠이라고 일컬었고, 奄息이 자기 몸을 희생하여 殉葬해서 그 임금을 따랐으니 忠臣이라고 할 만하지만 詩人은 良이라고 일컬었다. 그렇다면 위징의 말을 어찌 定論이라 할 수 있겠는가.

先儒가 말하기를 "충신과 양신은 같은 길이어서 忠에는 우월하고 良에는 열등한 경우는 없으며, 良에는 치우치고 忠에는 부족한 경우도 없다."라고 하였으니, 이 말은 바꿀 수 없는 정론이다.

---

77) 子文……則稱之爲忠 : 子文은 春秋시대 楚나라 사람이다. 孔子의 제자 子張이 "令尹을 지낸 자문이 세 번이나 영윤이 되었으되 기뻐하는 기색이 없었고, 세 번이나 파면을 당했으되 불평스러운 기색이 없었으며, 옛 영윤의 정사를 반드시 신임 영윤에게 고해주었다고 하니, 어떻습니까?〔令尹子文 三仕爲令尹 無喜色 三已之 無慍色 舊令尹之政 必以告新令尹 何如〕"라고 하자, 공자가 말하기를 "충성스러움이다.〔子曰 忠矣〕"라고 하였다. ≪論語 公冶長≫

78) 奄息殺身殉葬……詩人則稱之爲良 : 春秋시대에 秦 穆公이 죽자 奄息 3형제가 殉葬을 당하였다. ≪詩經≫ 〈秦風 黃鳥〉에 "저 푸른 하늘이여. 우리 좋은 사람을 죽이도다. 만약 대신할 수 있다면 사람마다 그 몸을 백 번이라도 바치리라.〔彼蒼者天 殲我良人 如可贖兮 人百其身〕"라고 하였다.

5-15-1

貞觀六年에 匈奴克平하고 遠夷入貢하고 符瑞日至하고 年穀頻登이어늘 岳牧等이 屢請封禪(선)①하고 群臣等이 又稱述功德하여 以爲時不可失이요 天不可違니 今行之라도 臣等은 猶謂其晚이라하되 惟魏徵이 以爲不可라하다

① 屢請封禪(선) : 去聲, 封禪者, 封土於山, 禪祭於地也.
〈禪(봉선)은〉 去聲이다. 封禪은 산에 흙을 쌓아 祭壇을 만들고 땅에서 禪祭를 지내는 것이다.

貞觀 6년(632)에 匈奴(突厥)가 평정되고 먼 곳 오랑캐들이 조정에 들어와 공물을 바쳤으며 상서로운 일들이 날마다 생기고 해마다 자주 풍년이 들거늘, 岳牧 등이 누차에 걸쳐 封禪을 요청하고 신하들이 다시 공덕을 칭찬하여 일컫기를 "때를 놓쳐서는 안 되고 하늘의 뜻을 어겨서는 안 되니, 지금 봉선을 시행한다고 해도 신들은 오히려 늦었다고 생각합니다."라고 하였으나, 魏徵만은 안 된다고 하였다.

5-15-2

太宗曰 朕欲得卿直言之하니 勿有所隱하라 朕功不高耶아 曰 高矣니이다 德未厚耶아 曰 厚矣니이다 華夏未安耶아 曰 安矣니이다 遠夷未慕耶아 曰 慕矣니이다 符端未至耶아 曰 至矣니이다 年穀未登耶아 曰 登矣니이다 然則何爲不可아 對曰 陛下功高矣나 民未懷惠하고 德厚矣나 澤未旁流하고 華夏安矣나 未足以供事②하고 遠夷慕矣나 無以供其求하고 符端雖臻이나 而罻羅猶密③하고 積歲豊稔이나 而倉廩尙虛하니 此臣所以切謂未可니이다 臣未能遠譬하니 且借近喩於人하리이다 有人長患疼痛하여 不能任持라가 療理且愈나 皮骨僅存이어늘 便欲負一石米하여 日行百里하면 必不可得이니이다 隋氏之亂이 非止十年이어늘 陛下爲之良醫하사 除其疾苦하시니 雖已乂安이나 未甚充實이어늘 告成天地는 臣竊有疑니이다 且陛下東封④엔 萬國咸萃하여 要荒之外⑤가 莫不奔馳니이다 今自伊洛之東으로 暨乎海岱⑥히 萑(추)莽巨澤이 茫茫千里요 人烟斷絶하고 鷄犬不聞하며 道路蕭條하여 進退艱阻하니 寧可引彼戎狄하여 示以虛弱이리잇가 竭財以賞이라도 未厭(염)

遠人之望⑦이요 加年給復이라도 不償百姓之勞며 或遇水旱之災와 風雨之變하여 庸夫邪議하면 悔不可追니이다 豈獨臣之誠懇이리잇가 亦有輿人之論이니이다 太宗稱善하고 於是乃止⑧하다

② 未足以供事：供，平聲，後同.
供(제공하다)은 平聲이다. 뒤에도 같다.

③ 而罻羅猶密：罻，音蔚.
罻(그물)는 음이 蔚이다.

④ 東封：謂東封泰山也，在今泰安州.
東封은 동쪽 泰山에 봉토하는 것을 말하니, 지금 泰安州에 있다.

⑤ 要荒之外：要，平聲. 要服・荒服，蠻夷之地也.
要(要服)는 平聲이다. 要服과 荒服은 蠻夷의 땅이다.

⑥ 暨乎海岱：岱，泰山也.
岱는 泰山이다.

⑦ 未厭(염)遠人之望：厭，音淹，足也.
厭은 음이 淹이니, 만족하다는 뜻이다.

⑧ 貞觀六年……於是乃止：按通鑑79)，是年正月，文武官請封禪，上曰"卿輩皆以封禪爲帝王盛事，朕意不然，若天下乂安，家給人足，雖不封禪，庸何傷乎. 昔秦始皇封禪，漢文帝不封禪，後世豈以文帝之賢不及始皇耶. 且事天掃地而祭，何必登泰山之巓，封數尺之土，然後可以展其誠敬乎." 群臣猶請之不已，上亦欲從之，魏徵獨以爲不可云云. 會河南北數州大水，事遂寢.
살펴보건대, 《資治通鑑》 貞觀 6년 정월에 문무관원들이 封禪을 주청하자 太宗이 말하기를 "卿들이 모두 封禪을 帝王의 성대한 일이라 생각하나 朕의 생각은 그렇지 않소. 천하가 평안하여 집집마다 넉넉하고 사람마다 풍족하면 봉선을 하지 않는다고 해도 무슨 문제가 있겠소. 옛날 秦 始皇은 봉선을 하고 漢 文帝는 봉선을 하지 않았지만 후세에 어찌 한 문제의 어짊이 진 시황만 못하다고 하였소. 또 하늘을 섬길 적에 땅을 깨끗이 쓸고 제사지내면 됐지 어찌 굳이 泰山 꼭대기에 올라가 몇 자 높이의 흙을 쌓아 제단을 만든 뒤에야 그 정성과 공경의 마음을 펼 수 있겠소."라고 하였다. 여러 신하들이 여전히 주청해 마지않자 太宗도 따르고 싶었지만 魏徵만이 홀로 "안 됩니다.……"라고 했다. 마침 黃河 南北의 여러 州에서 홍수가 발생하여 그 일이 결국 중지되었다.

太宗이 말하였다.

"짐이 卿의 직언하는 것을 듣고자 하니 숨김없이 말하시오. 짐의 공로가 높지 않소?"

---

79) 通鑑：《資治通鑑》 권194 唐紀 10 太宗 貞觀 6년에 보인다.

魏徵이 말하였다.

"높습니다."

"德이 후하지 않소?"

"후합니다."

"華夏(中華)가 평안하지 않소?"

"평안합니다."

"먼 곳 오랑캐가 추앙하지 않소?"

"추앙합니다."

"상서로운 일이 생기지 않았소?"

"생겼습니다."

"해마다 곡식이 풍년을 이루지 않았소?"

"풍년을 이루었습니다."

"그렇다면 왜 안 된다고 하시오?"

"폐하께서 功이 높으시지만 백성들이 폐하의 은혜를 생각하지 않고, 德이 후하시지만 혜택이 두루 미치지 않고, 華夏가 안정되었지만 봉선제에 이바지하기엔 충분치 못하고, 먼 곳 오랑캐가 추앙하지만 그들의 요구를 이바지하기엔 충분치 못하고, 상서로운 일이 생기지만 法網이 여전히 촘촘하고, 해를 거듭하여 풍년이 들었지만 창고가 아직도 비어 있으니, 이것이 臣이 절실하게 아직 안 된다고 말한 이유입니다.

신이 멀리 비유하여 말할 수 없으니 우선 가까이 사람으로 비유를 들겠습니다. 어떤 사람이 오랫동안 아파서 제 몸도 지탱하지 못하다가 겨우 치료를 받아 우선 치유는 됐지만 피골만 겨우 남아 있는데, 이내 한 섬 쌀을 지고 하루에 백 리를 가려고 하면 반드시 불가능할 것입니다. 隋氏(隋나라)의 난리가 십 년에 그치지 않았는데 폐하께서 훌륭한 의사가 되어 그 질병과 고통을 제거하셔서 비록 이미 안정을 찾았지만 그다지 충실하진 못하거늘, 하늘과 땅의 신명에게 완성을 告由하는 것에 대해 신은 조심스레 의문이 듭니다.

또 폐하께서 동쪽에서 封禪을 거행할 때 수많은 나라들이 다 모여 要服과 荒服의 바깥에 있는 오랑캐들도 모두들 달려오게 됩니다. 지금은 伊水와 洛水 동쪽에서부터 渤海와 泰山에 이르기까지 거친 풀들과 큰 연못이 아득히 천 리에 걸쳐 펼쳐져 있고, 인적이 끊어지고 닭 울음소리 개 짖는 소리도 들리지 않으며 길이 적막하여 통행이 막혀 있는데, 어찌 저 오랑캐들을 불러들여 허약한 모습을 보여서야 되겠습니까.

재산을 모두 다 쏟아 상을 준다 하더라도 먼 곳 사람들의 기대를 만족시킬 수 없고, 햇수를 늘려 부역을 면제시켜준다 하더라도 백성들의 노고를 보상할 수 없으며, 혹시 홍수와 가뭄, 비바람의 변고를 당하여 용렬한 자들이 사악한 말들을 만들어내게 되면 후회해도 어찌할 수 없을 것입니다. 이것이 어찌 신만의 진실한 간청이겠습니까. 뭇 사람들의 말이기도 합니다."

태종이 훌륭하다고 칭찬하고 바로 멈추었다.

**【集論】**

孫氏甫曰 封禪之文은 不著於經典하니 秦漢諸儒가 用管仲說[80)]하여 以爲帝王盛德之事가 無大此禮라 故秦皇漢武行之한대 儀物侈大하여 自謂光輝無窮이라 然封禪之後에 災異數(삭)至하고 天下多事라 蓋繁費生靈하여 干動和氣所致니 則崇尙此禮가 惡足以當天意哉리오 況此禮不著於經典也아 司馬遷이 作封禪書하여 引經典之文이나 但巡守之禮耳라 帝王이 巡守하여 每至方嶽[81)]하면 必燔柴以告至하니 非謂自陳功於天也라 帝王이 治天下에 能以功德濟生民하여 致時太平하면 則天必佑之以永久之福이라 郊祀[82)]之禮도 足伸其報어늘 何待自告其功也리오 太宗이 嘗謂事天至敬하여 掃地而祭니 何必登山封土리오하니 此實至論이라

孫甫가 말하였다.

"封禪에 대한 내용은 경전에 나와 있지 않으니 秦나라와 漢나라의 諸儒들이 管仲의 說을 인용하여 '제왕의 성대한 德을 나타내는 일 가운데 이 의식보다 더 중요한 것이 없다.'라고 하였다. 그래서 秦 始皇과 漢 武帝가 이를 거행했는데 의식이 화려하고 장

---

80) 秦漢諸儒 用管仲說 : ≪史記≫ 〈封禪書〉에 "管仲이 말하기를 '옛날에 泰山에 封하고 梁父(보)에 禪한 것이 72家였다.'〔管仲曰 古者封泰山禪梁父者 七十二家〕"라고 하였다.

81) 方嶽 : 四方의 山嶽이다. 東嶽은 泰山, 西嶽은 華山, 南嶽은 霍山(또는 衡山), 北嶽은 恒山이다.

82) 郊祀 : 郊外에서 天地에 지내는 제사이다. 南郊에서 天에 제사하고, 北郊에서 地에 제사하였다.

대하여 스스로 그 영광이 끝이 없으리라고 여겼다. 하지만 봉선을 거행하고 나서 재난과 이변이 자주 발생하고 천하에 사고가 많았다. 이것은 백성들의 힘을 번거롭게 낭비하고 온화한 기운을 침범한 데서 야기된 것이니 이 의식을 숭상하는 것이 어찌 하늘의 뜻에 맞을 수 있겠는가. 더구나 이 의식에 관한 내용이 경전에 나와 있지도 않음에야 말할 나위가 있겠는가.

司馬遷이 〈封禪書〉를 지으면서 경전의 문장을 인용했지만 그것은 巡守에 대한 의식일 뿐이다. 제왕이 巡守를 가서 그 지방의 대표적인 산에 이르게 되면 반드시 나무를 태워 도착했음을 고하였으니, 이는 스스로 하늘에게 공로를 진술한 것을 말하는 것이 아니나.

제왕이 천하를 다스릴 때 공덕으로 백성들을 구제하여 태평을 이루면 하늘이 반드시 영구한 복으로 도와준다. 이에 郊祀의 의식만으로도 충분히 그 보답을 표할 수 있는데, 어찌 스스로 그 공로를 고유할 필요가 있겠는가. 太宗이 일찍이 '하늘을 섬길 때 극진한 존경심을 갖고 땅을 깨끗이 쓸고 제사를 지내면 됐지 어찌 굳이 산에 올라가 흙을 쌓아 제단을 만들 필요가 있겠는가.'라고 했으니, 이는 실로 지극한 말이다."

范氏祖禹曰 古者에 天子巡守하여 至于方岳하면 必告祭柴望[83)]하나니 所以尊天而懷柔百神也라 後世學禮者가 失其傳이어늘 而諂諛者爲說하여 以希世主하여 謂之封禪하니 實自秦始요 古無有也라 且三代는 不封禪而王하고 秦은 封禪而亡하니 不法三代而法秦하여 以爲太平盛事하면 亦已謬矣라 太宗方明하고 朝多賢이로되 而佞者가 猶倡其議하고 獨魏徵이 以爲時未可나 而亦不以其事爲非也라 其後에 使顔師古議其禮하고 玄齡裁定之할새 徵亦與焉이라 貞觀之末에 欲東封이라가 以事而止나 高宗과 明皇이 遂踵行之라 終唐之世토록 惟柳宗元이 以爲非하고 以韓愈之賢으로도 猶勸憲宗하니 則其餘는 無足怪者라 嗚呼라 禮之失也가 久矣니 世俗之惑을 可勝救哉아

范祖禹가 말하였다.

"옛날에 天子가 巡守를 나가 그 지방의 대표적인 산에 이르게 되면 반드시 고유하는 제사를 올려 柴祭와 望祭 의식을 치렀으니, 이는 하늘을 존경하고 모든 神들을 회

---

83) 柴望 : 두 가지 제사로, 柴는 나무를 태워 天에 제사하는 것이고, 望은 國中의 山川을 바라보고 제사를 지내는 것이다.

유하는 것이다. 후세에 禮를 공부한 학자들이 그 전하는 기록을 잃어버렸는데 아첨을 일삼는 자들이 말을 지어내어 군주에게 영합하여 封禪이라고 말하였으니 이는 사실 秦 始皇 때부터 시작된 것이고 옛날에는 없었던 것이다.

三代에는 봉선을 거행하지 않고도 王을 누렸고 秦나라는 봉선을 거행하고도 망했으니, 三代를 본받지 않고 秦나라를 본받으면서 태평성대를 거론한다면 이미 잘못된 것이다.

太宗이 현명하고 조정에 현자가 많았지만 아첨을 일삼는 자가 오히려 그 논의를 제창하였고, 魏徵만이 시대 상황에 알맞지 않다고 했지만 그 일 자체가 잘못됐다고 여기지는 않았다. 그리하여 그 뒤에 顔師古에게 봉선의 의식에 대해 논하고 房玄齡에게 재량하여 확정하게 할 때 위징 역시 참여하였다. 貞觀 말기에 동쪽에서 봉선을 행하려 하다가 사고가 발생하여 멈췄지만 高宗과 明皇(玄宗)이 결국 실행에 옮기고 말았다.

唐나라가 끝날 때까지 柳宗元만이 封禪을 잘못됐다고 하였고 韓愈 같은 현자도 憲宗에게 권유했으니 그 나머지 사람들은 이상하게 여길 것이 없다. 아, 예절을 잃은 지가 오래되었으니 세속의 미혹됨을 이루 다 구제할 수 있겠는가."

胡氏寅曰 自孟子沒로 聖學不傳하여 學者가 以天人爲二致하여 不能監觀休咎之符하며 凡天事는 尙象하여 往往以道遠難知로 置於冥漠而不省하니 昧者는 無足怪矣라 以太宗之明으로 房杜王魏가 竝侍左右할새 正旦日食은 天變爲大로되 不聞其胥訓告胥教誨하여 以消陰沴復陽德하고 而群臣獻諂하여 侈蕩上心하여 請登太山하여 明示德意하니 太宗이 口雖不允이나 實欲從之하여 至稱功高德厚하여 偃然自足이라 徵雖以空虛勞費爲言이나 若非數州大水면 亦未必爲止也라 夫大水者는 陰氣沴也요 日食者는 陽氣微也니 二者는 君象이라 尤當儆懼로되 而不知戒焉하니 豈非以天人爲二致하여 不學不知道之過歟아

胡寅이 말하였다.

"孟子가 세상을 떠나고 나서 聖學이 전해지지 않아 학자들이 하늘과 사람을 두 가지로 여겨 길흉의 징조를 잘 살피지 못하였으며, 무릇 하늘의 일은 상징을 숭상하여 이따금 이를 알 길이 요원하여 알기 어렵기 때문에 그윽한 데에 놓아두고서 살피지 않았으니, 어두운 것을 이상하게 여길 것이 없다.

그러나 太宗 같은 현명한 군주를 房玄齡·杜如晦·王珪·魏徵이 모두 좌우에서 모시고 있었는데 正旦(정월 초하루)에 日食이 발생한 것은 하늘의 변고 가운데 큰 변고

인데도 서로 훈계하고 서로 일깨워 陰의 나쁜 기운을 없애고 陽의 德을 회복시켰다는 이야기는 들리지 않고, 신하들이 아첨의 말을 올려 임금의 마음을 들뜨게 해서 泰山에 올라가 공덕을 밝게 보여줄 것을 요청하자, 태종이 입으로는 윤허하지 않았지만 실제로는 따르고 싶어 하여, 功이 높고 德이 후하다고 일컬으며 버젓이 스스로 만족하기에 이르렀다. 위징이 비록 공허하게 비용만 허비할 것이라고 말은 했지만, 만일 여러 州에서 홍수가 일어나지 않았다면 반드시 멈추지는 않았을 것이다.

홍수는 陰氣가 기승을 부린 것이고 일식은 陽氣가 미약해진 것이니, 이 두 가지는 임금의 상징이어서 더욱더 경계하고 두려워해야 할 것임에도 경계할 줄을 몰랐다. 이것이 어찌 하늘과 사람을 두 가지로 여겨 공부하지 않아 道를 알지 못한 잘못이 아니겠는가."

愚按 文中子曰 封禪은 其秦漢之侈心乎인저하니 聖人復起라도 不易斯言矣리라 虞舜之制는 五載一巡守하고 成周之盛엔 六年一時巡하여 肆覲群后하여 大明黜陟하고 望秩山川하니 蓋所以盡報本之誠이요 明命討之公也니 豈泥金刻玉하여 升中[84]告成之謂哉아 善乎라 太宗之言曰 秦始皇은 封禪하고 漢文帝는 不封禪이나 後世에 豈以文帝不及始皇耶[85]여 厥後에 惑於諂佞하여 自背其言이라 爲魏徵計者컨대 惟當援古据經하여 正名定論하여 于以復先王之常禮하고 于以掃秦漢之謬說하면 不亦偉歟아 顧以尉羅猶密과 倉廩尙虛로 執爲未可하니 夫以爲未可行이어든 則必有可行之時也라 嗚呼라 大道不明하고 禮學無据하여 爲君者는 昧於上하고 爲臣者는 惑於下하니 不有聖人出焉이면 孰能祛其謬而反諸正乎아

내가 살펴보건대, 文中子가 말하기를 "封禪은 秦나라와 漢나라의 호사스런 마음일 것이다."라고 했으니, 聖人이 다시 태어난다고 해도 이 말을 바꾸지 못할 것이다. 虞舜의 제도는 5년에 한 번 巡守하고 成周(周나라)의 성대한 시절엔 6년에 한 번 巡守하여, 뭇 세후들을 만나보고 상벌을 크게 밝히고 山川을 바라보고 제사를 지냈으니, 이는 근본에 보답하는 정성을 다하고 토벌을 명하는 공정함을 밝히는 것이다. 어찌 泥金(아교에 갠 금가루 물)과 옥에 새긴 글을 가지고 하늘에 제사하여 성공을 고유하는 것을 말하는 것이겠는가. 훌륭하도다. 太宗의 "秦 始皇은 封禪을 하고 漢 文帝는 封禪을 하지 않았지만 후세에 어찌 한 문제가 진 시황만 못하다고

84) 升中 : 帝王이 하늘에 제사하고 成功을 고하는 일이다. 升은 上의 뜻이고 中은 成의 뜻으로, 뒤에는 널리 祭天을 가리킨다. 《禮記 禮器》

85) 秦始皇……豈以文帝不及始皇耶 : 《資治通鑑》 권194 唐紀 10 太宗 貞觀 6년에 보인다.

하였는가."라고 한 말이여. 하지만 그 뒤에 아첨꾼들에 현혹되어 스스로 자기의 말을 위배하였다.

魏徵을 위하여 헤아려보건대 고사를 인용하고 경전에 의거하여 명분을 바로잡고 논의를 확정하여 先王의 常禮를 복원하고 秦나라와 漢나라의 잘못된 설을 말끔히 정리하였다면 또한 훌륭하지 않았겠는가. 그런데 법망이 여전히 촘촘한 것과 창고가 여전히 비어 있는 것을 이유로 들어 아직 안 된다고 고집하였으니, 상황으로 보아 아직 시행해선 안 된다고 하였으면 반드시 시행할 만한 때가 있는 것이다. 아, 大道가 밝지 못하고 禮學이 근거가 없어 임금은 위에서 혼미하고 신하는 아래에서 현혹되니, 聖人이 나오지 않으면 누가 그 오류를 제거하여 正道로 돌아갈 수 있겠는가.

5-16-1

**貞觀七年**에 **蜀王**①**妃父楊譽**가 **在省競婢**어늘 **都官郎中**②**薛仁方**이 **留身勘問**하여 **未及予奪**③한대 **其子爲千牛**④가 **於殿庭陳訴云 五品以上非反逆**이면 **不合留身**이어늘 **以是國親**이라 **故生節目**하여 **不肯決斷**하고 **淹留歲月**이니이다하다

① 蜀王：名愔，太宗第六子也.

蜀王은 이름이 愔이니, 太宗의 여섯째 아들이다.

② 都官郎中：唐制，刑部官，掌配役徒隸，簿錄俘囚，以給衣糧藥料，以理訴競雪寃. 凡公私良賤，必周知之，凡反逆相坐，沒其家爲官奴婢.

〈都官郎中은〉 唐나라 제도에 의하면 刑部에 속한 관리로서, 徒隸(복역 노예)의 배치, 포로와 죄수에 대한 기록, 옷과 양식과 의약품을 공급하고, 소송사건과 억울한 일을 해소시키는 일을 담당한다. 모든 公・私의 양민과 천민을 반드시 두루 관리하며, 모든 반역에 연좌된 사람은 그 집안을 몰수하여 관청 노비로 삼는다.

③ 未及予奪：予，音與.

予(주다)는 음이 與이다.

④ 千牛：後魏官名. 隋有千牛刀，人主防身刀也. 其職本掌御刀，蓋取莊子"庖丁爲惠文君解牛，十九年所割者數千牛，而刀刃若新發硎石." 言此刀可以備身，因以名官. 唐制，左・右千牛衛將軍，掌宮殿侍衛及供御儀仗左右，執弓箭宿衛.

千牛는 後魏(北魏)의 관직 이름이다. 隋나라 때 千牛刀가 있었는데, 임금의 몸을 방어하는 칼이라는 뜻이다. 그 직책은 본디 임금의 칼을 관리하니, ≪莊子≫ 〈養生主〉의 "庖丁이 惠文君을 위해 소를 해체했는데, 19년 동안 해체한 소가 수천 마리였으나 칼날이 이제 막 숫돌에서 갈려 나온 듯했다."는 데에서 이름을 취한 것이다. 이 칼이 몸을 방비할 만하다

는 말인데 이것을 그대로 관직명으로 삼은 것이다. 唐나라 제도에 의하면 左·右千牛衛將軍은 宮殿의 侍衛와 임금의 儀仗 좌우에서 시중드는 일과 활과 화살을 들고 숙직하며 호위하는 일을 관장한다.

貞觀 7년(633)에 蜀王妃의 부친 楊譽가 省(관청) 안에서 婢女를 차지하려고 다투었는데, 都官郎中 薛仁方이 그를 구류시켜 사실을 신문하고 미처 결정을 내리지 못하고 있었다. 千牛이던 양예의 아들이 殿庭에서 호소하며 말하였다.

"5품 이상은 반역죄가 아니면 신체를 구류해서는 안 되는데, 國親이라 하여 일부러 죄목을 만들고서 판결을 내리려 하지 않고 마냥 날짜만 보내고 있습니다."

5-16-2

**太宗聞之**하고 **怒曰 知是我親戚**이라 **故作如此艱難**이라하고 **卽令**⑤**杖仁方一百**하고 **解所任官**하라커늘 **魏徵進曰 城狐社鼠**는 **皆微物**이나 **爲其有所憑恃**라 **故除之猶不易**⑥어늘 **況世家貴戚**은 **舊號難理**니이다 **漢晉以來**로 **不能禁禦**86)하고 **武德之中**에 **以多驕縱**이어늘 **陛下登極**하사 **方始肅條**니이다 **仁方**이 **旣是職司**라 **能爲國家守法**하니 **豈可枉加刑罰**하여 **以成外戚之私乎**잇가 **此源一開**하면 **萬端爭起**하여 **後必悔之**라도 **將無所及**이리이다 **自**

---

86) 漢晉以來 不能禁禦 : 이 사례는 漢나라 王莽의 簒奪, 梁冀의 跋扈, 晉나라 八王之亂을 들 수 있다.

王莽은 漢나라 孝元皇后의 생질로, 平帝 때 大司馬로 있으면서 권모술수를 써서 평제를 내쫓고, 어린 태자 嬰을 세우고 정권을 자행하여 假皇帝 노릇을 하다가 뒤이어 찬탈하고는 국호를 新이라 하였는데, 光武帝 劉秀의 정벌을 받고 죽임을 당하였다. ≪漢書 卷12 平帝紀 卷99 王莽傳≫

梁冀는 後漢 順帝 때 梁皇后의 오빠이다. 아버지 梁商을 대신하여 大將軍이 되고 권력을 남용하였으며, 質帝를 옹립하였으나 자신의 권력 남용을 비판했다는 이유로 독살하고 桓帝를 다시 옹립하고, 권력을 전횡하다가 梁太后(梁皇后)가 죽자 환제가 환관 5인과 합세하여 그를 伏誅하고 그 종족을 모두 棄市하였다. ≪後漢書 卷34 梁冀列傳≫

八王之亂은 西晋 말기 惠帝 때 宗室 8인의 王이 권력 장악을 위해 벌인 싸움이다. 팔왕은 汝南王亮·楚王瑋·趙王倫·齊王冏·長沙王乂·成都王穎·河間王顒·東海王越이다. 이들은 懷帝 초기까지 16년간 서로 죽이며 반목하였다. 이 때문에 북쪽의 少數民族들과 귀족들이 들고 일어나서 진나라는 남쪽으로 遷都하게 되었고, 南北朝 시대를 맞이하게 되었다. ≪晉書 卷37 宗室≫

**古能禁斷此事**는 **惟陛下一人**이니이다 **備豫不虞**는 **爲國常道**⑦나 **豈可以水未橫流**⑧어늘 **便欲自毁隄防**이리잇가 **臣竊思度**(탁)⑨컨대 **未見其可**니이다 **太宗曰 誠如公言**이니 **嚮者不思**로다 **然仁方輒禁不言**은 **頗是專權**이니 **雖不合重罪**나 **宜少加懲肅**이라하고 **乃令杖二十而赦之**하다

⑤ 卽令：平聲, 後同.
〈令(하여금)은〉 平聲이다. 뒤에도 같다.

⑥ 城狐社鼠……故除之猶不易：爲, 去聲, 後同. 易, 以豉切. 古語, 城狐不灌, 社鼠不燻[87], 謂其所棲穴者, 得所憑恃也. 故議者, 率謂人君左右近習爲城狐社鼠.
爲(위하다)는 去聲이다. 뒤에도 같다. 易(쉽다)는 以와 豉의 반절이다. 옛말에 '성곽에 사는 여우〔城狐〕는 익사시키지 못하고 종묘에 사는 쥐〔社鼠〕는 불을 놓아 잡지 못한다.'라고 하였으니, 그들이 깃들어 사는 곳이 의지할 만한 곳을 얻었기 때문이다. 그래서 논자들이 대체로 임금 옆에서 가까이 모시는 자들을 城狐나 社鼠라고 한다.

⑦ 爲國常道：爲, 如字.
爲(되다)는 본래 音義대로 독해한다.

⑧ 豈可以水未橫流：橫, 去聲.
橫(거스르다)은 去聲이다.

⑨ 臣竊思度(탁)：待洛切.
〈度(헤아리다)은〉 待와 洛의 반절이다.

그 말을 들은 太宗이 노하며 말하였다.

"나의 친척인 것을 알고 일부러 이처럼 곤란하게 만든 것이로다."

바로 薛仁方에게 杖(곤장) 100대를 치고 그의 관직을 해임시키도록 하였다.

魏徵이 나서서 말하였다.

"성에 사는 여우와 종묘에 사는 쥐는 모두 微物이지만 의지하는 것이 있기 때문에 제거하기가 쉽지 않습니다. 더구나 대대로 벼슬해온 집안과 지위가 높은 친척은 예로부터 다스리기가 어렵다고 하였습니다. 漢나라 晉나라 이후로 금하거나 제어할 수 없었고, 武德(618~626) 연간에 교만하고 방종한 자가 많았는데 陛下께서 등극하시어 비로소 잠잠해졌습니다.

설인방은 이미 해당 직책을 맡아서 국가를 위해 법을 지킨 것이니, 어찌 그

87) 城狐不灌 社鼠不燻：≪晏子春秋≫ 〈問 上 第9〉에 전거를 둔 宋나라 洪邁의 ≪容齋隨筆≫ 〈城狐社鼠〉에 보인다.

릇되이 형벌을 가하여 外戚이 사욕을 부리도록 할 수 있겠습니까. 이것이 한 번 선례가 되면 모든 폐단이 앞다퉈 발생하여, 뒤에 필시 뉘우치더라도 어찌 할 수 없을 것입니다. 예로부터 이 일을 엄금하고 단절시킬 수 있는 사람은 오직 폐하 한 분이십니다. 뜻밖에 사태를 미리 대비하는 것은 국가의 일상적인 방책인데, 어찌 물이 범람하기도 전에 스스로 제방을 헐려 하십니까. 신이 삼가 헤아려보건대, 옳은 점을 알지 못하겠습니다."

태종이 말하였다.

"참으로 公의 말이 옳소. 지난번엔 생각하지 못했소. 하지만 설인방이 이내 엄금하고 말도 하지 않은 것은 전권을 마구 휘두른 것이니, 비록 중죄에 해당하지는 않지만 조금은 징계를 가해야 하겠소."

이에 杖 20을 치고 사면하도록 했다.

【集論】

愚按 仁方之問楊譽는 雖申屠之屈鄧通[88]과 董宣之抗湖陽[89]도 不是過也라 太宗이 不惟不能賞之라 又欲加刑焉하니 其視孝文光武에 何其遠哉아 且既從魏徵之諫이어든 免仁方之罪가 可也어늘 顧猶杖二十而後赦之하니 是猶紾兄臂而曰 姑徐云爾[90]하고 攘隣鷄而曰 請俟來年[91]하여 以五十步笑百步[92]而已니 從諫之道가 豈如是乎아

---

88) 申屠之屈鄧通 : 申屠嘉가 鄧通을 모욕한 일이다. 신도가는 漢 文帝 당시의 승상으로 강직한 사람이었는데 문제의 幸臣인 등통이 御前에서 거만하게 굴자 신도가가 그를 불러 斬하려 하였다. 등통은 불려가기 전에 문제에게 구원을 요청하였으나, 문제는 신도가가 등통을 충분히 혼내줄 시간이 흐른 뒤 사면장을 보내 그를 풀어주도록 하였다. ≪史記 권96 張丞相列傳≫

89) 董宣之抗湖陽 : 董宣이 湖陽公主에게 항의한 일이다. 後漢 光武帝 때 洛陽令 동선이 대낮에 살인을 한 호양공주의 하인을 공주가 외출할 때를 기다렸다가 공주가 타고 가는 수레에서 끌어내려 처형하였다. 이 소식을 전해 들은 광무제가 진노하여 그를 잡아오게 하여 신문하자, 그는 법을 집행했을 뿐이라고 말하였다. 그 뒤에 광무제가 공주에게 사과하도록 하였으나, 동선이 끝까지 머리를 숙이지 않아 强項令(목이 뻣뻣한 현령)이라고 불렸다. ≪後漢書 권77 董宣列傳≫

90) 是猶紾兄臂而曰 姑徐云爾 : 적극적으로 시행하지 않음을 말한다. 삼년상을 단축하려고 한 齊 宣王에게 公孫丑가 "朞年 정도의 복을 입는 것도 아주 마는 것보다는 낫다."라고 하자, 孟子가 "어떤 이가 그 형의 팔을 비틀거든 자네는 서서히 비틀어라 하는 격이다.〔紾其兄之臂子謂之姑徐徐〕"라고 하여 공손추를 나무란 데서 온 말이다. ≪孟子 盡心 上≫

내가 살펴보건대, 薛仁方이 楊譽를 문책한 것은 申屠嘉가 鄧通에게 굴욕을 주고 董宣이 湖陽公主에게 고개를 숙이지 않은 것에 비해 지나친 것이 아니었다. 그런데 太宗은 그에게 상을 주기는커녕 형벌을 가하고자 했으니, 漢나라 孝文帝·光武帝와 비교하여 어찌 이토록 차이가 나는가. 이뿐만 아니라 이미 魏徵의 간언을 따랐으면 설인방의 죄를 사면함이 옳은데 도리어 杖 20대를 치고 나서 사면하였으니, 이는 마치 형의 팔을 비틀면서 "좀 서서히 하라."라고 하거나 이웃집 닭을 훔치고 나서 "내년을 기다린 뒤에 그만두겠다."라고 한 것과 같아서, 50보로 100보를 비웃는 꼴일 뿐이다. 간언을 따르는 도가 어찌 이래야 하겠는가.

5-17-1

**貞觀八年**에 **左僕射房玄齡**과 **右僕射高士廉**①이 **於路**에 **逢少府監**②**竇德素**하여 **問北門近來更何營造**오커늘 **德素以聞**한대 **太宗乃謂玄齡曰 君但知南衙**[93]**事**니 **我北門少有營造**나 **何預君事**오하니 **玄齡等**이 **拜謝**러라

① 高士廉 : 名儉, 齊淸河王岳之孫. 初隱居終南山, 武德初, 秦王領雍州牧, 擧爲治中. 及居東宮, 授右庶子. 遷益州〔都〕[94]督長史, 勵風俗有聲. 入爲吏部尙書, 拜僕射. 卒, 贈司徒.
〈高士廉은〉 이름이 儉이니, 北齊 淸河王 高岳의 후손이다. 애초에 終南山에 隱居했다가 武德(618~626) 초기에 秦王(唐 太宗)이 雍州牧을 겸직할 때 천거하여 治中이 되었다. 太宗이 東宮일 적에 右庶子에 임명되었다. 益州都督長史로 자리를 옮겨 풍속을 바로잡았다는 명성을 들었다. 내직으로 들어와 吏部尙書가 되고 僕射에 임명되었다. 세상을 떠나자 司徒에 추증됐다.

② 逢少府監 : 少, 去聲. 唐制, 掌百工繕作之政.
少(적다)는 去聲이다. 唐나라 제도에 의하면 百工이 修繕하고 제조하는 정무를 관장했다.

**貞觀 8년(634)에 左僕射 房玄齡, 右僕射 高士廉이 길에서 少府監 竇德素를**

---

91) 攘隣鷄而曰 請俟來年 : 허물을 알고도 즉시 고치지 않음을 말한다. 이웃집 닭을 하루 한 마리씩 훔친 것을 줄여서 한 달에 한 마리씩 훔치다가 1년 뒤에 그만둔다〔月攘一鷄 以待來年然後已〕고 한 말에 의거한 것이다. ≪孟子 滕文公 下≫

92) 以五十步笑百步 : ≪孟子≫ 〈梁惠王 上〉에 관련 내용이 보인다.

93) 南衙 : 唐나라 때의 宰相 官署이다. 中書省·門下省·尙書省이 모두 皇宮 남쪽에 있으므로 이렇게 일컬은 것이다.

94) 〔都〕 : 저본에는 '都'가 탈락되어 있으나, ≪貞觀政要≫(宏業書局, 1999)에 의거하여 보충하였다.

만나 "北門에서 근래 무엇을 다시 건축하는 것이오?"라고 묻자, 두덕소가 사실대로 보고하였다. 太宗이 〈이러한 일이 있었다는 것을 알고〉 방현령에게 이르기를 "그대는 南衙의 일만 맡고 있으면 됐지 내가 北門에 건축하는 일이 약간 있다고 해도 그대와 무슨 관계가 있소?"라고 하니, 방현령 등이 사과를 표했다.

5-17-2

**魏徵進曰 臣不解陛下責③하고 亦不解玄齡士廉拜謝니이다 玄齡이 旣任大臣하여 卽陛下股肱耳目이니 有所營造면 何容不知리잇가 責其訪問官司는 臣所不解니이다 且有利害와 役工多少하니 陛下所爲善이면 當助陛下成之하고 所爲不是면 雖營造나 當奏陛下罷之니 此乃君使臣臣事君之道④니이다 玄齡等의 問이 旣無罪어늘 而陛下責之는 臣所不解요 玄齡等이 不識所守하고 但知拜謝는 臣亦不解니이다한대 太宗이 深愧之하다**

③ 臣不解陛下責 : 解, 音懈[95], 後同.
解(게으르다)는 음이 懈이다. 뒤에도 같다.

④ 此乃君使臣臣事君之道 : 論語, 孔子對魯定公曰 "君使臣以禮, 臣事君以忠."
≪論語≫ 〈八佾〉에 孔子가 魯나라 定公에게 대답하기를 "임금은 신하를 예절로 부리고, 신하는 임금을 충성으로 섬겨야 합니다."라고 하였다.

魏徵이 앞으로 나와서 아뢰었다.

"臣은 陛下가 꾸중하신 것도 이해하지 못하겠고 房玄齡과 高士廉이 사죄를 표한 것도 이해하지 못하겠습니다. 방현령이 大臣의 임무를 맡고 있어 바로 폐하의 팔과 다리이고 귀와 눈인데 건축하는 것이 있다면 어찌 그가 몰라서야 되겠습니까. 방현령과 고사렴이 해당 담당자에게 물은 것을 꾸짖으신 것은 신이 이해하지 못할 일입니다. 게다가 거기에는 利害의 문제와 공사의 규모에 관한 일이 있을 터이니, 폐하께서 하시는 일이 옳다면 마땅히 폐하를 도와 완성토록 해야 하고 하시는 것이 옳지 않으면 비록 건축을 시작하였다고 해도 마땅히 폐하께 멈출 것을 上奏해야 합니다. 이것이 바로 임금이 신하를 부리고 신하가

95) 解音懈 : 解가 음이 懈이면 去聲인 '게으르다'는 뜻이지만, 본문 독해에는 上聲인 '이해하다'는 뜻이 편의하므로 이를 따랐다.

임금을 섬기는 도리입니다. 방현령 등이 물은 것은 죄가 없는데도 폐하께서 꾸짖었으니, 신이 이해하지 못할 점이고, 방현령 등은 직분을 알지 못한 채 사죄를 표할 줄만 알았으니, 신이 역시 이해하지 못할 점입니다."

이에 太宗이 매우 부끄러워하였다.

【集論】

朱氏黼曰 宰相之職이 無所不統하고 冢宰가 以九式均節財用[96]일새 固於朝廷庶務에 無不當預也라 作洛之役을 周召經營[97]하고 未央之成을 蕭何綜理[98]하니 烏有營繕之小하여 而宰臣不知乎아 以將軍爲內廷하고 以宰相爲外廷은 正漢人體統之紊이라 太宗이 方鼎新三省하고 復修六典할새 獨欲使宰相專主南衙政事하고 不預北門營繕은 是分朝廷爲二하고 岐內外爲兩하여 以一司而處相臣也니 微魏徵盡言이면 則唐之相職이 豈正哉리오

朱黼가 말하였다.

"宰相의 직책은 통괄하지 않는 것이 없고, 冢宰는 9가지 법식으로 재정을 균등하게 사용하고 절약하므로 본디 조정의 모든 일에 관여하지 않아서는 안 된다. 洛陽에 도읍을 건축하는 일을 周公과 召公이 경영했고, 未央宮의 완성을 蕭何가 모두 관리했는데, 어떻게 경영하고 수선하는 것이 작은 일이라 하여 재상이 몰라야 하겠는가. 將軍을 內廷으로 삼고 宰相을 外廷으로 삼은 것은 바로 漢나라 때의 體統이 문란했던 이유이다. 太宗이 三省을 새로 정립하고 六典을 재건함에 있어 유독 宰相에게 南衙의 정사만 맡도록 하고 北門의 경영과 수선에는 관여하지 못하도록 한 것은 조정을 둘로 나누고 내외를 둘로 갈라 재상을 한 기관에만 머물도록 했기 때문이다. 魏徵의 극진한 말이 아니었다면 唐나라의 재상직이 어찌 바르게 되었겠는가."

愚按 王者는 以天下爲一家하니 其大臣은 宗子之家相也라 故天下之事를 天子無不當與하고 宰相亦無不當與者하니 豈有南衙北門之分乎아 太宗이 責非其所當責하고 玄齡等이 謝非

---

96) 九式均節財用 : 周나라 때 재정을 조절하여 절약하는 것에 관한 아홉 가지 규칙이다. 祭祀, 賓客, 喪荒, 羞服, 工事, 幣帛, 芻秣, 匪頒, 好用 등의 비용을 정도에 맞게 지출하여 절약에 관한 법칙을 두었다. ≪周禮 天官 大帝≫

97) 作洛之役 周召經營 : 周 成王이 周公과 召公에게 東都인 洛邑(洛陽)을 건설하게 한 일을 말한다. ≪書經 周書 洛誥≫

98) 未央之成 蕭何綜理 : 漢나라 蕭何가 미앙궁 공사를 감독한 것을 말한다. ≪史記 권8 高祖本紀≫

其所當謝하니 微魏徵之言이면 君臣이 蓋莫知其失也라 唐中葉以後로 以中書門下爲南衙하고 以樞密中尉爲北司하여 軍機之密과 策立之重을 宰相이 遂不得與聞하니 太宗之失言이 實啓之矣라

내가 살펴보건대, 왕이 된 이는 天下를 一家로 간주하니 그 大臣은 宗子의 家相인 셈이다. 그러므로 천하의 일을 天子가 관여하지 않는 것이 없고 宰相 또한 관여하지 않는 것이 없으니, 어찌 南衙니 北門이니 하는 구분이 있겠는가. 太宗은 꾸짖어서는 안 될 것을 꾸짖었고 房玄齡 등은 사죄해서는 안 될 것을 사죄하였으니, 魏徵의 말이 아니었다면 임금과 신하가 모두 그 잘못을 몰랐을 것이다. 唐나라 중엽 이후로 中書省과 門下省을 南衙로 삼고 樞密院과 中尉를 北司로 삼아, 군사의 기밀과 策立하는 중요한 일들을 재상이 결국 관여할 수 없게 되었으니, 이는 太宗의 실수한 말이 실로 그 실마리를 열어준 것이다.

## 5-18-1

貞觀十年에 越王①長孫皇后所生太子介弟[99]가 聰敏絶倫하여 太宗特所寵異러니 或言三品以上皆輕蔑王者라하니 意在譖侍中魏徵等하여 以激上怒러라

① 越王 : 名貞, 太宗第八子也.
〈越王은〉 이름은 貞이니, 太宗의 여덟 번째 아들이다.

貞觀 10년(636)에 長孫皇后의 소생으로, 太子의 아우인 越王이 아주 총명하고 뛰어나 太宗이 특별히 총애하였다. 혹자가 三品 이상의 관리들이 모두 越王을 경멸한다는 소문을 퍼트렸으니, 그 의도는 侍中 魏徵 등을 헐뜯어서 임금의 노여움을 사게 하려는 것이었다.

## 5-18-2

上御齊政殿하여 引三品已上入하여 坐定하고 大怒作色而言曰 我有一言向公等道하노니 往前天子가 卽是天子요 今時天子는 非天子耶며 往年天子兒는 是天子兒요 今日天子兒는 非天子兒耶아 我見隋家諸王호니 達官已下가 皆不免被其躓頓이러니 我之兒

99) 介弟 : 아우에 대한 애칭이다.

子는 自不許其縱橫②하여 公等所容易過하여 得相共輕蔑③하니 我若縱之하면 豈不能躓頓公等가하니 玄齡等이 戰栗하여 皆拜謝어늘 徵이 正色而諫曰 當今群臣이 必無輕蔑越王者니이다 然在禮에 臣子一例니 傳稱④王人雖微나 列於諸侯之上[100]이라하니 諸侯用之爲公하면 卽是公이요 用之爲卿하면 卽是卿이나 若不爲公卿이면 卽下士於諸侯也니이다 今三品以上이 列爲公卿하여 竝天子大臣이라 陛下所加敬異시니 縱其小有不是라도 越王이 何得輒加折辱이리잇가 若國家紀綱廢壞는 臣所不知나 以當今聖明之時에 越王豈得如此리잇가 且隋高祖가 不知禮義하여 寵樹諸王하여 使行無禮라가 尋以罪黜하여 不可爲法하니 亦何足道리잇가하다

② 自不許其縱橫 : 縱, 平聲.
縱(세로)은 平聲이다.
③ 得相共輕蔑 : 易, 以豉切, 後同.
易(쉽다)는 以와 豉의 반절이다. 뒤에도 같다.
④ 傳稱 : 傳, 去聲.
傳(기록)은 去聲이다.

太宗이 齊政殿으로 나아가, 三品 이상의 관리들을 이끌어 들어오게 하여 자리를 잡고 나서 크게 노한 낯빛을 지으며 말하였다.

"내가 公들에게 할 말이 있소. 지난날의 天子만 천자이고 지금의 천자는 천자가 아니오? 지난날의 천자 아들만 천자 아들이고 오늘날의 천자 아들은 천자 아들이 아니오? 내가 隋나라의 諸王들을 보니 達官(고관) 이하의 사람들은 모두 제왕들에게 모욕을 당하는 것을 면하지 못했는데, 나의 아들은 멋대로 구는 것이 허락되지 않아 공들이 쉽게 여기고 함께 경멸하니, 내가 만일 그를 내버려둔다면 어찌 공들을 모욕하지 못하겠소."

그러자 房玄齡 등이 벌벌 떨며 모두 사죄를 표했다.

魏徵이 정색을 하고 다음과 같이 간언하였다.

"지금 뭇 신하들 가운데 반드시 越王을 경멸한 자는 없습니다. 하지만 예절에 있어선 신하와 자식은 하나입니다. 傳에서 '王의 사신은 비록 낮은 계급일

---

100) 王人雖微 列於諸侯之上 : ≪春秋大傳≫ 僖公 5년에 "宰周公 祇는 王人과 함께 諸侯의 위에 서열되었다.〔宰周公祇與王人 同序於諸侯之上〕"라고 하였다. 王人은 왕의 사신이다.

지라도 諸侯의 위에 서열된다.'라고 했으니, 諸侯가 등용하여 公을 삼으면 바로 公인 것이고 등용하여 卿을 삼으면 바로 卿인 것이나 만일 公과 卿이 되지 못하면 바로 諸侯에게 下士가 됩니다. 지금 三品 이상은 서열이 公과 卿이고 모두 천자의 대신이어서 폐하께서 남다른 존경을 표하고 있으니, 그들에게 비록 작은 잘못이 있다 하더라도 越王이 어떻게 그들을 모욕할 수 있겠습니까. 국가의 기강이 파괴되고 망가진 것에 대해선 臣이 모르는 바입니다만 지금 같은 聖明의 시대에 越王이 어찌 이럴 수 있겠습니까. 게다가 隋 高祖는 禮義를 알지 못하여 諸王들을 총애로 양육하여 無禮를 행하도록 하였다가 이내 죄를 주어 내쳐서 본받을 수 없으니, 또한 어찌 거론할 것이 있겠습니까."

5-18-3

**太宗聞其言**하고 **喜形於色**하여 **謂群臣曰 凡人言語理到**하면 **不可不伏**이니 **朕之所言**은 **當身私愛**⑤나 **魏徵所論**은 **國家大法**이라 **朕嚮者忿怒**는 **自謂理在不疑**러니 **及見魏徵所論**하고 **始覺大非道理**하니 **爲人君言**을 **何可容易**리오하고 **召玄齡等而切責之**하고 **賜徵絹一千匹**하다

⑤ 當身私愛 : 當, 去聲.
當(합당하다)은 去聲이다.

太宗이 그 말을 듣고 얼굴에 희색을 띠고 뭇 신하들에게 말하였다.
"무릇 사람이 하는 말이 이치에 맞으면 굴복하지 않을 수 없소. 짐이 말한 것은 본인의 사적인 사랑에 관한 것이지만 위징이 논한 것은 국가의 큰 법에 관한 것이오. 짐이 지난날 분노한 것이 도리상 문제될 것이 없다고 스스로 생각하였는데 魏徵이 논한 것을 듣고 비로소 대단히 도리에 벗어났음을 깨닫게 되었으니, 임금이 된 자가 말을 어찌 쉽게 할 수 있겠소."
이에 房玄齡 등을 불러 매우 꾸짖고 위징에게 비단 1천 필을 하사했다.

**【集論】**

愚按 齊桓이 殊會王世子于首止[101]를 春秋大之한대 胡氏釋之曰 自天王而言이면 欲屈遠

其子하여 使次乎其下하여 示謙德也요 自臣下而言이면 欲尊敬王世子하니 則序乎其上하여 正分義也[102)]라하다 然則由胡氏分義之說觀之하면 魏徵之言이 非耶아 曰皆是也라 胡氏之言은 謂在外諸侯也요 魏徵之言은 謂在內公卿也며 胡氏之言은 謂世子也요 魏徵之言은 謂諸王也니 爲大臣者가 苟不能權其輕重하여 隨時以取中이면 又豈足與論春秋之義哉리오

내가 살펴보건대, 齊나라 桓公이 王世子를 首止에서 특별히 회견한 것을 두고 ≪春秋≫에서 대단하게 평가하였는데, 胡氏(胡安國)가 해석하기를 "天王의 입장에서 말하면 그 자식을 억누르고 멀리하여 그 아래에 차서하게 하여 겸손한 德을 보이고자 한 것이고, 臣下의 입장에서 말하면 王世子를 존경하려 한 것이니, 그 위에 서열하여 직분과 의리를 바르게 한 것이다."라고 하였다. 그렇다면 호씨의 직분과 의리의 說로 살펴볼 때 魏徵의 말은 잘못된 것인가. 모두 옳은 것이다. 호씨의 말은 외직에 있는 諸侯를 말한 것이고 위징의 말은 내직에 있는 公卿을 말한 것이며, 호씨의 말은 世子를 두고 말한 것이고 위징의 말은 諸王을 두고 말한 것이다. 大臣이 정말로 그 경중을 헤아려 때에 따라 중도를 취하지 않는다면 또 어떻게 함께 ≪春秋≫의 의리를 논할 수 있겠는가.

### 5-19-1

貞觀十一年에 所司가 奏凌敬①乞(貧)〔貸〕[103)]之狀커늘 太宗이 責侍中魏徵等濫進人한대 徵曰 臣等이 每蒙顧問이어든 常具言其長短호니 有學識하고 强諫諍은 是其所長이요 愛生活하고 好經營②은 是其所短이니이다 今凌敬이 爲人作碑文③하고 敎人讀漢書하여 因茲附托〔官人〕[104)]하여 回易求利하니 與臣等所說不同이니이다 陛下未用其長하고 惟見其短하사 以爲臣等欺罔하니 實不敢心伏이니이다하니 太宗納之하다

① 凌敬 : 凌, 平聲. 凌姓, 敬名. 初仕竇建德, 爲祭酒.

---

101) 齊桓殊會王世子于首止 : 周나라 惠王이 庶子 帶를 총애하여 太子 鄭을 폐하고 그를 세우려 하니, 齊나라 桓公이 尊王이란 명분으로 首止에서 제후들과 회합하고 그 일을 저지하여 태자가 안전하였고 이 태자가 후일 襄王이 되었다. ≪春秋左氏傳 僖公 5년≫

102) 自天王而言……正分義也 : ≪春秋胡氏傳≫ 僖公 5년에 관련 내용이 보인다.

103) (貧)〔貸〕 : 저본에는 '貧'으로 되어 있으나, ≪魏鄭公諫錄≫ 卷4 〈對凌敬乞貸責所擧〉에 의거하여 '貸'로 바로잡았다.

104) 〔官人〕 : 저본에는 '官人'이 없으나, ≪魏鄭公諫錄≫ 권1 〈對凌敬乞貸責所擧〉에 의거하여 보충하였다.

淩은 平聲이다. 淩은 姓이고 敬은 이름이다. 애초에 竇建德에게 벼슬하여 祭酒를 역임했다.

② 好經營 : 好, 去聲.

好(좋아하다)는 去聲이다.

③ 爲人作碑文 : 爲, 去聲.

爲(위하다)는 去聲이다.

貞觀 11년(637)에 담당관이 淩敬이 돈을 빌려 쓰는 행위에 대해 상주하자, 太宗이 侍中 魏徵 등에게 함부로 사람을 추천한 것에 대해 꾸짖었다.

위징이 말하였다.

"신들이 上에게 실문을 받을 때마다 언제나 그의 장짐과 단짐에 대해 말씀드렸습니다. 學識을 갖추고 강력하게 간언을 하는 것은 그 장점이고, 生計를 걱정하고 경영하기를 좋아하는 것은 그의 단점입니다. 지금 능경이 남을 위하여 碑文을 짓고 남에게 ≪漢書≫를 가르쳐서 이를 이용하여 관리에게 부탁을 하고 바꾸어 이익을 추구하였으니, 이것은 신들이 말한 것과 다른 부분입니다. 陛下께서는 그의 장점을 쓰지 않고 단점만을 보고서 신 등이 기만했다고 하시니, 실로 감히 마음에 승복하지 못하겠습니다."

그러자 태종이 받아들였다.

【集論】

愚按 夫子曰 孟公綽이 爲趙魏老則優어니와 不可爲滕薛大夫[105]라하시니 夫寸有所長하고 尺有所短이면 人君은 用其所長하고 棄其所短이 可也라 善乎라 魏徵之言에 曰 有學識하고 强諫諍은 淩敬之所長也요 愛生活하고 好經營은 淩敬之所短也라하니 太宗이 旣不能用其所長하고 顧欲因其所短하여 責及擧者하니 豈用人之道乎리오 向非鄭公之諫이런들 太宗好賢之意가 荒矣라

내가 살펴보건대, 孔子가 말하기를 "孟公綽은 晉나라 大夫 趙氏와 魏氏의 家老(家臣의 우두머리)가 되기에는 충분하지만 滕나라와 薛나라의 大夫가 될 수는 없다."라고 하였으니, 한 치의 장점이 있고 한 자의 단점이 있을 때 임금은 그 장점만을 쓰고 그 단점을 버리면 된다. 훌륭하구나. 魏徵의 말에 "학식이 있고 강력하게 간언을 하는

---

105) 孟公綽……不可爲滕薛大夫 : ≪論語≫ 〈憲問〉에 보인다.

것은 淩敬의 장점이고, 生計를 걱정하고 경영하기를 좋아하는 것은 능경의 단점입니다."라고 하였는데, 太宗이 그 장점은 쓰지도 못하고 도리어 그의 단점으로 인해 천거한 자에게까지 책임을 물으려 하였으니 이것이 어찌 사람을 쓰는 방법이겠는가. 만일 鄭公(魏徵)의 간언이 아니었다면 太宗의 현자를 좋아하는 마음이 황폐해졌을 것이다."

## 5-20-1

**貞觀十二年**에 **太宗謂魏徵曰 比來所行得失政化**①가 **何如往前**가 **對曰 若恩威所加**와 **遠夷朝貢**은 **比於貞觀之始**하면 **不可等級而言**이나 **若德義潛通**과 **民心悅服**은 **比於貞觀之初**하면 **相去又甚遠**이니이다 **太宗曰 遠夷來服**은 **應由德義所加**②니 **往前功業**이 **何因益大**오 **徵曰 昔者**에 **四方未定**하얀 **常以德義爲心**이라가 **旋以海內無虞**③어늘 **漸加驕奢自溢**하니 **所以功業雖盛**이나 **終不如往初**니이다

① 比來所行得失政化 : 比, 音鼻.
比(근래)는 음이 鼻이다.
② 應由德義所加 : 應, 平聲.
應(응당)은 平聲이다.
③ 旋以海內無虞 : 旋, 平聲.
旋(곧바로)은 平聲이다.

貞觀 12년(638)에 太宗이 魏徵에게 말하였다.

"근래 내가 행한 일의 잘잘못 및 시행한 정치 교화가 지난날에 견주어 어떠하오?"

위징이 대답하였다.

"은혜와 위엄이 미친 바와 먼 곳의 夷狄이 조공해오는 것은 정관 초기에 비하면 같은 급으로 말할 수 없지만, 덕과 의리가 깊이 스며드는 것과 민심이 마음속으로 승복하는 것은 정관 초기에 비하면 거리가 아주 멉니다."

태종이 말하였다.

"먼 곳의 오랑캐가 승복하여 찾아오는 것은 응당 덕과 의리가 미치는 데에서 연유되는 것인데, 지난날의 공과 업적이 어찌하여 더욱 크다는 것이오?"

위징이 말하였다.

"지난날에 사방이 아직 평정되지 않았을 때는 언제나 덕과 의리에 마음을 두었다가 이내 세상이 평온해지자 점차 교만과 사치가 저절로 넘쳐났으니, 그 때문에 공과 업적이 성대하다고 해도 결국 처음 시작할 때만 못한 것입니다."

5-20-2

太宗又曰 所行이 比往前何爲異오 徵曰 貞觀之初엔 恐人不言하여 導之使諫하고 三年已後엔 見人諫하면 悅而從之러니 一二年來엔 不悅人諫하여 雖黽强聽受나 而意終不平하여 諒有難也시니이다

太宗이 또다시 말하였다.

"내가 행한 일이 지난날과 견주어 무엇 때문에 다른 것이오?"

魏徵이 말하였다.

"貞觀 초기에는 사람들이 말을 하지 않을까 우려하여 그들을 인도해 간언을 하도록 했고, 3년이 지나서는 사람들의 간언을 듣고 나면 기뻐하여 따르시더니, 최근 1, 2년 이래로는 사람들의 간언을 달가워하지 않아서 마지못해 억지로 듣기는 하시지만 마음속은 끝내 편하지 않으셔서 참으로 난처해하고 계십니다."

5-20-3

太宗曰 於何事에 如此오 對曰 卽位之初에 處元律師死罪④어늘 孫伏伽⑤諫曰 法不至死하니 無容濫加酷罰이니이다한대 遂賜以蘭陵公主[106]園直(치)錢百萬이시니이다 人或曰 所言이 乃常事어늘 而所賞太厚라한대 答曰 我卽位來로 未有諫者라 所以賞之라하시니 此導之使言也니이다 徐州司戶柳雄⑥이 於隋資에 妄加階級이어늘 人有告之者한대 陛下令其自首⑦하고 不首與罪라호대 遂固言是實하여 竟不肯首하니 大理推得其僞하여 將處雄死罪어늘 少卿戴胄가 奏法止合徒⑧니이다한대 陛下曰 我已與其斷當訖⑨하니

106) 蘭陵公主 : 太宗의 딸로, 竇懷悊에게 시집갔다.

但當與死罪하라하시니 胄曰 陛下旣不然이어시든 卽付臣法司하소서 罪不合死어든 不可酷濫이니이다한대 陛下作色遣殺이어늘 胄執之不已하여 至於四五라야 然後赦之하시고 乃謂法司曰 但能爲我如此守法⑩하면 豈畏濫有誅夷리오하시니 此則悅以從諫也니이다 往年에 陝縣丞皇甫德參의 上書가 大忤聖旨하여 陛下以爲訕謗이어시늘 臣이 奏稱上書不激切이면 不能起人主意니 激切이 卽似訕謗이라하니 于時에 雖從臣言하사 賞物二十段이나 意甚不平하사 難於受諫也니이다 太宗曰 誠如公言이니 非公이면 無能道此者로다 人皆苦不自覺이니 公向未道時엔 都自謂所行不變이러니 及見公論說하야 過失堪驚이로다 公이 但存此心하면 朕이 終不違公語리라

④ 處元律師死罪 : 處, 上聲, 後同. 元姓, 律師名.
處(처하다)는 上聲이다. 뒤에도 같다. 元은 姓이고 律師는 이름이다.

⑤ 孫伏伽 : 貝州人. 武德中, 上言三事, 帝稱之曰 "諠臣." 貞觀中, 拜御史, 遷大理卿.
孫伏伽는 貝州 사람이다. 武德(618~626) 연간에 세 가지 사항에 대해 건의하자, 高祖가 칭찬하기를 "의로운 신하이다."라고 했다. 貞觀 연간에 御史에 임명된 뒤 大理卿으로 자리를 옮겼다.

⑥ 徐州司戶柳雄 : 徐州, 今仍舊, 隷河南. 司戶, 州屬戶曹. 柳姓, 雄名.
徐州는 지금도 옛 이름 그대로이고 河南에 속한다. 司戶는 州에 속한 戶曹이다. 柳는 성이고 雄은 이름이다.

⑦ 陛下令其自首 : 令, 平聲. 首, 去聲, 後同.
令(하여금)은 平聲이다. 首(자수하다)는 去聲이니, 뒤에도 같다.

⑧ 少卿戴胄 奏法止合徒 : 少, 去聲. 唐制, 徒刑五, 一年至于三年.
少는 去聲(적다)이다. 唐나라 제도에 의하면 徒刑의 종류는 다섯 가지인데 1년에서 3년까지이다.

⑨ 我已與其斷當訖 : 當, 去聲.
當(합당하다)은 去聲이다.

⑩ 但能爲我如此守法 : 爲, 去聲.
爲(위하다)는 去聲이다.

太宗이 말하였다.

"어떤 일에 그러했소?"

魏徵이 다음과 같이 대답하였다.

"즉위 초기에 元律師를 사형에 처하게 하자 孫伏伽가 간언하기를 '법에 의거

할 때 사형에는 해당하지 않으니 가혹한 형벌을 남용해선 안 됩니다.'라고 하니 마침내 손복가에게 백만 전의 가치가 있는 蘭陵公主의 정원을 하사했습니다. 누군가가 '간언한 내용은 일상적인 것인데 내린 상이 너무 크다.'라고 하자, 대답하시기를 '내가 즉위한 이후에 간언한 자가 없었다. 그래서 상을 내린 것이다.'라고 하셨으니, 이것이 신하들을 인도하여 간언을 하도록 하신 예입니다.

徐州司戶 柳雄이 隋나라 때 받은 資級에 멋대로 계급을 첨가하자, 어떤 사람이 사실을 고발하였는데, 폐하께서 그에게 자수를 권유하고 자수하지 않으면 벌을 내릴 것이라 했지만, 유웅은 끝내 사실이라 고집하며 자수하려 들지 않았습니다. 大理(刑法을 담당하는 관직)가 그 허위를 밝혀 유웅을 사형에 처하려 하자 少卿 戴冑가 '법에는 다만 徒刑에 처하는 것이 합당합니다.'라고 아뢰었는데, 폐하께서 '내가 이미 처결을 마쳤으니 사형에 처하도록 하라.'라고 하시니, 대주가 '폐하께서 이미 臣의 말을 옳다고 여기지 않으시니, 신을 즉시 사법 기관에 넘겨 조사토록 하십시오. 그 죄가 사형에 해당되지 않는다면 형벌을 가혹하게 남용해선 안 됩니다.'라고 하였습니다. 폐하께서 화를 내며 유웅을 죽이려고 하였지만 대주가 고집을 그치지 않아 밀고 당기기를 4, 5차례 하고 나서야 석방하시고는 사법 기관에 '나를 위해 이와 같이 법을 지킨다면 어찌 남용하여 벌주는 일을 걱정할 것인가.'라고 하셨으니, 이것은 기쁘게 간언을 따르신 예입니다.

지난해에 陝縣丞 皇甫德參이 올린 글이 폐하의 뜻을 크게 저촉하여 폐하께서 '비방이다.'라고 하시거늘, 신이 상주하기를 '上書가 격렬하고 절실하지 않으면 임금의 마음을 움직일 수 없으니 격렬하고 절실함은 비방과 유사합니다.'라고 말씀드렸습니다. 당시에 신의 말을 따르시며 비단 20段을 상으로 내리셨지만 마음으로는 매우 불편해하여 간언을 받아들이는 것을 어려워하셨습니다."

태종이 말하였다.

"정말 공의 말 그대로요. 공이 아니면 이런 말을 할 수 있는 사람이 없소. 사람들은 모두 스스로를 알지 못하는 것을 괴로워하니 공이 이야기하기 전에는 모두 스스로 '내가 행한 일이 변함이 없다.'고 여겼는데, 공의 이야기를 듣고 나서는 그 잘못이 깜짝 놀랄 정도이구려. 공이 이 마음만 간직한다면 짐이 끝까지 공의 말을 어기지 않을 것이오."

【集論】

胡氏寅曰 天下之理는 不進則退요 不退則進이니 以天地日月四時之運과 與萬物之盈虛消長으로 觀焉이면 則見矣라 人之德慧智術이 何獨不然이리오 太宗이 自謂今所爲猶往年也[107]라하니 是則不逮往年也라 譬之日焉컨대 雖在昃晡에 未嘗不明이나 若語其嚮於熙盛하면 豈若未中之時乎아 是故로 乾之象에 曰 君子가 以하여 自强不息이라하고 湯之盤銘에 曰 苟日新이면 日日新하고 又日新이라하니 知從事於此者가 惟持志存誠하여 以堯舜爲法하면 豈不可及이리오 勉焉日有孜孜하여 斃而後已[108]니 是則湯所以入聖域而成功不殊라 惜乎라 太宗之未學也여

胡寅이 말하였다.

"세상의 이치는 앞으로 나아가지 않으면 뒤로 물러나게 되고, 뒤로 물러나지 않으면 앞으로 나아가게 되니, 하늘과 땅, 해와 달, 네 계절의 운행과 만물의 차고 빔, 줄어들고 자라는 모습을 살펴보면 이를 알 수 있다. 사람의 덕성과 지혜만 어찌 그렇지 않겠는가.

태종이 스스로 '지금 하고 있는 것은 지난날과 같다.'라고 했으나, 이는 지난날에 미치지 못하는 것이다. 이를 태양에 견주면, 비록 해가 기우는 晡時(오후 4시)에 밝지 않은 것은 아니지만, 환하게 빛나고 융성한 데로 향하는 상황을 거론한다면 어찌 중천이 되기 이전일 때만 하겠는가. 그 때문에 ≪周易≫ 乾卦 〈象傳〉에 '군자가 이를 본받아 스스로 노력하고 쉬지 않는다.'라 하였고, 湯王의 盤銘에 '참으로 어느 날 새로워졌으면 날마다 새롭게 하고 또 날마다 새로워져야 한다.'라고 했으니, 여기에 종사할 줄 아는 자가 의지를 견지하고 誠을 보존하여 堯임금·舜임금을 본보기로 삼는다면 어찌 미치지 못할 일이 있겠는가. 힘써 날마다 노력해서 죽고 나서야 그만두어야

107) 今所爲猶往年也 : ≪資治通鑑≫ 권195 唐紀 11 太宗 貞觀 12년에 보인다.

108) 勉焉日有孜孜 斃而後已 : ≪禮記≫ 〈表記〉에 "道를 향해 가다가 중도에 쓰러질지언정 몸이 이미 늙었음을 잊고 앞으로 精進할 햇수가 부족함도 아랑곳하지 않고 날마다 부지런히 노력하다가 죽은 뒤에야 그만두었다.〔詩之好仁 如此 鄕道而行 中道而廢 忘身之老也 不知年數之不足也 俛焉日有孶孶 斃而後已〕"라고 보인다.

하니 이것은 탕왕이 성인의 경계에 들어가 공을 이룬 것과 다르지 않다. 애석하도다. 태종이 이를 배우지 못함이여."

愚按 隋煬帝失天下之道가 不一이나 而莫大於拒諫하고 唐太宗得天下之道가 不一이나 而莫大於納諫이니 夫太宗之納諫이 豈其天性之本然哉리오 良由目睹煬帝之亡하여 矯揉勉强而行之也라 故貞觀之初에 天下未安하얀 則能導人使諫하고 中年에 天下漸安하얀 尙能悅人之諫이나 末年에 天下已安하얀 則勉强從人之諫矣라 昔者에 舜之舍己從人과 禹之聞善則拜와 湯之從諫弗咈[109]은 終其身於一日이니 果何道哉아 蓋聖人之納諫은 由於志氣之自然이라 故無始終之異하고 太宗之納諫은 由於血氣之矯揉라 故少而銳라가 老而衰也니 然則人君欲盡納諫之道者는 可不孶孶而務聖人之學哉아

내가 살펴보건대, 隋 煬帝가 천하를 잃은 이유가 한두 가지가 아니지만 간언을 거부한 것보다도 더 큰 잘못은 없고, 唐 太宗이 천하를 얻은 이유가 한두 가지가 아니지만 간언을 받아들인 것보다도 더 중요한 것은 없다. 그런데 태종이 간언을 받아들인 것이 어찌 본연의 천성에 의한 것이었겠는가. 참으로 수 양제가 망한 것을 목도하고서 그것을 바로잡기 위해 애써 노력하여 시행한 것에 말미암았다. 그래서 貞觀 초기에 천하가 안정되지 않았을 때는 사람들을 유도하여 간언하도록 하였고, 중간쯤에 천하가 점차 안정을 되찾았을 때도 여전히 사람들의 간언을 좋아하였으나, 말년에 천하가 이미 안정되고 나서는 마지못해 억지로 사람들의 간언을 따랐다.

옛날에 舜임금이 '사욕을 버리고 남을 따른 것'과 禹임금이 '훌륭한 말을 들으면 절을 한 것'과 湯임금이 '간언을 따르고 어기지 않은 것'은 일생을 하루같이 변함이 없었으니, 과연 어떠한 도리인가? 聖人이 간언을 받아들인 것은 생각과 기질의 자연스러움에서 연유한 것이므로 시작과 끝의 차이가 없는 것이고, 태종이 간언을 받아들인 것은 血氣의 교정에서 연유한 것이므로 젊었을 때는 예리하다가 늙어서는 무뎌진 것이니, 그렇다면 간언을 받아들이는 도리를 다하고 싶은 임금은 부지런히 노력하여 성인의 학문을 힘쓰지 않아서야 되겠는가.

---

109) 從諫弗咈 : ≪書經≫ 〈商書 伊訓〉에 관련 내용이 보인다.

640년경 唐나라의 영역

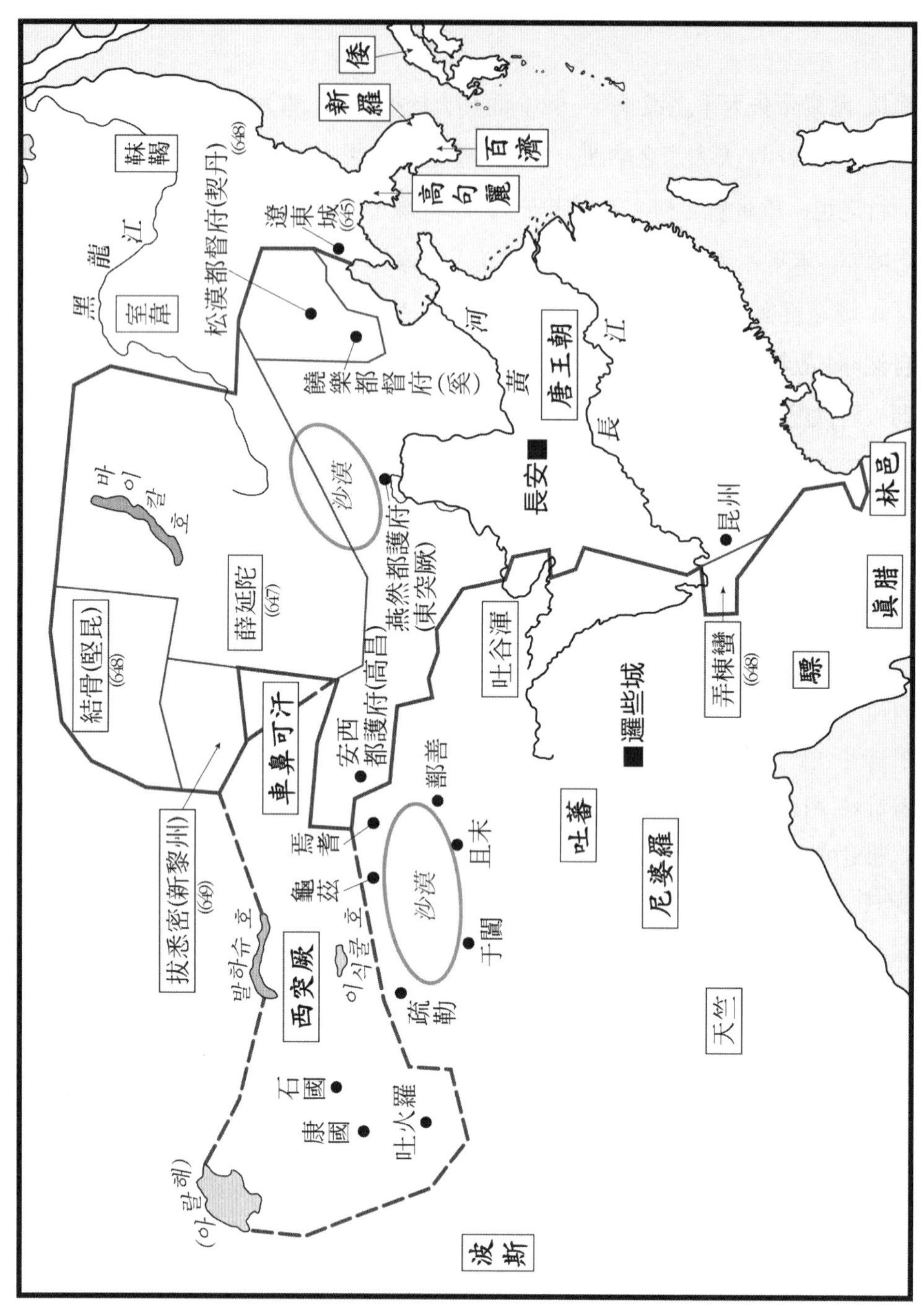

## 責任飜譯者 略歷

### 李忠九

京畿 果川 出生
中央大學校 教育學科 國語國文學 副專攻
成均館大學校 大學院 國語國文學 碩士, 博士
民族文化推進會 國譯硏修院
誠信女子大學校 研究教授(現)
傳統文化硏究會 講師(現)

論文 및 譯書
〈經書諺解 硏究〉〈說文解字에 나타난 漢字字源 硏究〉 등 多數
譯書 ≪東山先生奏議≫ ≪선비 安濡 日誌≫ ≪小學集註≫
≪註解千字文≫ 등 多數
共譯 ≪國語≫ ≪國譯 治平要覽≫ ≪增補四禮便覽 譯註本≫
≪爾雅注疎≫ 등 多數

## 共同飜譯者 略歷

### 金奎璇

韓國外國語大學校 中國語科 學士, 碩士, 博士
鮮文大學校 教養學部 副教授(現)

論文 및 譯書
〈王士禎의 文學批評 연구〉 등 多數
譯書 ≪歷代詩話≫ ≪秋史派의 글씨≫ 등 多數
共譯 ≪日省錄≫ ≪毅庵集≫ ≪秋史 金正喜 硏究≫ 등 多數

黃鳳德

全州大學校 漢文教育科 卒業
成均館大學校 大學院 漢文學科 碩士, 博士 修了

論文 및 譯書
〈柳得恭의 二十一都懷古詩 研究〉
共譯 ≪文苑叢寶≫ ≪千字文字解說≫ ≪國譯 通鑑節要增損校註 I≫ 등

李承容

嶺南大學校 漢文教育科 卒業
成均館大學校 大學院 漢文學科 碩士, 博士 修了
韓國古典飜譯院 專門課程 卒業
檀國大學校 東洋學研究院 古典飜譯研究室 研究員(현)

論文 및 譯書
〈李匡師 流配期 漢詩의 抒情性 研究〉
共譯 ≪自著實紀≫ ≪寒溪日記≫ ≪國譯 通鑑節要增損校註 I≫ ≪晝永編≫ ≪樂全堂集≫ 등

東洋古典譯註叢書 82

譯註 貞觀政要集論 1　　정가 26,000원

2014년 12월 30일 초판 발행
2015년 12월 30일 초판 2쇄

責任飜譯　李忠九
共同飜譯　金奎璇 黃鳳德 李承容
編　輯　古典國譯編輯委員會
發行人　李啓晃

發行處 社團法人 傳統文化硏究會
서울시 종로구 삼일대로 428 낙원빌딩 411호
전화 : (02)762-8401　전송 : (02)747-0083
전자우편 : juntong@juntong.or.kr
홈페이지 : juntong.or.kr
사이버書堂 : cyberseodang.or.kr
온라인서점 : book.cyberseodang.or.kr
등　록 : 1989. 7. 3. 제1-936호

인쇄처 : 한국법령정보주식회사(02-462-3860)
총　판 : 한국출판협동조합(070-7119-1750)

ISBN 979-11-5794-084-4 94910
978-89-85395-71-7(세트)

※ 이 책은 2014년도 교육부 고전문헌 국역지원사업 지원비에 의해 초판 간행.

한자 한문교육 대표주자 사이버書院
1개월 자유이용권 http://www.cyberseodang.or.kr

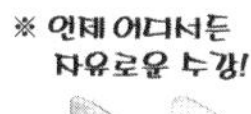


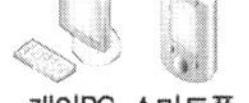


80강좌 2100여 시간 동영상 강의

무료수강 쿠폰번호 KU26-9B6Z-6PH8-YWV7

# 전통문화연구회 도서목록

## 基礎漢文教材 - 懸吐完譯 成百曉 譯

四字小學 / 習字教本 6,000원/4,000원
推句 · 啓蒙篇 / 習字教本 5,000원/4,000원
明心寶鑑 7,000원
童蒙先習 · 擊蒙要訣 12,000원
註解千字文 9,000원

## 東洋古典國譯叢書

論語集註 - 개정증보판 成百曉 譯註 22,000원
孟子集註 - 개정증보판 成百曉 譯註 25,000원
大學 · 中庸集註 - 개정증보판 成百曉 譯註 8,000원
詩經集傳 上 · 下 成百曉 譯註 25,000원
書經集傳 上 · 下 成百曉 譯註 25,000원
周易傳義 上 · 下 成百曉 譯註 35,000원
小學集註 成百曉 譯註 25,000원
古文眞寶 後集 成百曉 譯註 25,000원
海東小學 成百曉 譯註 15,000원
孝經大義 鄭太鉉 譯註 10,000원
校勘直譯 黃帝內經靈樞/素問 洪元植 校譯 27,000원

## 東洋古典譯註叢書

春秋左氏傳 1~8 鄭太鉉 譯註 18,000원/25,000원
莊子 1~4 安炳周·田好根 共譯 22,000원
古文眞寶 前集 成百曉 譯註 25,000원
禮記集說大全 1 辛承云 譯註 25,000원
心經附註 成百曉 譯註 30,000원
近思錄集解 1~3 成百曉 譯註 25,000원
通鑑節要 1~9 成百曉 譯註 18,000원/25,000원/30,000원
唐詩三百首 1~3 宋載卲 외 譯註 20,000원/25,000원
東萊博議 1~2 鄭太鉉·金炳愛 譯註 25,000원
說苑 1~2 許鎬九 譯註 25,000원
顔氏家訓 1~2 鄭在書·盧暻熙 譯註 22,000원/25,000원
大學衍義 1 辛承云 譯註 22,000원
唐宋八大家文抄 韓愈 1 鄭太鉉 譯註 22,000원
〃 歐陽脩 1~3 李相夏 譯註 25,000원
〃 王安石 1~2 申用浩·許鎬九 共譯 25,000원
〃 蘇洵 李章佑 외 譯註 25,000원
〃 蘇軾 1~5 成百曉 譯註 22,000원
〃 蘇轍 1~3 金東柱 譯註 20,000원/22,000원
〃 曾鞏 宋基采 譯註 25,000원
〃 柳宗元 1~2 宋基采 譯註 22,000원

十三經注疏
論語注疏 1~3 鄭太鉉·李聖敏 譯註 25,000원/30,000원
尙書正義 1 金東柱 譯註 25,000원
周易正義 1~2 成百曉·申相厚 譯註 25,000원
禮記正義 中庸·大學 李光虎·田炳秀 譯註 20,000원

武經七書直解
孫武子直解·吳子直解 成百曉·李蘭洙 譯註 26,000원
六韜直解·三略直解 成百曉·李鍾德 譯註 26,000원
尉繚子直解·李衛公問對直解 成百曉·李蘭洙 譯註 26,000원
司馬法直解 成百曉·李蘭洙 譯註 26,000원

思政殿訓義 資治通鑑綱目1~3 辛承云 외 譯註 27,000원

## 漢字漢文教育叢書

형성자 중심 한자교육시험백과 金鍾赫 著 25,000원
실용교양한문 李相鎭 著 15,000원
한문과 교수-학습 모형 金載暎 著 13,000원
한자 자원 교육론 韓殷洙 著 16,000원
漢字部首 解說 李忠九 編著 15,000원
漢字漢文教育論叢 上 · 下 鄭愚相 著 25,000원

◆ 教授用 指導書 四字小學 咸賢贊 著 10,000원
〃 推句 · 啓蒙篇 咸賢贊 著 10,000원
〃 註解千字文 李忠九 著 15,000원
〃 明心寶鑑 李明洙 著 10,000원
〃 童蒙先習 田好根 著 10,000원
〃 擊蒙要訣 咸賢贊 著 15,000원

◆ 袖珍本 懸吐 기초한문교재 10,000원
〃 論語 · 大學 · 中庸 10,000원
〃 孟子 10,000원
〃 詩經 · 書經 · 周易 12,000원
〃 小學 · 孝經 13,000원
〃 古文眞寶 前集 · 後集 10,000원/13,000원

## 東洋古典新譯

唐詩選 송재소·최경렬·김영죽 편역 22,000원

## 동양문화총서

고금소총古今笑叢 유화수·이월영 편역 16,000원
동양사상 해설과 원전 정규훈 외 저 20,000원

## 문화문고

논어 · 대학 · 중용/맹자 조수익·박승주 공역 10,000원
100자에 담긴 한자문화 이야기 김경수 저 9,000원
한자한문전통교재 조수익·이성민 공역 10,000원
소학 박승주·조수익 공역 10,000원
목민심서 이계황 엮음 10,000원
고문진보散文選 신용호·조수익 공역 10,000원
士小節 선비 집안의 작은 예절 이동희 편역 10,000원
名說과 字說 신용호 편역 10,000원
儒學이란 무엇인가 이동희 저 10,000원
대한민국 국무총리 이재원 저 10,000원
경전으로 본 세계종교 이슬람 김영경 편역 10,000원
한문문법 이상진 저 10,000원
우리 설화 1~2 김동주 편역 10,000원
경전으로 본 세계종교 그리스도교 이정배 편저 10,000원
경전으로 본 세계종교 도교 이강수 편역 10,000원
당시선 송재소·최경렬·김영죽 편역 10,000원

◆ 경전으로 본 세계종교 60,000원
편저자 : 길희성 김영경 김용표 이기동 이강수 이정배 홍성엽
- 그리스도교, 도교, 동학, 불교, 유교, 이슬람교, 힌두교

創世記 譯註 方錫淙 譯註 25,000원